优秀幼儿教师的专业成长之路

——全国幼儿教师获奖论文汇编

（下册）

主　编　苏　津
副主编　戴红艳　马永彬

中国商业出版社

图书在版编目（CIP）数据

优秀幼儿教师的专业成长之路 ：全国幼儿教师获奖论文汇编. 下 / 苏津主编. -- 北京 ：中国商业出版社，2024. 11. -- ISBN 978-7-5208-3226-7

Ⅰ. G612-53

中国国家版本馆 CIP 数据核字第 20244JU035 号

责任编辑：李 飞
（策划编辑：蔡 凯）

中国商业出版社出版发行
（www. zgsycb. com 100053 北京广安门内报国寺 1 号）
总编室：010－63180647 编辑室：010－83114579
发行部：010－83120835/8286
新华书店经销
北京九州迅驰传媒文化有限公司印刷
*
787 毫米×1092 毫米 16 开 65 印张 1400 千字
2024 年 11 月第 1 版 2024 年 11 月第 1 次印刷
定价（全三册）：198.00 元
* * * *
（如有印装质量问题可更换）

编委会

主　编　苏　津

副主编　戴红艳　马永彬

编　委　安　瑶　陈楚莹　柴玉瑞　杜淑平
付　饶　巩爱弟　胡　蝶　胡国森
黄惠惠　胡　杰　侯雨彤　李桂芳
李　健　刘晶晶　刘美杞　刘淑新
卢喜梅　穆春雨　米　娜　欧阳芳
潘承萍　干　敏　孙冬琳　宋　柳
孙嵌嵌　司娓娓　吴　晋　万　莉
徐淑松　叶雯婷　赵　侠

前　言

为深入落实《中共中央国务院关于学前教育深化改革规范发展的若干意见》《幼儿园保育教育质量评估指南》规范要求，全面贯彻国家中长期教育改革和发展目标，由《学前教育》杂志社、“当代学前教育网”联合举办了第十二届全国幼儿教师优秀论文评选活动。现将从获奖作品中遴选出部分优质的获奖作品结集出版。全书共分幼儿教育理论篇、幼师教育实践篇、幼儿游戏实施篇三册，共计300篇文章。

《幼儿教育理论篇》主要内容：

本篇汇集了全国幼儿园和其他教育机构的一线教师、教科研人员和管理者在幼儿教育理论方面中学习、归纳、提炼、总结的珍贵经验。介绍了现代幼儿教育的核心理念，如尊重儿童、发展个性、培养创造力等，以及如何将这些理念融入到幼儿教育工作中。它展示的幼儿教育理论，不仅为幼儿教育实践提供了科学指导，还反映了教育的思想和方向，对于提高幼儿教育的质量和效果具有不可或缺的作用。通过对学前教育理论的系统梳理和阐述，帮助幼儿教师建立起科学的教育观念，提高他们的教育理论素养。推动学前教育改革、提高幼儿教师的教育理论素养和实践能力、提升全国幼儿园的保育教育水平、培养新时期幼儿教师队伍和人才储备等都具有重要的价值。

《幼师教育实践篇》主要内容：

本篇内容包含了全国各地从事学前教育工作者在进行学前儿童教育实践工作中的探究和反思。充分体现一线教师在幼儿教育中的关键作用，涵盖了幼儿教育的各个方面，包括教育理念、教学方法、课程设计、评价体系等。并在内容呈现基础上提供了丰富的案例，理论与实践紧密结合，本篇对于培养新时期幼儿教师队伍具有积极的推动作用。通过本篇，幼儿教师可以不断提高自己的综合素质，为新时期幼儿教育事业的发展作出更大的贡献。

《幼儿游戏实施篇》主要内容：

本篇游戏在幼儿教育中起着至关重要的作用，是促进学龄前儿童心理发展的最好活动形式，也是幼儿教师必须具备的专业能力之一。内容包括如何设计和组织幼儿游戏活动、如何在游戏中引导幼儿进行学习和发展，以及怎样通过合理的游戏设计和有效的教学引导促进幼儿的全面发展。对提升教师专业技能、培养教师创新思维、提升教师综合素质、对加强幼儿教师队伍建设和职业发展具有反思和借鉴意义。

全书所精选的获奖作品为广大幼儿教师教学、幼儿园管理人员提供了很好的学习资料。

目　录

幼儿游戏表征的引导与支持策略

（陈琳　广东省连州市星子镇清江幼儿园）

摘　要：随着社会的发展和学前教育的不断进步，人们对于幼儿游戏的认知也越来越深刻。本文探讨了幼儿游戏表征的引导与支持策略。首先，通过对游戏表征的概念进行界定和分析，阐述了游戏表征在幼儿认知发展中的作用和发展规律。其次，通过真实课例探究总结针对幼儿游戏表征的教学策略。最后，总结了幼儿游戏表征引导和支持策略的关键要素，教育者需要提供多样性的游戏环境，关注幼儿的行为、语言和情感反应，并鼓励幼儿进行多方面的探索和尝试。

关键词：游戏表征；引导；支持策略

幼儿游戏是幼儿学习和认知发展的重要途径，而游戏表征则是评价和研究幼儿游戏行为的关键指标之一，对促进幼儿健康成长及智力开发具有重要意义。只有通过恰当的引导和支持，才能够有效地帮助幼儿建立正确的游戏表征，提高幼儿游戏体验的质量和深度，为幼儿的全面发展打下良好的基础。通过深入了解游戏表征，可以更好地引导幼儿游戏行为的发展，促进他们的身心健康成长。

一、游戏表征的概念与作用

（一）游戏表征的概念

游戏表征是指幼儿在游戏活动中产生的并表现在行为上的认知和情感状态。这些表征包括游戏的目的、规则、人物角色等，是幼儿游戏行为的核心内容之一。幼儿表征看似一种简单的表达方式，但能够促进幼儿认知、绘画、语言等能力的发展，同时表达幼儿的思想、情感、态度等，联想其生活经验，帮助我们走进幼儿的内心世界，倾听和理解幼儿的声音。

（二）游戏表征的作用

游戏表征对于幼儿个体认知和社交发展具有重要影响。在认知方面，游戏表征可以培养幼儿的空间认知、分类思维、记忆和推理等能力；在社交方面，游戏表征可以帮助幼儿发展合作、沟通和情感认知的能力。

二、幼儿游戏表征引导和支持策略

（一）发现问题

小班的幼儿们观看了2020年东京奥运会，亚洲飞人苏炳添成了他们的超级偶像。于是他们也开始搭起跑道，玩起跑步游戏，幼儿们无比兴奋！但在表征时，黎裕轩却说：“跑道怎么画？我不会。”陈俊宇倒是画得很快，凑近一看，她说画的是龙卷风。邓岚说：“这是我画的跑道。”可凌乱的线条看不出跑道在哪儿。为探析出原因，我与幼儿们一对一对话，主要有以下发现。

（二）探究原因

1. 幼儿不会画。幼儿年龄小，刚接触表征，缺乏表征经验，部分幼儿有畏难情绪，所以不会画，甚至不动笔。

2. 画的不正确。幼儿画的不是游戏内容，是因为幼儿还没有将绘画表征与游戏内容之间建立联系，或将现实与想象混淆，想到什么画什么。

3. 教师看不懂。小班幼儿正处于绘画发展的涂鸦期，受思维和能力限制，画出的事物还不能成型，所以教师看不懂。

基于此，我对幼儿园的教师们实施了表征开展情况的问卷调查，结果发现：有 11%的教师认为幼儿表征水平低，开展表征很困难；82%的教师是以绘画和一对一的形式在开展，但反映时间不够；仅 7%的教师能在绘画的基础上拓展出更多的表征方式。显然，教师组织幼儿表征的形式单一，对幼儿表征的内涵、价值等认识不够。如何促进教师思考，丰富幼儿表征，让表征助力幼儿发展呢？我在班上开始了多元表征的解锁之路。

（三）支持策略

幼儿游戏表征引导模型包含四个基本要素，分别是幼儿、引导者、游戏环境和引导策略。这四个要素相互交织、相互影响，共同构成了幼儿游戏表征发展的系统。其中，幼儿是游戏表征发展的主体，引导者是游戏引导和支持的关键力量，游戏环境是游戏行为和游戏表征发展的主要场所，引导策略是在游戏过程中运用的多种技巧和方法。

1. 视角转变与身体参与。幼儿玩耍时，通常会根据他们自己的兴趣和认知水平，掌握不同的规则和游戏方式。为更好地帮助幼儿建立正确的游戏表征，教育工作者需要从幼儿的角度出发，在尊重幼儿兴趣的基础上，积极引导幼儿改变对游戏的看法和认知。

2. 不同游戏类型的表征引导策略。不同类型的游戏都有其独特的表征特点，需要针对具体情况制定不同的表征引导策略。研究表明，幼儿在游戏中表征能力的形成主要依托于他们的情感认知、行为表现和语言交流等多种因素。因此，教育工作者应从多方面入手，全方位地引导和帮助幼儿形成正确的游戏表征。

三、幼儿游戏表征引导策略的实践应用

为了更好地支持幼儿游戏表征的发展，教育工作者可以采取以下实践策略。

（一）提供多样性的游戏环境，给幼儿提供更广泛的表征机会

丰富多彩的自主游戏内容会激发主动的幼儿表征记录愿望，每一个幼儿都有上百种游戏的方法，不同的幼儿有不同的表征记录。在翻看他人游戏记录的时候，或者通过分享表征记录向同伴介绍自己的游戏方法和过程，鼓励幼儿向同伴学习，在游戏记录中提高表征水平，在潜移默化中提高自主游戏的能力。

（二）关注幼儿的行为、语言和情感反应

帮助幼儿理解游戏中存在的疑虑和问题，及时进行引导和解决。我们观察到幼儿会进行假装游戏的活动，幼儿通过物体和动作的表征功能而学习使用这些物体和动作，由此幼儿更加能够表征地思考。首先，我们在活动中要频繁地让幼儿进行设想、预言、回忆和经验重组；其次，积极地提问以鼓励幼儿的元认知思维；再次，引导幼儿思考他们对于活动的主题或问题具有怎样的认识，且他们希望能够从活动中学习和实现什么。同时我们要对幼儿的思考进行观察、记录，并鼓励幼儿进行语言或图画表征；最后，我们可以和幼儿合作完成某项任务，或提供机会让幼儿和其他幼儿合作完成某项任务，并且反思你（他）们是怎么完成

的，引导幼儿发现合作的力量，获取其他幼儿的表征思维，获得认同能力。

（三）鼓励幼儿进行多方面探索和尝试，以促进其游戏表征的完善和提高

共情、多向的人际互动氛围可以更好地激发幼儿参与互动的积极性与良好的情感体验。在游戏过程中，教师运用鼓励性的言语与幼儿对话，能够使幼儿更加主动、专注地回忆与表达自己的游戏过程，更愿意提出自己在游戏中的困惑，感受分享游戏故事的快乐。教师要学会发现幼儿游戏的亮点，鼓励幼儿进行创新。创造性思维是智慧的源泉，幼儿在角色游戏中经常会有令人惊讶的“创造”。如何捕捉幼儿在游戏中的“哇”时刻，教师需要在幼儿游戏过程中观察，在产生“哇”时提问，及时分享沟通，帮助幼儿提炼经验。

（四）构建“班级＋幼儿园＋家庭”三方协同，解锁途径多运用

在班级内，开展座位名牌（幼儿自画像）、我来报天气、光盘行动等活动，让幼儿结合图符、数字等进行表征，促使幼儿在表征中获得自我评价、实现自我管理。在园所里，通过让幼儿设计值日生管理牌、公共区域标识、消防栓身上的图案、种植节的护绿牌、游戏故事墙等作品，培养幼儿对各式表征的认同感。在家庭中，结合生活经验，开展亲子表征；把表征本带回家讲给爸爸妈妈听。在家也能记录趣闻逸事。家长参与，共话成长。

综观整个行动过程，幼儿表征的开展贯穿了一个核心、两大支持和三大主体：一个核心即教师尊重且支持幼儿个性化、多元化的表征方式。每个幼儿都有自己独特的表征表达，教师要真正打开“幼儿视角”，就要走进幼儿的表征世界，蹲下身来倾听解读。两大支持即游戏经验支持和环境材料支持。幼儿的表征能力不是靠绘画练习，不是一蹴而就，而是在回顾、整合中积累经验，在适宜的环境和材料中自主表征，逐步提升。三大主体即抓住班级管理和一日生活需要，透过园所环境创设大型活动、联合家庭家长参与，三方协同，把幼儿表征灵活地运用起来，让表征推动幼儿向更高水平发展。

四、结语

通过合理的视角转变、身体参与、针对性的表征引导策略、全面的实践策略，可以有效地帮助幼儿建立正确的游戏表征，提高幼儿游戏体验的质量和深度。

参考文献

［1］马仙凤．解锁幼儿自主游戏的多元表征［J］．今日教育（幼教金刊），2023（3）：63—64.

［2］李一帆．社会建构视角下教师支持幼儿有意义学习的研究——以数学区角播棋游戏为例［C］．华东师范大学，2022.

［3］白莹．成熟游戏视角下幼儿深度学习的行动研究［C］．吉林外国语大学，2022.

［4］黎露．角色游戏中幼儿深度学习及影响因素研究［C］．广州大学，2022.

新课程背景下幼儿园主题探究活动的案例设计与实践

（张艳　江苏省苏州市相城区伊桥幼儿园）

摘　要： 主题活动更有利于幼儿的发展和需要，让幼儿们感受、认识事物，整体感知他们身边的一切。我在开展小班主题活动《蛋》中得到了启示，引发对幼儿园主题探究活动的思考，从激发幼儿兴趣入手，用幼儿身体器官眼、手、鼻、耳，通过看、摸、闻、听中感受蛋，帮助他们认识蛋，提高观察力、语言表达力、想象力等；在对蛋有所认识、了解的基础上大胆地尝试，通过画、玩、仿、悟的具体形式表现自己；根据幼儿们的发现因势利导，顺应自然，发展他们的个性思维，充分发挥幼儿探究的自主性，把握生成创造的意外惊喜；梳理整合形成主题探究活动系列、围绕《蛋》开展五大领域的教学，并把区域活动参与其中，让幼儿全面的认识、了解和体验；与环保、现代科技有效的结合，开展适合我们幼儿园主题活动实践的系列活动，促进幼儿健康、全面、和谐的发展。

关键词： 小班；主题活动；探究

《幼儿园教育指导纲要（试行）》中明确指出：教学活动的内容要贴近幼儿生活，要利用自然环境、本土特色等多种教育资源，让幼儿进行探索，扩展幼儿生活学习的空间，开展丰富多彩、富有价值的主题活动。同时也指出，教育活动内容的组织应充分考虑幼儿的学习特点和认知规律，各领域的内容要有机联系，相互渗透，注重综合性、趣味性、活动性，寓教育于生活、游戏之中。

在新课程实施的背景下，我园提出了省级规划课题《农村幼儿园乡土资源的开发与利用》研究，尝试着利用农村自然这个丰富的物质世界，结合本地农村资源的优势，开展乡土主题活动的研究，使幼儿园课程进一步贴近社会、贴近现实、贴近大自然，使幼儿在受到情感陶冶的同时增强对社会与自然的感知与了解。在这种理念的支配下，我们班形成了独有的乡土资源主题活动《蛋宝宝总动员》。想起幼儿们一幕幕开心而惊奇的场景，我们不断地思考，幼儿们从这个主题活动中收获了什么呢？让我们来看一看下面的情景：

一、对小班主题活动《蛋宝宝总动员》的实践与思考

活动中，幼儿们对蛋的认识随着他们的逐步深入，发现更多的秘密，幼儿收集、整理的主动性大大增加，特别是活动的延伸部分，我们大多设置在区域活动中，幼儿的自主空间还是很大的，他们在轻松、自在的区角琢磨着，从幼儿的认识、发展过程中体验到了成功的喜悦。

（一）见所未见，激发幼儿探索热情

观察是一种知觉的过程，也是知觉的高级形态，人在观察过程中认识、了解事物的特征与习性。观察法具有自然、直接的特点，在学前教育研究中有其独特的优势，幼儿受年龄特点和身心发展水平的制约，其语言表达能力和理解能力较差，但幼儿的心理活动和外部行为表现具有不善掩饰、丰富、自然的特点，这又为观察法的使用提供了良好条件。通过直观的观察，帮助幼儿积累经验，激发幼儿的兴趣，常言道："兴趣是最好的教师，唯有兴趣，方可深入"，幼儿在自己独有的观察中探索，用身体各个器官去感受蛋的特点。

1．看出差异。幼儿在观察蛋的过程中，从蛋的外形发现鸭蛋的个头儿明显要比鸡蛋大，

而鹌鹑蛋的个头儿很小，他们用自己的语言比喻成爸爸、妈妈、宝宝一家；鸡蛋的两头相对尖些，鸭蛋比较圆实；颜色上的区分，鸡蛋以暗红的壳多，白壳蛋透明度较高。

2. 摸出感觉。摸蛋的过程中，幼儿们很快找到感觉，有的蛋摸上去有点粗糙，而大部分的蛋还是光光的，但有的蛋壳上有凸凹的波纹。“教师，蛋很光滑”“圆溜溜的”“凉爽爽的”……幼儿们把自己摸到的感觉，用语言表达出来，幼儿的观察力、语言表达能力同时得到了发展。此外还培养了幼儿的注意力，专心地用自己的手去触摸，激发幼儿对蛋的情感，萌发他们保护蛋的意识。这正是新纲要所提倡的，让幼儿情感上得到体验。

3. 听出奇妙。要倾听蛋在摇晃时的声音难度较大，需要非常安静，一般幼儿是感觉不到的，而蛋与其他物体的接触所发出的声音，是比较明显的，例如：蛋与地面接触的声音很清脆；蛋与金属品的接触，发出叮当叮当的声音；蛋与玻璃制品的接触发出哐哐声；蛋不小心被打破，发出凄惨的啪嗒声；两个蛋碰在一起亲热发出嗒嗒的声音；等等。

幼儿们在观察中，知觉、嗅觉、听觉都得到了发展，并帮助他们去认识蛋，了解蛋，加深他们对蛋的认识，对蛋的认识有了新的体验。促进他们观察能力提高的同时，幼儿的观察力、语言表达能力、想象能力也得到了提高，活动趣味性和教育性效果更加明显。

（二）尝所未尝，感受实践体验的乐趣

在观察的基础上让幼儿们亲自参与体验，用身体的不同器官去表现自己，让表象的思维转换成幼儿自身的意向思维，发挥创造性，多种方式和方法感悟蛋的相关信息体验，激发幼儿探索欲望的进一步发展和满足，把对蛋的认识理解转化为自身的动作表现，通过身体动作、艺术作品、模仿创造等形式进行创作。

1. 画出所想。在动手操作过程中，幼儿们有自己独特的想法，如教师用蛋型绘画活动中，拿到画纸，他们就非常激烈地开始讨论，想着要画的内容，有的幼儿按捺不住、急不可待地开始自己的创作。作品完成后的展览中，发现没有一枚蛋是相同的，幼儿把生活中的已有经验转化到作品中。

2. 玩出精彩。第一次让幼儿玩生蛋时，有四个幼儿的蛋碎了。为了让幼儿搞清楚原因，我们进行谈话“蛋怎么破了”，从幼儿的讲述中，他们对自己的失误有非常正确的表达。在保护蛋宝宝活动中，幼儿们在发现问题、讨论讲述中使原有的经验进一步地得到提升。在玩的过程也发现很多的科学道理，比如力的牵引、生熟蛋在水中的浮力等，这些不是简单的一个教学活动所能达到的效果，而是幼儿通过自发探索得到启发的。

3. 仿出个性。在实际的尝试中，幼儿们能够用自己的身体动作来表现自己的发现。在健康活动中，幼儿把自己比作一枚蛋，有摸滚的、翻滚的、跳跃的，在设置的场地上快乐地游戏着，运蛋过程中幼儿表现得最快乐。他们穿梭在不同线形、坡度、跨度的场地上顺利地将自己的蛋宝宝运送完毕，模仿得逼真，感情投入也很多。幼儿们的个性发展从活动的一个侧面生龙活虎地反映出来。

二、因势利导，把握主题探究活动的基点

考虑幼儿的个体差异，找准幼儿的最近发展区，使幼儿按照自己的意愿进行探索，一直是我们所追求的。还幼儿一个自由、轻松、安全的空间，让幼儿自主地探索和研究，满足不同幼儿的发展需要，及时地补充和调整材料，巧妙地进行引导，让幼儿有探究的兴趣和欲望，逐步达到共识。我们需要做好以下三点：(1) 顺应自然，发展个性的思维。(2) 因势利导，凸显自主的探究。(3) 把握生成，创造意外的惊喜。

三、梳理统整，形成主题探究活动的系列

在探索过程中，他们对主题探索的欲望在教师不断提供材料上得到满足。正是基于这样的主题背景，我们把幼儿园教育的五大领域借助区域活动平台，帮助幼儿们全面地发展，让幼儿在轻松愉悦的自主探究、交往、合作中体验。

（一）单元整合（单个）

1. 蛋的认识。在小班主题活动《蛋宝宝总动员》的一些教学尝试，虽然被划分为某一领域，但在整个目标与操作中，各领域内部与各领域之间还是有联系的，围绕蛋开展了一系列的活动，并在区域活动中应用，使幼儿获得更多蛋的信息。

2. 蛋的探究。随着现代社会的进步，幼儿对蛋的认识也仅局限于开展的主题活动中探究的内容上，从《蛋宝宝总动员》中，还应与环境、资源的整合相结合，深层次地开展环保与蛋质量的关系，科学引申到人工饲料喂养与天然食品喂养的区别，提倡食品的绿色和环保。

3. 蛋的孵化。现代化的孵化与原始孵化有很大的区别。让幼儿在参观过程中感受现代的进步，它具有速度、成效上的亮点；但违背自然发展规律，对原始的孵化有所认识和了解，它虽然存在着很多弊端，但把它作为一种原始的文化活动传承是可操作的。

（二）形成系列

1. 学科整合系列。结合新指南精神，我们把五大领域的学科知识进行整合，有机地将同一教学活动设计成不同活动，体现不同的教育价值，并且在组织实施中把区域活动、主题活动、教学活动有机地结合在一起，使幼儿的知识更全面、具体和可操作。

2. 生态环保系列。把环保教育结合到主题活动中，使幼儿知识的平面向知识的立体的方向发展，把握低结构知识与高结构知识的梯度关系。环境与我们身边的每一样事物都是相关的，让幼儿吸收更多的相关信息，促进他们成长，从小树立环保意识。

总之，从小班主题活动《蛋宝宝总动员》中，我们发现了更多有利于幼儿发展的拓展活动，帮助他们获得更多有益经验，在实践过程中折射出幼儿园主题探究活动实践的思考，大胆尝试用新的思维和方法去看待新的教育。

幼儿体育自主游戏中教师支持策略的研究

（王蒙　北京市房山区周口店镇中心幼儿园）

摘　要：在幼儿教育中，体育活动对于幼儿的身心发展具有不可替代的作用，而自主游戏作为体育活动的一种重要形式，更是备受关注。教师在幼儿体育自主游戏中的角色定位和支持策略对游戏效果有着十分重要的影响。本文从幼儿教师的视角出发，探讨了如何更有效地支持幼儿体育自主游戏，以促进幼儿的全面发展。

关键词：幼儿体育；自主游戏；教师支持策略；实践案例；理论支撑

随着幼儿教育理念的更新，自主游戏在幼儿教育中的地位逐渐凸显。自主游戏强调幼儿在游戏过程中的主体性和自主性，有助于培养幼儿的创造力、协作能力、问题解决能力以及身心协调能力。本文从幼儿教师的视角出发，深入探究了如何更有效地支持幼儿体育自主游戏，以促进幼儿的全面发展。

一、研究幼儿体育自主游戏中教师支持策略的理论基石

（一）幼儿自主性发展理论

幼儿自主性发展是指幼儿在成长过程中逐渐获得自我认知、自我调节和自我决策的能力。该理论强调尊重幼儿的主体地位和自主性，鼓励他们在与环境、材料和同伴的互动中积极探索和学习。在体育自主游戏中，教师应以幼儿为中心，提供自由探索的空间和机会，以促进其自主性发展。

（二）建构主义学习理论

建构主义学习理论认为，学习是学习者在积极主动的建构过程中获得知识和技能的过程。该理论强调学习者的主体性和主动性，认为学习是学习者与环境相互作用的结果。在体育自主游戏中，幼儿通过与环境、材料和同伴的互动，积极主动地建构自己的经验和知识。教师应作为支持者和引导者，为幼儿提供丰富多样的游戏材料和情境，以促进其主动建构和学习。

（三）社会互动理论

社会互动理论认为，人的发展是在与他人的互动中实现的。该理论强调人际关系和社会交往对于个体发展的重要性。在体育自主游戏中，幼儿通过与同伴和教师的互动，学会合作、分享和解决冲突等社会技能。教师应鼓励幼儿积极参与游戏互动，培养他们的社会交往能力。

此外，国内外学者对于幼儿体育自主游戏教师支持策略的研究也取得了一定的成果。这些研究从不同角度探讨了教师在体育自主游戏中的角色定位、支持策略以及影响因素等。

二、教师支持幼儿体育自主游戏的策略

（一）创造优质的游戏环境

优质的游戏环境是幼儿体育自主游戏的基础。教师应根据幼儿的兴趣和发展水平，精心设计和布置游戏场地，提供丰富多样的游戏材料。例如，在户外操场上设置攀爬架、滑梯、秋千等运动设施，以满足幼儿的不同需求。同时，教师还应确保游戏环境的安全性，以保障幼儿在游戏中的安全。例如，在某幼儿园的户外游戏活动中，教师根据幼儿的兴趣和发展水平，在场地上设置了不同难度的攀爬设施、平衡木和跳跃区。同时，教师还提供了各种大小和材质的球类、跳绳、沙包等运动器材供幼儿选择。在游戏中，幼儿可以根据自己的喜好和能力选择合适的设施和材料进行游戏，充分发挥自主性。教师在游戏过程中密切关注幼儿的安全状况，及时提醒和纠正不安全行为。

（二）尊重幼儿的游戏选择和主体地位

尊重幼儿的游戏选择和主体地位，是教师支持体育自主游戏的基本原则。教师应允许幼儿在游戏过程中自由选择游戏内容、伙伴和材料，避免过度干预和控制。同时，教师还应关注幼儿在游戏中的表现和反应，及时调整游戏难度和策略以满足幼儿的需求。例如，在一次角色扮演游戏中，教师发现几名幼儿对扮演医生和病人的游戏非常感兴趣。于是，教师提供了听诊器、注射器等道具供幼儿使用，并鼓励他们自主创设医院场景和角色对话。在游戏中，幼儿积极参与互动，不仅锻炼了语言表达能力，还培养了同情心和责任感。

（三）提供适时的引导和反馈

虽然体育自主游戏强调幼儿的自主性，但教师的引导和反馈仍然必不可少。教师应在观察的基础上适时给予幼儿引导和建议，帮助他们解决游戏中遇到的困难；同时，教师还应对幼儿的游戏表现给予积极的反馈和评价，以增强他们的自信心和成就感。在提供反馈时，教师应注重具体性和针对性，避免笼统和模糊的评价。例如，在一次障碍跑游戏中，教师发现一名幼儿在跨越障碍物时总是犹豫不决。于是，教师走到该幼儿身边，鼓励他勇敢尝试，并示范了正确的跨越动作；同时，教师还对该幼儿在游戏中的其他表现给予了积极的反馈和评价。在教师的引导和鼓励下，该幼儿逐渐克服了心理障碍，并成功完成了游戏任务；他的自信心和成就感也得到了提升。此外，教师在游戏过程中还对其他幼儿的表现进行了观察和记录，以便在后续活动中进行有针对性的引导和支持。

（四）培养幼儿的规则意识和自律能力

游戏规则是保证游戏顺利进行的重要因素，也是培养幼儿规则意识和自律能力的重要途径。在体育自主游戏中，教师应引导幼儿理解和遵守游戏规则，以确保游戏的公平性和顺利进行；同时，教师还可以通过与幼儿共同制定游戏规则的方式，增强他们的参与感和责任感。例如，在一次接力跑游戏中，教师首先向幼儿讲解了游戏规则和注意事项，然后邀请幼儿一起讨论并制定奖惩措施，以确保游戏的公平公正进行。在游戏中，幼儿能够自觉遵守规则，并相互监督彼此的行为，表现良好；同时，他们还在游戏过程中逐渐形成了规则意识和自律能力。通过参与制定和执行游戏规则的过程，幼儿不仅增强了规则意识，还培养了团队协作精神和公平竞争意识。

（五）鼓励幼儿间的交流与合作

交流与合作是体育自主游戏中的重要环节，也是促进幼儿全面发展的重要途径。教师应

鼓励幼儿在游戏中相互交流、合作完成任务，并分享经验成果；这种合作与分享不仅能够促进幼儿之间的情感交流，还能提高他们的团队协作能力以及解决问题的能力。同时，教师还应关注幼儿在交流与合作中的表现，及时给予引导和支持，以帮助他们更好地完成任务和解决问题。例如，在一次搭积木游戏中，教师鼓励幼儿自由分组，并合作搭建高楼大厦。在游戏中，幼儿们积极讨论、分工合作，并相互帮助，完成了各自的任务；最后，每个小组都展示了自己的作品，并分享了搭建过程中的经验和感受。通过这次游戏活动，幼儿们不仅学会了如何与他人合作完成任务，还培养了他们的空间想象力和手眼协调能力；同时，他们还在交流与合作中学会了倾听、表达和尊重他人的意见和想法。

三、影响教师支持策略实施效果的因素分析

（一）教师的专业素养和教育理念

教师的专业素养和教育理念是影响教师支持策略实施效果的重要因素。具备专业素养的教师能够更好地理解和把握幼儿的发展规律和特点，提供有针对性的支持策略；同时，持有先进教育理念的教师能够更加注重幼儿的主体性和自主性，尊重幼儿的游戏意愿和需求。

（二）幼儿园的管理和支持

幼儿园的管理和支持也是影响教师支持策略实施效果的重要因素。幼儿园应为教师提供必要的培训和学习机会，以提高他们的专业素养和教育理念；同时，应为教师提供充足的游戏材料和场地等资源，以满足幼儿的游戏需求。此外，幼儿园还应建立科学合理的评价机制，对教师的支持策略实施效果进行定期评估和反馈，以激励教师不断改进和提高自己的支持策略。

四、结论与建议

1. 创造优质的游戏环境、尊重幼儿的游戏选择和主体地位、提供适时的引导和反馈、培养幼儿的规则意识和自律能力以及鼓励幼儿间的交流与合作，是教师支持体育自主游戏的有效策略。

2. 教师的专业素养和教育理念以及幼儿园的管理和支持，是影响教师支持策略实施效果的重要因素。

3. 为提高教师支持策略实施效果，应加强对教师的培训和学习，提高他们的专业素养和教育理念，幼儿园还应提供必要的资源和支持，并建立科学合理的评价机制。

根据以上结论，本文提出以下建议：一是教师应不断学习和更新教育理念，提高自己的专业素养，以更好地支持幼儿体育自主游戏；二是幼儿园应加强对教师的培训和学习投入，提供更多的资源和支持，以帮助教师提升支持策略实施效果；三是家长和社会应积极配合幼儿园的工作，共同关注和支持幼儿的体育自主游戏，促进他们的全面发展。

五、总结与展望

本文从幼儿教师的角度出发，对幼儿体育自主游戏教师支持策略进行了深入探讨，并提出了具体的策略和建议。通过结合实践案例和理论支撑，本文旨在为幼儿教师提供更具操作性的实践指导和理论参考。然而，由于研究时间和篇幅限制，本文还存在一定的局限性，如未对不同年龄段幼儿进行分类研究，以及未对教师支持策略实施效果进行长期跟踪评估等。未来研究可以进一步拓宽思路，采用多种研究方法，对不同年龄段幼儿进行分类研究，以更

加深入地探讨教师支持策略对幼儿体育自主游戏的影响和作用机制。同时，可以将教师支持策略与其他教育因素（如家庭教育、社会环境等）相结合，进行综合研究，以期为幼儿教育提供更加全面和有效的指导。

参考文献

[1] 刘焱．幼儿游戏通论［M］．北京：北京师范大学出版社，2004.
[2] 邱学青．自主性游戏中教师指导语言策略的探讨［J］．早期教育，2003（12）．

音乐游戏在特殊幼儿集体生活中的作用与实践

（吴娟　陕西省咸阳市社会福利院）

摘　要：随着教育改革的深入推进，特殊幼儿教育领域也开始受到社会的广泛关注。音乐游戏作为一种富有创造性和趣味性的教学方法，在特殊幼儿教育中发挥着独特而重要的作用。本文基于笔者在福利院特殊幼儿音乐教学的实际经验，探讨了音乐游戏在提升特殊幼儿社交能力、情感表达和身心健康方面的积极作用，并分享音乐游戏在特殊幼儿集体生活中的实践策略，旨在为特殊幼儿教师提供启示。

关键词：音乐游戏；特殊幼儿；集体生活

一、引言

特殊幼儿，或许智力超群，却困于情感的迷宫；或许身姿矫健，却难以言说；或许内心丰富，却被误解和忽视。他们是教育领域中的一道难题。音乐游戏以其互动性和灵活性，成为连接特殊幼儿内心世界与外部环境的桥梁。

每个特殊幼儿都是一个独立的宇宙，他们各自的特点与挑战并存，使得他们的成长之路更加曲折。智力障碍的幼儿，常常陷入思考的深渊，无法自拔；身体残疾的幼儿，面对日常生活的困难，需要更多的帮助与关爱；心理疾病的幼儿，内心的风暴让他们与外界隔绝，难以融入集体。然而，正是这些特点与挑战，使得特殊幼儿的生命更加独特和有意义。他们如同未经雕琢的宝石，需要我们去细心发现和打磨，去挖掘他们内在的价值。音乐游戏，正是那把能够点亮他们内心世界的钥匙，让他们在音乐的海洋中自由翱翔，释放内心的情感。

二、音乐游戏在特殊幼儿集体生活中的作用

音乐游戏，以其独特的魅力，在特殊幼儿集体生活中发挥着重要的作用，展现出显著的效果。它如同一道绚烂的彩虹，不仅连接着每一个幼儿纯真的心灵，更是在无形中为他们的成长搭建起坚实的桥梁。

（一）破冰之舟：提高社交技能

特殊幼儿，由于其特殊的生理或心理状况，往往在社交方面面临诸多挑战。音乐游戏，如同温暖的破冰之舟，帮助他们勇敢地驶入同伴的海洋。在音乐的律动中，幼儿们更容易打开心扉，放下心中的防备，与同伴建立真挚的联系。无论是合唱、舞蹈，还是乐器合奏，都需要幼儿们相互配合、相互倾听，这无疑为他们的社交技能提供了宝贵的锻炼机会。音乐之于人类，不仅是心灵的慰藉，更是沟通的纽带。对于特殊幼儿而言，这一点尤为显著。音乐游戏的引入，让这些幼儿拥有了一个全新的社交平台。当幼儿们在音乐的海洋中欢快地游戏时，他们其实正在学习着最基本的社交技能。这个过程可以从简单的“音乐椅子”游戏中得到体现。幼儿们围坐成一圈，音乐响起时便随节奏移动，音乐暂停时则寻找椅子坐下。这样的活动要求幼儿们必须互相观察、相互配合，才能顺利地进行游戏。在重复的游戏过程中，他们慢慢学会了如何倾听音乐背后的“沉默”（即他人的需要），如何表达自己想落座的愿望，并与同伴共同工作，以达成共同的目标。这种游戏形式无形中培养了他们的等待、交替和分享——这些都是社交生活中不可或缺的元素。

（二）心灵港湾：增强情感支持

音乐，被誉为人类共同的语言，它能够触及人心最柔软的地方。音乐游戏不仅是耳朵的盛宴，更是心灵的对话。对于特殊幼儿来说，音乐是他们释放内心情感的一种方式。通过游戏，他们能够在无压力的环境中自然地表露自己的喜怒哀乐。例如，在“情感表达鼓圈”中，每个幼儿轮流敲击鼓，用不同的节奏和强度表达自己的情绪。其他幼儿则通过聆听和模仿来理解和回应。音乐游戏创造了一个情感共鸣的空间，使得特殊幼儿能够在模仿和反馈中学习情感识别和情感表达的技巧。同时，音乐游戏的规则也在潜移默化中引导幼儿们遵循秩序。通过固定的起止信号、明确的指令和预设的游戏规则，幼儿们在玩乐的同时，学习了如何在集体生活中守规矩、按规则行事，这对于他们理解社会行为准则具有重要影响。

（三）魔法旋律：促进身体协调

音乐游戏对特殊幼儿的认知与身体发展同样有着积极的推动作用。在节奏的律动中，幼儿们不仅锻炼了记忆力，还培养了对时间和节奏的敏感性。例如，在“节奏接力”游戏中，幼儿们需要记住特定的节奏并准确无误地传递给下一个小伙伴。这不仅提高了他们的注意力和记忆力，还加强了审听能力和节奏感。在身体层面，音乐游戏中的动作设计往往需要一定的身体协调性和运动技巧。通过模仿动物行走的节奏、跳跃或者手势的挥动，幼儿们在无意间完成了各种身体协调性训练。这些活动不仅丰富了幼儿们的运动经验，还增强了他们的运动能力和身体自信。在音乐游戏的海洋中，每一个音符都如同魔法般引导着幼儿们的身体。舞蹈、节奏打击等活动不仅锻炼了幼儿们的肌肉力量，更提高了他们的身体协调性和平衡感。这种身体上的锻炼与日常的体育活动相结合，为特殊幼儿提供了更为全面的发展机会。

三、音乐游戏在特殊幼儿集体生活中的实践策略

音乐游戏，如同一颗璀璨的明珠，既要在特殊幼儿集体生活中熠熠生辉，又要在实践中不断磨砺和提升。以下是关于音乐游戏在特殊幼儿集体生活中的实践策略，以期为教育者提供一些启示和思考。

（一）精选音乐素材：触摸心灵的旋律

在特殊幼儿的集体生活中，音乐素材的选择至关重要。这不仅关乎幼儿的兴趣和参与度，更直接影响他们的心灵成长。

情感共鸣：选择那些能够引发特殊幼儿情感共鸣的音乐。可以是温馨的摇篮曲，也可以是欢快的儿歌。关键是要找到能够触动幼儿内心深处的旋律和歌词。

文化多样性：为了培养幼儿的多元文化意识，可以挑选来自不同文化和背景的音乐。这不仅可以拓宽他们的音乐视野，还可以增强他们的文化包容性和尊重。

个性化定制：根据特殊幼儿的兴趣和需求，可以定制专属的音乐素材。例如，对于喜欢大自然的幼儿，可以创作以自然声音为主题的音乐；对于喜欢动物的幼儿，可以融入动物的叫声和特点。

家长参与：鼓励家长参与到音乐素材的选择中来。家长最了解自己的幼儿，他们可以提供宝贵的意见和建议，帮助我们更好地满足幼儿们的情感需求。

（二）设计游戏环节：搭建沟通的桥梁

音乐游戏的设计不仅仅是为了娱乐或教育目的，更是为了搭建一个沟通的桥梁，让特殊幼儿能够更好地与周围的世界互动和交流。

适应性：游戏环节应根据特殊幼儿的能力和需求进行设计。考虑到他们的身体、智力或

情感方面的障碍，应确保游戏难度适中，易于理解和执行。通过调整规则、道具或活动方式，确保每个幼儿都能参与其中并体验到乐趣。

互动性：鼓励幼儿们在游戏中进行互动和合作。通过小组活动或角色扮演等形式，让幼儿们共同完成任务或合作创作。这样的互动不仅有助于提高他们的社交技能，还能培养团队精神。

创造性：为幼儿们提供自由发挥的空间，让他们能够创造性地表达自己，鼓励他们即兴创作、改编歌曲或编排舞蹈动作等。这将有助于激发他们的想象力和创造力。

安全性：确保游戏环节的安全性至关重要。在选择道具、布置场地时，要考虑到特殊幼儿的特殊需求，排除潜在的安全隐患。同时，教育者应具备基本的急救知识和应对措施，以便在需要时给予及时的救助。

（三）运用音乐元素：唤醒感知的旋律

特殊幼儿常常因为自身的障碍而对世界的感知有限。音乐游戏可以通过运用丰富的音乐元素来唤醒他们的感知能力。

探索音高与情绪的关系：音高的变化可以引发不同的情绪反应。高音往往给人带来轻松、愉快的感觉，而低音则可能让人感到压抑或沉重。在游戏中，可以让幼儿们尝试通过音高的变化来表达不同的情绪状态，从而培养他们对情绪的认知和表达能力。

利用节奏模拟日常场景：节奏是音乐的重要组成部分，它能够模拟许多日常场景和动作。例如，快节奏可以用来模仿跑步或跳跃的动作，而慢节奏则可以模拟走路或摇篮曲的感觉。通过这种方式，幼儿们可以在游戏中体验不同的动作和场景，从而加深对日常生活的认识和理解。

探索音色的多样性：音色是音乐中用来描述不同乐器或声音特质的元素。通过探索不同的音色，幼儿们可以感知到音乐的多样性和丰富性。例如，使用钢琴和小提琴演奏相同的旋律可以产生截然不同的音色效果，这可以让幼儿们感受到音乐的独特魅力。

培养节拍感：节拍是音乐中的时间单位，它对于培养幼儿们的节奏感和协调性非常重要。通过简单的打击乐器或舞蹈动作，幼儿们可以学习跟随节拍，培养他们的节奏感和协调性。

四、结语

音乐游戏作为一种有效的教学手段，能够在帮助特殊幼儿适应集体生活的同时，促进他们心理和行为能力的全面发展。音乐游戏的设计与实施，需要我们深入了解特殊幼儿的特点与挑战。我们需要根据他们的实际情况，进行个性化的设计、灵活的调整和针对性的实施。只有这样，音乐游戏才能真正发挥它的作用，帮助特殊幼儿克服困难，迎接挑战，走向更加美好的未来。

参考文献

［1］凌伟．幼儿游戏在特殊教育中的合理应用策略研究［J］．教育界，2023（15）：107－109.

［2］陈向晖．奥尔夫音乐教学法在幼儿园大班特殊幼儿教育中的运用［J］．琴童，2023（06）：84－86.

对幼儿自主游戏支持策略的思考
——以“多变的报纸”游戏为例

（关艺　北京市平谷区第四幼儿园）

摘　要：自主游戏是幼儿依据自己的兴趣需要，自由地选择、开展游戏，并在其中自发地互动交流的活动。自主游戏可以培养幼儿的探究、决策、思维发展、人际交往等方面的能力，在幼儿园日常游戏中是非常倡导的方式。那么身为幼儿教师如何观察幼儿的自主游戏？通过哪些方法有效支持幼儿的自主游戏？怎样将幼儿的自主游戏开展得有质量、有深度？针对上述问题，我们将以班级中开展的“多变的报纸”游戏为例，探讨开展幼儿自主游戏的有效策略。

关键词：自主游戏；观察；支持策略

一、缘起：报纸的多种玩法

园中利用废旧报纸进行了教研活动，在教研活动过程中，就是将废旧报纸发放到教师手中，让教师“玩”起来。我将废旧报纸材料交到了幼儿手中，想看一看幼儿拿到报纸后，凭借自己的经验，会开发出什么样有趣的游戏。大班幼儿经过小中班的积累已经有了一定的游戏经验，他们喜欢有挑战性、有趣味性的游戏。将报纸交给幼儿后我先不给予指导，就让幼儿自己创造游戏玩法，增加他们游戏的挑战性。希望幼儿能够在游戏中达到以下目标：

1. 了解废旧报纸柔软、易折、多变的特性。
2. 能够根据报纸的特性，结合已有游戏经验开创报纸的新玩法。
3. 体现自主游戏的乐趣，发挥想象力。

二、捕捉：思考与尝试

实录一：个人游戏

我将报纸交到小朋友们手里，每个小朋友都有一张。我说：“小朋友们可以想一想自己手里的报纸还能变成什么。”小朋友们拿到报纸后都很兴奋，并且成功地把废旧报纸变成了新的游戏材料。有的小朋友将它变成了纸飞机，有的小朋友将报纸一卷变成了望远镜或者金箍棒，有的小朋友用力将报纸揉成一团变成了纸球放在头顶上顶着玩儿，有的小朋友把报纸撕成一条一条的，放在嘴巴周围变成了大胡子……一张废旧报纸在小朋友们的手中创造出了很多种玩儿法。小朋友们在自由的尝试、体验过程中，增强了他们的创新意识，发展了他们的创造性思维。

实录二：互动游戏

将报纸发放到幼儿手中时他们会兴奋地拿着报纸，自己开发报纸新玩法。但是时间久了他们个人游戏的兴趣就会减少，会和周围的小朋友开始互动，或是展示他们的创意，或是邀请其他小朋友来玩自己创造的报纸小游戏。幼儿们开始相互交流后，我向他们提出可以和自己的小伙伴一起进行报纸游戏，然后向小朋友们分享他们的玩法。班里又开始热闹起来，小朋友们找到自己的好伙伴，商量着怎么玩儿。阳阳说：“这个报纸折起来四四方方的，像之前运动会上过小河的那个小垫子。”我听到了阳阳的话马上回应他说：“那你想想看这个报纸能不能玩过小河的游戏呢?”阳阳和他的小伙伴两个人纷纷把报纸折成方方正正的样子，两个人一个负责放报纸，另一个负责跳，玩起了过小河游戏。有的小朋友发现报纸展开很大，能够在上面放很多东西，结合之前带他们玩过的蚂蚁运粮食游戏，他们两两配合将报纸展开将一些小物件放在上面开始了运送小游戏。有的小朋友将报纸掏了一个洞，两个小朋友将报纸展开，一个小朋友投纸球，进行投篮小游戏。小朋友们集思广益，真是把报纸玩出了花样，但是班级中也有较为内向的幼儿，他们不愿主动去找其他幼儿组合玩耍，为了照顾到班上每名幼儿，我在接下来的过程中进行了集体游戏。

实录三：集体游戏

我将班级中的小朋友集中到一起，向他们提问：“请小朋友们帮助教师想一想，怎么用报纸进行游戏，让班级中的所有小朋友都能够参与进来呢?”小朋友们你一言我一语，开始说出了自己的想法。“报纸可以变成小垫子，我们可以玩儿抢垫子的游戏。”“可以全班小朋友一起过小河。”“可以一起用报纸做风筝，大家一起放风筝。”……不得不说幼儿们的想象力真的是没有穷尽的，只要找到了他们的兴趣点，他们就会滔滔不绝地说出很多，给予了身为教师的我很多灵感。在小朋友们的建议下，我组织班里的幼儿进行了“抢椅子”的游戏，小朋友们分组进行抢椅子，每组的胜出者，再在一起进行一次比赛，最终胜出的小朋友就是冠军。小朋友们在游戏过程中玩得十分开心，班级里充满了他们的欢声笑语。

三、分析与反思

开展此次游戏活动主要是受到了教研活动的启发，在教研活动过程中一张报纸给予了教师们极大的自主性，让教师自己去创造材料，开展游戏。在过程中我觉得自己的想象力被报纸激发了，报纸带动了我的思考，让我不由自主地想去创造游戏，并且在创造游戏时我对于报纸的物理性质有了更深入的了解，这是我之前所没有关注到的。我在教研过程中所经历的发挥想象力与创造力的经验，我想如果把这带给幼儿让幼儿也体验一次，那对于幼儿认知经验的发展能够起到极大的促进作用。当下所倡导的正是“幼儿自主游戏”，所谓自主游戏就是幼儿在一定的游戏环境中根据自己的兴趣和需要，以快乐和满足为目的，自由选择、自主展开、自发交流的积极主动的活动过程。在这个过程中，幼儿不断地尝试、法宣、学习，让自己的兴趣需要得到满足。但是幼儿毕竟是幼儿，他们的认知还没有完全成熟，如果放任幼儿的自主游戏，完全交给幼儿是不行的，需要我们教师适时引导。而教师如何支持幼儿自主游戏就值得进一步深思。根据多变的报纸这一游戏案例，我总结出如下支持策略。

（一）尊重幼儿主体地位，明确角色，抓住教育时机

在活动过程中我给予幼儿自主权利去开发创造报纸的多种玩法，在这个过程中，幼儿不仅会为教师能相信他们自己的能力感到开心，也会提升幼儿的创造能力，培养他们的创新和动手能力。调动幼儿已有的游戏经验创造更新的游戏。结合维果茨基的“最近发展区”理论，在幼儿已有经验基础上发展出新的发展区，不断促进幼儿的发展。在幼儿的互动游戏过程中，增进了幼儿间的感情交流，发展了幼儿的语言表达能力和人际交往能力，能够很好地与人沟通。在发现幼儿在个体游戏时出现无聊的状态时，我积极引导，促进幼儿的合作游戏，让幼儿自主游戏面更广阔。身为教师要明确自己的身份，在幼儿游戏过程中教师要作为一个好的观察者、支持者和伙伴。观察幼儿的需要，为幼儿提供必要的帮助，必要时参与游戏对幼儿进行指导，不要包办、代替指挥幼儿游戏过程。

（二）聆听幼儿需求，把握策略，积极支持

在集体游戏过程中，幼儿想出了很多游戏，身为教师的我全面接纳了班级中每名幼儿的游戏创意，并且尽自己的所能去实现他们的游戏。教育家陈鹤琴先生曾说："游戏是幼儿的第二生命。"教师要肯定自主游戏对于幼儿的发展价值，并从根本上树立重视幼儿自主游戏的态度。在幼儿自主游戏中，教师要以积极的情绪投入到游戏中，要深入地"玩"、快乐地"玩"、有思考地"玩"，并要积极回应幼儿在游戏中的困境和疑问。

（三）敏锐观察，积极融入，科学介入

敏锐观察是教师支持幼儿自主游戏的重要一步。教师要有目的地观察，并且能够敏锐察觉幼儿在自主游戏中的需求及发展趋势；在观察的基础上介入，引导幼儿主动发现问题、自主分析问题、探索解决问题。教师要注意介入的方式，在不打断幼儿自主游戏的前提下，进行介入。

在"多变的报纸"游戏案例中，很遗憾我没有为幼儿营造一个良好的环境，环境在幼儿的自主游戏中也是起着至关重要的作用。环境可以激发幼儿的游戏兴趣，营造幼儿的游戏氛围，辅助幼儿更好地进行游戏，所以在今后指导幼儿自主游戏过程中，我也会更加注重游戏环境的创造。

参考文献

[1] 潘美春．有效激发幼儿自主游戏意识的策略探究［J］．教育艺术，2024（3）：40＋42.

[2] 郑小花．深度学习视角下幼儿自主游戏中师幼互动的有效策略［J］．教育艺术，2024（3）：46－47.

[3] 霍如娟．教师如何在自主游戏中支持幼儿的学习与发展［J］．东方娃娃·保育与教育，2024（1）：53－55.

幼小衔接“玩”出来

（吴蔚　湖北省武汉市武昌区中北路幼儿园）

摘　要：从幼儿园到小学，是幼儿成长的一个重要阶段，也是教育生态链中的重要一环，在“双减”中负有重要使命。做好幼小衔接工作，让幼儿能够更快适应小学生活，是学前教育研究的重要话题。本文主要采用自然观察法，结合笔者带班实际工作经验，总结出幼小衔接现状及问题，探讨了幼小衔接游戏化问题，以促进幼儿成长。

关键词：幼小衔接；游戏；科学衔接

教育部印发的《关于大力推进幼儿园与小学科学衔接的指导意见》（以下简称《指导意见》），对在幼小衔接过程中幼儿园和小学该如何做好双向衔接，提出了明确的要求。将幼小衔接教育融入游戏化课程中，能够引导和帮助幼儿做好入学准备，减缓幼小衔接坡度，提升幼儿的小学适应能力，激发幼儿对于小学生活的向往，帮助幼儿平稳度过幼儿园到小学的阶段。但近年来，这一工作的开展并不尽如人意，面对即将上一年级幼儿的家长就会出现种种困惑：取消了培训机构，幼儿上一年级能跟上吗？不在大班提前学习小学知识，幼儿能适应吗？……这种困惑导致幼儿园教学模式和内容趋于“小学化”，缺少游戏化和趣味性活动。那么，如何做到游戏与幼小衔接工作并重，通过幼儿园活动游戏化助推幼小科学衔接，成为备受关注的热点问题。

一、不能“玩”的困境

（一）家长观念有待转变

从幼儿园活动到学校教育，幼儿要经历生活方式、生活环境、学习方式的重大变化，他们并不是天生就具备适应这种变化的能力。家庭是幼儿成长的重要场所，对幼儿的幼小衔接起到的作用是巨大的。中北路幼儿园的问卷调查显示，当前有很多家长比较焦虑，认为幼小衔接中学科知识的学习是最重要的，忽略了幼儿的发展规律，很多家长甚至认为幼儿园应该开设幼小衔接班，为了不让幼儿输在起跑线上，家长们通常选择“抢跑”。在此背景下，教师为了获得家长的认同感，只能重教学、轻游戏。

（二）“教育目标”有待连接

针对幼儿园与小学衔接的问题，我们发现，虽然幼儿园不断开展相关衔接活动，但在小学教师看来，一年级的幼儿在某些技能方面尚未达到小学生应具有的水平，经过幼儿园的“强化”，很多一年级的幼儿养成了不良习惯并且很难纠正。这反映出幼儿园在幼小衔接方面的“教育目标”与小学的“教育目标”是脱节的，缺乏校园层面的沟通。

（三）个体化差异有待重视

幼小衔接基于成人视角提出，局限于探索幼儿如何顺利度过幼小衔接时期。按照这类研究者思路来看，只要科学地掌握了衔接期的关键因素及因果关系，就会迎刃而解在幼小衔接中遇到的各种问题，忽略了幼儿的主体地位以及游戏在幼儿发展中的重要作用。每个幼儿都是不一样的，他们有着自己的发展速度，如果教育者没有关注个体差异，在一个标准之下进行衔接活动，那么会使能力强的幼儿更突出，能力偏弱的幼儿因为未适应衔接活动而更加难以跟上“衔接”的步伐，造成教育的不公平化。

（四）培训机构推波助澜

校外培训机构良莠不齐，很多培训机构抓住家长的“痛点”，贩卖焦虑，打出各种精心包装的伪衔接广告以吸引家长。有的幼儿在参加幼小衔接相关培训后，学科知识较参加培训前有所提高，这无疑是对机构最好的宣传。但是很多幼儿在小学三年级以后就没有了“后劲”，这种“后劲不足”源于幼儿对学习缺乏兴趣、通识储备不足、缺乏足够的想象力和举一反三的学习能力，最终形成恶性循环。

二、“玩”起来的理由

（一）厚积薄发，用丰富的游戏夯实幼儿基础

游戏就像一座桥梁，连接着幼儿园和小学，游戏让幼儿们在快乐中为未来生活做准备。幼儿也是游戏的一部分，在游戏中他们需要面对不同的问题，进行思考，探索解决问题的各种方式，使得游戏继续下去。根据《幼儿园入学准备指导要点》中的要求，大班幼儿要有良好的生活习惯和一定的自理能力，教师要通过各种形式进行引导。在“挑战一分钟”特色游戏活动中，通过单脚站立、跳绳大赛、挠痒痒等不同的游戏，体验一分钟的时间长度。幼儿们在讨论、体验、挑战中，深刻体会到时间的长短取决于认真程度和速度，只有珍惜时间才能做更多有意义的事情，明白了时间管理的重要性。在这个游戏中，幼儿的思维和感官被充分调动，主客体直接接触，互相作用，使幼儿获得丰富的经验，为进入小学打下习惯基础。

（二）循序渐进，用科学的游戏引导家长远离焦虑

积极宣传多动员，利用家长会、家长论坛等形式宣传游戏的重要性，了解游戏对于幼儿的独特价值。观摩游戏有对比，记录幼儿们从小班到大班的游戏故事，通过对比，实打实地看到幼儿们在游戏中的进步。以某大班为例，在家长会上，教师出示了一位幼儿学期初和学期末的游戏故事，通过对比，我们发现，幼儿的绘画能力有所提高，线条逐渐丰满，对游戏故事的描述的逻辑性增强，能用简单的符号、文字表达自己的意思，记录游戏故事培养了幼儿前书写的能力。亲子游戏齐参与，鼓励家委成员动员家长参加亲子游戏，做到家园合力促衔接。例如，开展购物游戏，与幼儿共同制订购物计划，鼓励幼儿们说一说自己的计划，和幼儿一起回顾游戏计划和采购完成情况，分析原因并调整。在这个过程中，幼儿们独立思考的能力得到发展。

（三）正本清源，让温暖的游戏助力幼儿持续发展

在幼小衔接中，不应只关注学科知识的学习，而应当遵循幼儿的学习特点和发展规律，创设游戏化的基本活动，回归做中学、玩中学的教育本位，激发幼儿们在游戏探索中的内驱力，为幼儿园升入小学做好能力的衔接。在游戏中要学会放手，尊重每一个幼儿，相信幼儿的游戏能力，允许幼儿犯错误，帮助幼儿们用自己的方式探索和解决游戏中遇到的困难，让幼儿们在游戏中感受到尊重与爱，保护幼儿们对游戏、学习的积极情感。

三、怎么“玩”的探索

（一）在游戏中做好身心准备

对小学生活充满向往，有上小学的愿望，是幼儿开启小学学习生活的情感动力，也是入学的重要心理准备。教育者要发现每个幼儿对小学的期待，开展一系列活动激发幼儿的入学向往。创设上小学的情景，开展角色游戏——假如我是小学生，说说“我心目中的小学”，通过谈话，幼儿们大胆表达自己对小学的期待和畅想，是那么鲜活、灵动，对于即将到来的小学生活是那么兴奋、渴望……

（二）在游戏中做好生活准备

良好的生活和卫生习惯有利于幼儿较快适应小学的作息和生活。进入大班后幼儿们书包里的物品越来越多了。纸巾、衣服、绘本、跳绳、彩笔、油画棒、表征记录本、水壶……书包总是鼓鼓的。在一次放学准备环节中，一位幼儿遇到了困难：“书包里的跳绳、衣服、书都不听话，使劲儿塞也塞不进去。这是为什么呢？”他的困惑是：早晨来的时候是这些东西，放得好好的，晚上就拉不上拉链了。教师察觉到了教育契机，开展“小书包，我整理”的游戏活动。在一次次尝试中，幼儿们根据不断整理发现书包每个兜的功能，初步确定各种类物品的收纳位置，规划合理利用书包的空间，逐步学会分类整理和收纳自己的物品，充分体验了整理书包的乐趣，发展了自理能力，从而进一步做好了小学生的四项准备。

（三）在游戏中做好社会准备

良好的交往和合作能力有利于幼儿入学后结交新朋友、认识新教师，逐步适应小学新的人际关系。在野餐游戏中，游戏开始，幼儿们展开了激烈的讨论：野餐都需要带什么，带的东西教室有没有，喜欢和谁一块儿去……接着自由组队，寻找道具，在自由的游戏环境中，幼儿们认真倾听同伴的想法和意见，当意见不一致时说明理由，学习协商解决问题，努力说服同伴达成一致。当遇到“缺少材料”的问题时，尝试用协商、交换、轮流、合作等方法解决，不争抢，不欺负同伴。

（四）在游戏中做好学习准备

好奇心是终身学习的原动力，专注力、坚持性、计划性是入学准备的必要条件。在室内自主游戏环节中，幼儿们独立设计游戏计划，根据计划开展今天的游戏，结束后以图画、文字、符号等形式记录游戏故事。教师用尊重、接纳的态度，鼓励幼儿们在集体中分享自己的游戏计划和游戏故事，不用对错简单评价，呵护幼儿的好奇、好问、好玩，让幼儿能更加主动、持久、投入地进行游戏，也带着这份主动、持久、投入迈向小学生活。

幼小衔接是一项系统工程，入学准备是一个循序渐进的过程，“玩”是幼儿们学习的方式，“育人”是父母和教师的目的，懂得尊重、接纳、欣赏和鼓励幼儿，这样才能培养出健康而自信的幼儿。教育者要观察幼儿，在生活活动中创设不同情境，多带幼儿走进情境之中，探索发现，让幼儿在“玩中学”“做中学”“生活中学”，培养鲜活而丰富的生命，具备适应小学的能力。

参考文献

［1］教育部关于大力推进幼儿园与小学科学衔接的指导意见（教基［2021］4号）.
［2］陈丽雅．幼小衔接中幼儿教师的痛与思［J］．师道，2023（12）：26—27.
［3］李非易．“我”眼中的小学［D］．四川师范大学，2017.

师幼共创户外挑战区的实践研究

（耿志豪　江苏省江阴市长寿实验幼儿园）

摘　要： 在幼儿园实际的户外活动中，户外游戏环境大多由教师创设，幼儿主动参与的积极性不高，加之挑战性游戏项目匮乏和过度保护，对于幼儿的身心发展不能起到很好的促进作用。师幼共创，值得探究。笔者希望通过研究改变教师的游戏观念，引导幼儿主动参与户外挑战区创设的同时形成可操作性、有成效、有一定推广意义的师幼共创户外挑战区的具体做法。

关键词： 师幼共创；户外游戏；挑战区

一、幼儿园户外挑战区的现状

（一）幼儿园户外挑战区的创设现状

1. 游戏空间开发不足。在幼儿园户外挑战区中游戏空间没有被充分利用，出现了部分闲置的现象。由于幼儿园户外活动的场地有限，所以要对挑战区游戏场地做出合理的规划。通过前期的实地勘察与研讨分析，我们总结出了户外挑战区空间设置存在的两个问题：第一，挑战区的场地位于操场中央，没有运用到冒险特色的游戏场地。第二，挑战区内部游戏空间设置过于单一，没有体现多维度游戏空间。

2. 游戏材料品种单一。在挑战区游戏中，幼儿常常会利用梯子、木板、木梯、轮胎等材料来进行一些组合，创造他们认可的、好玩的游戏，如“游戏基地”“坦克”“房子”等。通过观察发现，挑战区投放的低结构材料主要为木质材料，相对其他户外区域游戏材料品种较为单一。

3. 教师观念滞后。游戏环境与内容是相互的，它们相互依存又相互影响。游戏的内容可以决定游戏场地的设置，游戏场地的设置也能生发游戏内容。大多数教师对于户外挑战区材料更新表示“挑战区一开始就放好了木板、木梯这些材料，就用这些材料进行游戏，之后也没有增添新材料的必要了”；还有一部分教师表示“会根据小朋友的游戏情况进行适当的增添与调整，但总体不会有太大的变动”。

（二）幼儿在户外挑战区的游戏现状

1. 游戏创设忽视幼儿的主体地位。据观察，户外挑战区游戏创设大多数由教师设计安排，本是幼儿自主参与、自由探索的学习空间变成了一个由教师高控的、“相对安全”的固定活动区，忽视了幼儿的主体地位，导致了幼儿对于部分挑战项目并不感兴趣。教师在观念上虽明了户外挑战区“为谁创设”，却忽略了“由谁创设”，理念与实践背道而行，颠倒了主客体关系。

2. 安全问题限制幼儿的自主自由。挑战区活动的危险系数相比其他户外游戏区要更高，更容易发生意外情况。在这样的前提下，大部分教师往往会限制幼儿的游戏自由，干涉幼儿在游戏中的冒险行为。其实，有研究指出，幼儿在游戏时，如果成人在场并干预其冒险行为，那么幼儿在游戏中所获得的伤害要比其自发冒险产生的伤害更大。但是，仔细观察户外游戏情况不难发现，当幼儿从高处往下跳或者尝试一定难度的挑战时，教师总会在幼儿身侧做好“贴身”保护，甚至流露出比幼儿还要紧张的表情。挑战区游戏要考虑幼儿的安全问题，但是过度担忧安全问题反而限制幼儿在游戏中的自主与自由，阻碍幼儿挑战极限与可能。

二、转变教师观念，支持幼儿自主挑战与冒险

分析幼儿园户外挑战区的现状，究其原因是教师专业知识的缺乏、教育理念不到位造成的。自从研究开始，我们对师幼共创、户外挑战区两个核心概念进行了不懈的钻研与探索，在观念及行为上有了一定的转变。首先是教师不断“充电”，明确教育理念、丰富专业知识、提高专业技能；其次是教师自身角色的改变，从原先的直接动手动脑者变为观察者、倾听者、引导者、支持者；最后是教师的行为从高度掌控到追随幼儿、适度“放权”，使户外挑战区真正成为幼儿挑战自我、挑战极限的游戏空间，促进幼儿身心健康全面发展。

幼儿在挑战性游戏中可能会遇到各种各样的“危险”，引导幼儿做好风险评估是改变以往教师一遇到幼儿可能出现的危险就去“保驾护航”的做法，鼓励幼儿在创设游戏场景时多思、深思，主动规避风险，减少挑战性游戏可能出现的危险。对于幼儿游戏中可能出现的危险不需要直接给幼儿提出，而是让幼儿在自身能力范围内多思考、多探索、多预判，并尝试去解决，从而明晰了游戏中的注意事项，大大降低了游戏的危险性。

三、依托多样资源，满足幼儿主动学习与探究

资源材料只有真正融入幼儿的游戏活动中，才能促进幼儿经验提升和全面发展。在户外挑战游戏中，我们把生活材料、自然资源、“灵活”材料也融入游戏之中，引导幼儿在与资源和材料的互动中得到学习。

1. 生活材料的利用。生活材料是幼儿平时最易接触的材料，也是常见的、容易收集的材料。游戏中生活材料的利用能给幼儿带来亲切感，并且能在一定程度上激发幼儿的想象力与创造力。例如，在用炭烧积木进行组合后的挑战游戏中，幼儿的平衡、跳跃、钻爬能力得到了一定的发展。在此基础上，教师提供了纸箱、报纸、奶粉罐等生活材料，供幼儿选择使用。幼儿们用报纸团成一团变出“手榴弹”，把纸箱垒高当作“堡垒”，用奶粉罐布置“地雷阵”，红色的表示地雷，蓝色的表示安全土地。生活材料的增添丰富了游戏内容，满足了幼儿挑战投掷、挑战平衡的游戏目标，幼儿这两方面的能力得到了不同程度的发展。

2. 自然资源的整合。我园地处农村，有着丰富的自然资源，我们充分挖掘园内的自然素材，结合挑战区的游戏特性，创设富有童趣又充满挑战的游戏内容，满足幼儿游戏需要。例如，在平衡挑战游戏中，常用的平衡设施有平衡木、梅花桩等，对于幼儿来说难度较低，并且游戏功能单一，幼儿的参与度并不高，挑战性不足。我们在场地允许的情况下，把挑战区的场地进行延伸，充分利用场地附近的大树，在大树上拉上绳索，形成荡桥、荡绳等游戏设施，其摇晃的特点相对于平衡木、梅花桩更具挑战性，更加激发了幼儿的挑战欲望，挑战极限、发展运动能力。

四、生成关键策略，挑战幼儿多元极限与可能

（一）创新游戏玩法，挑战智力极限

我们在挑战区为幼儿提供了多种多样的游戏材料，包括低结构材料、自然材料、生活材料等。这些材料最大限度地激发了幼儿在挑战区创设新游戏、新玩法，挑战智力极限。例如，轮胎是挑战区最常用的游戏材料，如果轮胎的游戏玩法一成不变，幼儿们就会失去挑战的兴趣。我们在幼儿们设计游戏玩法、布置游戏场地时鼓励他们思考、探寻轮胎的多种玩

法。一个个轮胎间隔摆放，可以进行跨跳游戏；轮胎高高低低错落堆叠变成小山岭，可以进行攀爬游戏；轮胎与木板组合变出高高矮矮的“轮胎滑滑梯”，可以进行滑梯游戏；轮胎用绳子系在木梯桥上，可以进行钻爬游戏；轮胎与平衡木组合，可以进行平衡游戏；轮胎上系上尼龙绳，可以进行运货游戏等，幼儿们开动脑筋，尽自己所能创新了游戏玩法，挑战了自己的智力极限，让挑战区游戏活动向纵深发展。

（二）追求运动强度，挑战体力极限

《3—6岁幼儿学习与发展指南》指出：幼儿园应该把促进幼儿身心健康发展放在工作首位。我们幼儿园提供了丰富的场地和材料，保证幼儿1小时以上体育活动时间。据调查，幼儿运动强度并不理想，大多数幼儿无法达到每天60分钟以上中等运动强度。挑战区作为开展挑战性游戏的区域，在活动中力争追求运动强度，满足幼儿运动的需要，挑战体力极限。我们常常创设挑战运动大循环，把跑、跳、钻、爬、投掷、平衡等运动技能融入其中，例如，把木梯和木板组合搭建成高高矮矮的木桥，把轮胎间隔摆放进行跑跳，把轮胎高低错落堆叠成小山岭，投放报纸纸箱做成的“手榴弹”“堡垒”，把大大小小的纸箱连接成宽宽窄窄的山洞，幼儿们在大循环游戏情境中来来回回地运动，耗费了大量的体力，运动强度达到了极限。

（三）跨越最近发展区，挑战难度极限

维果茨基提的“最近发展区”理论强调教育教学活动不能只适应发展的现有水平，而应适应“最近发展区”，走在发展的前列，最终跨越“最近发展区”而达到新的发展水平。在挑战区活动中我们会适度地创设与幼儿年龄相应的“困难”，跨越“最近发展区”，让幼儿挑战自我，挑战难度极限。例如，在攻打堡垒的游戏中，幼儿需要单手投中远处的纸箱堡垒，《3—6岁幼儿学习与发展指南》健康领域提出小中大幼儿能单手将沙包向前投掷分别是2米、4米、5米左右，我们在投放纸箱堡垒时，会根据幼儿年龄特点设置相对应的距离并适当拉大一些距离，让能力强的幼儿跨越自己的“最近发展区”，挑战更远的投掷距离。挑战失败是情有可缘的，挑战成功则能培养幼儿的自信心，幼儿在挑战难度极限中认识自己、悦纳自己。

五、结语

户外挑战区是幼儿园户外游戏活动中的一个游戏项目，本课题研究过程中的创设、落实、推进、调整等基本操作模式对幼儿园户外其他游戏区有一定的参考性。在今后的活动中，我会在教师指导、材料支持、活动形式等方面有更为深入的探索与实践，幼儿在户外挑战区活动中自主游戏、自我挑战，体验游戏的过程，体验挑战成功后的喜悦，相信长寿幼儿园的幼儿们会在户外挑战区中阳光成长、智慧成长。

"三阶三式"评价
——在促进幼儿自主游戏发展中的探索运用

（潘丽婷　武义县泉溪镇中心幼儿园）

摘　要：幼儿游戏评价是幼儿园教育评价的组成部分，是对幼儿游戏各方面进行价值判断的过程。本文主要探讨了"三阶三式"评价模式及其应用问题。通过游戏初期的调查式等参与类评价，游戏中期的时间取样等跟踪类评价，游戏后期的阶段评估等整合成效类评价，以进阶式的动态评价贯穿游戏，融合于游戏，并借助评价结果再次诊断优化，从而更好地支持、推动幼儿游戏的深入发展。

关键词："三阶三式"评价；幼儿；游戏发展

一、幼儿自主游戏评价现状

幼儿自主游戏是指幼儿可以自由选择、自主决定的活动，包括玩什么、怎么玩、和谁一起玩等，幼儿可以随心所欲地玩自己生发的游戏。然而为促进幼儿游戏发展，教师会对游戏内容进行评价，但目前对于游戏中的评价会存在一些脱节、流于形式等问题，使评价难以真正融入游戏，无法发挥评价的重要价值。

（一）游戏初期——幼儿参与缺失

过去我们日常的评价以教师的视角为主，觉得应该聚焦哪些方面就评价哪些方面，忽视了幼儿参与的主体。教师要多听一听幼儿的想法、他们真正喜欢的事物，从中了解每个幼儿的特点。

（二）游戏中期——惯性思维行进

随着幼儿游戏的逐步推进，游戏水平不断提高，游戏经验也随之丰富起来。教师对于此阶段的评价会认为方式不够多元，流于形式。这种评价对于多领域的关注不足，缺少对于幼儿的持续跟踪观察和关注幼儿个性化的纵向发展。

（三）游戏后期——整合浅尝低效

随着活动的进行，教师会越来越觉得对幼儿的评价内容、方法存在不足。虽然教师收集的证据多，但缺乏内在的逻辑性，只是将这些内容进行简单的罗列而缺乏科学的评价，不足以体现幼儿真实的情况和发展变化。我们开始反思，如何能更加科学地进行游戏评价？针对幼儿游戏的不同阶段，是否可以尝试相应的方法进行评价，于是，我们开启了"三阶三式"评价。

二、“三阶三式”游戏评价构建

（一）“三阶三式”评价定义

“三阶三式”评价是以幼儿游戏的推进为主线，依据幼儿游戏环境的丰富、游戏时间的累积、游戏内容的深度发展、游戏经验、水平的提高等维度，进行游戏前期或初期、游戏中期、游戏后期的深入性、动态性、阶梯式评价，并在评价后采用多元策略推进游戏发展。

（二）“三阶三式”评价搭建

以《3—6 岁幼儿学习与发展指南》为引领，我们梳理了幼儿在游戏中比较显性的几项能力，从游戏活动主要发展维度建构幼儿的发展指标。每个发展维度梳理出相应的分类发展目标，对幼儿的具体发展目标进行细致的分类描述与不同发展进程的描述建构出幼儿发展的检核表。

以大班评价维度和细化指标中的部分评价指标为例：

1. 语言与表达

倾听与绘画：

（1）引导幼儿有意识地倾听与自己有关的信息，并作出有关回应。

（2）愿意与他人讨论游戏中的问题，并主动提问。

（3）能有序连贯清楚地讲述游戏中的所见所闻。

（4）能依据所处情境使用恰当的语言。

表现与表征：

（1）愿意用自己喜欢的方式进行角色表征与模仿、游戏情节构思与发展。

（2）愿意用图画和符号表现游戏中的事物或故事。

（3）能和同伴分享交流自己画的游戏故事和图纸，进行回顾反思、叙述和表达。

2. 创造与思维

自我学习：

（1）在成人的帮助下能制订简单的调查计划并执行。

（2）能通过观察、比较与分析，发现问题、解决问题。

（3）会回顾反思自己的游戏行为，不断丰富游戏经验。

创新能力：

（1）聚焦问题，产生新的游戏玩法与规则。

（2）根据已有经验，主动积累、逐步完善，产生新经验。

（3）能创造性地使用游戏材料，一物多玩。

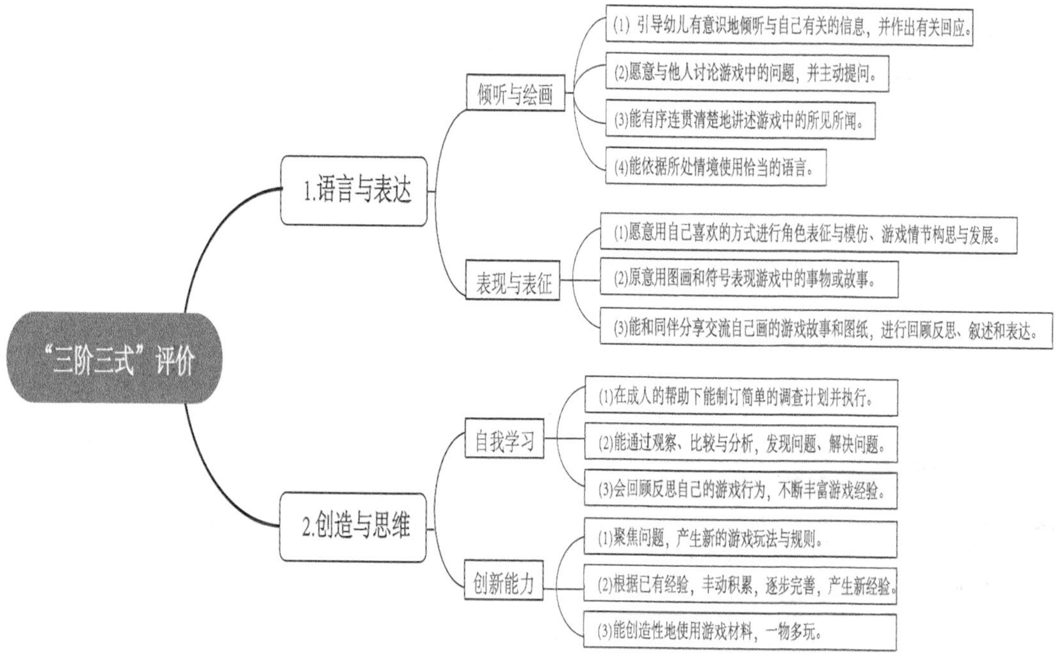

"三阶三式"评价思维导图

三、"三阶三式"游戏评价实践

（一）游戏初期之浸润参与类评价

游戏前期需要幼儿的共同参与，这样对于幼儿后期的游戏会有所了解，深入评价会更有针对性。通过评价指标梳理、浸润式参与等做好游戏前期或初期的评价。

1. 七嘴八舌话游戏——调查式评价

在游戏活动开展前阶段，对于场地的设想、材料的准备以谈话、调查的形式介入，基于幼儿真实兴趣和水平，彰显游戏选择的适宜性。同时，通过调查，教师可以有针对性地筛选、诊断，为幼儿的游戏做支持。

评价推动：借助游戏前意愿调查，及时梳理幼儿想法，厘清幼儿游戏意愿，辨析游戏的价值，经过梳理后，支持幼儿共同喜欢玩的游戏。

2. 思维导图巧梳理——统计式评价

教师根据记录表的内容，梳理出幼儿对游戏的个性和共性关注点。比如：部分幼儿喜欢玩娃娃家、野战游戏，根据幼儿提出的材料需求，我们增设了服装商店，里面有关于野战的服装，也有消防员、医生的服装，幼儿可以根据游戏的需要和角色的变化自主选择服装。

评价推动：统计图是教师们支持游戏的方向，为幼儿准备材料，也可以从图中生成需要的游戏内容、材料，拓展幼儿的游戏。

3. 个性计划先制订——预设性评价

为了更好地观察幼儿的游戏，在游戏初期结合幼儿的游戏经验、发展水平，为幼儿制订一份个性化短期观察计划。教师有针对性地对幼儿特质进行观察，以文字、作品、音频等为载体进行记录。

评价推动：在按计划、有侧重的观察中，教师得出了更多对于幼儿社会交往能力水平的分析结果，依据观察计划，能够给予教师评价幼儿目的和方法上的有效选择，在多维度了解幼儿的基础上进行分析，为后续提供支持和帮助。

（二）游戏中期之线索跟踪类评价

由于幼儿游戏特质的原因，有的幼儿很快能进入游戏状态，有的幼儿需要一段时间才能投入。其间，我们采取跟踪类评价的方式连续观察幼儿的游戏，自然实现了游戏中幼儿发展的动态评价。

1. 个案观察

在进行幼儿发展评价的过程中，教师可以在幼儿检核表中通过打钩或者写日期的方式追踪记录幼儿的发展情况。为避免检核表的主观性，在表格上附上一句描述性语言，使评价更加客观、有效。

评价推动：定人跟踪式观察能使教师持续关注幼儿的表现，深度了解达成的评价指标，并明晰需要加强的、存在一定差异的指标，后期给予相应支持。

2. 时间取样幼儿记录墙

在日常观察中，教师经常发现每个幼儿感兴趣的事情各不相同，有些幼儿一直喜欢玩野战游戏，有的幼儿偶尔才来参与一次，是因为喜欢还是一时兴起才去的呢？于是我们采用了时间取样法，在同一游戏时间段，对幼儿游戏持续时间进行记录、分析。

评价推动：对幼儿游戏内容、兴趣保持时间进行分析，并结合谈话和一个月来的统计结果判定幼儿喜欢玩的游戏类型。结合该幼儿的兴趣擅长，创造机会让他在游戏中进行同伴间的引领辐射，相互成长。

3. 个性表征

对幼儿游戏中的经验，教师为幼儿提供了多层次、多通道的反思计划。在游戏中，幼儿调整、验证、设计、计划等，游戏后，幼儿自己与同伴一起画游戏故事和游戏记录，记录和同伴间的游戏，交流自己的记录和故事，实现游戏的自评和他评。

评价推动：聚焦个性表征，了解表征表达的意思，从表征中分析幼儿的游戏经验、水平，解决问题的能力等，并引导幼儿用多元方式进行表征，提升幼儿前书写的能力。

（三）游戏后期之整合成效类评价

整合成效类评价是指游戏活动接近尾声时或者幼儿游戏水平有大幅度提高时，引导幼儿回顾整个游戏的过程，给自己和他人做一个整体的、系统性的评价，学会反思和归因，体会努力后的喜悦。

1. 阶段整合式评估

回顾游戏前期共同梳理的评估指标，结合幼儿的阶段游戏表现以及游戏过程中积累的各项评价结果，经过分析、诊断、对接，形成综合性评估表。

评价推动：利用综合性评估对幼儿的游戏进行阶段性的评价，在回顾、反思中明确幼儿的发展水平。并开展“评价故事分享会”，组内教师以不同的视角审视评价故事，为后续的指导提供多种途径与可能。

2. 成长档案式呈现

教师观察记录每个幼儿在活动中的行为表现，过程性的记录越多，就越觉得这些有价值的记录应该好好保存下来。于是，教师采用了将过程记录收集成册的做法，这样每个幼儿都有了一本专属的个性化成长档案。

评价推动：个性化档案袋的形成，是家园合作的重要途径，我们每月开展档案袋交流活动，家长们了解幼儿的整体活动和成长，并对于档案袋中的内容设计进行讨论，进行适宜的调整、优化。

综上所述，在阶梯式评价实践中，教师们也渐渐转变了自己的幼儿观，从关注结果到关注过程的转变、从观察幼儿到课程设置的思考，在游戏中收集幼儿的真实表现，进而对幼儿发展进行价值判断，提供真正适合幼儿观察和探索的环境继而生发进一步的学习与探究，促进幼儿游戏深度发展。

参考文献

[1] 李季湄，冯晓霞．3－6岁幼儿学习与发展指南［M］．北京：人民教育出版社，2013.

[2] 温剑青．幼儿发展评价的实践［M］．北京：少年幼儿出版社，2018.

[3] 刘燕燕．关注幼儿成长，倾听幼儿心声［J］．教育艺术，2017（6）：73.

[4] 陈雪岩．教学档案记录：一种协商性的民主化教育实践——以太原市小店区天与幼儿园为例［J］．山海经：教育前沿，2021.

[5] 周隽琰．走近幼儿从倾听开始——从一份幼儿个案记录看师幼关系及教育策略［J］．学前课程研究，2008（5）：2.

[6] 王燕惠．小班幼儿倾听习惯和能力的培养［J］．课堂内外（小学教研），2022（S01）：3.

动态投放游戏材料促进区域游戏开展

（张晴　江苏省苏州市吴江区思贤（机关）幼儿园）

摘　要：陶行知先生指出："生活即教育，社会即学校，教学做合一。"从它作为幼儿教育的基础性理论来说，正有效推动着幼儿教育的发展。生活教育理论与幼儿区域游戏材料的关联性日益加深，"家"的温暖以及"教育"的人情味充斥在教育环境中。而材料是幼儿兴趣的来源，幼儿的发展更依赖于对游戏材料的操作。游戏是幼儿实现构建自我学习的重要载体，在区域活动中使用多样性的材料来构建幼儿的学习，能够有效地实现幼儿自我成长和发展。

关键词：区域游戏；材料投放；兴趣

区域游戏的宗旨就是幼儿在固定的游戏环境中能够受到环境影响，能根据自身兴趣和需求选择乐意的方式进行活动。著名教育家皮亚杰认为"幼儿的智慧源于材料"。如果出现了材料不齐或单一的情况，幼儿学习、玩耍的热情就会减弱；如果材料的构建过于简单，那么幼儿持续对材料开发的热情也就不高，同时也会影响区域活动的学习属性。因此，对于当前区域游戏材料的投放，要达到复杂性、多样性的一个合理的范围，满足不同幼儿的不同需求，这是当前所有幼儿园的教育者都值得探讨的问题。

一、保证区域游戏材料种类的层次性

案例：角色游戏时间到了，在"海绵宝宝"医院里，所有医生都在忙碌着工作，今天的病人特别多，很多幼儿都围着医生要求打针。其中就有球球和强强两个幼儿，强强搂着球球的脖子大喊一声："这是我儿子，他吃坏肚子了，要打针！"医生李佳航正在组装着自己用低结构性材料组装成的"听诊器"，而另一个医生琪琪正在忙碌地帮一个摔伤胳膊的小伙伴包扎。医生奇奇则在模仿急诊医生的样子，不停地在用电话进行分诊。虽然整个医院非常热闹，但是医生涵涵身边却很冷清，因为她说她是妇产科医生，专门给人接生幼儿的……强强一直在喊："谁能给我儿子打针呀，救救他呀！"但是医生还是忙的忙、闲的闲。于是强强就来到材料库那里找了一个大矿泉水瓶，开心地大喊："儿子，我们有针了！"说罢就对着球球的屁股扎了下去，拔针之后还对球球的屁股拍了拍。随后他又在材料库里找到一根棒棒糖，打开包装后递给球球："儿子，这个好吃的给你，不要哭！"

分析：对于刚开学的小班幼儿而言，其特点是合作意识差、团队意识淡薄。通过游戏材料可以看出，在球球想要打针时医生并未对其进行理会，李佳航就自顾自地玩医疗玩具。从中可以发现，小班部分幼儿的替代能力以及情节性具有较大的延伸，强强借助胡萝卜作为针筒，为球球打针，看见美味食物后，能依据生活经验对其还原，部分幼儿可以进行单一的游玩，游戏中不存在情节；部分幼儿已经具有一定情节的合作性游戏，延伸了幼儿的替代能力，因此要依据幼儿个体差异进行游戏材料的投放，并保证其中的层次性，进而满足不同幼儿的发展。

措施：从两个方面对于上述情况进行改进，一方面要合理地对于介入的时机进行把控；另一方面对于材料的层次性进行有效调整。当出现困难时，需要教师以游戏伙伴的角色介入游戏，并对其进行科学引导，以此为幼儿的角色定位提供帮助。例如，医生要给病人诊治，当病人来时要进行接待等；在游戏材料方面，通过投放低结构材料，挖掘幼儿的替代行为，进而强化游戏水平，恰当地提升低结构材料种类，使幼儿材料具有一定层次性，以此满足幼儿的需求，促进幼儿发展。

二、保证区域游戏材料的动态化与操作性

通过操作性较强的材料，提升材料的吸引力，进而提升幼儿区域活动的趣味性，如操作区的“叠叠高”等活动。

案例：幼儿们用自己的方式在建构区内进行楼房搭建，积木都用尽后楼房依然屹立，由于幼儿经验与技能不足，导致积木的平铺、堆砌、镂空向上叠加的情况不多，为此需要在活动区增添“叠叠高”游戏。康康在初次接触“叠叠高”游戏时，可以将积木竖向叠高，幼儿觉得利用此种方式，能使积木形成垒起来的状态，但此种方法会出现积木在一定数量的叠加后坍塌的情况。但康康并未放弃尝试，通过多次尝试，依然存在积木倒塌的情况。乐乐发现了其中的奥秘，于是在积木垒高的过程中，每垒高一层就会横放一根积木用作固定，很可惜积木摇晃了一下还是倒了。通过这一方法，降低了积木的重心，提升了叠加的稳定性，可以实现八根到九根积木的叠加，但也存在着横向缩小的情况，导致积木的总体高度并未提升。再试试通过横竖交替的方法，可以实现积木高度的再次突破，通过乐乐小心翼翼地对积木进行调整，但依然会出现积木倒塌的情况。

分析：在康康的思维里面，直接把积木垒到最高的方法就是最快捷、最方便的途径，这样的想法虽然正确，但是往往会因为技术手法的不熟练而导致失败。乐乐的建构经验显然比康康要丰富一些，能够通过不断尝试的方法来实现将积木累积得更高，失败—思考—再次尝试的方式，同样是经验在构建的过程中进行建立与提升的过程。通过整个过程的不断探索，乐乐借助变换搭建方法，来实现楼房高度的不断突破，以此来实现既定目标，最终成功实现了搭建“横竖交替”楼房高度上的突破，但也存在着倒塌的情况。在这种情况下，幼儿们依然乐在其中，不断地进行尝试，进而将游戏维持了一定的时间。从幼儿的角度来看，让他们兴奋的或许是色块拼搭带来的视觉冲击，也可能是在进行积木搭建时，忽然出现的楼房倒塌，这声巨响让幼儿们欣喜，进而支撑幼儿不断地坚持，通过勇敢地面对困难，加之积极思考，可以为幼儿提供一定的支持，并在此过程中辅助幼儿进行成功经验的获取。

措施：(1) 帮助幼儿分享游戏经验，肯定幼儿不断调整、思考新玩法的行动，激励幼儿勇往直前，推动幼儿良好学习品质的形成。(2) 提升平面较大的支撑材料的数量，以此来提升叠高的稳定性。如通过提升扑克牌压舌板游戏的尝试次数，可以有效应用横竖交替的方法，进而搭建出具有 5 层高度的扑克牌塔。

另外，在材料的选择和更换上必须有一定的流动性。幼儿园小班幼儿的注意力非常有限，一不小心就可能出现分散，因此在当前幼儿学情的情况下，必须不断地调整材料的类型，补充新型材料才能让幼儿一直保持在区域活动中的热情。例如，教师发现在《臭臭的秘密》这一科普主题中很受幼儿欢迎的语言区逐渐开始没有幼儿去光顾了，经过不断观察发现，原来是由于图书区的画册、剪纸等相关内容已经出现了破损、卷边情况，过于陈旧导致无人问津。于是教师根据近期主题《噗噗是怎么一回事》中针对教学目标有针对性地插入一些科学画册、人气模型等相关内容，又通过亲子课堂邀请了医生爸爸作为嘉宾进行科普。在此过程中，语言区又恢复了往日的热闹。

三、区域游戏材料投放要关注幼儿生成的内容，丰富幼儿游戏情节。

案例：在教学活动后，部分盥洗动作迅速的幼儿在教室里闲逛。刘新在投放“彩色面条”材料时正好被刘宇翔看到了，通过观察上面步骤图，刘宇翔拿起画有波浪线的彩纸，一条条笔直地开始撕，嘴里还说着：“我要做薯条嘞！”刘语嘉在材料前看了看，拿一张画有直

线的彩纸，小心地一条条沿着线撕下来，说："我的是油条!"孙馨怡过来了，拿了张画锯齿线的彩纸，一片片撕下来，说："我最喜欢吃旺仔小馒头!"三个小朋友撕好后，从厨房里拿来盘子，将撕下来的彩纸当作点心放进去，刘宇翔又拿去娃娃家全部倒进锅里开始煮。

分析：幼儿充满了对于新材料彩纸的兴趣。通过一定量的活动满足其小肌肉发展需求，撕纸活动可以为其提供辅助。刘宇翔、刘语嘉、孙馨怡等并未依据既定规则进行游戏，而是通过直线型以及弯折型等姿态的面条进行活动，形成了薯条、油条、旺仔小馒头等不同素材，刘宇翔更是将撕好的食物进行煮，这些游戏保证幼儿获取快乐的同时，也锻炼了手部的精细动作。

措施：调整材料以及材料的投放要与幼儿游戏的实际相契合，对于可能出现的内容进行考量。借助在美工区发现的新材料，并通过对材料的加工，使游戏情节更为丰富。通过将"彩色面条"的招牌替换为"彩色食物"，可以将游戏的动作加以简化。并且借助多样的纸质种类，如皱纹纸、泡沫纸等，提升食物的味道与观赏性，进而辅助幼儿进行就地取材以及食物的研发。

四、结语

小班幼儿的区域活动是其生活中最为开心与快乐的环节之一，是幼儿需求的有效与真实的体现。在区域活动的创设过程中，不但能净化幼儿的成长环境，而且能提升在智力、情感、社会性、语言及动作技能等方面的基本发展需求。因此需要通过认识度的提升，将游戏价值在每一环节中进行体现，从而提升游戏环境的适宜性，保证游戏材料的科学性，维护指导思想的渗透性，利用材料帮助幼儿开启智慧之锁，使幼儿的思维和空间构建能力得到有效的提升，将游戏材料与其生活经验更为贴合，有效调动幼儿对于现实生活情境的憧憬。此外，提升区域活动的优化程度，使之成为幼儿真正的游戏乐园，进而提升幼儿的幸福感。

参考文献

[1] 叶秋英．基于幼儿发展特点的幼儿园区域游戏活动设计［J］．中国校外教育，2019（17）：152—153.

[2] 张星宇．论陶行知理论下幼儿园区域游戏环境创设［J］．读与写（教育教学刊），2019，16（4）：226.

幼儿园大班表演游戏中的支持策略
——基于《西游记之三打白骨精》的游戏案例

（任俊诚　北京市房山区长阳镇中心幼儿园）

摘　要：幼儿园表演游戏是创造性游戏的一种，在幼儿园教育教学中起着非常重要的作用，它可以将表演和娱乐巧妙地融合在一起，具有鲜明的表演性和游戏性的特点，这些特点激发了幼儿的学习兴趣，丰富了幼儿的表演形式，促进了幼儿成长以及学习品质的形成。《西游记》是中国四大名著之一，是中国传统的文学作品。在阅读的过程中，能够丰富幼儿的语言表达能力、观察能力和想象力，幼儿对其兴趣浓厚，我们挖掘了其中的艺术领域价值，在教师的观察与支持下，挖掘表演游戏中的教育价值，提升幼儿综合能力。

关键词：表演游戏；支持策略；游戏性；学习品质

幼儿园表演游戏是创造性游戏的一种，在幼儿园教育教学中起着非常重要的作用。它可以将表演和娱乐巧妙地融合在一起，具有鲜明的表演性、创造性和游戏性特点，这些特点激发了幼儿的学习兴趣，丰富了幼儿的表演形式，促进了幼儿成长。表演游戏作为幼儿生活中一种特殊的游戏活动，是幼儿寓教于乐的一方面，教师应支持幼儿表演游戏，从中挖掘教育价值。

一、观察幼儿的兴趣，挖掘表演动机

人们常说“兴趣是最好的教师”。在幼儿教育过程中，特别是在日常生活中，教师应多观察幼儿的兴趣点，进一步挖掘幼儿内在需求，了解幼儿产生行为的驱动力是什么，并给予相应的支持，促进幼儿更深入的探究，形成有意义的表演形式。

案例：近期班级中投放的《西游记》绘本故事受到了不少人的青睐，在自主游戏、区域活动、过渡环节等都会拿来阅读。经过谈话，我了解到幼儿在家中对《西游记》的故事已经有所了解。在幼儿的建议下，我们将睡前故事调整为《西游记》。家园合作中，我们建议家长支持幼儿通过故事书、动画、音频等形式支持幼儿探索西游。随着幼儿对西游故事内容了解得更加丰富，我们能够听到幼儿的探讨声。有一天，修齐将家里的“金箍棒”拿到幼儿园里分享，他转动“金箍棒”时，激发了幼儿想要摸摸、看看、表演的愿望。经常有小朋友到表演角玩金箍棒，有时候还拿着它和小朋友们玩追跑的游戏。在谈话中，我了解到，他们当时在玩“孙悟空打妖怪”的游戏，分配了孙悟空和妖怪的角色。

分析：教师在观察幼儿游戏中的行为能够发现，《西游记》绘本的投放，激发了幼儿阅读的兴趣，在“金箍棒”玩具的支持下，幼儿出现了“西游记打妖怪”的游戏，在游戏的过程中，能够自然而独立地完成角色分配任务，游戏的目的性是非常强的。根据这个教育契机，我们决定更进一步挖掘《西游记》中表演的价值。

二、遵循“游戏性”先于“表演性”的原则

《3—6岁幼儿学习与发展指南》指出：“幼儿以游戏为基本活动”，在表演游戏中要遵循“游戏性”先于“表演性”的原则，即先满足幼儿在表演中的“游戏性”体验，而不是重视表演的效果。

案例：表演《西游记》的提议已经有一段时间了，今天看到两个小朋友在表演区表演，我向他们询问表演的情况。李宜承说：“不知道演什么？不知道怎么演。”解梓暄说：“我们可以演书上的内容。有四本书，你看看演哪个？”李宜承回答道：“我想演《三打白骨精》。”解梓暄说：“我想演《三借芭蕉扇》。”两个小朋友分别拿起书翻了翻，李宜承说：“这怎么演呀？”他们看向教师寻求帮助。

分析：活动初期他们更乐于探索金箍棒的玩法，体验表演材料的趣味性，教师并没有采取阻止或干预的措施，而是最大限度地满足了幼儿充分探索材料的机会，等待时机引发讨论，激发幼儿探索表演游戏的欲望。此次活动中，教师抓住了幼儿提出的困惑，进一步引导《探索西游记》表演游戏的时机。经过与集体幼儿讨论与投票，最终决定表演《三打白骨精》。

三、尊重幼儿用自己喜欢的方式模仿与创作

《3—6岁幼儿学习与发展指南》艺术领域教育建议中提出：“提供丰富的材料，如图书、照片、绘画或音乐作品等，让幼儿自主选择，用自己喜欢的方式去模仿或创作，成人不做过多要求。”教师耐心地倾听了幼儿的建议，并积极给予相应的回应和支持，最大限度地满足幼儿需求，理解和尊重幼儿想要以绘本、音频、视频等作为表演素材进行欣赏，并初步地模仿其中的表演形式。

案例：可乐和北北来到了表演区，两人决定表演《西游记》，他们拿起《三打白骨精》的故事书看了几页，互相对视了一下。接着，北北拿来金箍棒转了几下，这时可乐走过来说：“让我试试，我也想演孙悟空，你可以演我的师傅。”北北笑着同意了。就在这时人员还不够演出，他们主动找小朋友们一起参加演出，当人员齐了以后有人问：“咱们怎么演呀？”这个问题提出后大家沉默了一会儿，可乐表示他的妈妈曾经带他看过《大闹天宫》的幼儿剧表演，咱们可以看看能不能找到《三打白骨精》的，看看他们是怎么演出的。在教师的帮助下，我们观看了相关情景剧的视频并放入平板中，当他们表演时可以作为参考的材料。

分析：在表演前，幼儿能够通过协商的方法决定扮演的角色，幼儿之间的同伴关系非常融洽，当发现人员不够时能够主动向他人发起邀请，幼儿的主动性是非常强的。当遇到困难时并没有急于找教师帮忙，而是回想生活中看幼儿剧表演的经验，也了解当前网络学习的途径，能够想到搜寻相关视频学习，推动了活动进程。有时，将活动抛给幼儿，让他们动手动脑思考，才能够体现幼儿的主动性。尽可能地放手，有利于幼儿持续探究，锻炼幼儿的语言表达能力和社会性，促进思维发展和学习品质的形成，让他们变得更加自信。

四、表演游戏中促进幼儿学习品质的形成

在探索《三打白骨精》的表演游戏中，促进幼儿的学习品质的形成。幼儿能够积极主动地探索表演时的语言、动作、语气，让表演的内容变得更加生动，充满信心地站在舞台上。当看到他人不会演时，能够给予相应的帮助与建议。能够看出幼儿有自己学习的方式和独立解决问题的能力。在语言表达能力和组织能力方面都有了很大的提升。

案例：每周五是演出时间，看到最近幼儿对表演非常感兴趣，时常商量表演的情景，并且给他人提出演出的建议，丰富了幼儿表演的经验。于是，在幼儿的建议下，我们邀请了其他班的幼儿来观看演出。在演出过程中，每个幼儿都非常投入，很多场景都非常吸引人，例如：悟空上场时，跟随着音乐转动起了金箍棒，小观众们脸上洋溢着笑容；当表演“老奶奶”的人上场时，她伸出拳头，弯腰行走，用低沉的声音说：“长老，请问有没有……”；演到悟空打死了一个“小姑娘”时，徐铭远发现北北说不出台词，他赶紧提示说：“你应该说……”，每当演员不会说台词时他就会耐心地告诉他们。

分析：当表演中遇到困难时，教师没有直接给出建议，而是倾听幼儿的建议。教师作为观察者，能够关注到幼儿演出过程中的动作、表演、音调等，通过视频方法记录，并同幼儿分析。例如：当老奶奶出场时，模仿拄着拐杖；老爷爷出场寻找女儿用拉长音的方法；“白骨精”不记得自己什么时候出场，采用音乐的方法引发幼儿关注等。其中要挖掘的内容非常多，值得继续探究。

幼儿的学习主要是以直观、形象的方式进行。在《三打白骨精》的表演活动中，幼儿通过模仿、扮演角色，亲身体验故事情节，更直观地理解人物性格和故事内涵。这种寓教于乐的方式，能够激发幼儿的学习兴趣，提高其主动参与的积极性。教师通过分析幼儿的行为与需求给予相应的物质与心理方面的支持，培养了幼儿良好的学习品质。活动突出幼儿之间的相互学习，解决问题的办法，良好的沟通氛围。前期表演中幼儿会有不自信、不知所措的时候，能看出幼儿的眼神有向教师寻求帮助。但慢慢地，幼儿成为活动的主人，每个环节幼儿们都井井有条，环环相扣，可以看出教师做到了真正意义上的放手。

另外，我们还可以提供班级幼儿表演的视频和其他演员表演的《三打白骨精》视频，让幼儿通过对比观察，继续探究如何将自己的角色演得更好。例如：表演中每个情景中的动作、表情、语言等。对于表现突出的地方，教师应给予肯定和鼓励。为幼儿创设表演平台，班级开展表演活动，为其他班级发邀请函、制作海报进行宣传，请其他幼儿进行观看演出，增加幼儿的自信心。当然教师也可以参与到幼儿的表演中，以角色扮演的方式引导幼儿更好地理解和表现故事。例如，教师可以扮演唐僧，指导幼儿扮演的孙悟空如何更好地表现出机智勇敢的形象。同时，教师还可以通过提问、讨论等方式，引导幼儿深入思考故事情节和人物性格等。

参考文献

1. 李季湄，冯晓霞．《3—6 岁幼儿学习与发展指南》解读［M］．北京：人民教育出版社，2013.

2. 刘焱，朱丽梅，李霞．幼儿园表演游戏的特点、指导原则与教学潜能［J］．学前教育研究，2003（6）：17—20.

3. 柳碧珊．浅析在表演游戏中幼儿学习品质的培养策略［J］．考试周刊，2021（46）：159—160.

4. 林菁．幼儿园创造性游戏指导与实施［M］．福 州：福建人民出版社，2011.

幼儿园小班建构游戏的教师指导策略

（许欣琪　广州市南沙区横沥镇第二幼儿园）

摘　要：随着人们生活水平的提高，学前教育越来越被重视。游戏是幼儿园教育活动的主体，建构游戏是幼儿喜爱的活动，它是幼儿根据自己意愿利用各种建构材料构造不同物体的形象的一种游戏，对幼儿各方面的发展起着重要的作用。在目前实践中，发现幼儿园在小班开展建构游戏时，存在游戏前教师为幼儿材料准备不充分、指导时机不恰当、指导方式欠妥当等问题。本文通过观察法和分析法对幼儿园教师指导小班建构游戏存在问题进行了探讨，提出了优化策略，从而提高教师在指导幼儿园小班建构游戏的指导效果。

关键词：幼儿园；建构游戏；教师指导

一、概念界定

建构游戏

建构游戏也称结构游戏，是指幼儿利用各种不同的结构玩具或材料，如积木、积塑、泥、土、沙等，创造性地构造物体形象，反映生活场景的一种创造性游戏活动。

借鉴了前人对建构游戏概念的界定，笔者认为幼儿园建构游戏是教师根据幼儿的年龄特点，发现幼儿对建构游戏的需要和兴趣，制定一定的建构活动目标，通过对建构时间、空间的合理规划，对于建构材料的有效性投放，让幼儿在建构活动中自由自在地探索和创造。

二、教师指导幼儿园小班建构游戏存在的问题

（一）教师对建构游戏的材料准备不充分

笔者在幼儿园教育教学活动中观察发现，幼儿园班级教师在开展小班建构游戏前材料的准备不充分，有些材料是在建构区投放，但是不足以让幼儿去进行操作，只是为了把建构区填满，并没有从幼儿的实际出发。

幼儿园小班教师在指导建构游戏时，教师为幼儿准备的材料不够充分，主要表现在于建构材料投放单一、陈旧，难以让幼儿在建构游戏中进行操作搭建，这会造成在建构游戏中抹灭幼儿对建构创造想象的兴趣。长期来讲，以上问题会影响幼儿的身心健康发展。

（二）教师对建构游戏的指导时机不恰当

笔者在幼儿园日常观察中发现，教师在指导小班建构游戏的时机不恰当，主要表现：其一，教师在幼儿进行建构游戏时过早地介入游戏进行指导，在幼儿遇到困难或同伴之间的冲突时，没有留有幼儿自己解决问题的时间和空间，教师自身缺乏耐心的观察和等待。其二，教师指导小班幼儿建构游戏的时机过迟，主要是教师缺乏耐心和时间去细心地观察幼儿进行游戏，现实中也存在部分教师在幼儿进行建构游戏时，幼儿在搭建中教师并没有观察幼儿的游戏情况，而是等待幼儿遇到问题着急地哭着求救时，教师才走过来介入游戏进行指导。

（三）教师对建构游戏的指导方式欠妥当

笔者在幼儿园观察中发现教师指导方式欠妥当，主要是正式语言指导和非正式语言指导的使用问题。当今幼儿园教师在指导幼儿建构游戏时，教师使用最频繁的指导方式就是平常我们所接触最多的正式语言指导，其中教师们主要是用正式语言来进行纪律的约束，这也是由于幼儿园把幼儿的安全问题放在教师管理的首位。笔者发现，教师在幼儿进行游戏时特别关注安全上的纪律问题，不太注重在幼儿游戏时，作为教师的我要怎样去、什么时候去、以什么方式去进行指导幼儿游戏。

基于以上分析，笔者认为在建构游戏中教师可以通过正式语言指导幼儿游戏的同时充分利用非正式语言指导的方式价值，在日常的学习中合理乐观地意识到正式语言的指导方式与非正式语言的指导方式，了解学习它们的优缺点。

三、幼儿园小班建构游戏的教师指导策略

（一）教师要准备充分的游戏材料，提供指导条件

建构游戏材料与幼儿建构成果的表现有着紧密的关系，游戏能否顺利成功开展区域材料的投放是游戏的基础。教师在对小班建构区域材料的投放时要合理，为幼儿准备充分的建构游戏材料，同时也要提供充分的开展建构游戏的物质条件。所以教师可以从以下几个方面为幼儿准备建构材料。

1. 增添足够数量以及种类多样的游戏材料。在开展游戏时，保证材料种类足以提供小班幼儿年龄特点操作，指导幼儿运用多种方式进行搭建作品，让小班幼儿在搭建中运用手、眼等进行探索建构物。教师要避免建构材料的单调，幼儿在搭建中因材料不足易发生争抢或幼儿因材料不足而对建构游戏失去兴趣。

2. 在建构区墙上可为幼儿提供建构结果的示意图。根据小班幼儿的年龄特点，教师在布置建构区时，可在建构区墙上为幼儿提供建构结果的示意图，本示意图可供幼儿在搭建中作为幼儿搭建的参考。有些班级教师在建构区材料的投放上，并不是打印简单枯燥的建构示意图给幼儿操作，而是利用本班幼儿在操作过程中，幼儿一步步搭建的过程与结果的图片让幼儿去参展，这种方法有利于在建构方面创造能力，激发幼儿对搭建的兴趣。

3. 引导幼儿在建构时学会分享、合作，并不定时更换建构材料。在建构游戏中，教师可以通过建构材料，利用多种方式提高幼儿对游戏的兴趣并参与，促进幼儿创造想象力、积极性、主动性等多方面的发展。教师在指导幼儿进行建构游戏时要遵循“动态性”原则，我们在区域材料上应该根据小班幼儿的年龄特点，根据本班幼儿的发展需要，不定时不定量对建构材料进行增加、补充和调整建构材料。

从以上内容可以看出，幼儿园小班建构游戏的有效开展离不开教师的辛勤努力，教师要为幼儿准备充足的建构材料，根据实际小班幼儿的年龄特点和需要，为小班幼儿准备充分的建构游戏材料，规范合理地为幼儿提供有效指导。

（二）教师要观察建构游戏的发展，找准指导时机

实施教育，观察先行。在日常的教育教学中，我们教师只有通过用心观察，细心了解幼儿在建构区域游戏实际操作中的水平和需求，才可以找到准确地介入游戏时机进行合理游戏指导。此外，还应该观察游戏前教师的准备工作是否合理，在观察前确立观察目标，选择合适的观察方法和观察记录表。

1. 观察了解幼儿在建构游戏中的动作行为和内心想法。教师可以在观察中为幼儿在建构游戏中提供合适的指导时机。在幼儿进行游戏前，教师要根据本班幼儿建构水平，制定明

确具体的观察目标，保证观察效果。在观察幼儿建构游戏时，班级教师应该是在不打扰本组幼儿建构游戏的前提下，仔细观察幼儿在游戏中的发展，保证幼儿的游戏过程是按照自己的想法去进行的，成品也是这样搭建的。

2. 教师要观察幼儿在建构游戏中的发展。教师要在观察中发现，并根据幼儿的游戏发展水平找准恰当的游戏时机，进行介入指导幼儿游戏。例如：幼儿在建构游戏时，他们会重复搭建或者无目的地玩弄建构材料；在搭建或者操作过程中遇到搭建困难，便会对建构游戏失去兴趣、想放弃游戏；或幼儿在游戏中行为危险时；幼儿在搭建建构物中遇到建构瓶颈，积极主动向班级教师求助时；或幼儿在建构游戏中出现同伴之间交流产生矛盾，却无法自己解决时。

（三）教师要根据幼儿的建构成果，选择指导方式

有学者认为，“幼儿的认知发展水平是根据幼儿的年龄特点而产生一定的规律”。由此可见，教师日常在对幼儿建构游戏过程中，只有掌握了幼儿的发展特点和每个年龄段参与建构游戏的水平和特点，才能够更好地进行相关的指导。教师在指导小班建构游戏前，了解小班幼儿在建构游戏中年龄特点，根据建构成果确立指导目标，对于幼儿不同的搭建成果选择不同的指导方法，根据幼儿的搭建成果可以给予不同的指导方式。

1. 教师要观察幼儿在建构游戏过程中的表现。幼儿在游戏中，如果表现出有意识清理自己没有需要的材料、幼儿的搭建成果比上一次进步了，幼儿搭建出有创意性的作品等，这时教师都应对幼儿进行肯定性的指导。比如，教师走到幼儿的身旁对他说，你想象力真好，搭的房子跟我们住的不一样。教师们经常会说：“宝贝真棒！”但是，幼儿并不知道自己哪里棒，他下一步应该怎样去改进。如果教师对他建构成果的指导是明确的，就能真正指导幼儿进步。因此，对幼儿建构成果的肯定、赞美和鼓励，会让幼儿在搭建上更有兴趣和动力完成接下来的游戏。

2. 教师要对幼儿搭建成果所出现的建构问题进行针对性的指导。教师要善于观察并发现幼儿在搭建成果上所出现的建构问题，并且对于幼儿搭建成果的问题进行有针对性的指导。例如，幼儿搭建成果的形式上、材料选择、经验体现等问题时，教师应对幼儿成果问题进行询问了解、给幼儿建议、提示相应的经验，引导幼儿解决问题，从而指导幼儿更好地搭建作品成果。教师在指导幼儿建构成果上要采取有针对性的指导方式，以促进幼儿建构成果的达成。在正式语言指导上，教师的建议、询问、反问、提示等应该具有明确性。

四、结语

综上所述，幼儿园小班建构游戏作为幼儿园经常性开展的区域游戏，游戏是幼儿园必不可少的活动，所以我们要从宏观的角度去学习建构游戏的特点，了解它对幼儿身心发展的重要性。只有教师在幼儿游戏中找准时机、提升指导幼儿游戏的效果，建构游戏才能在开展中发挥自身对幼儿的重要价值，从而促进对幼儿身心全面发展。

参考文献

［1］丁海东．学前游戏论［M］．济南：山东人民出版社，2001：205.

［2］姚海娟．大班幼儿建构区游戏现状分析与改进策略［J］．基础教育研究，2017（7）：80－82.

［3］王翠萍．幼儿园结构游戏的现状研究［D］．南京师范大学，2016：5.

深度学习视角下幼儿园数学教学活动游戏化设计

（高华阳　江苏省靖江市城南合兴幼儿园）

摘　要：深度学习理论强调从幼儿的教学出发，以培养幼儿的核心素养为目标，促进幼儿的全面发展。游戏是幼儿学习与发展的重要载体，开展幼儿园数学游戏教学活动既符合深度学习理论的具体要求，又符合幼儿的身心发展规律，可以有效促进幼儿的思维发展、情感体验和行为变化。基于深度学习视角下本文探讨了开展的幼儿园数学教学活动游戏化设计问题。以期提高幼儿素养，能使幼儿在操作、实践、体验、思考中实现从浅层学习到深度学习的转变。

关键词：深度学习；幼儿园；数学教学活动；游戏化设计

在《幼儿园教育指导纲要（试行）》中明确指出，幼儿园教育的总任务就是让幼儿在生活与游戏中感知事物之间的数量关系，体会到数学的重要性与乐趣。对于幼儿来说，玩十分具有吸引力，且幼儿十分愿意去思考在游戏中遇到的问题，把游戏和数学教学结合起来，可以让幼儿完全沉浸于游戏之中，在玩中学会数学，进而提高自身各方面的能力。数学游戏并没有什么特别的目的，幼儿不用因为无法达成某个目的而感到不安，在轻松愉快的游戏中体验数学知识，学习数学知识，对提高幼儿的学习效率有着很大的帮助。

一、了解幼儿的认知情况，充实幼儿的游戏活动

目前，很多幼儿园都有一些教师在对幼儿进行教学的时候选择让幼儿自由活动，在具体的数学教学中仍然采用比较传统的方法，让幼儿跟着教师的节奏走，被动地去接受数学知识，幼儿无法在教学中得到乐趣，也很难实现教育的目的。有些幼儿园教师在进行教学时，不能用幼儿的思维来进行教学的安排，始终用大人的思维来考虑问题，这导致了幼儿在教学中很难产生很高的学习热情和学习积极性，甚至有些幼儿园教师在进行授课的时候，会把幼儿的教育简单化，这会对幼儿的健康发展造成很大的阻碍。所以，在开展幼儿游戏化的数学活动时，必须让幼儿教师对幼儿的认识水平有一个充分的认识，并针对幼儿的具体情况进行相应的设计，这样才能更好地帮助幼儿理解和掌握相关数学知识。

例如，在开展10以内加减法的数学教学时，幼儿教师就可以通过采用动物做客的游戏来进行教学，教师可以让幼儿按照自己的喜好来选择自己喜欢的小动物，并进行扮演，如小猴子、小老虎等，然后由教师在园区内设置一个狮子的家园，并告诉幼儿说，小狮子想要在自己的家中开联欢晚会，邀请了森林中的所有小动物，那么想问问大家，都有谁愿意来参加小狮子的晚会呢？在幼儿都表现得非常积极的时候，教师可以说，现在小狮子的家里可以进入五个人，来让我们看一看都有谁进去吧。在幼儿正确进入小狮子的家园后，教师可以再对幼儿说，小狮子要出去买东西，现在需要家中只剩下三个小动物，其余的都出去买东西，那么应该出来几个小动物呢？在这样的游戏活动教学中，幼儿不仅对数字有了一定的了解，还活跃了大脑，可以有效加深幼儿对数字的认识程度，进而训练幼儿的实际运用能力。

二、创设游戏生活情境，激发幼儿的学习热情

趣味性游戏对幼儿的吸引力十分巨大，只有在幼儿感兴趣的情况下，他们才会主动地参

与到游戏活动中。在课堂教学中常见的游戏有角色扮演、行动学习、竞赛、探索、表演等。只有在符合幼儿身体、心理发展特征与需要的条件下，才能使活动的趣味性得到提高，从而实现激发幼儿的学习兴趣的目标。然而并不是所有类型的游戏元素都适合幼儿教学活动，若选择的游戏不恰当，只会让游戏变得索然无味。在实际的幼儿园数学活动中，很多游戏的设计都不够合理，有些不适合幼儿的年龄特征，有些不符合幼儿的已有经验，这都会使幼儿的数学活动兴趣大打折扣。所以，要求教师在进行数学游戏的时候，要创造出一个真实的生活情景，这样才能更好地激发幼儿的学习热情，从而更好地开展数学游戏。在教学中进行数学“游戏”，要求教师要创造与之相对应的生活情景，增强与生活的联系，并指导幼儿主动地进行思考。

例如，在开展数字排序的教学活动时，教师就可以提前为幼儿准备好不同形状和颜色的卡片，如黄的正方形、红的三角形、绿的长方形等，当这些东西都做好以后，就可以用问题来启发幼儿们的思维：要把三角形、长方形整齐地排列成一条直线，要怎样才能做到？在实际操作中，有些幼儿会按照两个三角形、两个长方形、一个正方形的次序进行组合，也有些幼儿会按照三角形、长方形、正方形等次序进行组合。这时教师就需要适当地让幼儿思考一下，怎样才能按照色彩来有序地摆放？与此同时，引导幼儿去思考生活中有什么东西是三角形的，把数学游戏和生活紧密地结合在一起，培养幼儿的思考能力。通过创设生活情景，可以有效激发幼儿的学习热情，促进幼儿的认知能力发展。

三、充分发挥教师的引导作用，促进幼儿积极参与

在开展幼儿园数学教学游戏活动的时候，教师要及时进行适当的指导，以此提高幼儿的数学认知能力。游戏化思维的实质不在于“玩”的外部形态，而在于充分调动幼儿的内部动机，将“游戏”或“游戏观念”与数学教学活动有机地融合在一起。幼儿阶段的幼儿对于玩的兴趣非常大，在游戏活动中进行数学知识的教学更能激发出幼儿的好奇心和探究的积极性。因此，幼儿园与教师要充分认识到游戏对于幼儿的特殊价值，最大限度地支持和满足幼儿通过游戏获得相关经验。将数学活动和游戏相融合，能够很好地提升幼儿的参与度，当幼儿来到陌生环境中，如果没有外界的干预和正确引导，那么幼儿就会表现出比较内敛的个性；如果长时间待在这样的环境中，就会导致幼儿的性格出现变化，对幼儿今后的学习和发展产生很大的影响。此时，幼儿园教师要主动地安排好玩耍的环节，使幼儿能够在玩耍中与同伴们进行交流，从而培养开朗乐观的个性。通过玩的方式加强幼儿与幼儿之间的交流，可以使幼儿的语言表达能力得以充分发展，幼儿的本性就是喜欢玩耍和活泼好动，教师要正确利用幼儿的年龄特点，把游戏和数学相融合，在游戏活动中培养幼儿的动手能力和学习习惯。

例如，教师在指导幼儿认识 10 以内的数字时，可以通过游戏和玩耍的方法来进行教学，教师需要在上课开始前制作好上课所需要用到的数字小卡片，然后在上课的时候教师要给幼儿提出明确的指令，幼儿们要按照教师的指令，选择相应的号码卡片。例如，当教师说 5 的时候，幼儿们就要拿起带有数字 5 的卡片，在这样的游戏活动中，教师要及时给予反应最快的幼儿一些奖赏，这样才能更好地调动起幼儿们的参与热情。教师还可以让幼儿玩拍手的游戏，当教师说到 2 的时候，幼儿要连续拍 2 下；如果幼儿出现拍掌错误的时候，教师则要马上对其进行改正，这样就可以让幼儿园的数学游戏变得更加高效。

四、加强游戏化教学，提升幼儿的综合素养

幼儿园教育要以素质教育为中心，思想认知、家庭、社会、交流、励志教育等都是幼儿素质教育的核心内容，这些内容可以随着幼儿的成长而不断地发展，是保障幼儿健康成长的

关键。然而，在实际教学中，素质教育的成效并不理想，最主要的原因就是幼儿们的接受度相对较差，自我管理能力也相对欠缺。考虑到这一点，幼儿教师应把游戏化的教学模式和素质教育进行结合，在幼儿园中设计校本课程，通过游戏的方式让幼儿去感受生活，在玩耍中获得思想和认知上的变化。从深度学习的角度来看，以幼儿的深度学习为终极目标，设计幼儿园的数学活动，不仅要注意让幼儿对数学学习产生浓厚的兴趣，也要让幼儿有一个完整的参与过程，以此提高幼儿的数学思考能力。在与幼儿进行沟通的时候，教师也要对其进行适时的评价，帮助幼儿了解自身的学习状况，对自己的优缺点进行更好反省，进而提高幼儿的学习效果。

例如，在幼儿数学活动教学中，教师可以设计“数学探险家”的游戏来帮助幼儿提高自身的数学知识运用能力，教师需要提前在幼儿园活动区的某些角落中设置好数学任务小卡片，然后让三个幼儿组成一个小组在园区内进行探险游戏，当幼儿发现卡片后就需要解决卡片上面的任务，先完成三个数学任务的队伍就可以获得胜利。教师可以在卡片上设置如让幼儿按顺序从 1 数到 10、计算 2＋5＝?、快速找出正方形和三角形等任务。用游戏化的教学方式进行素质教育，既与幼儿的思想和认知相一致，又能在一定程度上保障幼儿的自我体验，进而帮助幼儿提升自身数学知识运用能力。

五、结语

总之，在幼儿园中进行游戏化教学可以有效地保障幼儿的独立发展，在应用时既要充分尊重幼儿的心理特点和年龄特征，又要重视对幼儿在游戏中的引导与协助，提升幼儿的独立思维能力，扩大数学教学的作用。随着新课改的不断深化，学前教育工作的核心逐渐转变为将游戏和教学相融合，对幼儿的综合发展进行培养，丰富的游戏内容可以极大地提升幼儿的参与热情，幼儿可以在快乐的氛围中进行数学知识的学习，有效促进幼儿的全面发展。

参考文献

[1] 梁坡木．深度学习视角下幼儿园数学活动游戏化的问题探析［J］．新教育时代电子杂志（学生版），2022（35）：32－34.
[2] 李娜．幼儿园数学教学活动游戏化策略探讨［J］．甘肃教育，2022（13）：66－69.
[3] 李红燕．幼儿园数学活动游戏化的教学策略［J］．新课程，2022（14）：189.
[4] 镇江燕．幼儿园数学活动游戏化教学［J］．家教世界，2023（19）：53－54.
[5] 乌云娜．幼儿园数学活动游戏化的教学策略［J］．好日子，2021（28）：133－135.

幼儿园户外沙水区游戏活动组织策略

（崔艳蕊　天津市滨海新区塘沽福州道幼儿园）

摘　要： 著名的法国教育家卢梭认为：“自然教育的核心是，教育必须遵循自然，顺应人的自然本性。”在科技飞速发展、城市中高楼林立的时代背景下，许多幼儿生长环境与大自然接触相对较少。而沙水作为一种天然的材料，具有简单易行、灵活多变的特点。在幼儿园沙水游戏活动的开展，既能满足幼儿自身发展的需求，又能使幼儿亲近大自然，促进幼儿的双手协调能力、思维创造能力和幼儿之间合作能力的发展。本文探讨了幼儿如何通过沙水游戏活动，使幼儿得到锻炼。以期能充分发挥其教育功能，促进幼儿在沙水游戏过程中获得发展。

关键词： 幼儿园；户外；沙水活动

一、适宜的沙水环境创设，激活幼儿游戏的灵感

（一）创设有利于幼儿开展沙水游戏的精神环境

《幼儿园教育指导纲要（试行）》倡导“以积极的情绪去推动幼儿的认知学习，这是因为情感对幼儿的学习是至关重要的”。幼儿只有身处心理安全和自由的环境才能充分发展出性格特点，才能激发幼儿的主动性和积极性。不能因为玩沙玩水弄脏弄湿衣衫就一味地批评指责幼儿，过多地进行限制。清凉的水和细腻的沙子带来一种不一样的体验，幼儿们自由自在地全身心地体验着沙水带来的乐趣，在沙水中体验的感觉能让那些缺乏自信心或者比较胆小内向的幼儿，更有满足感和成就感。

（二）利用沙水材料的生活化与层次性，吸引幼儿好奇心与兴趣

材料是幼儿将内心世界与外界进行沟通的桥梁，不同的材料作用于幼儿的结果是不同的。生活化的材料可以使幼儿感觉更为熟悉与亲切，能够使幼儿迸发出新鲜的创造力，可以让幼儿得到肌肉的精细化动作锻炼。教师在游戏过程中要随时关注幼儿游戏进程，如果幼儿与材料无法进行积极互动时，教师就要思考与调整材料，是否出现了哪些难点，或者太过单一等问题。幼儿们在自主探索时，要引导幼儿们可以自主地选择材料和工具。在准备材料时也应体现层次性，突出因材施教，提供难易程度不同的活动材料，促进每个幼儿的能力水平都有所提高。

《沙池寻宝》中，幼儿来到沙池看到沙池中设置的游戏关卡和宝箱，听完了要开展的游戏介绍后，开始欢呼起来。“耶，我最喜欢玩挖宝藏游戏了!”“还有寻宝路线，那一定很好玩。”“我想好要和谁一起组队了。”

幼儿的积极程度和对游戏产生的疑问能从侧面反映出幼儿参与游戏的主动性与好奇心。同时，材料的生活化与层次性，能充分发挥材料的游戏价值，在活动材料的操作中感受沙水游戏的魅力。

二、科学的活动内容制定，推动幼儿游戏的开展

（一）根据幼儿的性格特点，有偏向性地安排游戏中沙水比例

各个不同认知阶段的幼儿对玩沙水的想法是不同的。比如，小班的幼儿对游戏以直接接触为主，玩沙水时着重以帮助幼儿了解沙子和水的基本特征为主，认识沙和水，感受其中干、湿、冷、热等自然属性，其次以辅助利用模具进行简单的堆沙游戏。小班幼儿主要的游戏形式是独自地练习游戏，喜欢独自用木棍搅动沙子、用小瓢舀水，可以开展“木桶饿了”“这个碗能做什么”“藏起来”“堆堆乐”等游戏，通过嬉戏性的玩弄，为以后玩沙水游戏奠定基础。

再如，中班幼儿具备了初步的对沙水的感知和知识经验，幼儿开始想要创造出他们脑海中自己喜欢的东西。而且中班幼儿学会了一起合作，只是他们进入复杂游戏的前期时间较长，在这个阶段的幼儿已经可以在游戏中设置和安排上加入分工、合作，并给予他们一些建议和要求，设计一些游戏内容，比如“造房子”“阻挡敌人”“修水利”等需要合作的玩沙玩水游戏，充分发挥幼儿的想象创造力和合作性。

大班幼儿拥有了更高的认知和操作能力，大班幼儿玩沙水游戏的主题与内容情节也更丰富。对于能力更高的大班幼儿，在设计他们的游戏时，可以适当加入简易测量、分类训练以及简单的科学实验，如“沙尘暴”“大坝决堤”等科学实验；可以进行创造性游戏，如“管子运水”“地道战”等更高难度的游戏。

（二）常规的建立，培养幼儿良好的行为习惯

玩沙水游戏中常规知识的提醒非常重要，沙子不同于其他结构的游戏材料，如果不当操作会给幼儿的安全带来一定的危险。在每一次玩沙游戏中，我们都会运用生动有趣的方式提出必要的玩沙常规，帮助幼儿养成好的卫生习惯。例如，做玩沙游戏前擦净鼻涕、卷好袖子等。通过生动有趣的方式帮助幼儿理解养成好的卫生习惯的道理，逐步建立玩沙时蹲下来玩，不扬沙子，动作小心，不碰撞别人的好习惯，玩沙时通过重复提醒让幼儿牢记“好幼儿不把沙弄到外面，不让沙宝宝离开家”。玩沙结束后要收拾好玩沙工具，轻拍手上以及身上的沙子时要蹲下来等。幼儿良好的行为习惯，为玩沙水游戏奠定了基础，游戏时教师要做一个细心的观察者，幼儿要做一个耐心的探索者。

三、巧用游戏讲评，丰富幼儿的游戏经验

（一）重视幼儿相关知识经验的积累

幼儿的游戏与幼儿的已有经验有很重要的关系。玩沙水活动的内容与幼儿生活越接近，有关经验越丰富，幼儿们的表现就越积极、越主动。小班幼儿在尝试戏水时，让幼儿自主选择可以玩水的材料进行探索，幼儿选择了小桶、笔筒、盖子、塑料袋等材料，在游戏时，幼儿通过游戏感知到水的流动性，“教师，水从笔筒中漏了出来”“我的塑料袋装不了太多水”等都是幼儿们从经验中总结出来的，注重幼儿游戏经验的总结提炼，以便幼儿能在活动游戏中去探索去交流。

（二）丰富讲评形式，提升讲评趣味性

游戏讲评对于增加幼儿的游戏经验具有促进作用。讲评形式的多样化也很重要，比如个别讲评、小组讲评、集体讲评、相互讲评等形式，在讲评时借助照片提示、情景再现、作品

展示等多种媒介，能起到事半功倍的作用，既引发了幼儿讨论的兴趣，又增强了幼儿的游戏经验。讲评不一定非要在游戏结束之后进行，在游戏过程中，教师也要密切关注幼儿在游戏中的状态，发现其中亮点，及时送上鼓励性讲评，进而促进幼儿参与沙水游戏活动的积极性。除此之外，也应该鼓励和支持幼儿之间对于游戏体验和创作内容进行分享和交流，引导幼儿之间的互动，提升幼儿的团结协作能力。

四、结语

综上所述，在玩沙玩水游戏过程中让幼儿利用不同的材料，在接触、交流过程中主动发现、大胆探索，深入理解其游戏价值，有目的地设置或组织适合各年龄段幼儿开展相应的沙水游戏。沙水游戏作为幼儿园中重要的区域游戏，而且是幼儿喜爱的游戏之一，教师应改变思想，挖掘游戏中丰富的经验价值，不断丰富幼儿的社会经验。当然幼儿们的成长速度是飞快的，在以后沙水活动的布置中，我们要不断创新自己的教育思想；在游戏过程中还应把主动权交给幼儿，为幼儿创造充足的机会，充分调动幼儿的主动性与积极性。例如，在游戏开始前的准备工作中邀请幼儿加入，共同准备、收集，让他们体会到其中的快乐和喜悦，也能进一步发挥幼儿的创造性，真正做到“以幼儿发展为本”，重视幼儿的身心健康成长。

参考文献

［1］吴洪．幼儿园沙水建构游戏教学策略探微［J］．成才之路，2018.

［2］王明霞．基于幼儿教师游戏者身份的户外沙水项目研究［J］．科学咨询（科技·管理），2019.

［3］黄芳．追随幼儿，看见玩沙游戏中的深度学习——《3－6岁幼儿学习与发展指南》背景下幼儿园玩沙游戏的思与行［J］．亚太教育，2020.

［4］陆飏．纵情沙水，欢乐游戏——幼儿园沙水游戏活动的实施策略［J］．启迪与智慧（中），2020.

［5］朱佳慧．一沙一水一游戏，让幼儿在沙水游戏的世界里畅游［J］．启迪与智慧（中），2020.

民间幼儿游戏在幼儿园开展现状及对策研究

（胡金梅　合肥市东兴第一幼儿园）

摘　要： 本文论述了民间幼儿游戏的定义、教育价值和文化内涵；研究了民间幼儿游戏发展状况；剖析了民间幼儿游戏在幼儿园活动中发展出现的问题，最后针对民间幼儿游戏发展中出现的问题给出了可行性意见。我们认为，要将传统民间游戏更好地和幼儿园的教学相互融合，真正让二者在幼教中相得益彰，才能促使幼儿身心全方位发展。

关键词： 民间游戏；幼儿；对策

一、绪论

民间幼儿游戏作为传统文化教育的重要组成部分，对幼儿发展有着重大意义。21 世纪的人们正处于新一轮电子技术变革的发展阶段。小学里，小朋友们的游戏基本已经被电子产品代替，受到各种主客观条件的影响，很少有完整的民间幼儿游戏，开展活动中面临着一系列的困难。

二、民间幼儿游戏研究现状

（一）民间幼儿游戏概述

1. 民间游戏

中国不少专家早已对民间游戏的含义进行过解读。乌丙安认为，“民间娱乐是指普遍流传在人民大众的日常生活之中，不管小幼儿或者成年人之间都普遍开展的嬉戏娱乐活动，只要是一些比较具有趣味性的就应该叫作民间娱乐”。钟敬文认为，“民俗电子游戏是指那些在民俗广泛传播，以游玩、嬉戏为主要目的消遣、娱乐。游戏过程中，人们大多在一个轻松欢快的氛围下开展胜负比拼或其他多种形式的玩乐”。

根据众多学者对民间游戏一词的定义，我们能够总结出民间游戏的共性：民间游戏顾名思义，其一，内容有着浓郁的生活气息；其二，民俗游戏富有趣味性；其三，民间游戏有特定的游戏规则，且游玩时间、场所、环境具有高度随意性；其四，民间游戏具有弘扬中华民族传统文化的功用。

2. 民间幼儿游戏

民间幼儿游戏就是在民间游戏理论的基础上对玩的人群进行了一定的分类，即幼儿这一类人群。民间幼儿游戏富含趣味性，也体现民间文化内容，且最符合幼儿玩要的特征，所以民间幼儿游戏仍然是广泛流传在幼儿间带有趣味性的一项娱乐活动，如跳皮筋、老鹰抓小鸡、丢手绢等。

（二）民间幼儿游戏对幼儿的发展价值

1. 智力的培养

民间幼儿游戏对幼儿智力方向发展有着积极的影响。例如，为了让幼儿们认识各种花卉的形态特征，教师们可以合理地修改《对鲜花》这首民谣，歌词内容可以修改为其他的科学知识，将科普知识融合在歌谣中进行教学，更能培养幼儿的主动性，激起他们热爱和探索大自然的好奇心。

2. 体能的锻炼

3—6 岁的幼儿正处于好动与身心快速发展的时候，而民间幼儿游戏中的民间运动游戏正符合幼儿爱动的特性，能够调动幼儿参加运动游戏的激情和兴致，发展幼儿基本动作。例如，在“跳格子”游戏中，幼儿要单脚进行蹦跳练习，锻炼了身体协调平衡能力；在“老鹰捉小鸡”游戏中，幼儿在追击“小鸡”与躲避“老鹰”的过程中锻炼了身体的灵敏性，还可以在游戏中慢慢地提高身心素质。在运动过程中，幼儿们离不开跑、跳等大幅度动作，肌肉能力和奔跑速度也得以提高，而追逐和奔跑的过程中又提高了幼儿的心态和毅力，从而增强了机体抵抗力，不断推动着幼儿身心的发展和体质的增强。

3. 人格的塑造

许多中国传统的民间幼儿游戏都具有相当的游戏规则，也具有些许的竞赛性。比赛胜利的幼儿能得到成就感、愉悦感和满足感，自信心得以提高；比赛失利的幼儿信心受挫，能够明显地感受到幼儿脸上的懊恼丧气。有些幼儿在遭遇多次挫折后甚至无法再进行比赛，这时就需要教师的正确引导，将幼儿从比赛失利的挫折感受中引导过来。例如，幼儿在玩“捉迷藏”游戏时，要保证在被抓到的时候不能逃跑“耍赖”，淘汰后要正视自己的失败，也不能影响其他幼儿的玩耍，这中间就培养了幼儿接受挫折的能力，使幼儿慢慢学到管理自我情感的技巧。在做了好几次此类活动之后，逐步懂得总结错误的教训，借鉴一次错误的方法，在下次“捉迷藏”的时候藏在意想不到的地方，培养幼儿敢于正视问题、百折不挠、坚持不懈的精神。

三、民间幼儿游戏在幼儿园开展中存在的问题

（一）幼儿教师对民间幼儿游戏的创新能力较弱

民间传统游戏历经传承和发展，总有一些不适合当今社会发展特点的，因此在挑选游戏的时候必须辨别好游戏的基本内涵，并合理地对游戏的发展形态和组织方法做出适当的调节，以符合幼儿的身心发展特征。

（二）游戏空间狭小

幼儿园的游戏场地主要包括室内场地与户外场所，一般而言，幼儿智力游戏对游戏场地的需求不大，在室内场所或户外场地均能够开展，但对于体育类民间幼儿游戏活动则要求有较宽广的场所。过于狭窄的游戏空间会造成幼儿游戏空间密度过大，影响幼儿的游戏活动，更容易形成攻击性行为，削弱幼儿玩游戏的积极性。

（三）游戏资源和材料收集单一

由于幼儿园中极少举办专业的民间活动研究项目，教师们收集游戏资料和素材最常见的方式就是在互联网上查找，所以教师间缺乏经验交流，这也造成了幼儿活动所采用的游戏素材比较单调。

（四）幼儿教师的介入时机与指导方式不当

不少教师对于准确参与游戏的时间存在模糊不清的概念，下面就是笔者的观察例子：在剪纸活动时，教师给幼儿们演示了正确的对折方式，结果其中一位幼儿经过多次动手操作后仍然会叠错，于是该名教师便直接将自己手上叠好后的递给幼儿，然后紧接着演示下一过程，教师完全忽视了幼儿的主动性。在整个剪纸过程中出现了幼儿剪不好或者无法剪的状况，这名教师都会自己上手帮忙剪。尽管最后作品是完整的，但这并不是幼儿本人创造性的

结果，而是教师过度地参与游戏。由此可见，教师错误的引导方法并没有提高幼儿游戏的积极性，幼儿在整个游戏中感受不到任何的成就感。问题最基本的成因就在于教师不能掌握恰当的介入时间，不能把握恰当引导游戏的方法。

四、开展民间幼儿游戏活动的建议

（一）提高教师游戏素养

教师是游戏内容的“总规划师”，教师对游戏内容的理解与掌握程度直接关系着游戏活动的实施效果。幼儿园要给予教师必要的外部环境保障，一方面多开展民间比赛研究活动，给教师创造交流经验的平台，借助各位教师的比赛活动互评和自身反思不断克服活动中遇到的困难；另一方面，举办有关比赛知识讲座，充实教师的比赛知识理论，提高教师专业知识水准，以此为教师辅导幼儿玩耍提供必要的理论依据。

（二）创设适宜的游戏环境

适当的游戏场地是做好民间幼儿游戏活动的重要因素，能够调动幼儿的玩耍积极性，增加游戏的内容质量。一方面，在室内应该做好班级间的区域活动设计工作，把民间幼儿游戏的项目与幼儿园活动内容有机结合，通过设计不相同的游戏区域活动，将选择权留给幼儿，让他们按照自身的兴趣爱好来选择自己感兴趣的民俗游戏；另一方面，要安排室外的活动场所，并配有适当的民间活动的玩具物品，如轮胎、皮筋、口袋等，满足幼儿“想玩什么就有什么”的想法，提高幼儿玩游戏的能力。

（三）提高教师对游戏的改编及创新能力

幼儿教师必须时刻秉承“幼儿为本”的基本理念，坚持幼儿是幼儿教育的主体与核心。教师在组织游戏时要针对幼儿的年龄特征、身体发展特征做出合理的改编和创造，切不可随便套用一种模板，要针对班级幼儿的实际状况因材施教，要求班级幼儿共同参加改编，充分调动幼儿积极性，创造游戏新玩法。

（四）掌握正确的介入时机

幼儿游戏时“要不要指导”“如何指导”始终是教师们头痛的难题，既怕阻碍幼儿的玩耍，也怕无法充分实现游戏意义。有的教师直接放手让幼儿独自玩耍，有的教师自始至终陪伴幼儿玩耍，但这两个方法均不可取。教师要学会仔细观察幼儿玩耍行为，掌握幼儿玩耍时发生的活动情况，明确游戏活动中的问题再进行纠正，教师也应该成为一个反思者，通过记录下自己在参加活动过程中幼儿们出现的情况，通过“幼儿是否需要支持和引导”“教师如何介入，怎么指导”“这些外界的帮助是否真的帮助幼儿解决了问题”这些问题判断自己有没有尊重幼儿兴趣，是否给予了幼儿游戏自主权，这样教师对自己的介入时机与指导方式就有了清楚的掌握，不断重复“观察—实践—反思—再实践”这个阶段，就能够把握恰当的参与时间和引导方法。

五、结语

游戏作为幼教的主要手段，在中国幼儿园教学建设中起到了很大作用。由于幼儿民间游戏内容更接近于幼儿的现实生活，更适应幼儿的心理发展特点，因此有着特殊的教育文化底蕴与教学价值，可以让学前教育与民间幼儿游戏活动相得益彰，使民间幼儿游戏活动能够充分地发挥它最大的人文价值。

参考文献

[1] 王彩平，侯晶晶．体育游戏在中学体育教学中的应用［J］．教学与管理，2020(36)：27—29.

[2] 丁亚红．民间游戏走进幼儿园［M］．保定：河北大学出版社，2021：1.

[3] 智学，张建岁．民间游戏在幼儿园活动中的应用［M］．北京：高等教育出版社，2020.10.

幼儿园音乐课多元化教学探究

（胡聪聪　邢台市襄都区第二幼儿园）

摘　要： 本文从多种形式的课堂活动角度对多元化教学模式进行了论述。音乐课堂的更多发展可能性，能够全面提升幼儿的音乐素质。素质教育的理念根据时间的推移在不断地优化中，音乐课堂活动的模式已经从传统、单一的跟唱变成了多样化形式教学。转变传统、单一的教学模式，才能更好地掌握幼儿们的心理特点、特征。运用音乐多元化教学形式去更好地辅助不同主题的音乐课程，从而达到教学目标。

关键词： 情景教学；音乐游戏；打击乐

一、多元化教学的意义

教师的教学效率已成为教育界和社会关注的焦点，但我国现阶段教学实践中，许多教师在教学效率上存在严重问题。即使只是由于一些教师的教学方法不当，也会使幼儿抵制学习，影响幼儿身心的健康发展。因此，笔者认为，教师将创新因素纳入教学中，采用多元化教学方法可以满足这一需求，可以弥补教师教学方法的缺失。经过多年的教学实践，在幼儿园音乐课堂教学中引入多元化教学方法，不仅充分表现出了教师的教育创新，而且使幼儿能够积极参与学习过程，激发他们对音乐学习的兴趣，提高幼儿园音乐课堂的教学效率。兴趣是幼儿进行自主学习的驱动力，只有充分调动起幼儿的兴趣，在教育过程中才能保证幼儿更好地学习。

二、幼儿园音乐课堂多元化教学形式

（一）情景教学

情景教学在幼儿园音乐课堂中的应用类型多种多样，主要以创设游戏感受情景、提出问题激发情景、讲述背景故事进入情景、通过表演展现情景四种方式分析情景教学。在实际教学中，教师也应根据幼儿的年龄特点、心理特征等，选择符合教学内容的方法来创设情景。

1. 游戏情景教学

幼儿们具有好动好模仿、喜欢多形式在游戏中学习，所以游戏情景教学是幼儿园课堂中很常见的情景教学形式。在活动中合理穿插一些简单有趣的小游戏，幼儿能够在游戏中体会教材所要表达的思想和情感，在本次主题活动中理解会更加准确。比如，在《动物说话》欣赏和歌词的环节，幼儿们对小动物有喜爱之情，在课堂导入时，教师可以通过多媒体展示多种小动物的图片，带领幼儿们在音乐活动中走入动物世界，引导幼儿们去模仿各种小动物的特征及叫声。在熟悉动物的叫声环节之后，进行“找朋友”的游戏。教师播放歌曲，当听到歌曲中唱到的动物时，幼儿们配合发出相应小动物的叫声。例如：当音乐中唱到小羊时，幼儿们就发出“咩咩”的声音；当唱到老虎时，就发出“嗷呜呜”的叫声……游戏结束后，教师要及时给予评价并鼓励。通过游戏情景教学，不仅让幼儿们感受到了音律，还学会了演唱歌曲。在整个游戏环节中，能够做到在“乐中学”“学中乐”，不仅符合幼儿的天性，而且能紧密联系教学内容，达到寓教于乐的效果。

2. 问题情景教学

法国杰出的女科学家居里夫人说过："好奇心是学习者的第一美德。"在音乐活动过程中，幼儿的好奇心教师可以利用起来，合理设置问题，让幼儿带着问题学习，发挥问题在教学中的导向作用，激发幼儿思维，调动对音乐知识学习的热情。比如，《雪花飞舞》的欣赏和歌唱环节。在导入环节中，教师可以采用谜语的形式导入，幼儿通过教师的引导，说出主题"四季"，再请幼儿分别来说一说心目中的四季，喜欢这个季节的理由等问题。启发情景回忆，进行第二次讨论，幼儿对四季进行想象。通过问题情景的创设，点燃了对问题求知的渴望，也有利于培养幼儿的发散性思维，使整个教学过程是愉快的。

3. 故事情景教学

教师进入课堂可以以故事导入形式，利用幼儿们特别喜欢听故事、好奇心非常重的年龄特征，教师深刻描述出主题画面，强烈激发幼儿兴趣、启发幼儿想象力、让幼儿再创情境，幼儿在不知不觉中进行新知识学习的一种导入方法。

学前教育阶段都是3—6岁的幼儿，年龄较小，喜欢听故事，故事导入是调动幼儿课堂中积极性的较好方法之一。精彩的导入，会抓住幼儿们的心理，激发兴趣，促进幼儿情绪，有益于整个教学活动的完成。

故事导入有利于故事引出课题，调动幼儿学习兴趣；有助于集中注意力和观察力，激发求知欲；通过角色扮演，帮助理解记忆故事内容。

（二）音乐互动教学

在新时代的教学模式中，教师若未能和幼儿们达成合作关系，就会发现在教学过程中推进得非常吃力，现阶段教师不再只是更新、扩充教育方式，更多的是教学内容的延伸、拓展。培养幼儿对音乐的兴趣是幼儿园音乐课堂的任务目标之一。音乐教师需要根据学前阶段的幼儿所表现出的行为特点，展开教学设计。通过这些音乐游戏的应用，幼儿表达能力、对音乐的感知能力等都会有不同程度的提升，如此一个多元化的音乐课堂才是高质量的音乐课堂。

1. 利用打击乐，增强课堂趣味性

在音乐课堂互动中，可以利用常见的打击乐乐器，如响板、碰铃、双响桶、腕铃、沙锤等。有助于幼儿对音乐情绪、调式的理解，可以增强幼儿对音乐节奏的感受力，满足幼儿的好奇心与求知欲，并借助多媒体来辅助教学播放相关视频，超越传统的教学模式。教师应当指导幼儿去选择最适合自己的打击乐器，但是这并不意味着教师要帮助学生去选择乐器，因为乐器的选择反映了幼儿对音乐的思考、认识与体验。对于小班的幼儿，教师要针对具体的乐曲，给幼儿分析这首乐曲的风格意境，以及适合这首乐曲特点的打击乐器应该具有的特色，之后，教师给幼儿提供一个乐器选择的范围，让幼儿在这个范围内选择合适的乐器，教师可以让幼儿聆听一下这个范围内每个乐器的音色，之后让他们根据自己的体会选出最喜欢的乐器。幼儿自主选择乐器后，进行分组演奏，第一遍演奏结束后幼儿可自主与同学交换乐器，体验不同的节奏、乐感。乐器学习也是课堂中的一部分，结合教学内容，大大提高幼儿们对音乐课堂的兴趣与参与度，同时拓宽了音乐方面的视野，促进幼儿全面发展。

2. 给予幼儿探索空间

打击乐器不是家庭的必备品，因此很多幼儿没有接触过打击乐器，在音乐课堂上首次见到各式各样的乐器会表现出好奇和兴奋。教师可以给幼儿们特定的时间让他们自己去摸一摸、敲一敲，给幼儿探索的空间，可以在课堂上让幼儿去随意敲打发出各种噪声。探索时间结束后，教师应告诉幼儿们乐器的名称以及正确使用方法，教育他们轻拿轻放、爱护教具的同时，也要维护课堂秩序。

3. 借助身体器官，打造音乐课堂

现阶段我国幼儿园班容量在30人左右，但是班级里的乐器是有限的，在乐器不够平均分配的情况下，为了避免没有被分配到乐器的幼儿有不平衡心理，教师可以延伸课程，鼓励用自己的身体器官来进行演奏。其实，人体的很多器官通过配合也能够发出规律的节奏，如拍手、跺脚等。拍手、跺脚的操作形式与打击乐器的演奏方式有很多相似之处，教师可以让那些暂时没有拿到乐器的幼儿用自己的身体器官来进行演奏，进行幼儿分组学习，轮换使用打击乐器，这也是一种有效的教学方式。

4. 变废为宝，自制打击乐器

音乐是一门独特并有趣的艺术，需要发挥我们的想象力和创造力，把音乐变得更加美好。教师可以鼓励幼儿变废为宝，发挥想象力将废物重新利用起来二次创新变成打击乐器。例如：六个相同大小的塑料瓶用包装纸粘在一起，经过美化装饰后，用铅笔进行不同部位的敲打会发出不同的音色，一个打击乐器制作就完成了。幼儿在设计制作的过程中不仅培养了幼儿的动手能力、创新能力，而且在寻找“宝”的过程中幼儿们自主地去观察了生活，哪些“废品”可以变废为宝。最终引导幼儿发现生活中的美。

三、结语

现代社会提倡素质教育，在音乐教学活动中采用多元化评价，是推行素质教育的主要手段之一。这种多元化的课堂形式对于调动幼儿学习音乐的积极性，帮助他们形成良好的学习态度，增强自信心，培养幼儿的实践能力以及创新意识有着不可替代的意义。学前教育是人生的基础阶段，是育人的重要起点，多元化教学探究将更加有利于全面提高幼儿综合素质。幼儿园音乐教师任重而道远。

参考文献

［1］陈琳．小学音乐中的多元化教学，个性化发展［J］．教育界，2021（22）：87—88.

［2］边钰蕾，石蔚．小学音乐课堂中情景教学的应用［J］．戏剧之家，2022（35）：176—179.

［3］李涵．情境教学在小学音乐课堂中的应用研究［J］．大众文艺，2022（9）：152—154.

［4］陈靓．小学音乐课堂多元化教学模式探讨［J］．文理导航（上旬），2023（1）：40—42.

［5］黄琳．小学低年级音乐课堂中打击乐的有效运用分析［J］．试题与研究，2022（16）：152—154.

建构游戏中中班幼儿深度学习时师幼互动方式的研究

（李爱鹏　江西省南昌市红谷滩区九龙明珠幼儿园）

摘　要：最近几年，我园教师十分注重建构游戏的建设与开展，但当下普遍存在两种现状：第一种是教师为了让幼儿更好地掌握建构知识和技能，不知不觉操控幼儿的游戏过程；第二种是教师过度放手，完全让幼儿进行自主游戏，幼儿游戏一直停留在简单重复的循环中，建构内容简单，在这样的师幼互动状况下，幼儿深度学习质量也相对偏低，幼儿无法进行深层次学习。可见，幼儿园对建构游戏中促进幼儿深度学习的师幼互动缺乏应有的关注。本文将以幼儿的深度学习切入，以师幼互动为落脚点，通过相关的理论分析、研究调查建构游戏中幼儿深度学习和师幼互动的当下现状，进而分析在建构游戏中师幼互动存在的具体问题。探讨在建构游戏中如何创建良好师幼互动关系，以此解决中班幼儿在深度学习中存在的问题，总结出了建构游戏中如何促进中班幼儿深度学习的师幼互动方式。

关键词：建构游戏；中班幼儿；深度学习；师幼互动

一、建构游戏中中班幼儿深度学习和师幼互动的重要性

建构游戏是幼儿非常喜爱的游戏之一，对幼儿身心发展有很大的价值，而深度学习是实现价值的重要方法之一，但受制于中班幼儿年龄特点，他们的学习还处于表层状态。现在，越来越多的教师开始意识到建构游戏价值，让幼儿在游戏中进行深度学习，但只有为数不多的期刊文献论述师幼互动与深度学习，只是将师幼互动作为促进幼儿深度学习的方式之一进行简单的论述。在这里，我们以建构游戏为背景，通过对幼儿深度学习和师幼互动的现状进行分析，以及对建构活动中影响幼儿深度学习的师幼互动问题进行归因分析，提出促进幼儿深度学习的师幼互动的具体方式，促进幼儿实现深度学习，从而丰富师幼互动研究理论。

二、建构游戏中中班幼儿深度学习和师幼互动的现状分析

（一）中班幼儿建构游戏中深度学习总体发展水平

在查阅相关文献以及结合教学实践的基础上撰写《中班幼儿深度学习观察表》来考察中班幼儿建构游戏中深度学习总体发展水平，可以发现中班幼儿的深度学习整体处于较低水平。在游戏中，幼儿能够积极主动地参与游戏，有愉快的游戏体验，但坚持性和专注性比较低，说明幼儿在建构游戏中的注意力不集中，且解决问题的意识淡薄，普遍缺乏反思意识。

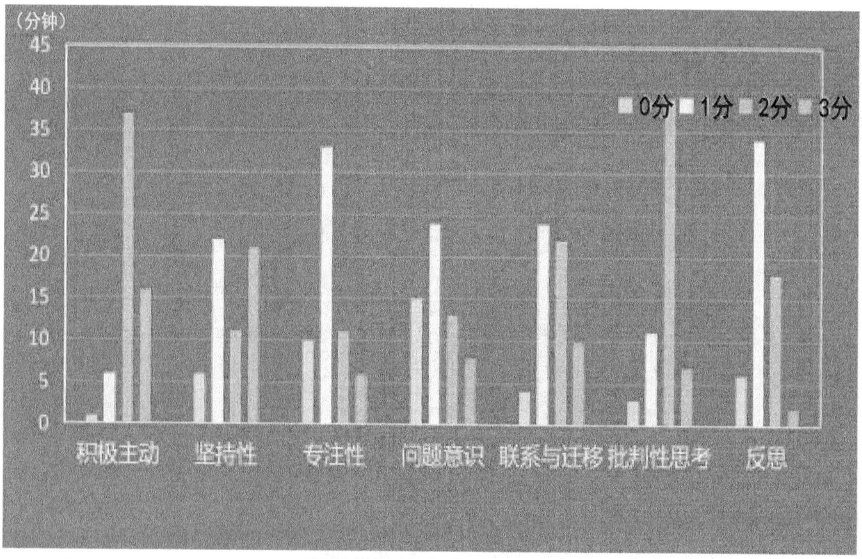

中班幼儿深度学习统计表

(二) 中班幼儿建构游戏中师幼互动言语和非言语现状

言语互动存在的问题：通过对中班建构游戏为期两周的连续观察（建构游戏时间平均为50分钟），观察师幼互动的情况发现大部分教师忽略学习态度和问题反思，重视问题解决，很少有教师能及时关注幼儿在建构游戏过程中学习中的专注性、坚持性以及问题解决等方面。

非言语互动存在的问题：教师主导性与无意识动作较多，缺乏指导性动作。

典型案例：建构游戏前教师一直强调："小朋友在游戏中用多少材料就拿多少，不要把所有的材料都搬下来，这样收的时候很难收回去；在游戏中我们要学会和其他小伙伴一起合作搭建。"在游戏过程中只见一个小女孩与旁边的小朋友正说着与搭建无关的话题，教师去拉了拉她的衣服，"再不搭建就不欢迎你们来建构区玩游戏啦！"过了一会儿，教师又对她们说："你们来这里和他们一起搭建吧！"

在这个案例中，教师在无意识的状态下对幼儿产生了主导性和调节性动作，如拉衣服、拉帽子等。这些看似微不足道不被人注意的动作却会对幼儿的行为产生长久的影响，有些"坏动作"可能潜移默化对幼儿产生不好的影响，教师应杜绝这类动作的出现。

三、影响幼儿深度学习的师幼互动存在问题的归因分析

(一) 受传统教育观念的束缚

在建构游戏的过程中，教师提问的目的比较重视问题解决，而轻视游戏过程中问题的反思；游戏过程中教师指令性的言语比较多，造成这些问题的本质在于教师受到传统教育观念的束缚，为了使中班幼儿较快地获得建构技能，教师主要以单方面的提问和指令性言语为主，从而造成中班幼儿在建构游戏过程中始终处于被动、消极的游戏状态。

(二) 深度学习的认识不足

幼儿的深度学习是在幼儿已有经验的基础上进行拓展和延伸，在幼儿游戏的过程中增强幼儿对生活经验的构建能力。教师必须了解深度学习的内涵，但大部分教师对深度学习的认识只是处于表面水平，缺乏专业化的认识，因此在幼儿建构游戏的过程中难以

促进中班幼儿的深度学习。

案例：笔者分别对幼儿园的两名中班教师针对“幼儿的深度学习”进行访谈时，一名教师说道：“对幼儿的深度学习了解不是很深入，在幼儿的游戏过程中很少关注这个，深度学习应该是围绕幼儿的搭建进行持续的观察和记录以提高幼儿的建构水平吧！”笔者追问道：“只有对幼儿进行持续的观察才是深度学习吗？如果幼儿在一次游戏中积极地探索和思考那算深度学习吗？”教师答道：“也是吧！”

（三）缺少师幼互动技能

在师幼互动中，许多教师把自己定位于游戏的组织者和管理者，在教师这种角色定位的影响下，幼儿会不自觉地以“听教师的话”为行动的标准，教师缺乏师幼互动技能必然会引发师幼冲突，教师没有信服力，而会导致师幼关系的恶化，更难以支持幼儿在游戏过程中实现深度学习。

案例：笔者分别对幼儿园的两名中班教师针对“在建构游戏过程中如何进行师幼互动”进行访谈时，一名教师回答说：“游戏结束后进行分享的时候不知道怎么提问，对幼儿搭建的作品也不知道从哪些方面评价。”

（四）观察水平低，缺乏相关培训与教研活动

在建构游戏观察过程中，大部分教师将观察的价值浮于表面，没有真正体现观察在建构游戏中的功能，无法发挥其作用和价值。通常存在以下问题：观察前，教师观察意识和观察目的不明确；观察中，教师观察的内容太多，没有针对性，不能灵活使用观察方法；观察后，缺乏有效支持和跟进的指导策略，究其原因主要是教师受限于专业知识、工作经验有限，提出的策略不能有效地解决问题，导致不能很好地解决观察中发现的问题。

四、建构游戏中促进中班幼儿深度学习的师幼互动方式

（一）以幼儿为主，充分尊重幼儿的主体地位

在建构游戏中，影响中班幼儿深度学习的师幼互动的因素主要是教师。首先，教师应树立平等观念，从观念层面上认识到教师与幼儿应处于平等的地位，不能居高临下，应面向全体幼儿，尊重幼儿，成为幼儿的倾听者、观察者；成为幼儿的促进者、引导者、支持者；成为幼儿的合作者、学习者、研究者。其次，教师应提升师幼互动策略，在建构游戏中促进幼儿的深度学习。

（二）明确观察内容，提升建构游戏观察的有效性

在建构游戏中，教师首先要学会的就是观察，观察是了解幼儿游戏情况的最佳途径，是教师介入的基础。其次，教师可以采用定点观察、定人观察、跟踪观察等方法，游戏前选择适合的观察量表，游戏中做好观察记录，并根据幼儿的游戏情况选择合适的介入时机，游戏后及时进行幼儿建构作品的展示和评价。

（三）加强专题性培训和教研，促进师幼互动策略的提升

在建构游戏中，教师的师幼互动策略对幼儿深度学习非常重要，但影响幼儿深度学习的师幼互动的现实状况不容乐观，因此，幼儿园急切需要针对建构游戏、师幼互动以及深度学习等方面开展专题培训和教研，教研活动的开展可以从班级—年级—园级，通过思维碰撞、表达观点、专业对话、补充认同等形式，提炼建构游戏观察的重点和难点，促进师幼互动策略的提升。

（四）加强师幼言语互动的交流，重视师幼言语互动的价值

在建构游戏中，师幼之间主要是通过语言进行沟通和交流，言语互动是推动建构游戏组织与开展的有机组成部分。为此，教师一定要不断丰富师幼言语互动的方法，提高建构游戏中师幼言语互动的质量，加强对言语互动策略的应用能力，但教师应根据具体的游戏情境选择各种类型言语策略的使用。

（五）善用师幼非言语策略，促进幼儿的深度学习

除言语外，非言语策略的使用对幼儿的深度学习也很重要，因此教师要提高对非言语策略的应用能力。首先，教师要以身作则，规范自身的非言语行为，发挥榜样的力量，要时刻规范自己的言行举止，给幼儿树立良好的榜样；其次，教师在建构游戏中运用非言语动作时要做到准确、适度，符合中班幼儿年龄特点；最后，教师非言语行为的提升也是一个慢慢积累的过程，需要我们持续、深入的实践与探究。

参考文献

［1］许乔红．在户外建构游戏中促进幼儿深度学习的实践研究［J］．学前教育研究，2022（154）．

［2］刘娟．建构游戏中幼儿教师言语介入研究［D］．南京师范大学，2016.

［3］谢秀莲，田茵师幼互动中教师回应行为策略探析［J］．教学研究，2012（6）：106—109.

［4］宋慧君．小学数学课堂教学中教师非言语行为运用现状与策略研究［D］．湖南师范大学，2016.

［5］左瑞勇，柳卫东．幼儿园师幼互动现状与对策分析［J］．重庆师范大学学报，2005（4）：117—122.

自然教育视角下幼儿园主题活动的设计与实施

（王雅雍　吉林外国语大学）

摘　要：在自然教育视角下，幼儿园主题活动是一种基于幼儿中心，汇聚人类生活中真实经验的活动，它具有创设真实情境、师幼互动、幼儿主动探索的特点。在设计自然教育主题活动时，教师应了解幼儿需要、识别幼儿问题、分析主题活动内容、讨论活动流程；在实施幼儿园自然教育主题活动时，教师将其看作幼儿独立探索的过程、教师需要在幼儿最近发展区内设置合理预期、抓住活动的核心环节、通过有效提问引发幼儿思考、进行探索性学习。

关键词：自然教育；主题活动；幼儿

一、自然教育视角下幼儿园主题活动的内涵与特点

自然教育意味着要充分利用自然资源，尊重幼儿的身心发展规律，将幼儿的发展与自然、社会和人文结合起来，实现更高层次的教育。在主题活动的选择和落实中，教师要从人与人、人与事、事与事的相互关系中来选择题材，促进幼儿与社会、与自然的联系；自然教育主题活动应该将各种技能、认知、情感融合起来，以关联性的视角将各种事物和因素串联起来。以幼儿为中心是幼儿园自然教育主题活动设计与实施的重要前提。幼儿中心是指：在自然教育主题活动中，使幼儿在自由探索中获得与自然的交互，并使幼儿具有道德、智力和身体全面发展，学会生活、学会学习、学会创造、学会社交。因此，自然教育视角下的主题活动要在自然情境中进行，教师还要与幼儿进行交流和互动，甚至与幼儿商讨对同一问题的解决方法，教师还应该在了解幼儿更深层次的需要后为幼儿提供发展的机会。在设定活动情境的基础上，教师还要注意以良好的师幼关系来让幼儿产生良好的情绪体验。在幼儿从自然人向社会人发展的过程中，教师不但要为幼儿提供认知，还要支持和适应幼儿的发展。师幼互动和创设情境是幼儿园自然教育主题活动的有效组织形式，有了这样的基础，教师还应让幼儿在此基础上动手操作、亲身体验、自由探索以获得直接经验。

二、自然教育视角下幼儿园主题活动的设计

（一）以传统节日为依托，强化幼儿的自然体验

自然教育视角下的传统节日主题活动应将关键放在“体验和了解”自然上。幼儿园自然教育主题活动以传统节日为依托，将传统的节庆与幼儿园自身特有的自然资源进行整合与创新，传统节日里的文化是自然与人文的结合，它向幼儿呈现的不仅有鲜活的物质世界，还将人类的文化创造作为世界的重要组成部分完整地呈现给幼儿。因此，我们将传统节日作为自然教育视角下的主题活动来进行设计无疑是一个好的主题。在春夏学期设计六一幼儿节、端午节等，在秋冬学期设计国庆节、元旦节等，帮助幼儿在自然教育中感受传统节日和文化。自然教育视角下的主题活动要以个别化或小组化的活动为主要组织形式，尊重幼儿的年龄和性别差异，让幼儿在小组活动和个别交往中感知在传统节日的氛围中和自然教育融合带来的乐趣。

（二）以主题活动和区域活动结合为重点，强化幼儿的自然探索

主题活动注重幼儿直接经验与认知的提升，通过设计主题来熏陶幼儿对于活动内容的理解，旨在让幼儿达到与自然交互和交流的目的，它主要涉及自然教育主题活动和区域活动两个方面。自然教育主题活动是以生活中常见的实物和自然现象进行教育的一种活动，它的设计包含教师及时了解幼儿的兴趣，收集幼儿的问题，根据问题画出网络图，再根据网络图进行调整进而设计层级性活动、活动探究与活动调整、活动反思与活动评价六个阶段。主题活动和区域活动相结合则是通过以图画书为载体，将自然教育的相关内容融入绘本当中，幼儿通过阅读绘本故事将了解到一些自然知识。这一类型的活动包含阅读绘本、理解内容、进行故事创作、编排、表演五个步骤。此外，幼儿也会在区域活动中接触一些新的材料，从而引发认知的同化和顺应，这种操作中的冲突是幼儿对自然事物和环境的一次认知的进展。

（三）将社会、文化、自然相融合，强化幼儿的自然认知

自然教育主题活动只有将自然、社会、文化全面融入幼儿的生活才能真正对幼儿的认知产生意义。比如，在以春节为主题展开的主题活动中，教师可以增加关于社会方面的因素：比如幼儿要怎样给长辈拜年，怎样说一些祝福的话语；在文化方面：幼儿可以了解春节的由来、春节的传统习俗、春节期间可以吃什么美食等；在自然方面：幼儿可以探索春节期间天气的变化，春节期间动植物有什么样的特征，以及幼儿可以根据自己的喜好来制作灯笼等一系列活动。这三个方面的结合融入了社会、文化、自然等元素，在这样的元素熏陶下，幼儿会逐步产生对自然、对社会、对人类的热爱，从而增强幼儿的学习动机，促进自然认知。

（四）优化室内外环境，强化幼儿的自然感知

在幼儿园环境创设中加入自然元素。比如，要让幼儿感受四季的变化，教师可以在走廊中或者在教室里粘贴有关四个季节轮回变换的照片或图片，让幼儿在画面中感受四个季节的特征和特点，在环境的熏陶中幼儿也会产生对大自然的喜爱之情。另外，开发种植区域，让幼儿亲身探索自然界中植物的生长变化。大自然是最生动的课堂，教师应以各种自然元素作为课程教学活动的载体，引导幼儿以多种方式去感知自然的多样性。以此为基础，教师还可以带领幼儿开发和种植各种类型的植物，种植植物的目的，一方面要让幼儿感知动手操作的乐趣，感受大自然的美妙，另一方面要让幼儿把植物的生长情况记录在种植记录表上，并结合二十四节气的变化去认识和把握植物的生长规律，身临其境地感知气候对于植物生长变化的影响。

三、自然主义视角下幼儿园主题活动的实施

（一）以幼儿为主体，合理设置实施流程

自然教育主题活动的实施是教师在背后观察幼儿，对于幼儿的活动作出探索性预设，并且给予适时引导。教师应秉持幼儿占据主导地位的原则，让幼儿基于自己的生活经验先开始活动的实施。在活动实施流程上，自然教育视角下的幼儿园主题活动实施过程可以借鉴和归纳杜威的五步教学法，即“做中学”。通过创设活动环境、商讨主要问题、提出解决问题的假设、验证假设、总结与归纳五个环节来实施幼儿园主题活动。在这五个环节中，验证假设是最重要的环节，教师要有充足的材料准备，以及创设适合活动实施的环境。例如，在主题活动中，教师可以提供操作性强的材料供幼儿来自由探索，幼儿从中可以寻求解决问题的办法，也可以和教师、同伴进行合作来寻求帮助。

（二）由近及远引导幼儿启发探索

在主题活动的实施过程中，教师不要告诉幼儿某个问题的现有答案，而是应该采用启发提问的方式让幼儿积极思考与自由探索来获得对于自然、社会，以及人文的认知和具体规律，让幼儿始终有兴趣去探索周围世界中奇妙的事物。将问题抛给幼儿，对幼儿进行启发式提问，让幼儿结合生活中的方方面面进行综合思考以寻求问题的解决方法。比如，先认识自然界中的各种现象、动物的类型、植物的生长过程和特征，有了这样的基本认知，幼儿园的主题活动才可以扩大到自然世界的层面，让幼儿在认识自然、了解自然、感触自然的过程中逐渐意识到人类是如何在自然界生存的、人类与自然界有何关系、人类有何社会性价值。如此一来，幼儿园主题活动才能真正践行自然教育的思想和理念，帮助幼儿进行自主性和反思性的学习。

（三）对活动给予合理预期，合理评价活动

自然教育视角下的幼儿园主题教育活动应该有合理的活动预期，因为不同年龄、不同水平的幼儿在主题活动中的表现不一致，并且教师要足够了解幼儿的发展水平。此时，教师要分析不同幼儿的发展状况，为幼儿创设具有弹性的空间和具有可调整性的活动内容，引导幼儿逐步理解自然教育视角下幼儿园主题活动所表现出来的内涵和目的。教师还应进一步深化自然教育主题活动的理解，以一种全面性的、广泛性的角度来看待自然教育活动对于幼儿发展的推动作用，加强幼儿的全面可持续发展。

参考文献

［1］贾秋美．“自然教育”课程园本化实施策略探究［J］．上海教育科研，2018（5）：64—67.

［2］杜威．杜威教育论著选［M］．赵详麟，王承绪，译．上海：华东师范大学出版社，1981：76—77.

［3］赵南．理解幼儿的关键条件：教师的“一识四力”［J］．学前教育研究，2020（7）：3—13.

［4］罗晓红．自然教育视角下的园本课程建设［J］．学前教育研究，2018（5）：70—72.

［5］陈大琴．基于本土资源的园本课程开发［J］．学前教育研究，2016（8）：61—63.

［6］李新展．基于自然主义教育思想的幼儿园自然教育［J］．学前教育研究，2022（9）：83—86.

［7］鲜雪梅．幼儿经验与未来：基于杜威《幼儿与课程》的解读［J］．基础教育研究，2023（16）：94—96.

［8］王艳玲．幼儿本位：中国课程发展的转型——钟启泉教授访谈［J］．基础教育课程，2010（12）：13—20.

［9］吉标，吴霞．课程实施：理解、对话与意义建构——一种建构取向的课程实施观［J］．西南师范大学学报（人文社会科学版），2005（1）：85—88.

幼儿园小班沙子主题探究活动的设计与实施研究

（柯芯怡　深圳市南山区桃源卓雅幼儿园）

摘　要：本文以幼儿园小班沙子活动为研究对象，探讨其设计与实施的方法和效果，以期为提高幼儿教育的质量提供参考。沙子活动作为幼儿园小班主题探究课程的重要组成部分，通过引导幼儿在沙子的世界中探索、游戏和创造，有助于促进他们的身心发展、激发想象力、探究能力和创造力。

关键词：沙子活动；幼儿园小班；主题探究课程；身心发展；创造力

教育部颁布的《幼儿园教育指导纲要（试行）》强调，幼儿园教育应关注幼儿的全面发展，注重培养幼儿的兴趣爱好和创造力。幼儿园班级根据幼儿兴趣点开设的沙子主题探究活动以其独特的魅力，深受幼儿们的喜爱，成为幼儿教育课程中的重要环节。本文主要探讨如何科学合理地设计沙子主题探究活动，旨在更好地满足小班幼儿的发展需求。

一、核心概念界定

沙子主题探究活动是指利用沙子这一自然材料，设计各种游戏和活动，引导幼儿在沙子的世界中自由探索、游戏和创造。此活动不仅可以锻炼幼儿的身体协调性和动手能力，还可以激发他们的想象力和创造力，培养他们的观察力和解决问题的能力。

二、小班开展沙子主题探究活动的原则

（一）安全性原则

在设计活动时，要考虑的是活动的安全性，要确保沙子来源清洁、无有害物质，活动场地足够宽敞、无安全隐患，并配备必要的防护措施，如遮阳棚、护目镜及防水服等，以保障幼儿的安全。

（二）趣味性原则

兴趣是幼儿最好的教师，抓住幼儿的兴趣点一步一步深入地去探索学习，同时激发了幼儿学习的主观能动性。在学习的过程中教师也要善于观察幼儿的兴趣点从而进行更深一步的探索，激发幼儿的探索欲望和参与性。

（三）层次性原则

充分考虑到小班幼儿的年龄特点和能力水平，需要设计不同层次的活动，以满足不同幼儿的发展需求。同时，教师也要注重活动的连贯性和递进性，引导幼儿逐步深入探索。

（四）教育性原则

环境的创设在课程开展中非常重要，除了大环境的创设，我们还要把沙子的元素融入每个区域中激发幼儿学习的兴趣及辅助幼儿了解，以实现沙子主题活动的顺利开展。除了玩沙区的创设，在生活区、数学区、科学区、阅读角、角色区、美工区、建构区等都要投放与沙

子主题相关的工作，让幼儿更加充分地去探索沙子的秘密。例如，引导幼儿了解沙子的特性、用途和保护方法，培养他们的环保意识和节约意识。

三、开展沙子主题探究活动的现状

（一）小班幼儿对沙子主题探究活动的兴趣持续时间短

沙子作为自然材料，对于小班幼儿来说具有极大的吸引力。但在沙子主题探究活动中，小班幼儿注意力容易分散，来到玩沙池里最先拿的是小汽车或者其他的辅助工具。例如，投放在玩沙区里的恐龙、动物、模型等材料，对于沙子的探索可能只是短暂的玩耍，难以进行深入探究。

（二）沙子主题探究活动的组织与实施难度

在探究中，由于沙子主题探究活动涉及搬运、清理等环节，对于幼儿园教师来说，组织起来相对复杂，且难以保证每个幼儿都能充分参与其中。

（三）教师在沙子主题探究活动中专业素养的局限

教师对沙子教育的价值和具体活动设计可能了解不够深入，难以引导幼儿进行深入探究。

（四）沙子主题探究活动开展中安全问题的考虑

沙子主题探究活动开展中可能存在沙子飞溅、弄脏衣服，幼儿误食等安全隐患，需要教师特别关注。

四、开展沙子主题探究活动的策略

（一）创设沙子主题探究活动区域，提供丰富材料

为了保持幼儿对沙子的兴趣，我们在班级特设沙子活动区域，并投放各种与沙子相关的材料，设计了不同形式的沙子活动，如比较不同沙子的特性、沙子的吸水性以及沙子的用途等科学小实验活动，让幼儿在亲身实践中获得更直观的经验。我们还鼓励幼儿自带一些与沙子游戏相关的物品，如小桶、塑料瓶等，以增加活动的趣味性和丰富性。

（二）优化沙子主题探究活动的组织与管理

通过合理的规划，如设置专门的沙子活动区、准备充足的清洁工具等，来降低沙子主题探究活动的组织难度。同时，制定了沙子活动的规则，确保每个幼儿都能有序参与。

（三）提升教师的专业素养

教师通过参加培训、阅读相关书籍和资料等方式，增强对沙子教育的了解，掌握更多沙子活动的设计和实施技巧。同时，组织教师间的交流和研讨，共同提升专业素养。

（四）注重安全教育，确保活动安全

在沙子活动中，我们始终把安全放在第一位。在活动前，我们会检查沙子区域的安全性，确保没有尖锐物品或其他安全隐患。在活动前对幼儿进行安全教育，提醒他们注意沙子活动中的安全事项。在活动过程中，教师密切关注幼儿的行为，及时制止不安全

的行为，确保活动的安全进行。

五、开展沙子主题探究活动的效益

（一）幼儿的收获

1. 身心发展。沙子主题探究活动为小班幼儿提供了一个自由探索、大胆创造的平台。在探究过程中，幼儿不仅锻炼了身体的协调性和灵活性，还促进了感官的发展，如触觉、视觉和听觉等。通过触摸和感受沙子的质地、流动性和变化性，幼儿对世界的认知更加深入。

2. 创造力提升。沙子主题探究活动激发了幼儿的想象力和创造力。在搭建沙堡、挖掘沙坑、制作沙子粘贴画及科学小实验活动中，幼儿可以根据自己的想象力创造出各种形状和场景，这不仅锻炼了他们的思维能力、动手能力，还培养了他们的艺术素养和审美能力。

3. 社交技能。沙子主题探究活动为幼儿们提供了与他人互动和合作的机会。在与其他小朋友一起玩沙子的过程中，幼儿们学会了分享、合作和沟通，这对于他们未来的社交发展具有重要意义。

4. 自然探索。沙子作为大自然的一部分，通过主题活动，幼儿们能够更加亲近自然，了解自然的奥秘。他们可以在观察沙子的过程中产生一些疑问，如沙子的来源、特性和变化，从而培养对大自然的敬畏和热爱。

（二）家长的收获

沙子主题探究活动为家长提供了一个观察和了解幼儿成长的窗口。通过参与活动，发放幼儿主题探究亲子调查问卷等，家长可以更加深入地了解幼儿的兴趣爱好、性格特点和发展水平，从而更好地进行家庭教育和引导。同时，家长也可以在活动中与幼儿一起探索、学习和成长，增进亲子关系。

（三）教师的收获

在沙子主题探究活动中，教师通过观察幼儿的表现和反应，可以更加深入地了解幼儿的发展水平和需求，从而制订更加合适的教学计划和策略。同时，教师也可以通过反思和调整教学策略，提高自己的专业素养和教学能力。

（四）园所的收获

沙子主题探究活动不仅丰富了幼儿园的教学内容，还提高了幼儿园的教学质量。通过活动的开展，园所可以积累更多的教学经验和资源，为后续的教学工作提供有力的支持。同时，沙子主题探究活动也为园所营造了一个积极、健康、向上的教育氛围，为幼儿的全面发展提供了良好的环境。

六、开展沙子主题探究活动的反思

沙子主题探究活动在小班的开展过程中，我们始终坚持以幼儿为中心，关注他们的兴趣点，引导他们探索沙子的奥秘。通过实际操作和亲身体验，幼儿们对沙子有了更深入的了解，同时提升了他们的动手能力、想象力和创造力。然而，在活动过程中，我们也发现了一些不足之处，需要进一步反思和改进。

（一）在材料的投放上

虽然我们已经提供了一些基础的沙子工具和材料，但对于幼儿们多样化的探索需求来说，这些材料可能还不够丰富。

（二）在活动的设计上

我们虽然注重幼儿的自由探索和发现，但在引导他们深入思考和总结方面可能还不够充分。

（三）在家园共育上

我们需要加强与家长的沟通和合作，让他们更好地了解沙子主题探究活动的目的和意义，并邀请他们参与到活动中来，共同促进幼儿的发展。

参考文献

[1] 李红．幼儿园沙子游戏的探索与实践［J］．学前教育研究，2018（4）：62—65.

[2] 王芳．利用沙子活动促进幼儿身心发展的实践研究［J］．教育导刊（下半月），2019（7）：83—85.

[3] 张晓梅．沙子游戏在幼儿园教育中的应用价值及策略［J］．教育科学论坛，2020（9）：71—73.

大班游戏化打击乐活动组织实施的策略探究

（张倩　北京市朝阳区丽景幼儿园）

摘　要： 大班在打击乐活动中通过参与游戏，体会乐器演奏的快乐，掌握乐器演奏的基本知识，学会协调合作，甚至可以利用乐器进行创造性的表达，体现出明显的合作演奏的特点。基于大班幼儿配合演奏的特点，需要遵循灵活运用乐器、按节奏进行演奏、学会看指挥演奏等五条目标。那么，大班幼儿在打击乐活动中的常见问题有演奏技巧不足，需要进行及时的观察，配合方面存在困难、演奏声音大、不协调等。立足于大班幼儿存在的问题，教师可采用以下策略：（1）教师创设有效的情境，为幼儿演奏提供环境；（2）通过同伴示范，引导幼儿互动学习；（3）运用指挥引导的方式帮助幼儿进行配合；（4）通过核心提问帮助幼儿理解乐曲；（5）制作图谱提示幼儿进行演奏。

关键词： 大班；游戏化打击乐；组织实施；策略

打击乐活动是幼儿运用一定的节奏和音色，通过打击乐操作来表现，能够令幼儿感到快乐的一种音乐活动。幼儿打击乐演奏能力既是其节奏能力发展的一个方面，也是感知、理解及创造音乐能力的具体表现。在打击乐活动中，游戏化是非常重要的要素，可以吸引幼儿参与活动的积极性。在活动中，根据幼儿对游戏的基本需求，为幼儿提供丰富的情境，将游戏活动引入打击乐活动中，使幼儿快乐地在游戏中感知音乐，充分体验学习打击乐的快乐。打击乐器演奏的能力不仅需要一定的使用不同乐器的能力，以及一定的对音乐感知和理解的能力，也需要一定的运用节奏和音色进行创造性表现的能力。在游戏化的音乐活动中，幼儿通过参与游戏，体会乐器演奏的快乐，掌握乐器演奏的基本知识，学会协调合作，甚至可以利用乐器进行创造性的表达。大班幼儿在进行打击乐活动中，需要运用一定的策略帮助幼儿投入到活动中，获得发展。

一、大班幼儿打击乐发展阶段性特点

每个幼儿都喜欢敲敲打打，他们对声音具有一种天生的敏感性。在打击乐活动中，幼儿的手、眼、脑、心并用，使大脑建立起复杂的神经联系，让头脑变得灵敏、聪慧，从而促进了幼儿多种能力的发展。幼儿进入大班，他们的小肌肉动作更加灵活，能够熟练掌握乐器的不同演奏方法，有意识地控制音色与音量。在多声部合奏中关注整体音响，并努力保持整体音响的协调性。不仅如此，幼儿还能够注意倾听音乐，初步学会用两种以上的节奏型跟随音乐合奏。迅速理解指挥的手势并积极准确做出反应。还有，在担任指挥时能以较明确的手势指挥，能以面部表情和体态与演奏者进行沟通。大班幼儿合作性增强，能够通过讨论用一些基本的节奏型和各种不同的音色制订演奏方案。体现出明显的合作演奏的特点。

二、大班幼儿打击乐培养目标

基于大班幼儿这种配合演奏的特点，需要遵循以下五条培养目标：第一，教师需要引导幼儿掌握更多乐器的演奏方法，并能自由探索出不同的演奏方式。第二，幼儿需要按简单的节奏谱进行打击乐合奏，并迅速理解指挥手势并做出准确反应。第三，有些幼儿可以尝试担任指挥，其他幼儿要以面部表情和体态与演奏者进行沟通。第四，教师引导幼儿与同伴进行合作，为乐曲创编、制订演奏方案。第五，幼儿可以在教师引导下尝试制作乐器，并喜欢用自制乐器参与音乐活动。“其发展标准主要体现在：个人演奏能够与乐器、音乐以及他人的演奏保持基本的协调性，对使用乐器进行表达有自己独特的看法。”

三、大班幼儿在打击乐活动中的困难

在幼儿园教育和教学活动中，引导幼儿的音乐教育活动是重要的组成部分。其中打击乐以丰富的音乐结合游戏化的教学活动，备受大班幼儿的喜爱，积极开展打击乐活动不仅可以让大班幼儿感受到音乐的愉快氛围，还可以增强幼儿的认知，让幼儿更好地进行情感及学习生活的体验，提高幼儿的学习积极性，引导幼儿全面的良性发展。游戏化的打击乐活动也能更好地吸引幼儿感受音乐，自由进行表达，体现游戏精神。

大班幼儿在合作过程中，由于牵扯较多技巧，幼儿不可避免地存在一些困难。合奏、轮奏、齐奏的转变，对于幼儿观察配合，节奏感都是一种挑战。大班打击乐使用的乐器比较多，节奏型也会随时改变，对幼儿的要求也随之提升。游戏是幼儿最感兴趣的活动，教师可以运用一些形象、生动、带有游戏性质的活动来让幼儿学习节奏，在玩的过程中幼儿会主动开动脑筋，想出不同的游戏方法，幼儿在玩的过程中不知不觉地学会了节奏。在合奏过程中，有的幼儿听着音乐需要配合，但幼儿不会控制音效随着音乐的变化而变化，具体表现为会大力敲击乐器，破坏整个演奏的和谐统一。

四、在打击乐活动中教师教育策略

打击乐是一种非常有趣的活动，由于乐器本身的新奇性和乐器可以发出响声等特性，所以打击乐活动对秩序和自控的挑战是很大的。引发幼儿在打击乐活动中有快乐的体验，教师有目的地采取一些策略，提高活动的质量。

（一）教师创设有效的情境，为幼儿演奏提供环境

为了使幼儿全身心投入演奏的游戏中，教师可以创设能使幼儿触景生情的情境，帮助其理解音乐作品，并运用打击乐器创造性地表达和表现。具体来说，教师可以通过视频、故事、情境创设的方式，让幼儿在活动中，身临其境，从内心感受快乐起来。使幼儿自主的投入到活动之中，使他们体会音乐的情景，感受到艺术活动的快乐。

（二）给予幼儿探索机会，引导幼儿互动学习

目前不少教学环境中，“无论是对于乐器的选择、表演的形式，还是人员分组等，都是由教师进行主导安排。幼儿虽然具备了一些初步的打击乐学习能力，但在课堂之中仍然存在许多的限制，多数情况下只能被动接收知识，没有可以主动学习、探索的机会。”因此，教师应该给予幼儿一定的自由，提供同伴学习的机会。在幼儿用力敲击乐器时，教师可以观察到幼儿这种行为，并有目的地邀请一些幼儿进行示范和演示，在同伴相互演示学习的过程中，教师通过给予幼儿聆听、感受去帮助幼儿发现问题，进一步通过协商配合去解决问题。

（三）运用指挥引导的方式帮助幼儿进行配合

这个策略指的是教师或幼儿指挥者运用手势表现乐曲的节奏和音色变化，引领演奏者相互配合奏出和谐美好的打击乐曲。其间，教师可以用手势提示幼儿进行演奏。幼儿在过程中有机会与教师共同协商指挥手势、方法，在活动中体会到合作的快乐。从而使幼儿能够相互配合，演奏出和谐、优美的乐曲。教师要时刻关注指挥，并愿意去不断尝试，试着用音乐节拍和节奏来做配器，要科学地进行演奏实践与方案的制订，通过以培养幼儿能力为主体，不

断提高幼儿对乐器的使用水平，以提高大班幼儿打击乐教学效率。

（四）通过核心提问帮助幼儿理解乐曲

教师可以通过有效提问，激发幼儿主动思考，进一步理解乐曲。在演奏乐曲前，教师有目的地设问，让幼儿带着问题去欣赏乐曲。让幼儿带着问题去观看教师的听、说、唱、动等活动，从中感知乐曲节奏。

（五）制作图谱提示幼儿进行演奏

将教师或者幼儿创编的配器方案，以图谱的方式呈现出来。也就是将乐曲的节奏运用简单的图形、线条等表现出来，便于幼儿选择乐器进行演奏。这个方式可以有效地帮助幼儿理解乐曲并选择适宜的乐器进行伴奏。

总之，打击乐对于幼儿的节奏感、创造力、探究性、合作能力等方面均有重要的价值。在教师指导过程中，要重视幼儿能力的培养，同时通过游戏化的形式帮助幼儿喜欢进行打击乐活动，提升过程中的趣味性。

参考文献

[1] 黄霞．打击乐演奏活动中提升大班幼儿节奏感的策略研究［J］．新课程，2020.

[2] 严旻．浅谈通过打击乐提升大班幼儿音乐素养的方法［J］．当代家庭教育，2022（13）．

[3] 邓敏．论大班打击乐的探究性教学模式［J］．科学咨询，2020（14）．

[4] 蔡燕．幼儿园大班幼儿打击乐音乐活动指导［J］．才智，2020（14）．

评估指南背景下大班主题中的角色区生成路径
——大白乐园生成记

（许馨瑶　北京市朝阳区丽景幼儿园）

摘　要：在主题活动《我是大班小朋友》中，我们发现班级有一半的小朋友进入换牙期，从与幼儿们的交流中我发现幼儿们对“换牙”有着浓厚的兴趣。班级绝大多数幼儿社会认知能力较中班明显提升，不仅能关注自己和身边人的情绪反应，而且能理解他人有不同于自己的情感需要，在同伴出现哭泣、难过情绪时，开始自觉有意地控制自己的情绪和行为。在社会领域学习过程中，幼儿们需要通过体验、内化形成自己的社会性行为。基于幼儿的兴趣和发展需求，班级的角色区“大白乐园”应运而生。

关键词：大班；主题活动；角色区；路径

一、角色区生成契机

进入大班已经两个月，班级有一半的幼儿已经进入换牙期，幼儿们对于换牙存在好奇、担忧或期待等情绪。大班幼儿社会认知能力较中班明显提升，不仅能关注自己和身边人的情绪反应，而且能理解他人有不同于自己的情感需要，在同伴出现哭泣、难过情绪时，他们会拍一拍、抱一抱同伴，并开始自觉有意地控制自己的情绪和行为。在社会领域学习过程中，幼儿们需要通过体验、内化形成自己的社会性行为。在合作、协商方面，幼儿们有意识和意愿，但具体的方法还需要提升。基于幼儿的兴趣和发展需求，班级的角色区“大白乐园”应运而生。

二、角色区生成路径

（一）同伴讨论，激发兴趣

在正式开设大白乐园之前，小朋友开始了一次大讨论，说出了自己对于牙科诊所的认识。

铃铛：我去看过牙医会有一个灯照着我，还戴了一个墨镜。

阿宽：得有看牙工具。

李沅：看牙的人得躺到一个椅子上。

通过讨论我发现班级有大概三分之二的幼儿有去过牙科诊所的经验。

（二）实地探访，丰富经验

班里的部分幼儿有去过牙科医院的经验，但是还有少部分幼儿并未去过牙科诊所。为了丰富这些小朋友的经验，我们通过家园共育的形式，请两个小代表带着摄像机与我们探访了牙科诊所，回来后小朋友分享了他们的调查结果，让全班小朋友了解了牙科诊所的样子。

（三）小组分享，梳理经验

经过前两次的活动，幼儿不断丰富对于牙科诊所的认知。为了梳理幼儿的经验，教师提出了以下三个讨论话题：

话题一：牙科诊所有什么人？
阳阳：有看病的医生和来看病的人。
涵涵：还有负责挂号的人。
一一：还有门口欢迎的人。
牛牛：还有拿药的人。
话题二：牙科诊所有什么东西？
小马：有看牙工具、拔牙的东西，还有小孩可以玩的玩具。
甜甜：还有一个躺着的床，还有一个屏幕。
石头：得有一些药，牙疼得吃药。
话题三：不同的人都做些什么事？
乐乐：医生得给病人看病。
小马：来看病的人得挂号然后去看病。
乐乐：还有一个人得需要给病人拿药。

通过三个话题幼儿逐渐清晰了牙科诊所的游戏角色，需要什么材料以及不同色的角色任务。

（四）初建大白乐园——根据幼儿经验投放材料

在充分调动前期经验后我们就要建立“大白乐园”了，基于幼儿的前期经验投放材料，那么我们需要哪些材料？幼儿们分组梳理了材料清单。可以看到幼儿们想到的材料很全面，例如：患者、医生、工具、挂号的地方，防护眼镜、拍牙片的机器、防辐射的衣服、叫号屏幕、桌子等。但是有小朋友也提出了：“有些不需要准备，小朋友扮演就可以了。”于是接下来我们就调整成了材料任务卡。小朋友们也通过不同途径寻找我们需要的材料：从幼儿园库房中寻找到了一个“收银台”可以当作挂号台。小值日生的围裙也可以用。在寻找材料的过程中，小朋友也遇到了一些阻碍，发现有些材料我们没有寻找到，于是在小组合作之下完成了防辐射服和遮光眼镜的制作。

（五）“大白乐园”开业了——基于问题，调整材料

我们开始了试营业，第一天幼儿们都非常兴奋地来到了自己创建的大白乐园，穿上医生的衣服，拿起了看牙工具，可见幼儿们对于大白乐园的喜爱。而我则在一边对幼儿们的行为进行了观察、记录。

观察 1：医生是如何看病的？
师：患者和客人有什么不同？
阳阳：客人去家里或者饭馆做客，患者就去医院。
其他幼儿：患者难受，不开心。
师：那如果你是医生你要怎么做？
阳阳：我得好好看病！
师：好好看病是什么样子的？
阳阳：我先问问哪里不舒服？然后开单子治病，还得开药让他吃药。
师：阳阳说了我们小医生的职责，我们需要问一问病情并记录下来—进行治疗—开药。

通过幼儿们的集体讨论，我们明确了医生需要做的事情及流程。讨论后幼儿将医生的角色职责以及工作流程放在了区域环境中，并且在挂号区投放了挂号单。

观察 2：护士要给患者什么药呢？
师：谁来决定患者吃什么药呢？
幼：医生。
师：你去医院的时候是怎么拿药的？

幼：医生会开一个单子，然后去药房，把单子给药房的医生就可以了。

师：很好，那我们的药放在哪里更合适？刚才有小朋友说需要一个单子，谁来写单子？

通过讨论我们对患者拿药的流程有了共识。出现新的游戏材料问诊单。

观察3：除了开药还能做什么？

教师把新的材料投放在了区域里，我看到硕硕玩了一会儿就走了，那我们该如何解决硕硕“没意思的问题呢？”我们集体进行了一次讨论分享。

铃铛：可以和小朋友商量，轮流做医生。

六六：可以在没人的时候多做出一些牙齿。这样换假牙患者就不用等了。

小雨：可以给等待的人讲讲保护牙齿的知识。

师：如果牙齿出现问题除了吃药还有什么好方法？

熙熙：还得刷牙，然后在幼儿园漱口。

石头：我有一次上火我妈妈让我多喝水吃水果。

师：我觉得你们的方法特别好，这些事情可以让谁来做呢？

经过小朋友们的头脑风暴，我们的拿药医生角色由“冷”变“热”，结合生活赋予角色新职责，与此同时幼儿们又出现了新想法、新材料。小朋友们讨论决定我们的药房医生可以给患者提供一些护理牙齿的健康建议。例如，吃一些水果，补充维生素；少吃一些甜食，饭后漱口，可以用漱口水等。

三、路径阐释和策略

在小朋友的游戏体验—发现问题—讨论解决方法——起试一试的过程中，我们角色区的材料逐步丰富起来。幼儿们对于各种角色的任务职责也更加清晰。随着区域不断变化，小朋友对于游戏的兴趣也越来越浓厚，解决问题的能力也越来越强。“大白乐园”的建立基于主题活动中幼儿的兴趣点。

更新观念，给予幼儿自主游戏的机会。《幼儿园保育教育评估指南》在师幼互动的关键指标中指出：“支持幼儿自主选择游戏材料、同伴和玩法，支持幼儿参与一日生活中与自己有关的决策。”该指标强调的是要让幼儿有自主选择的权利和机会。角色区“大白乐园”的设立来源于幼儿换牙期的情感需求，帮助幼儿通过合作共同学习了解换牙知识，基于生活经验在不断地发现问题、解决问题，在合作探究中创建属于自己的角色区。

循证赋能，对幼儿进行持续观察分析。《幼儿园保育教育评估指南》在师幼互动的关键指标中指出：“认真观察幼儿在各类活动中的行为表现并做必要记录，根据一段时间的持续观察，对幼儿的发展情况和需要做出客观全面的分析，提供有针对性的支持。不急于介入或干扰幼儿的活动。”在师幼互动的过程中，教师观察为先，游戏为主，注重分析和解读幼儿的行为表现，通过观察追随幼儿兴趣不断推进角色区的完善。在有趣的游戏中，幼儿获得了健康知识，学会调查和解决问题的方法，在情感上正确面对换牙体会到成长的快乐。

科学支架，抓住幼儿角色区生成的关键要素。《幼儿园保育教育评估指南》提出“支持幼儿有意义的学习”这一理念，那么，在区域生成过程中，抓住关键要素就显得至关重要。结合《幼儿园保育教育评估指南》要求，教师在不断总结中也找到了自主生成区域的关键点：

1. 尊重幼儿早期经验。幼儿的原有经验是开展活动的基础，对于幼儿原有经验的了解和调查有助于教师设计和开展活动，在“大白乐园”初设期，教师结合大班幼儿年龄特点，通过谈话了解幼儿原有经验，运用图文并茂、亲身体验等方式丰富幼儿经验，为角色区建构奠定基础。

2. 及时梳理提升经验。在活动进行的关键节点，教师及时帮助幼儿梳理是他们获得新经验的关键一步。在本案例中，教师通过谈话回顾的方式帮助幼儿发现问题，引导他们解决问题，从而获得发展。

3. 关注幼儿兴趣点和行为表现。观察幼儿行为，进行分析和解构是支持幼儿有意义的学习中必不可少的一步。只有细致地观察、准确地分析，才能保障策略的有效。在案例中，教师观察并记录幼儿的行为，以此作为实施教育的依据。

4. 创设拟真情境提升幼儿社会能力。材料的运用和情境的创设对于幼儿的学习来说是非常关键的，教师为角色区创设提供了相应的场地，材料供幼儿开展游戏和体验，不仅如此，结合大班幼儿年龄特点，教师鼓励幼儿参与到角色区创设过程中，进行材料的选择和制作，提升了幼儿动手动脑解决问题的能力和创造力。

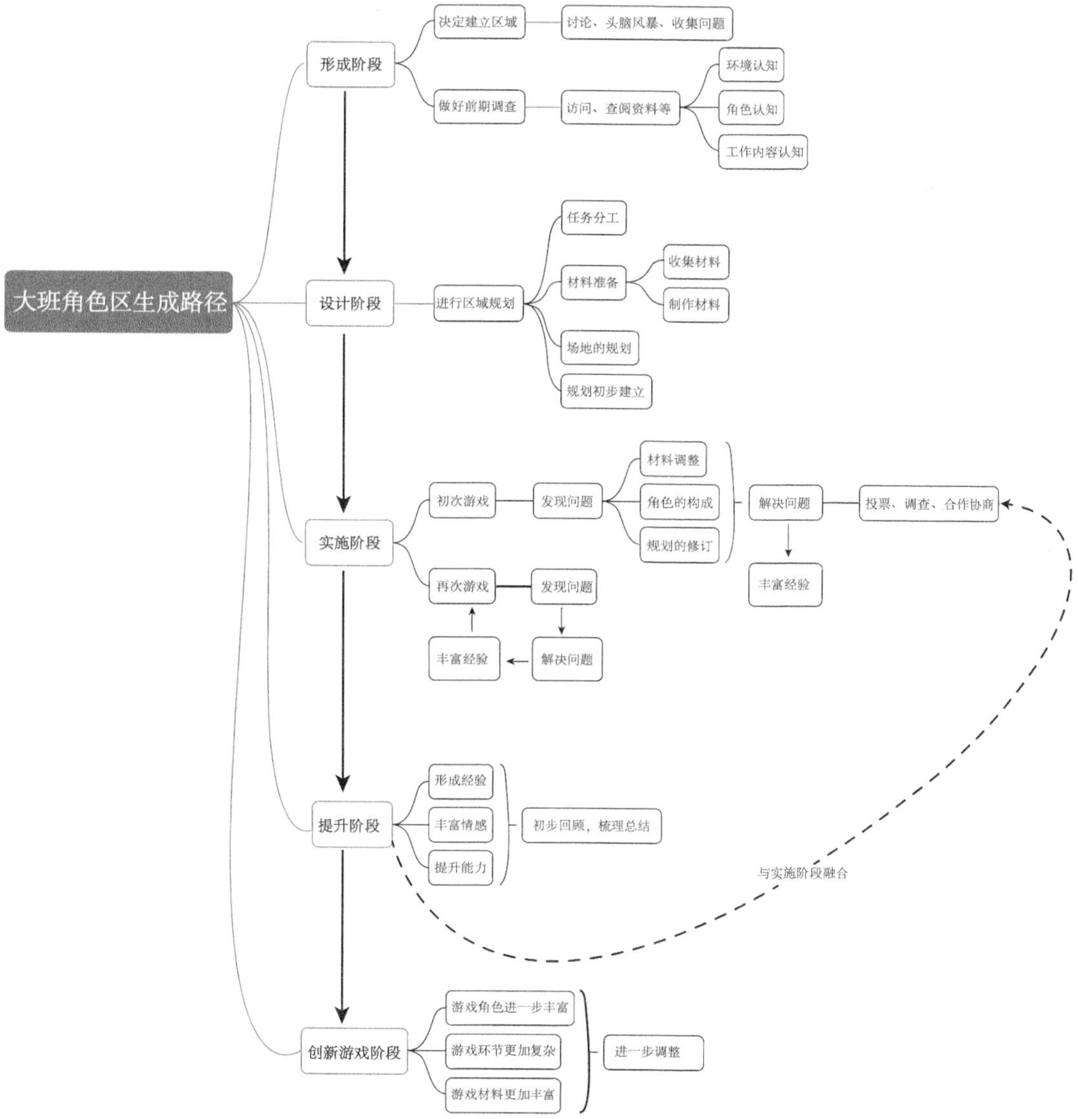

参考文献

［1］卢伟，戴丽敏．幼儿园游戏材料生活化研究——以中班角色区为例［J］．教育与教学研究，2015，29（2）：4.

［2］林玉萍．幼儿园区域活动指导手册．角色区［M］．北京：农村读物出版社，2011.

［3］张秋丽，徐淑松．积木区里的角色游戏——用低结构材料创建多功能角色区［J］．学前教育：幼教版，2016（3）：4.

幼儿园一日生活过渡环节的有效利用研究
——以餐前过渡环节为切入点

（卢杰　北京市朝阳区丽景幼儿园）

摘　要：过渡环节是一日活动中的“驿站”，是中转的、衔接的、过渡的，也是休息调整的；它是非正式的、闲散的、自由活泼的。而午餐前的过渡环节则指的是幼儿在户外后与午餐前的一段时间。纵观幼儿在园的一日生活，过渡环节夹杂在各个环节之间，之所以选择午餐前过渡环节作为研究的时间点，是因为午餐前过渡环节的特殊性不仅体现在它是一日过渡环节中时间最长的一个环节，还体现在幼儿需要利用这段时间将自身的身体状况与情绪情感调整到适合进餐的状态，同时要满足进餐时幼儿需要达到的一个卫生标准。

关键词：午餐前过渡环节；自主性

过渡环节在幼儿一日生活中的重要性正在逐步地被各个幼儿园所重视。就现有的研究成果，各位学者、专家、教师更多地在过渡环节的教育价值与组织实施的策略进行研究，并以一日生活中的所有过渡环节的共性特点为研究的切入点，证实了过渡环节对幼儿发展的重要性，并在相关领域取得了一定的成绩，但没有具体的实例与某一具体的过渡环节作为实例进行阐述与说明，现有的理论过于宽大与表面化。在这里，我们将以午餐前的过渡环节为例从幼儿自主性出发，具体说明如何在过渡环节中发挥幼儿对活动内容选择的自主性，并通过研究梳理出如何在过渡环节发挥幼儿自主性教师可采用的策略与组织形式。

一、开展午餐前游戏活动的现状分析

在进行实践研究前通过与班级教师的交谈了解到，班级教师对于午餐前的过渡环节有以下三点考虑：首先，班级教师为了确保幼儿们在游戏中的安全性，幼儿的游戏场地与形式都选择了方便教师进行管理的形式，以便更好地保障幼儿的安全；其次，在内容的选择上要达到让幼儿在激烈的户外运动后进行身体上的放松与情绪上的平复的目的；最后，基于教师的个人考虑，在经过了一上午紧张、劳累的带班工作后，身心疲惫的教师需要利用幼儿进行午餐前游戏的过程当中减少管理，不在行为与言语上对幼儿进行高控，对自身的疲劳进行适度的放松。因此，班级教师基于以上三点的考虑，大一班的午餐前过渡环节的游戏场地全部安排在了睡眠室，这样方便教师更好地关注每位幼儿的情况，从而保证幼儿在游戏中的安全。同时，为了达到午餐前活动放松幼儿身心的目的，游戏内容则选择一些比较安静的游戏，如看图书、听故事、玩拼插这三种垫上游戏。同时，教师为了更省心，在幼儿之间设立了小组长，由小组长来监督幼儿之间的纪律。

基于活动中幼儿的行为表现，教师通过访谈调查法随机与班级中的十位小朋友进行了交谈。根据交谈的结果了解到，当问及“你喜欢现在的游戏形式吗?”其中有九位回答表示不喜欢，其中琪琪说道：“我不喜欢，因为只能坐在垫子上玩玩具，不能做别的事情。”小蒙说道：“不喜欢，只能玩一种玩具，想加一种的时候也不行。”萱萱说：“我不喜欢都坐在垫子上玩玩具，太没意思了，玩得一点都不开心，每张垫子上只能有四五个小朋友，玩具又少，有时我都玩不上。”另一名回答喜欢的幼儿则表示自身就对拼插玩具感兴趣。从幼儿的回答中可以发现幼儿们对目前教师组织的午餐前的活动内容感兴趣的在少数，从幼儿的角度出发，幼儿并不接受当前的游戏内容，他们更多地表示想按照自己的想法进行游戏，游戏内容

自主性地剥夺导致幼儿在午餐前的活动中出现了到处乱走、聊天、坐着发呆、打闹等行为。

二、自主选择午餐前过渡环节游戏内容及体验游戏内容的适宜性

（一）午餐前过渡环节的特征与要求

午餐前的环节承接着户外运动与午餐，而刚刚剧烈运动过后不适宜马上进餐有两个原因：一是运动时主管骨骼肌、心肌运动的大脑皮质中枢处于一种相对的兴奋状态，而其他部位则处于一种相对的抑制状态，胃肠蠕动减弱，消化液分泌减少。二是运动时，大量血液分布在运动系统，消化系统的血液减少，功能下降。即便停止了运动，在短时间内仍会保持以上状况，所以运动后立即进食会影响食物的消化吸收，对身体不利，久而久之还会引起消化不良、慢性胃炎等肠胃疾病。

另外，从进餐的卫生角度上来说，进餐需要有干净卫生的环境。所谓干净卫生的环境，既包括幼儿所处的外在物质卫生，如餐具、桌椅、空气等，也包括幼儿自身的卫生条件，尤其是对于幼儿双手的卫生要求尤其重要，手是人体的“外交器官”，比如从事各种劳动、倒垃圾、刷痰盂、洗脚、穿鞋、擦大便等，都要用手来完成。因此，手就容易粘染上许多病原体微生物，非常脏，所以在进餐前对双手的卫生要求非常高。

（二）亲自体验游戏内容，通过感受自主排除不适宜的午餐前游戏内容

通过观察发现幼儿对目前开展的午餐前活动并不感兴趣，在教师与幼儿的沟通中发现，幼儿感兴趣的游戏项目分别有聊天、听教师讲故事、猜拳、看图书、下象棋、抢椅子、楼道运动、在垫子上玩玩具、火锅店、画画、翻绳、折纸等。活动内容多种多样，活动地点无限制，但是通过幼儿们一段时间的尝试后，他们自己会发现玩火锅店的小朋友每次都是收得最慢的，占用了自己很长的吃饭时间，刚刚运动完的幼儿又不想吃饭，因为马上吃饭就会肚子疼，玩完美工区的小朋友手上沾满了颜料无法将手洗干净。在幼儿发现有些活动带来的不方便后，班级教师与幼儿一起将游戏内容与进餐的关系进行对比，幼儿在有了亲身感受后，对于游戏内容与进餐的关系有了更加明确的理解，并自主地将不适宜的活动取消，仅保留了符合午餐前过渡环节的游戏内容。

三、幼儿自主性在午餐前过渡环节游戏内容选择上的体现

通过幼儿的体验与排除，采用了幼儿自主选择后的游戏内容，经过一段时间的观察发现幼儿在进行游戏的过程中并没有像预想中的那样嘈杂喧哗，也没有出现一些危险行为，每个幼儿都沉浸在自己感兴趣的游戏内容当中。当教师再次以访谈调查随机与班级中的 29 个幼儿进行交谈发现，所有的幼儿都喜欢新形式的午餐前的游戏内容。对比前后两种不同形式午餐前过渡环节的形式，会发现两者有很大的反差，喜爱新形式的幼儿是百分之百，通过观察与分析会发现，导致新形式游戏内容受幼儿喜爱的原因有以下两点。

（一）游戏来源于幼儿

调整后的午餐前过渡环节的游戏内容并不像调整前是由教师设定选择，调整后的游戏内容全部是基于幼儿兴趣，由幼儿自己进行选择的，从游戏内容上出发，后者更能吸引幼儿的注意力，同时能够令幼儿产生兴趣，并愿意持续地进行同一种游戏。从游戏的场地上出发，教师并未作出明确的规定要求幼儿在固定的位置进行游戏，而综合以上两个角度的考虑，其中两者最大的共同点是以幼儿的角度出发考虑问题。这也是为什么调整前后幼儿的感受会有如此大的反差。由此可见，幼儿的自主性在活动中起到了至关重要的作用。

（二）发现问题寻找答案

在整个活动的实施过程中，由于活动内容与形式的改变，幼儿们在前期的活动中会出现很多的问题。当这些问题出现后，幼儿们就会像以往那样找到教师诉说这样或那样的不同状况，而教师则会在活动结束之后像每次的区域活动点评那样，利用录像、照片、幼儿发现的问题等多种方式将问题抛给幼儿，让幼儿自己去根据问题解决，而不像以往那样，教师将问题解决的方法直接告诉幼儿，并未让幼儿进行思考。通过多次发现问题解决的尝试，幼儿们在遇到问题后会对问题的发生做出初步的分析，而不是一遇到情况就一味地找教师去“告状”。当有小朋友遇到问题时，幼儿之间会在第一时间想出一些解决的办法进行解决，就是在这样的一个过程当中，幼儿们开始体会到寻找问题并解决问题的快乐。当自己提出的解决办法有效地解决了遇到的问题，幼儿们的自信心也有了一定的提高并获得了成就感。一段时间后会发现，幼儿们不仅在新形势下餐前过渡环节中活动常规有了一定的提高，而且对活动的内容更加有兴趣了。

通过对幼儿的观察可以得出，以幼儿为出发点，将活动的主动权充分地交给幼儿，然后通过讨论提出不同的游戏内容、亲身体验尝试、将不适宜的活动排除、再进行实施体验等过程，幼儿在午餐前过渡环节游戏的自主性有了显著的提高，并在活动常规以及对活动内容上有了更多的兴趣。

参考文献

［1］聂莲．幼儿园一日生活过渡环节的实验研究及其指导策略［J］．当代学前教育，2008（3）．

［2］车美玲等．幼儿园一日活动组织中存在的问题及改革设想［J］．幼儿教育，1992（2）．

［3］杨明，吴航．幼儿园一日活动过渡环节中规训的误用与滥用［J］．幼儿教育，2012（Z3）．

［4］潘莉．幼儿园一日活动过渡环节的研究［J］．小学科学（教师论坛），2011（6）．

［5］张凯波．幼儿园一日活动过渡环节的研究［J］．学前课程研究，2009（3）．

［6］聂莲．幼儿园一日生活过渡环节的实验研究及其指导策略［J］．当代学前教育，2008（3）．

［7］唐华．幼儿园一日生活活动中衔接过渡技能的运用［J］．家庭与家教（现代幼教），2007（Z1）．

［8］北京市教育委员会．北京市贯彻《幼儿园教育指导纲要（试行）》实施细则［Z］．北京：同心出版社，2006（7）．

幼小衔接要求下体育活动的组织实施策略

（颜国东　北京市朝阳区丽景幼儿园）

摘　要：幼小衔接一直是比较受关注的问题。幼儿园开展的一系列相关活动，目的都是从心理、生活、学习三个方面帮助幼儿能够做好幼儿园到小学的准备。随着国家对于幼儿们体能问题的重视，幼儿体能也需要得到重视。本文重点探讨了如何既科学、有效又符合幼儿年龄特点，以及发展水平地开展幼小衔接的体育活动策略，研究了在幼小衔接要求下体育活动组织实施。

关键词：幼小衔接；体育活动组织实施；策略

随着国家对幼儿们体能问题的重视，我们的幼小衔接工作也不能只关注于幼儿文化学习的准备，幼儿体能也需要得到重视。科学、有效、符合幼儿年龄特点以及发展水平地在幼儿园开展幼小衔接的体育活动显得十分重要。

一、幼儿园与小学体育内容的区别

（一）幼儿园体育活动内容及特点

幼儿园开展的体育活动都是围绕《3－6岁幼儿学习与发展指南》中在健康的五项基本动作进行的，分别是走、跑、跳、投、爬。其中也包括结合保健关于幼儿体能测试内容以及标准，一系列以幼儿基本动作为主的多种体育游戏活动。小班愿意参加各种体育活动，初步了解相应的基本动作、完成某个动作；中班能按标准完成某一基本动作；大班在按标准完成动作的同时发现其中的技巧。而在结合基本动作的前提下，我们也会针对幼儿在进行游戏过程中教师观察得到幼儿身体素质的情况下，设计与开展多种活动，辅助幼儿提高身体素质，完成基本动作目标。

（二）小学体育活动内容及特点

小学，体育达标内容上发生了变化。相比幼儿园的网球投掷、双脚连续跳、平衡木、十米折返跑、坐位体前屈来讲，小学的体育达标变化为50米跑、肺活量、坐位体前屈、一分钟跳绳、身高体重。从内容上我们最直观地能够看出区别，与幼儿相同的只有坐位体前屈。小学一年级根据学生的能力以及学校的条件，体育教材主要选择田径、游戏、小球类等基础项目，以便于使学生在跑、跳、投的基本技术上得到提高，并且挖掘生活中的实用技能。

（三）幼儿园体育活动和小学体育活动区别内容

结合以上内容，关于幼儿园和小学体育活动我们就得出以下几点区别。

1. 体育教学的目的。幼儿的体育活动主要是为了让幼儿积极参与进来，达到锻炼身体增强体质的目的。而小学体育教学的目的，首先是要全面锻炼身体促进生长发育，其次是掌握体育基础知识、基本技能和基本技术，最后是要进行品德教育达到社会适应的目的。因此，小学体育教学比幼儿体育活动的目的更加全面，而幼儿体育活动重在参与，对于技能及知识要求不高。

2. 体育教学的内容。幼儿体育活动的内容，主要包括走、跑、跳、投掷、平衡、钻爬、攀登等基本的身体动作及有关知识；基本的身体素质练习，如协调、灵敏、柔韧、力量、速度等；基本体操和队列队形练习，包括徒手操、韵律操、器械操、口令及简单队形变化等。而小学体育教学不仅包括体育与健康的基础知识，还需要掌握一些基本技能。小学分为水平一、水平二、水平三阶段，每个阶段都有对应的教学内容，基本包括运动参与方面、队列练习及游戏；运动技能方面，包括球类、基本体操、体操技巧、韵律舞蹈等；身体健康方面，有形成正确的身体姿势、走、跑、跳、投掷等；心理健康方面，体育活动中的运动体验，环境的适应性中成功、失败、紧张、退缩、害怕等情绪，运动疲劳、运动损伤时的表现，集体活动及个人活动中的社会交往、尊重他人；等等。

3. 运动时间及负荷。幼儿园体育活动开展的时间根据幼儿的不同年龄也有差异，早操活动一般控制在 30 分钟左右，体育活动在户外开展的时间小班控制在 15—20 分钟，平均心率控制在 130—160 次每分钟，运动的密度在 30%—60%；中班活动时间在 18—25 分钟，平均心率控制在 130—160 次每分钟，运动的密度在 30%—60%；大班活动时间在 20—30 分钟，平均心率控制在 130—160 次每分钟，运动的密度在 30%—60%。幼儿教师在体育活动时注意观察幼儿的身体表现，如面色、汗量、呼吸、精神状态等。小学体育教学与其他学科的时间都是相对固定的，每周都有 3—5 次体育课，每节课的时间基本上为 40 分钟。在 40 分钟的课堂里运动强度与负荷有一个规律，开始与准备部分为小负荷，基础部分为课堂，核心部分可以达到中等偏强的负荷，结束部分为小负荷。

二、幼小衔接开展幼儿园体育活动的策略

（一）结合小学一年级体育达标内容分析

在小学一年级体育达标内容中我们看到分别是 50 米跑、肺活量、坐位体前屈、一分钟跳绳。相对于幼儿来说，身体素质都有哪些要求？

1. 50 米跑

50 米跑，相对于幼儿园所开展的 10 米折返跑来说，距离上增加了 40 米，且相对于折返跑来说 50 米跑全程都是直线跑。50 米跑作为短跑项目，需要爆发力，那么在幼儿的体育活动中是否也有相应爆发力的游戏活动呢？本园的体育器材中，有彩色弹力绳，我在日常的户外活动中经常会带领幼儿用它进行相应的游戏活动。游戏玩法简单，最开始环节中游戏人数为 1 名幼儿，是由我和幼儿共同进行游戏的，我与幼儿分别站在两端，然后将拉力绳套在我们的腰上，在幼儿前面 5—10 米处设置目标物，需要幼儿在套着拉力绳的情况下触摸障碍物。这个游戏很考验幼儿的爆发力，幼儿需要依靠一瞬间的爆发力快速完成冲刺。

2. 肺活量

肺活量，其实就是幼儿的耐力，而在幼儿园的户外时间，我们在进行间操活动后，便会带领幼儿开展相应的体育活动内容，班级或设立以双脚连续跳、S 跑、匍匐爬和走平衡共同结合的环形游戏。幼儿需要连续地完成挑战，并结合幼儿年龄特点中疲劳感消失得快来得也快，所以内容也是有静有动，做到动静结合。例如，游戏中的平衡木就是给予幼儿一个缓冲时间。当然我们除了这个也会带领幼儿开展结合天气的游戏活动，如在秋、冬季节我们会带领幼儿进行长跑活动，班级中的 2 名教师，一名在前，另一名在后，幼儿排成 4 队进行围绕幼儿园的长跑，保证幼儿能够在一定距离中一直保持运动状态，培养其耐力，从而提升幼儿肺活量。

3. 跳绳

跳绳考验幼儿多种能力，如耐力、身体协调性、身体控制性、上下肢力量、爆发力等。我们知道小学会有跳绳测试，所以在大班上学期我们都会在班级中开展跳绳活动。在班级最

开始开展跳绳的活动中，因为存在幼儿个体差异，幼儿水平参差不齐，所以我也是对于不同水平的幼儿开展了不同的形式，会跳的小朋友有数量上的要求，不会跳的小朋友则是由教师带领进行跳绳的练习。结合班级幼儿开展的活动以及多年一线经验，我认为，跳绳很重要的一点就是手脚协调，通过该道具充分地带领幼儿感受抡绳和跳的协调动作，体验节奏感。然后便是使用跳绳，进行分解动作，学会跳绳的动作。

（二）幼小衔接特点的体育活动策略

既然是进行幼小衔接为幼儿上小学做准备，那么我们在幼儿园开展体育活动时一定要注意以下几点。

身体素质的培养，3—6 岁是幼儿身体各项机能飞速发展的阶段，幼儿园也是结合这点开展结合五大基本动作的多种体育游戏形式，不能只是五大动作，应该充分将基本动作充分展开，将其所包含的上下肢、身体协调、身体控制、爆发力、耐力等充分地进行培养，要求我们的活动一定要更加丰富且具有层次性。

体育教学内容上，幼儿体育活动的内容，除了我们身体素质方面的，还应增加一些机能方面的，拍、传球等球类游戏，如跳绳、跳马等体育技能，并且在开展包含运动动作的活动中一定要注意幼儿正确的姿态。

在面对小学幼儿的身体成长以及活动时间的变化，也要注意在运动量上的变化，每次的运动量都应不同，我们应该适当地提升幼儿的运动量，增加我们的运动密度。以大班幼儿为例，在上学期刚开学我们的运动密度可以是 5 分钟，然后进行放松的活动，再来一次。那过了 1—2 周我们可以将时间变成 6 分钟、7 分钟，虽然只有 1—2 分钟的变化，但是对于幼儿也是具有一定挑战的。通过这样的形式可以很好地帮助幼儿提高耐力，同时提前做好与小学体育活动中运动量与运动负荷的衔接工作。

以上就是我结合自身一线带领幼儿开展的体育活动经验和班级中幼儿在这些活动中发生的变化，并且结合小学体育活动特点、与幼儿园体育活动的不同，在幼小衔接的前提下针对幼儿进行幼儿体育、体能方面开展幼儿小衔接的一些经验分享。合理、科学、有效地开展幼儿园体育活动，不仅能够更好地帮助幼儿拥有好的身体素质，也能够更好、更全面地为上小学做好准备。

参考文献

[1] 庄弼，任绮等．幼儿体育活动及其内容体系的思考［J］．体育学刊，2015，22（6）：64—70.

[2] 吴升扣，张首文等．动作发展视角下幼儿体育与健康领域学习目标的国际比较研究［J］．成都体育学院学报，2014，40（5）：75—80.

利用马赛克方法实施开展小班生活化主题课程的实践研究

（李盼　北京市丰台区西罗园幼儿园）

摘　要： 幼儿喜欢在游戏中学习，在游戏中丰富、获取自身的能力，小班的幼儿更是如此。因此在开展生活化、游戏化，以幼儿游戏为载体的主题活动中，教师需要运用多种观察的方法了解、倾听幼儿的声音，从幼儿的视角出发开展不同分支的游戏活动。而马赛克方式主要解决的就是“如何倾听言语能力有限、表达方式与成人不同的幼儿，不是一套固定的方法，而是可以随时根据研究情境和研究参与者的变化而加以灵活调整的开放体系，是一个可以随时增减、灵活取用的‘工具箱’。采用不同的交流方式，从不同层面获取信息，从而完整地去判断幼儿”。因此，在开展生活化主题课程的过程当中，需要探索如何借助马赛克方法，基于幼儿视角捕捉有效信息，开展幼儿感兴趣的各种活动。本文以生活化户外游戏主题课程《大灰狼与小白兔》为例，探讨分析了马赛克方法在以幼儿为主体的主题课程中的运用。

关键词： 马赛克方法 ；倾听；自主游戏

一、收集“信息碎片”——我最喜欢的游戏

在收集信息之前，教师需要观察幼儿在户外活动当中的游戏状态，了解幼儿在玩游戏时的表情、语言以及倾听幼儿游戏后表达的感受，了解幼儿的感受和体验。具体做法有两种：一是通过时间取样的方式观察幼儿。需要观察幼儿在游戏的过程中操作材料的时间，以及在游戏过程当中的状态是否积极参与，可以从幼儿的表情、动作语言入手，了解幼儿持续探索游戏的时间。二是通过召开幼儿会议，了解幼儿玩游戏的真实感受，幼儿可以用简单的语言将自己的感受表达出来。

每个幼儿都可以用自己喜欢的方式尝试、创设游戏活动“大灰狼与小白兔”。教师在游戏前以谈话的形式告知幼儿我们一起创新“大灰狼与小白兔”的游戏，并根据幼儿提出的想法和幼儿一起寻找材料玩，并进行尝试和体验游戏。在活动的前期开展的幼儿会议中，我抛出问题：“在户外活动当中你最喜欢玩哪些游戏？还可以怎么玩呢？”之后，幼儿表达出自己的想法“我最喜欢小白兔跳的游戏！小白兔还可以跳过更高的山坡”“我喜欢小孩小孩真爱玩！我想变成更多的小动物”“我喜欢大灰狼和小白兔的游戏，我想扮演大灰狼”……幼儿们天马行空地表达出自己的想法，但是在进行当中也发现有部分幼儿一言不发，会被旁边的人或物影响。

于是结合小班的年龄特点，教师决定在过渡环节对还未表达自己想法的幼儿召开一对一的幼儿会议，鼓励他们表达出自己的想法，并进行及时的肯定，提取相关信息。

二、整合与解读——游戏怎么玩

“信息碎片”收集完毕之后，教师需要对这些信息进行解读和重组，在户外游戏上的想法进一步了解与筛选。这一阶段，投票、幼儿回忆等方法开始运用。

幼儿会议需要教师和幼儿对当前所设置的“小白兔与大灰狼”的游戏进行访谈，引导幼儿对“小白兔与大灰狼”游戏提出自己的想法。于是教师因地制宜选择比较温馨的环境——

图书区，或者选择幼儿比较自主的状态——过渡环节或者自主游戏的时候。在幼儿的心理更为轻松的时候，更加有利于他们的畅所欲言。在会议当中，教师抛出问题，幼儿则是围绕着教师提出的问题自由地表达、交流自己的观点。幼儿对“小白兔与大灰狼”的游戏都有自己的想法，但是这些游戏是否适合玩？又该如何玩？教师鼓励幼儿进行表达。通过整理，教师聚焦到幼儿最想玩的游戏活动是“大灰狼来了”“我和大灰狼比赛”的游戏。

但是问题也是随之而来：有些游戏没有玩过，需要哪些材料？也不知道怎么玩。于是我们开始了一场幼儿园之旅，在户外活动中寻找适合开展游戏的材料。在寻找材料的过程中，幼儿能够选择一些已经知道玩法的玩具材料，以及一些想要玩的材料，教师与幼儿共同创设游戏环境、情境。

三、调整与发布——遇到问题怎么办

基于上一阶段对“大灰狼与小白兔”的游戏创设中，幼儿视角的提炼，本阶段从行动层面上对“大灰狼与小白兔”的游戏创设展开和调整。幼儿用自己选择的游戏材料对游戏环境进行创设，幼儿进行试玩后发现：障碍物太宽跳不过去，需要选择短一些的障碍物；选择的“太阳”太轻，打不到大灰狼，需要选择稍微重一点的沙包……通过幼儿的实践以及经验的分享，用照片或者视频的方式记录下来，并再次以“幼儿回忆”的方式与全班幼儿进行发布。

四、实施与改进——游戏再次升级

随着主题活动的不断深入，幼儿不断更新对“小白兔与大灰狼”游戏的探究。有了前期的游戏经验，幼儿很乐意再次开展“幼儿会议”，商讨更高阶段玩法的“小白兔与大灰狼”的游戏。

在此次的幼儿会议过程中，我们惊喜地发现有几位“陌生的面孔”也参与其中。有的大胆地说出自己的感受，有的能够大胆地提出自己的想法，最终，幼儿决定要与大灰狼进行对抗，不能总是被大灰狼给抓住，因此幼儿结合建筑区的游戏经验提出要搭一个围栏，把大灰狼给拦在外面。有了这个想法，于是幼儿开始采访经常玩建筑区的小朋友搭围栏的方法，可以用延长的方法、可以用基础摞高的方法。幼儿在游戏以及操作过程中发现用镂空的方式搭建围栏，围栏可以搭建得更长。还有的幼儿提出用基础摞高的方式搭建的围栏更结实。在游戏过程中，幼儿选择自己喜欢的方式搭建围栏。组织大灰狼抓住小白兔。可是围栏太低了，大灰狼来了可以跨过围栏来抓小白兔，“那还有什么方法吗?”“我们用大石头把大灰狼赶走吧!”有了这样的想法，于是小朋友们快速地跑到玩具处找到了沙包，并用投掷的方法将大灰狼给赶跑。

本次活动，教师运用“马赛克方法”，最终构建出以幼儿为本的体育游戏。幼儿从最简单的双脚连续跳的游戏到双脚并齐跳过障碍，再到综合的体育游戏。逐次深入，并尝试与其他的区域游戏相结合，幼儿的笑容、井然有序的活动、活跃而快乐的氛围，见证着幼儿基本动作的成长以及体育常规的进步。马赛克方法的使用，帮助教师清晰地了解幼儿的想法，在回顾游戏内容以及玩法的同时，可以运用讨论的方式支持想象性游戏开展的可能性，根据幼儿的发展水平以及实际情况选择性地实施幼儿的想法。

五、对马赛克方法的应用思考

通过对马赛克方法的分析不难发现，马赛克方法在教育中的开展核心是以幼儿为主体的构建。马赛克方法是在幼儿教育的应用中，教师要结合幼儿的阶段性特点，不要拘泥于马赛克方法在理论上的阐述，而是要将理论知识和幼儿的实际发展情况进行结合，在实践中对马赛克方法的应用做出创新，从而使马赛克方法在教育中的时效性得以提升。

本次的主题活动教师大多数采用的是“幼儿会议”，以及照片、视频记录等方式进行信息的收集，在收集的过程中增进了教师对于幼儿的理解与认识，对幼儿的发展产生了积极的影响，支持幼儿更愿意表达自己。当然搜集幼儿的表现以及想法的图文载体并不是最重要的，更重要的是在搜集过程中，教师与幼儿共同设计、创设课程，并在这个过程中不断反思。

运用马赛克的方法与小班幼儿共同开展游戏过程，其实是教师与幼儿相互赋能、共同成长的过程。多种工具的使用为我们提供了多种方式去倾听幼儿，为我们留出时间去分析幼儿正在说的话，从而让我们了解幼儿喜欢什么游戏、往往怎样游戏。幼儿游戏的起点是教师放手，只有真正将游戏的发起、探索和改造的权利赋予幼儿，教师在背后回应、支持幼儿的深度探索才能帮助幼儿真正主宰游戏，成为游戏的主人。

参考文献

［1］张丽萍．幼儿园户外自主游戏存在的问题及对策［J］．课程教育研究，2019（38）：16—17.

［2］沈国红．自主游戏玩得更欢——幼儿园“自助餐式”户外游戏活动初探［J］．科学大众（科学教育），2018（09）：76.

小班区域活动中材料投放的现状及策略研究

（王亚杰　山东省滨州市实验幼儿园）

摘　要： 小班区域活动在幼儿一日生活中占据着重要的地位。为了保证幼儿能在区域活动中产生高质量的学习与发展，本文认为，材料投放过程中应当结合实际情况发现存在的问题，寻找适宜的解决策略，注重材料的安全性、适宜性、层次性、开放性，助力幼儿在游戏中的学习连接，发挥材料的重要价值与作用。

关键词： 材料；区域；幼儿

游戏释放了幼儿的天性，帮助他们提高思维能力、拓宽知识面，拥有直面问题、解决问题的勇气与能力，区域活动则为幼儿营造了一种适宜的场景和氛围，让其能够自由选择、自由组合、自由搬运游戏材料，达到个性化的全面发展。

伴随着社会的进步与发展，教育理念也在不断更新，幼儿园区域材料的投放有了更高的标准和要求。在实践中摸索材料投放的科学性、有效性是开展幼儿高质量区域活动的必要环节，也是实现自主游戏的关键所在。

一、小班区域材料投放的现状

材料是一种幼儿与环境进行互动的媒介，通过感官刺激、思维碰撞、花样组合来达到自己的游戏目的，从而提高以物代物的能力，增强与同伴之间的交流合作，发挥自己的想象力与创造力。

英国建筑师西蒙·尼科尔森曾提出，在任何环境中，发明和创造的程度、发现的可能性，与环境中所蕴含的数量和种类成正比。现阶段，小班各区域的材料呈现一种数量不够丰富、种类不够明确、材料之间的组合性不强的状态，幼儿缺乏对材料的正确、有效的认识，大量材料处于闲置状态，幼儿在频繁的游戏活动中只选择自己熟悉的游戏材料，材料没有发挥自己的重要作用，有时甚至成为障碍。

（一）数量不够丰富

小班幼儿有着自己独特的年龄特征，他们生活经验积累不够丰富，较喜欢模仿同伴的行为，没有建立自己独立的思考体系。在区域游戏中，同伴喜欢玩什么，他也会喜欢玩什么，而材料的多少就会成为争执的焦点。

比如，在扮演医生角色时，幼儿总喜欢脖子上挂上听诊器，手里拿着注射器，穿上医生的衣服，把自己装扮得有模有样，而当医生的衣服不够使用时或者工具不够大家每人一份时，争抢行为、哭闹行为就会随之而来。幼儿就会因为材料的不丰富而产生负面情绪，从而影响活动的顺利开展。

又如，在幼儿使用阿基米德积木进行搭建自己喜欢的物体时，因为同伴之间的相互模仿，数量的多少就会带来影响，而阿基米德积木的搭建是需要一定的数量支持的，在不断搭建的过程中，幼儿的乐趣也会不断增多，只有提供充足数量的积木材料，幼儿及其同伴才能更好地发挥想象力。

（二）种类不够明确

现阶段，投放的材料种类不明确，分类收纳的依据主要是依托各个场景的设置，比如美工区的材料多种多样，包括轻黏土、扭扭棒、彩纸、颜料等，但在投放的过程中很杂乱，没有进行种类的明确，在幼儿选择材料的过程中就会产生视觉上的混乱，无法形成思维上的“连接”。

在班级的区域中，材料虽丰富但幼儿的选择性并不高，不能区分自然类、生活类、装扮类、建构类等材料的属性，导致幼儿在游戏活动中不能更好地发挥材料的重要功能。

（三）材料之间的组合性不强

材料是具有“灵性”的，材料应该给予幼儿“有力的支持”，幼儿通过对材料的搬运、切分与整合、变形与混合等操作，探索、发现、喜欢这个神奇的世界，在区域中投放的材料存在大量的半成品材料、固定属性的材料，不能帮助幼儿进行思维的扩散，材料之间不能很好地组合与关联。

例如，在小厨房中，材料大多数是塑料属性，无法提供给幼儿真实的触感的同时，也具有固定的使用用途，不具备开放性的特质，不能产生与其他材料的组合，更加不能发挥材料的引导作用。

二、材料投放的策略研究

区域的设置给予幼儿一定的操作场景，材料的投放则是希望能够最大限度地支持幼儿的想法，让幼儿的“灵光乍现”得到有效的支持和引导，在此过程中锻炼幼儿的思维能力，锤炼幼儿优秀的品格。

材料的投放应当遵循安全性、适宜性、层次性、开放性的原则，发挥教师的教育智慧，促进幼儿的健康成长。

（一）以材料安全为基础，充实材料的属性

投放的材料要以安全性为基础，不能损害幼儿的健康，在材料的形状、完整性、气味等方面做好一定的检查，确保幼儿在使用过程中不存在安全隐患。比如，投放的自然类材料中的小树枝，教师应该对树枝上的倒刺、树皮的翘起进行投放前的相应处理，投放的生活类材料奶粉桶，教师应当进行清洗和内部铁皮的包裹，进行一定的把关。

在确保安全性的前提下，应当投放不同属性的材料，帮助幼儿进行高质量的游戏开展。投放自然类材料，比如树枝、贝壳、松果、沙子、木片等；投放生活类材料，比如奶粉桶、卫生纸筒、毛线、电话机等；投放装扮类材料，比如医生服、护士服、娃娃衣服等。根据开展活动的实际情况，让不同属性的材料融入游戏中，发挥材料的用途，提高幼儿活动中以物代物的能力。

（二）以材料适宜为保障，丰富材料的数量

不同年龄阶段的幼儿有着独特的特点，在小班区域中投放的材料应当符合小班幼儿的年龄特点，确保材料的适宜性，能让其在“最近发展区”内获得最有益的成长。例如，大班幼儿进行逻辑思维训练时选择的俄罗斯方块积木形状较小、数量较多，在完成的过程中需要长时间的手眼协调性，但在小班幼儿操作的俄罗斯积木中选择的是形状比较大，操作中拿取方便，因此，在材料的选择上要充分考虑各阶段幼儿的年龄特点。

在材料的数量上应当根据幼儿的兴趣进行充分的支持，比如角色扮演的衣服要满足幼儿的需要，建构活动中的大型纸砖材料、奶粉桶、纸杯应满足幼儿搭建某一大型作品时的需

要，防止因材料数量不充分减弱幼儿的兴趣。

(三) 以材料层次为挑战，更新材料的种类

幼儿的发展潜力是巨大的，每一天的他们都在进步与成长，因此，材料的选择要有层次性，既能满足能力较弱的幼儿的需要，又能够满足能力较强的幼儿的要求。例如，在涂色活动中，对于手部肌肉发展较慢的幼儿可以提供蜡笔、粗头水彩笔等易上色的材料，对于手部较灵活的幼儿可以提供彩色铅笔、细头水彩笔等材料，帮助幼儿在活动中建立自信，爱上表达艺术的不同方式，在建构活动中，可以根据幼儿的发展不同，将材料分段、分层次放置，满足每一位幼儿的需要。

伴随着幼儿的发展，应当按阶段性将投放的材料进行适当的更新和补充。例如，刚入园时投放的材料很丰富、简单易操作，能更好地稳定幼儿的情绪，在两三个月之后应当调整部分材料，使材料能更好地促进幼儿的发展与交往，在下学期的活动中考虑幼儿的发展，投放更具有挑战性和开放性的材料，减少开放性不高的材料，引导幼儿拥有发现问题、解决问题的能力。

(四) 以材料开放为方向，创新材料的用途

当环境中有着较丰富的开放性材料时，幼儿可能找到多种方式来操作它们产生新的思考方式，或者通过玩耍材料来获得知识。在选择材料的过程中应当注重材料的开放性，进而支持幼儿的各种探索。当幼儿操作开放性材料时，能感知不同的颜色、奇特的声音、物体的属性、世界的连接，激发好奇心和创造性。

开放性的材料来源于我们的生活中、大自然里，可以进行再利用、更新和可回收的材料能给予幼儿更长久的探究。例如，路边随处可见的小石头可以放置在植物角进行装饰，也可以放置在室内的沙池游戏中充当某一角色，还可以在美工区进行创意绘画，制作小盆景，有很多的材料具有多种用途，要有创新力，发挥材料的价值。

材料点燃了幼儿心中的智慧，燃起其探究的欲望，在与材料的互动中，幼儿感受着这个世界是怎样的，疑惑着为什么会出现这种生物、这样的现象，进而他们会自己寻找答案，一个好的环境更加需要有力的材料投放，我们要从幼儿的视角去看待他们的世界，了解他们的需求，提供支持，理解他们的行为，促进其创造思维和发散思维的发展。

参考文献

［1］安·科第科瓦斯基著．小小建筑师：幼儿建构游戏中的 STEM 学习［M］．陈辉译．北京：中国轻工业出版社，2023.

［2］莉萨·戴利，米丽娅姆·别洛戈洛夫斯基著．开放性材料 1：幼儿创造性游戏［M］．张瑞瑞，钟欣颖译．南京：南京师范大学出版社，2018.

多元视角下混龄区域活动的实践路径探索

（李海卿　深圳市龙华区华南实验学校附属春华四季幼儿园）

摘　要：随着教育理念的更新和发展，混龄教育逐渐受到广泛关注。基于混龄教育开展混龄区域活动，能够促进幼儿认知能力、社会交往能力等的发展。本文将从多元视角出发，探讨混龄区域活动的实践路径，通过分析混龄区域活动的理论基础和实施过程，揭示了其在促进幼儿社会性发展、提高教育质量等方面的积极作用。同时，结合实践案例，提出了混龄区域活动实施中应注意的问题及改进策略。

关键词：多元视角；混龄区域活动；幼儿发展；实践路径探索

一、引言

（一）混龄区域活动

目前我国大力改革和发展学前教育，传统的教学模式已不适应当前时代发展的趋势。混龄教育具备社会性与人文性等特征，是学前教育发展的新趋势。混龄教育是指将3—6岁不同年龄段的幼儿组织在一起，进行共同活动和学习的教育模式。在这种模式下，幼儿通过与不同年龄段的同伴互动，能够更好地进行社会交往，提高人际交往能力，培养幼儿健全的人格。

虽然混龄教育逐渐受到广泛的关注，但目前我国混龄教育并未广泛普及推广，按照混龄编制班级开展专业混龄教育的难度较大。基于混龄教育，创设幼儿园混龄区域活动新模式，将不同年龄段的幼儿组织在同一时间段进行共同游戏，投放不同层次的材料来促进混龄活动是比较可行的路径，符合当前学前教育发展的趋势和变化。

（二）多元视角下的混龄区域活动

学前教育是基础教育的奠基阶段，幼儿是发展中的人，拥有巨大的潜能和发展空间，教育的发展过程要基于幼儿的发展经验。传统单一的教学模式已不能满足幼儿的发展需求，多元化的教育能够促进幼儿全面地发展。多元视角的混龄区域活动是指以多元化的教育模式，创设多元化的环境，从幼儿的兴趣出发，幼儿通过与环境、同伴、教师之间的多元互动进行混龄区域活动，注重幼儿学习过程本身，推动幼儿社会性交往、思考能力、动手能力等发展，从而为幼儿的终身学习奠定基础。

二、混龄区域活动的理论基础

多元视角下的混龄区域活动基于加德纳的多元智能理论，以教育心理学、生态学、社会学等多学科理论为基础。

（一）加德纳多元智能理论

多元智能理论是由美国教育家加德纳提出的，他认为，每个人身上都具有八种智能理论，人类的认知与思维是多元化的。我们每个人都有自己的优势智能和弱势智能，教师应为幼儿创设一个自由化、多元化、开放化的环境，相信幼儿都具有巨大的学习潜力，在多元化的混龄区域活动中，促进幼儿的可持续发展。

（二）教育心理学理论

教育心理学认为，混龄区域活动有助于幼儿认知能力、社会交往能力等的发展。在混龄区域活动中，幼儿进行认识自我与他人、互动、交往，相互学习，相互帮助，开发合作精神与团队意识，在提高幼儿人际关系的同时，激发幼儿对周围事物的好奇与探索，培养幼儿逻辑思维形成和解决问题的能力。

（三）生态系统理论

多元视角下的混龄区域活动基于布朗芬布伦纳的生态系统理论。布朗芬布伦纳的生态系统理论强调环境对个体发展的重要性。在多元的混龄区域活动中，创设健康、科学、语言、艺术、社会等多元化的活动环境，模拟真实的社会场景，让幼儿在真实、自然、有准备的环境互动成长。同时，生态系统理论关注到幼儿在混龄区域活动中与同伴、教师之间的互动，在互动中促进幼儿认知、情感及社会性等的发展。

三、混龄区域活动的实践路径探索

（一）创设多元化的场馆区域

本文以我园多元学习中心课程为例，基于多元视角下，创设多元化的学习场馆，包括四季体验馆、生命成长馆、生态植物馆、生活体验馆、经典传颂馆、岭南文化馆、民间手工馆、民族音乐馆、宇宙探秘馆、机械建构馆、科学体验馆、逻辑思维馆 12 个，让幼儿在自然生态、传统文化、科学创造以及户外趣时光、非遗物质文化五大学习中心中融合班级跨界、年龄跨界，教师跨界、家园跨界，实现混龄区域活动。以多元学习中心的模式，混龄区域活动从幼儿的兴趣出发，涵盖多领域内容，最大化享有学习资源，激发幼儿的内在求知欲望，培养幼儿的创新思维能力，引导幼儿能够积极主动地参与学习，让幼儿拥有对世界多元化地理解和应对挑战的能力。

（二）提供层次性的区域材料

活动材料是混龄区域的重要组成部分。不同于传统区域活动中每个班都是有娃娃家、美工区、建构区等大同小异的区域划分，在多元视角下的混龄区域中，每个场馆都有其相对应的区域。例如，在科学体验馆中，我们创设有生活百科区、电路区、热能区、光影区等与科学相关的区域，并且提供相对应的区域材料，以期达到对应的教育目标。教师根据场馆内容与不同年龄阶段幼儿身心发展规律，设计每学期、每月、每周混龄区域目标，提供真实、自然、开放、趣味性、有层次性的区域材料。同时，教师在混龄区域活动中观察幼儿的游戏情况，对于幼儿来说过于简单、过于复杂的区域材料及时进行替换与更新。

（三）创设创新混龄走班区域活动模式

混龄区域活动的发展并不是一蹴而就，它需要一个循序渐进的过程。在传统班级活动，班级幼儿局限于本班级环境、同伴与教师的交往，混龄走班区域活动模式打破以班级为界限，从同龄发展走向混龄发展。以“谈话—学习中心工作—回顾”混龄走班三部曲，创新线上学习地图，让幼儿自主选择区域活动，成为学习的主人。

（四）教师角色的转变与指导方式

多元视角下的混龄区域活动中要求成为幼儿发展的支持者，教师不再是主导、命令的一方，而是要成为幼儿的观察者、引导者，还给幼儿自主游戏的权利，尊重幼儿的主体地位。教师通过幼儿的活动表现，了解幼儿的身心发展水平及需求；鼓励幼儿与不同年龄阶段的同伴进行社会交往活动，通过合作游戏、共同解决问题等方式，必要时提供支持与帮助，培养幼儿合作精神，提高社会交往能力。

（五）混龄区域活动实践中的家园联动

在实施混龄区域活动的过程中，教师与家长彼此成为课程的共建者和合作者，形成教育合力。教育幼儿从来不是教师的工作，家长是幼儿的第一任教师，幼儿园工作中家庭是不可或缺的重要力量。在实施混龄区域活动过程中，家、园、社区三位一体，支持幼儿的学习活动，为幼儿学习提供一切准备，为幼儿的教育保驾护航。

四、结语

多元视角下的混龄区域活动是一种灵活、开放的教育新模式，它突破了传统年龄分班的限制，对促进幼儿全面发展有重要作用。通过从多元视角出发，幼儿们在探索自然、弘扬传统文化、解密科学创造，看见教育的力量，赋予幼儿宏大的视野。在探索混龄区域活动的实践路径，为幼儿创设多元的环境，根据幼儿的兴趣和发展水平来组织活动，充分体现了以幼儿为中心的教育理念，混龄区域活动也注重课程的整合性和连贯性，培养幼儿的综合素养和跨学科能力。我们可以更好地发挥这种教育模式的优势，致力让每个幼儿独特且幸福，让每个幼儿发光。

在实施多元化混龄区域活动中，我们也存在一些问题。例如，教师的专业能力是否能够支持各个年龄阶段幼儿的学习需求；教师对于幼儿的观察与评价是否系统性，未来，我们还应继续深入研究混龄教育的理论和实践，不断完善和优化混龄区域活动的组织和实施方式，以更好地满足幼儿的发展需求。

参考文献

［1］刘晴晴，陈理宣．幼儿园混龄区域活动的实然反思与应然策略［J］．教育科学论坛，2022（29）：67－70.

［2］朱丹妮．多元智能理论视角下幼儿园课程评价改革策略［J］．新课程研究，2023（21）：84－86.

［3］文雪萍．幼儿园区域活动中混龄教育优势的实践与研究［J］．天津教育，2020（9）：143－144.

［4］张惠敏．幼儿园混龄教育区域材料投放的实践研究［D］．内蒙古师范大学，2019.

浅析户外混龄自主游戏的意义

（何惠玲　杨院行　深圳市龙岗区平湖街道中心幼儿园）

摘　要：户外混龄自主游戏，是教师通过创设户外活动情境，在3—6岁幼儿打破班级年龄限制，参与到游戏中来。以构建教育良好的生态环境，拓宽幼儿自主活动及发展空间。使幼儿处于综合化的场景，在多维度的空间，幼儿间采取合作的模式，开展互助协作、共同努力完成一项户外活动。从中体会到合作的兴趣与成果，逐渐形成对合作的认知，提升幼儿的合作意识。本文的研究意义在于，以户外混龄游戏为载体，引导幼儿同伴间的合作行为，进而对幼儿合作意识培养。通过创设户外露营生活情境、活动情境，拓宽幼儿的学习空间，达到调动幼儿自主思考的过程，促进幼儿的潜意识学习，全方位发展。目的是对幼儿的创造力给予启迪，建构幼儿时期人才培养的系统。

关键词：户外混龄游戏；幼儿；合作意识；创造力

一、户外情境设置要素

目前，幼儿的教育问题已经成为我国教育界首要关注的问题，从家长、幼儿园教师直到社会的关注度视角局限于幼儿的安全、学习、行为习惯、心理健康、生长发育等方面。以给幼儿灌输知识为主，如读书、讲书是以家长为主体做，幼儿是客体听。不能从幼儿的兴趣出发，来深挖幼儿的潜能，发挥幼儿的主观能动性，对幼儿认知过程中的生活情境教育普遍认识不足，缺乏对幼儿潜在创造力的挖掘。

（一）“情境”概念定义

“情境”不能简单地等同于“环境”，唯有个体直接感受和体验到的环境才能称为“情境”。情境教育法中的情境，可分为学习情境与教学情境，为参与学习的现实环境。所谓的情境教学，即泛指提供学习资源的具体活动场景，运用此场景激发参与者的主动学习兴趣，提高学习效率的教学方法。创设情境要有助于参与者对学习内容主题的理解，是情景教学中的重要环节。

（二）户外情境设置的合理规划

教师创设幼儿户外混龄自主游戏活动情境，要以构建符合幼儿心理兴趣与需求的趣味活动空间又兼具安全性为目的。首先，需要制订户外游戏活动方案，合理规划户外游戏活动空间，其区域性要营造出良好的活动氛围。其次，活动材料的选择要做到合理适宜。最后，合理性材料是符合安全、环保的要求；适宜性材料是从颜色、外观符合幼儿心理兴趣点。

二、户外混龄自主游戏的意义

户外混龄自主游戏活动属于开放式教学，幼儿的成长呈现“阶梯型”特征，其整体发展过程是持续、渐进的。因此，以户外混龄自主游戏为平台，拓宽延伸幼儿活动空间。注重领域间、目标间的融合至关重要。

（一）培养幼儿的合作意识

《幼儿园教育指导纲要（试行）》明确指出，要引导幼儿参加各种集体活动……帮助他们正确认识自己与他人，养成对他人、社会亲近、合作的态度，学习初步的人际交往技能。

在户外混龄自主游戏活动中，能为幼儿提供高质量的户外互动平台，有利于幼儿天性的自由释放，丰富多样的教学资源，极易吸引幼儿的注意力，激发兴趣点，加强幼儿间的沟通、交流，通过劳动协作与收获，培养幼儿的合作意识。

使处于活动情境中的幼儿自主表现、探索，再进一步摸索创意，团队合作奋进，有助于幼儿在活动中，发散性思维得到发展，合作意识得到加强。

（二）有利于幼儿自主学习能力的提升

混龄幼儿教育活动的开展，突破年龄界限，可以满足幼儿个性化需求，个体间语言、行为的差异性是多元化发展的过程。户外混龄自主游戏，幼儿在活动情境中不同角色的扮演，不同事务的尝试探索，促进幼儿语言表达能力、思维能力的提高，是一种隐性的学习过程。幼儿在户外混龄自主游戏中，有效自主互动，有利于幼儿自主化发展和综合能力的提升。

（三）激发幼儿的创造力

在幼儿阶段，每个幼儿都拥有自己的创造力，这是每个幼儿所特有的潜能。幼儿的思维是自不完美到完美，由具体至抽象的发展过程。户外混龄自主游戏是以幼儿的兴趣为出发点，注重人为优化情境，为幼儿提供和谐自主的发展空间。户外混龄自主游戏，在游戏中幼儿融入生活场景，是情境教育中的一种体验方式。引发幼儿的情绪，积极参与，在自由随意的活动情境中，调动其主观能动性，寓教于乐中开发幼儿的智力，做到动中体验、玩中发展。使幼儿的各项能力、情感在成长过程中趋于稳定和提高，有利于幼儿个性和创造性潜能的开发。

三、户外混龄自主游戏与学习的相关性

户外混龄自主游戏的情境活动与基础的生活学习教育二者之间存在客观的联系，即户外混龄自主游戏的情境活动中满足了幼儿好动、爱玩，同时又具有较强的求知欲和探索欲的心理需求，在活动中自主地独立思考，促进幼儿独立人格的形成。其中包含生活学习的教育，这是为积极向上生活进行教育的内容。教师是游戏的引领者，围绕幼儿的发展，引导幼儿积极主动参与，幼儿才是游戏主体。在生活环境与活动中创设的户外混龄自主游戏情境，使处于活动情境中的幼儿自主表现、探索，进一步的摸索创意，有助于幼儿在活动中的求知欲被激发，发散性思维得到发展，有助于提高学习能力。

四、教师在户外混龄自主游戏中对幼儿的潜在作用

（一）教师要具备专业的素质与技能

户外混龄自主游戏中的教学，教师要以正确的教育观为导向。注重幼儿的健康成长过程，纵向培养幼儿的创造性思维，提高幼儿的学习能力以及综合素质的发展。这就要求教师必须具有创造力，发挥自己的创造性思维能力，才能对幼儿增加情感理解和同理心，而不是横向比较幼儿个体间知识与技能的长短。要以不同的视角，多元化地发现每个幼儿的闪光点。

（二）教师的行为

教师依托户外混龄自主游戏活动的形式，与幼儿建立和谐温馨的关系。在有序的游戏教学活动中，教师通过观察幼儿行为，读懂幼儿心理，把握幼儿间的特征，采取不同的策略，激发幼儿的好奇心与兴趣点。教师要以热情的态度，让幼儿感受温情，即以“情绪感动”到“促进”为前提，引导幼儿的主动性，提高幼儿敏锐的观察力，使幼儿产生多元化的思维方式。从而提高课程的学习效率和效果留存，有效促进幼儿观察力、沟通力、思维能力的养成。

（三）创造性思维的培养

每个正常幼儿的脑功能都具有创新潜力，教师应注重潜在的创造力培养，树立对幼儿创造力给予激发的理念。户外混龄自主游戏就是为幼儿的创新活动提供一个轻松无拘无束的环境，从而激发幼儿的创造潜力，培养幼儿的创造性思维。需要教师与幼儿之间的互动做到交融、合作，引导幼儿进行自主思维，在户外混龄自主游戏活动中探索、想象、表达，这时幼儿的创新思维空间就会不断扩大。正如教育家李吉林所说：“培养学生的创造性思维就是有意识地培养学生思维的开阔性、思维的流畅性和思维的独创性。”

五、教师的具体做法

户外混龄自主游戏是教师运用优化活动能力，给予幼儿一个多样、多层次、多选择的自由的环境。开展户外混龄自主游戏活动，教师应注意观察幼儿的个体差异表现，以弹性的游戏，不同层次的活动，促使幼儿主动参与，在活动与探究中，进行学习与游戏相融合的教育。让幼儿自主学习、主动探索、发挥想象力。

在户外混龄自主游戏中，教师要懂得留白，学会等待，留给幼儿思考的时间，给幼儿充分的空间。注重引领幼儿，满足个人兴趣和不同需求，进行不断探索实践，在各个方面激发幼儿的创造力，使幼儿在学习上具有主动性。只有实现多维互动才能取得最大效能。

六、结语

美国心理学家威特罗克认为，学习是一个主动的过程，“生成学习模式的本质不是大脑被动地学习和记录信息，而是主动地建构它对信息的解释，并从中做出推论”。

户外混龄自主游戏是引导幼儿自主学习与实践的活动，应注重过程而不过于追求短期结果，应该看到幼儿在多大程度上实现了自己，只有这样才能实现幼儿的主体地位。因此，教育目标在这里只能是隐含的，意味着教师将教育意图客体化，把教育目标隐含在为幼儿提供的户外混龄自主游戏中，通过幼儿在游戏中的融合作用，达到活动的最高境界，就是互为生成。这让幼儿们在获得指导的同时，有足够的自由去探索和发现。以创新的态度及融洽的关系，培养幼儿的学习兴趣，激发幼儿自主的学习能力。

参考文献

[1] 李吉林．情感：情境教育理论构建的命脉．教育研究，2011（7）：65—71.
[2] 黄俏乐．混龄教育对我国幼儿教育的意义［J］．华章，2009.
[3] 赵祥麟，王承绪．杜威教育论著选［M］．上海：华东师范大学出版社，1981.

浅谈幼儿教育中游戏的应用策略

（王兰兰　深圳市宝安区福永兴围幼儿园）

摘　要：作为幼教工作者，我们知道游戏是幼儿的本性，也是一种重要的教育活动。它可以引起幼儿的好奇心，扩展他们的思想，同时也是他们获得生活经验和知识技能的重要方式。而课程游戏化是教师以一种寓教于乐的方式，把游戏与教学相融合，以玩促教，以教为本，使幼儿能在趣味性的活动中获得知识，也能使游戏的价值在教学中得以体现。因此，对幼教工作中幼儿游戏的应用探究就显得尤为必要。

关键词：幼儿教育；游戏活动；应用策略

将游戏化的教学方法运用到幼儿教育中，可以防止幼儿在学习时对所学的知识感到陌生，同时，适当地安排幼儿教育游戏，也可以提高幼儿的学习兴趣，让他们更好地理解和接受所学的知识。幼儿智能发展阶段，其语言表达、认知水平、活动能力等方面都在迅速发展，他们需要用游戏来开启自己的思维，因此，幼儿教师要以幼儿为中心，对游戏进行合理的设计，为幼儿们创造一个高效率的课堂，从而提高教育质量。

一、幼儿教育中应用游戏活动的必要性

（一）有利于激发幼儿学习的兴趣

幼儿通常对世界充满好奇，他们想要用双手去触摸，用眼睛来观察，通过身心对外界的感知，从而对这个世界有更全面的了解。因此，在教学中开展游戏活动可以促进幼儿有积极的学习态度，让幼儿在轻松、愉快的氛围中学习，减少学习的压力和焦虑，让其在面对游戏活动中的挑战和成就激发幼儿的学习动力，提高他们的学习参与度和积极性。

（二）有利于幼儿身心健康的发展

幼儿身心健康发展的关键时期即为幼儿时期。作为教育的基础性工程，幼儿教育对幼儿的日后成长具有重要作用。在进行游戏教学的过程中，幼儿教师要与幼儿的身体和心理特征相结合，通过各种体育游戏、运动和动作活动，幼儿可以锻炼肌肉力量、协调性、灵活性和平衡能力。同时，游戏活动能够缓解压力、减少焦虑，提升幼儿的情绪状态，有助于幼儿的心理健康发展。因此，幼儿园应该重视游戏活动的开展，为幼儿提供丰富多样的游戏体验。

（三）有利于发散幼儿的思维和培养幼儿的主观能动性

游戏在幼儿园教学中，可以发散幼儿的思维，培养幼儿的主观能动性。因为在游戏中幼儿的学习积极性可以得到激发，且在充满快乐的氛围中主动地投入游戏中，再加上游戏具有较强的实践性和探究性，所以幼儿参与游戏的过程就是开展探究的过程，而对知识的探究需要幼儿发散自己的思维，并且动手开展实践，这整个过程既发散了幼儿的思维，也培养了幼儿的主观能动性。

二、幼儿教育中游戏的应用策略

（一）为幼儿营造良好的游戏环境

将游戏教学运用到幼儿教育中，教师们可以创造出良好、愉快的学习气氛，从而使幼儿对学习产生浓厚的兴趣，使他们能更好地融入自己的学习环境中，并能积极学习。一个良好的游戏教学环境，不仅可以提高幼儿的游戏学习效率，而且可以帮助他们建立对这个世界的正确认识。因为幼儿的个性比较活跃，他们有对这个世界的探索和认识的强烈愿望，与游戏结合起来，提高他们的参与性，使他们在游戏中获得更多的知识和技巧，实现寓教于乐。

例如，教师创造安全的游戏空间，教师可以检查游戏区域是否有尖锐的边角、危险的物品等，或者提前在幼儿园的游戏区域铺上软垫，以防止幼儿摔倒受伤，让幼儿在游戏时开心安全地玩耍与学习；提供丰富的玩具和材料，像积木、拼图、玩偶、美术用品等，教师还可以根据幼儿的年龄和兴趣定期更换玩具和材料，以保持他们的新鲜感，同时能激发幼儿的想象力和创造力。为了使幼儿在游戏中感受到乐趣，在游戏中获得知识，幼儿园应在游戏中增加游戏的素材，为幼儿提供更多的游戏项目。同时，也要把心理健康教育融入教学内容之中，通过自己的言行举止，给幼儿们做好表率，通过以身作则，为幼儿们创造一个好的心理环境。

（二）创设良好游戏情境，激发参与积极性

在创设游戏的时候，教师一定要鼓励幼儿参与其中，采用丰富多样的游戏，让每一个幼儿都能在游戏中获得快乐。在幼儿园教学工作中，教育游戏是一项有趣的教学方式，所以很受幼儿们欢迎。把游戏和情景化的教学方式有机结合起来，可以提高幼儿的参与度，并且游戏情景与幼儿的现实生活密切相关，教师必须分析幼儿的生活状况，选取合适的材料，为幼儿创设游戏化的教学情景，让幼儿在游戏中具有归属感，从而提高幼儿教育工作者的教学质量，提高幼儿的学习效率。

例如，教师可以设置一个森林探险的游戏情境。在这个游戏情景中，教师将教室布置成一个森林，放置树木、花卉等自然元素以及一些探险道具，教师可以先给幼儿讲述一个关于森林探险的故事，引起他们的兴趣和好奇心。然后，将幼儿分成小组，每个小组扮演一支探险队。在游戏过程中，教师可以观察幼儿的表现，给予适当的指导和鼓励，帮助他们完成任务。游戏的关键是让他们在玩耍过程中，能够得到丰富的情绪体验，由于幼儿是主要的教学对象，这就需要教师给予他们足够的尊重，让他们拥有合适的、轻松的想象空间，让游戏活动对教育的价值得到体现。

（三）遵守幼儿年龄发展要求，合理设计游戏内容

在幼儿早期教育中，需要培养幼儿对周围各种事物的理解与认知，从而推动幼儿全面发展。幼儿园教师是幼儿园教育活动的组织者和执行者，其行为对教育质量有重要的影响。要使游戏教学顺利进行，就需要根据幼儿的年龄特征，对其进行适当的设计，使其在游戏中获取知识，使其达到最佳的教育效果。

例如，对于小班的幼儿，其年龄比较小，他们的认识能力、身体素质等方面还没有发育完全，因此，像“过家家”这种游戏比较安全，适合小班幼儿。这就要求教师在进行游戏设计的时候，要掌握好游戏的难度，并尽可能地避免采用高风险的游戏。针对中班幼儿，教师应选取较有难度的游戏内容，强调益智、有趣。例如，可以通过设置“按开关”等游戏，促进幼儿的体质、提高思维水平，为他们的全面发展打下良好的基础。随着年龄的增长，幼儿体质有了显著的改善，此时，教师要为他们安排更多富有挑战性的游戏，如“蹲萝卜”可对

幼儿的身心发展起到作用。所以，在进行游戏教学的时候，必须充分考虑到每一个幼儿的年龄特点，合理设计游戏内容，唯有如此，才能充分发挥游戏教学的价值。

（四）注重亲子游戏开展，促进幼儿身心发展

在幼儿游戏教学中，亲子游戏是一个很重要的环节，它是家长和幼儿之间的相互协作、互相沟通的桥梁。通过亲自游戏活动，让幼儿们在快乐的氛围中感受家庭的温馨，从而推动幼儿们的身体和心理健康的发展，以达到教育幼儿的目的。

例如，在进行游戏教学时，幼儿园可以开设亲子游戏课程，增强家长对幼儿教育观念的理解，对幼儿的发育、发展特征、幼儿的心理需要有更深入的理解，让家长的教育水平与质量得到提升；还可以开展家长座谈会，一起探讨教育幼儿问题，让家长们从中获益；幼儿园还可开展亲子游戏培训，邀请专业的亲子游戏指导师为家长和教师进行培训。培训内容可以包括亲子游戏的理论和实践、亲子游戏的设计和组织等，通过培训，可以提升亲子关系，让家长和教师更好地了解亲子游戏的重要性和方法，从而与幼儿建立更亲密的关系。总之，亲子游戏活动对于家长和教师来说都是一次宝贵的学习机会，可以为幼儿的成长和发展创造更好的环境。这不仅是要让幼儿们和家长一起动起来，也能检验亲子间的合作程度，让学校与家长一起努力，用温馨的气氛让幼儿们感到舒适，促进幼儿的身心健康发展。

三、结语

玩要是幼儿的本性，因此，在幼儿教育中，教师必须将游戏活动贯穿幼儿教育的全过程，从而达到提高教育效果的目的。在幼儿教育中营造良好的游戏环境、游戏情境，根据身心发展要求并开设亲子教育来让幼儿在做中学、玩中学，可以让他们获得更多的直观体验，教师也要在幼儿教育的实践中不断创新，在幼儿游戏中不断地取得新的发现和变化。

参考文献

［1］李成风．论游戏在幼儿教育中的作用及应用策略［J］．科幻画报，2022（8）：130—131.

［2］段亚丽．浅谈游戏在幼儿教育中的重要性及应用策略［J］．科教文汇（上旬刊），2021（10）：157—158.

［3］孙悦．游戏在幼儿教育中的重要性及应用策略［J］．新智慧，2022（16）：70—71.

建有乐趣 构有成长：探索幼儿园建构游戏中的多元化教育评价方式

（皋长红　盐城市京师实验学校幼儿园）

摘　要：在建构游戏中，通过创设多元化的教育评价体系，教师可以对幼儿的游戏过程和效果有一个充分的认知，从而在一定程度上为优化建构游戏提供指导与借鉴。本文对建构游戏评价体系存在的问题进行了详细剖析，并提出了切实可行的解决对策，为进一步优化建构体系中多元化教育评价体系提供了指导与借鉴。

关键词：幼儿园；建构游戏；多元化；教育评价

一、构建多元化教育评价的意义

在幼儿园教育中，构建多元化的教育评价体系对于促进幼儿的全面发展具有重要意义。多元化的评价能够让幼儿在不同的方面得到肯定，这有助于他们建立参与游戏的自信心，为今后的学习和生活打下良好的基础。多元化的评价方式，可以更好地发现和培养幼儿在不同领域的潜能和特长，如语言、逻辑数学、空间、身体运动等多方面的智能。每个幼儿都是独特的个体，多元化评价有助于消除单一评价标准可能带来的偏见和不公平，能根据每个幼儿的特点和需求，提供个性化的反馈和支持，帮助他们按照自己的节奏和兴趣发展，确保每个幼儿都能在公平的环境中得到发展和成长的机会。

二、幼儿园建构游戏评价体系存在的问题

（一）评价方法单一

在幼儿园建构游戏的评价中，大多数教师会采用问题式评价，如“你觉得这个游戏怎么样?”“在游戏中你遇到了什么问题?”等。问题式评价可能过于侧重特定问题的解决，而忽视了对学科整体知识体系的全面掌握。幼儿会在解决具体问题时表现出色，对于其他重要概念和原理却缺乏深入理解。问题式评价往往需要更多的时间和资源来设计和实施，如教师需要创造合适的问题情境，监督幼儿解决问题的过程，并提供及时的反馈。这对于那些资源有限或者班级人数较多的教学环境来说，可能是一个挑战。此外，评价的主观性也是一个不容忽视的问题。问题式评价往往涉及对幼儿解决问题过程的观察和评价，这可能会因教师个人偏好和主观判断而影响评价的公正性和一致性。

（二）评价体系缺乏系统性

由于许多幼儿园在评估建构游戏时缺少统一的标准和指南，不同的教师可能会依据个人的经验和偏好来评价幼儿的表现，这导致评价结果的主观性增加，幼儿和家长难以从中得知如何改进或加强某些方面的能力。每个幼儿的发展速度和兴趣点都不相同，没有系统化的评价方法可能无法充分考虑到每个幼儿的独特性，从而影响对其真实能力的准确评估。

（三）忽视个体差异

在建构游戏中，为了追求效率和方便比较，教育工作者往往倾向于使用统一的标准来评

估所有幼儿的发展水平。这种评价方式可能包括对幼儿的语言能力、社交技能、认知发展和身体协调能力等方面的测评。尽管这些标准可以为教育者提供一个参考框架，但它们很难全面涵盖每个幼儿的独特性，导致教师对幼儿的全面发展和潜能的认识不足。此外，忽视个体差异还可能导致对幼儿的错误标签化。当一个幼儿在某个统一评价体系中表现不佳时，他或她可能会被贴上“发展迟缓”或“需要额外帮助”的标签，而这些标签并不能准确地反映幼儿的真实能力和潜力，反而会影响教师对幼儿的期望和态度，以及幼儿自身的自信心和学习动力。

（四）反馈机制不完善

在建构游戏中，评价和反馈机制扮演着至关重要的角色。它们不仅帮助教师和家长了解幼儿的学习进度和发展情况，还为幼儿提供了改进和成长的机会。然而，如果这一机制不够完善，可能会导致一系列的问题。

首先，当评价后的反馈机制不够完善时，教师无法及时了解幼儿在建构游戏中的详细表现，无法准确地评估幼儿的能力和需要，从而无法提供针对性的指导和支持。其次，家长作为幼儿成长过程中的重要参与者，如果不能及时获得关于幼儿在游戏中的反馈，就无法在家中有效地配合学校的教育，也无法在日常生活中为幼儿提供适当的支持和鼓励。此外，缺乏及时有效的反馈机制可能导致错过教育介入和指导的最佳时机。在幼儿成长的关键阶段，及时干预和指导对于幼儿的发展至关重要。如果教师和家长不能及时发现幼儿在某些领域的潜在困难或挑战，并采取相应的措施，这些问题可能会随着时间的推移而加剧，对幼儿的长期发展产生不利影响。

三、幼儿园建构游戏中多元化教育评价的建议

（一）实施多元化的评价方法

在应用多元化评价方法时，教育者会结合过程评价和结果评价两种不同的评估方式。过程评价侧重于观察和记录幼儿在建构游戏中的行为表现、情感态度、社交互动、问题解决能力以及创造性思维等方面。例如，当幼儿参与游戏活动时，教育者会注意他们如何与同伴合作，是否能够遵守游戏规则，他们在遇到挑战时的应对策略，以及他们在游戏中表现出来的想象力和创造力等。结果评价则侧重于评估幼儿最终的学习成就或者作品，包括对幼儿完成的任务、作品的质量、知识掌握程度等方面的评价。结果评价有助于了解幼儿在某一时间点上的能力水平，若单独使用，可能会忽略幼儿在达到这一结果的过程中所做出的努力。将过程评价和结果评价结合起来，可以更全面地反映幼儿的整体表现。例如，在游戏活动中，教育者可以通过观察记录幼儿的行为来评估他们的社交技能和团队合作能力（过程评价），也可以通过评估游戏的最终结果，如建造的结构的稳定性或者解决问题的有效性，来了解幼儿的学习成果（结果评价）。

（二）建立系统的评价体系

幼儿园建构游戏评价体系应具备系统性，即评价体系需要全面、有条理地覆盖幼儿园建构游戏的各个方面。评价体系应明确旨在评估幼儿园建构游戏的哪些方面，如幼儿的创造力、合作能力、空间观念等。同时应包含一系列具体、可量化的评价指标，以便对幼儿园建构游戏进行客观、准确的评估。教师需要提供多种评价方法，如观察法、问卷调查法、访谈法等，便于从不同角度、多层次地对幼儿园建构游戏进行评估。评价体系应对评价过程进行规范，确保评价的公正性、有效性和可靠性。当然教师应对评价结果进行分析和解释，以便于教师、家长和管理者了解幼儿园建构游戏的优点和不足，从而制定相应的改进措施。同时

建立有效的反馈机制，将评价结果及时反馈给相关人员，以便于调整教学策略、优化游戏设计等。评价体系应具备持续改进的能力，随着幼儿园建构游戏的发展和完善，不断更新评价指标、方法和过程，以适应不断变化的需求。评价体系应提供相应的培训和支持，帮助教师、家长和管理者掌握评价方法，提高评价能力。

（三）重视幼儿的主体性

幼儿园建构游戏评价体系时，应当重视幼儿的主体性。教师可以通过观察幼儿在游戏中的行为来进行记录，注意幼儿们的选择、决策和解决问题的方式。这些记录不仅为教师提供了宝贵的信息，也构成了与家长交流的基础，让家长了解幼儿在学校的表现。同时让幼儿参与到评价过程中来，例如通过自我评价或同伴评价，让他们表达自己的想法和感受。这种参与感使幼儿意识到自己的意见被重视，增强了他们的自我反思能力。教师也可以使用多种评价工具和方法，如作品展示、角色扮演、故事讲述等，捕捉幼儿在不同方面的表现和发展。多角度的评价可以更准确地反映幼儿的整体能力，避免片面的评价结果。教师也应提供及时和持续的反馈，帮助幼儿了解自己的进步和需要改进的地方，同时也让家长了解幼儿的学习情况。定期的反馈有助于调整教学策略，确保每个幼儿都能得到适宜的指导和支持。

（四）建立完善的反馈机制

幼儿园建构游戏评价体系的设计旨在全面评估幼儿在参与建构游戏时的发展水平和学习成效。这样的评价体系不仅有助于教师了解幼儿在游戏中的表现，还能帮助家长更好地参与到幼儿的教育过程中。评价过程不是偶尔或随机的，而是持续和系统的。通过每周或每月的定期评价，教师可以跟踪幼儿在建构游戏中的进步和成长，有利于教师采取及时适当的干预措施。为了获得最准确的评价结果，教师应采用多种评价工具和方法。观察可以提供直接的行为数据；记录可以帮助捕捉幼儿的游戏过程和创造性表现；访谈可以揭示幼儿的想法和感受；问卷调查则可以收集家长和幼儿的信息。这些多角度的数据将共同构成一个全面的幼儿发展画像。家长是幼儿教育的合作伙伴，他们应被纳入评价结果的分享过程中。通过家长会议、电子邮件更新或专门的家长门户网站，教师应及时与家长分享幼儿在建构游戏中的进步和成就。

参考文献

［1］余雅洋，毛妮妮．幼儿园建构游戏中教师即时评价行为问题审视与提升路径探究［J］．齐齐哈尔高等师范专科学校学报，2023（6）：10－13.

［2］乔慧，黄瑾．基于积木建构游戏的幼儿早期数学学习观察与评价指标体系的构建［J］．早期教育，2022（Z4）：57－61.

［3］杨双．浅谈幼儿园组织建构游戏的对策［C］// 教育部基础教育课程改革研究中心．2020 年“区域优质教育资源的整合研究”研讨会论文集．江苏省常州市武进区机关幼儿园，2020：2.

有效开展绘本阅读，促进幼儿社会性发展

（李菲　北京市顺义区李遂中心幼儿园）

摘　要：在日常的教育教学中，绘本的选择需要以幼儿视角出发，以幼儿需要为前提，结合幼儿发展水平、阅读能力，分层次选择绘本进行投放，这样可以更好地激发幼儿阅读兴趣。可以借助绘本故事开展教育教学活动，并与幼儿游戏区域联动，幼儿在游戏中不知不觉将所学到的内容深化、内化。提升幼儿阅读品质的同时也可以促进幼儿社会性的发展。结合家园共育，幼儿在父母的陪伴下，理解绘本中连贯的图片，并与父母交流沟通，从中积累更加丰富的社会情感。

关键词：绘本阅读；社会性发展；幼儿视角；游戏

根据幼儿社会学习的方式和特点的指导要点，《幼儿园教育指导纲要（试行）》社会领域中指出：幼儿社会学习时具有潜移默化的特点，尤其是社会态度和社会情感的学习，往往不是教师直接“教”的结果，幼儿主要通过在实际生活和活动中积累有关经验和体验而学习的。

幼儿通过阅读绘本容易与故事中的人物情节产生共鸣，能给幼儿带来十分愉悦的阅读体验，进而积累丰富的社会性情感。因此，教师应充分挖掘绘本资源，借助绘本帮助幼儿拓展思维模式，养成良好的阅读习惯，促进幼儿身心健康发展和社会性发展。

一、以幼儿视角为主体选择绘本

学龄前的幼儿理解能力和思维能力相对较弱。因此，在日常选择绘本时，要结合幼儿当前的生活经验、最近发展区、兴趣特点等因素，做到站在幼儿的视角进行选择。例如，在班级图书区对于社会性绘本投放，要结合班级幼儿发展水平、阅读能力，分层次选择绘本进行投放，这样可以更好地激发幼儿阅读兴趣。对于阅读能力较强的幼儿，可以投放一些内容丰富、关联性强的绘本，引导幼儿在阅读中提升理解能力的同时促进幼儿社会性的发展；对于一些阅读能力较弱的幼儿，可以投放一些简单易懂的绘本，让幼儿可以更加直观地从绘本故事中习得经验，引导幼儿在实际生活中尝试使用，并鼓励幼儿进行相互分享。信息的交流也是幼儿获得知识的重要渠道，交流自身经验和感受的同时也能获得来自他人的信息。幼儿在这个过程中不仅分享来自他人的信息，也将自己的经验贡献给他人，在参与中感受自己的主体性。

二、开展科学有效的绘本教学

在开展教学活动时，为了更好地让幼儿产生共情，可以把绘本阅读的材料改变成幼儿游戏，鼓励幼儿积极参与到游戏中去，提升绘本阅读的体验。在这个过程中需要考虑幼儿的年龄特点和心理特点，以及活动开展的可行性。例如，升班的时候会有新小朋友的到来，如何让新成员快速加入、如何让班级里的小朋友接纳新伙伴，教师可以引导幼儿阅读绘本《幼儿园里交朋友》，并在阅读结束之后开展教学的延伸活动。首先，邀请幼儿介绍班级里你发现的新伙伴，并引导幼儿发现新伙伴的优点，加深对新伙伴的认识。让幼儿分享自己与新伙伴之间发生的开心或不开心的事情，引导幼儿在生活中可以关注到他人的情绪、情感，并能主

动、友好地与他人交往，体验伙伴之间相互分享、游戏的乐趣。然后通过提问的方式，引导幼儿萌发关心、关爱他人的情感。例如，你朋友是什么样子的？你和朋友喜欢玩的游戏是什么？当你发现你的朋友遇到困难了，你是怎么帮助他的？其次，鼓励幼儿们将自己对好朋友的关心用自己的方式表达出来。在绘本阅读的过程中，教师设置问题，让幼儿去观察画面中的关键信息，通过各种细节线索，猜测人物形象、故事走向、人物心理变化、事情发生的原因等，幼儿以推理的方式进行有效的猜想和假设，并通过思考来验证猜测，将阅读内容内化为自己的阅读经验。

基于绘本阅读，联系生活实际，激发幼儿丰富的情感，帮助幼儿树立良好的人际交往能力，这样的绘本教学使幼儿能够认识并理解，能够在故事中主动变换角色，调节行为。这样才能帮助幼儿建立起和谐的关系，同时也能促进幼儿长远发展。

三、绘本与区域结合激发想象

阅读绘本不仅能促进幼儿社会性与阅读能力的发展，还能促进幼儿语言表达能力、想象力和创造力的提升。松居直先生曾说："绘本不只是单纯地听和看，还可以让幼儿实际体验、游戏，由此深化他们对文字语言和图像语言的体验。"幼儿是独立的个体，也是学习活动的主体。绘本教学活动要坚持以幼儿为本，多样的活动形式能够调动幼儿的活动积极性，为幼儿提供充足的思考机会和发挥。

当然，这就需要与区域游戏进行联动，以幼儿实际游戏需求为出发点，选择适宜的绘本进行拓展与延伸。例如，针对幼儿们日常游戏中出现冲突的情况，在阅读《好朋友》后，教师鼓励幼儿向好朋友表达自己对好朋友的关心。那么，幼儿是如何表达的呢？有的说，我可以和好朋友一起画画；有的说，好朋友伤心难过的时候，我可以和他一起唱歌；有的说，我和好朋友也会吵架，我们还会在一起玩；有的说，好朋友遇到困难，我会主动帮助他；有的说，我发现好朋友不开心了，我会再找一个好朋友和他一起玩，逗他开心。选择画画的幼儿在艺术区商量着画面中要表现的人物和场景；选择唱歌的幼儿可以在表演区思考着哪些材料可以敲击出动听的声音；选择主动帮助好朋友的幼儿可以在图书角思考一些可以做的事情。由此可以看出，绘本阅读在区域游戏中延伸，不仅可以加深幼儿对于绘本内容的理解，也能激发幼儿的想象力与合作，更是对幼儿情绪管理、人际交往和认知方面的提升。增进对自己，对他人的认识。在交往过程中，幼儿不仅通过他人的外显行为了解其特点，形成对他人的评价和态度，也通过他人对自己的态度和评价形成自我认识和评价。

四、家园共育促发展

《幸福的种子》一书中说："幼儿最大的财产是健康、亲情与语言。"良好的亲子关系有利于幼儿感受、理解爱。亲子阅读时，幼儿在父母的陪伴下，理解绘本中连贯的图片，并与父母交流沟通，从中积累更加丰富的社会情感。例如，乱发脾气是幼儿常见不听话的现象之一，即便性情温和的幼儿，处于脾气暴躁期时，也常常令家长无计可施。没有哪个家长希望自己的幼儿养成乱发脾气的坏习惯。但面对乱发脾气的幼儿，家长常常是束手无策，该如何对幼儿加以指导？教师可以引导幼儿阅读绘本《不！我不随便发脾气》，教师先肯定幼儿出现的情绪，帮助幼儿对不好情绪有正确的认识，然后与幼儿展开讨论，小闹为什么会情绪失控？他都做了哪些事？表现是什么？妈妈在小闹发脾气的时候是怎么做的？过程中帮助幼儿梳理表达情绪的方法，让幼儿知道生气不是什么好事，有很多人因为生气做出了令人后悔的事情。鼓励幼儿尝试运用策略调节自己的情绪，理解故事中小闹产生情绪的原因，并在与好朋友发生冲突时能自己尝试协商解决。把和幼儿阅读绘本和讨论的过程制作成短片，发到班级群并向家长们推荐适宜的绘本，在帮助家长舒缓焦虑的同时，帮助幼儿建立和谐的同伴关系，促进幼儿亲社会行为的发展。

五、绘本教学提升教师素养

教师在阅读不同种类的绘本时，应把幼儿对现实的感知、体验放在首位。幼儿在实践中，在与他人的交往中，会有许多体验。幼儿对这些体验经过思考后，可以调节自身的行为，这是一个主动学习的过程。结合幼儿易感性强，喜欢模仿教师言行举止的特点，教师在组织活动时，要做到以自己积极的情绪感染幼儿，富于激情，才能引起幼儿的共鸣，直接激发幼儿愉快向上的情感，有利于培养幼儿热爱生活、关心周围事物等积极情感。“任何程度的幼儿，皆需要通过欣赏文字篇章的声音、节奏，以把握其语法特征及意义。”教师在绘本教学活动中的范读可以让幼儿将阅读内容与倾听、口头语言表达连接起来，增强语感。教师在阅读过程中抑扬顿挫、时刻变换语调，结合面部表情和肢体动作，生动形象地范读绘本，为幼儿提供视听享受。这也需要教师在组织活动时做到语言表现力强、感染性强，易于幼儿理解。这对教师自身素养的提高大有裨益。

教师通过有效观察，利用幼儿感兴趣的绘本故事，展开适宜的教育活动，对幼儿感知体验的归纳、总结和提高都有良好的促进作用。教师也通过绘本阅读充分体会和感知其中的主题意义和情感态度，进一步理解绘本中所体现的幼儿观的丰富性与多样性，从而展开思考如何借助绘本故事开展适宜的教育教学活动，促进幼儿健康成长。绘本教学不仅能促进教师知识观的更新，也是对教师教师观的重构。绘本教学可以依托学科课程或者其他教科书，也可以完全不依托于此，在教学定位、设计和实施方面应该具有灵活性的探索空间。因此绘本教学对于教师也会少一些束缚和限制，促进教师从“知识传递型”传统的教学观向“知识建构型”新型教师观的转变。

科学有效地开展绘本阅读是帮助幼儿获得成长的重要途径之一。通过绘本阅读开展的一系列活动可以看出，绘本教学对于促进幼儿社会发展的重要性，通过追随幼儿发展特点，选择适合的绘本内容，对幼儿进行正确的引导与启发，从而帮助幼儿可以把绘本与实际生活进行联系，做到学以致用。总之，绘本教学可以提升幼儿素质，通过情景模拟、移情、角色扮演等方式也可以促进幼儿社会性发展，为促进幼儿全面发展奠定坚实的基础。

参考文献

［1］陈雅典．幼儿绘本多元阅读教学的实施策略［J］．学前教育研究，2015（10）：70—72.

［2］席容，于开莲．幼儿社会性发展课程［M］．北京：教育科学出版社，2019.10.

［3］庄红，陈瑶．新编幼儿园教育活动设计与指导［M］．北京：北京师范大学出版社，2011.1.

活灵活现，妙趣横生
——幼儿园自主游戏的有效开展

（刘宁宁　李同梅　利辛县幼儿园第三分园）

摘　要：自主游戏对幼儿的成长发展具有重要意义，不仅可以激发幼儿潜能、培养幼儿兴趣，还可以激发幼儿智力，使幼儿的社交、想象、创造等多项能力得到培养。如何有效开展自主游戏，使幼儿通过自主游戏得到培养与锻炼，一直以来备受幼儿园关注。现阶段，幼儿园在开展自主游戏时，在教师、材料、组织、评价等方面仍存在一些问题。在实践工作中，幼儿园有必要通过提高教师自主游戏开展能力、科学投放自主游戏材料、加强游戏的组织与开展、落实自主游戏评价反馈来提高幼儿园自主游戏水平，尊重幼儿的主体地位、维护游戏的自主性，使幼儿在妙趣横生的游戏中快乐成长、自由发展。

关键词：幼儿园；游戏；自主性

相较于传统游戏模式，自主游戏更加强调幼儿在游戏过程中的主体地位，重视幼儿在游戏过程中的个人感受。在自主游戏过程中，幼儿可以自由选择游戏伙伴、方式及内容，更容易体会到游戏的趣味性并在游戏过程中发挥出自己的优势。但相较于传统游戏模式，自主游戏的开展难度更高，它要求幼儿园教师必须具备先进的教学理念、掌握幼儿的身心状态、了解幼儿的个体差异，同时具备较强的游戏组织与实施能力。为确保自主游戏在幼儿园中的顺利开展，下面联系教学实践对其开展过程中的常见问题进行探讨，并提出相应建议。

一、幼儿园自主游戏的概念

幼儿园自主游戏是指在创造好的游戏环境中，让幼儿发挥自身主动性，自由地选择、交流与玩耍，在享受快乐、获得满足的同时实现成长。在自主游戏中，幼儿的天性可以得到释放，想象力可以得到放飞，创造力可以得到培养。

二、幼儿园自主游戏开展问题

（一）教师问题

教师是幼儿园自主游戏的具体组织者与实施者，当教师对自主游戏缺少了解，在游戏过程中对幼儿进行过度指导时，就会导致自主游戏的开展问题，使游戏效果难以得到保障。常见的过度指导行为：教师不信任幼儿或者为了保护幼儿，直接将幼儿的游戏活动范围限定在某一区域内，幼儿不能按照自己的想法去其他区域游戏。此外，教师还会通过直接为幼儿选定游戏伙伴、限定游戏内容等做法来干扰幼儿进行自主游戏。

（二）材料问题

在开展幼儿园自主游戏时，在游戏材料的选择与投放上可能出现以下问题：其一，投放的游戏材料数量不合理，比如投放的游戏材料偏少，导致幼儿之间出现争抢；其二，投放的游戏材料缺少针对性，即没有根据幼儿的游戏需求来投放游戏材料，导致幼儿对游戏材料不感兴趣；其三，投放的游戏材料功能单一，导致游戏材料之间缺少搭配与组合，使得游戏过程没有挑战性、趣味性。

（三）组织问题

教师在组织幼儿园自主游戏时，常采用以下方式：方式一，教师事先设计几种游戏，规定好每种游戏使用的游戏材料，然后让幼儿轮流参与每一种游戏；方式二，在幼儿园内划分出多个游戏区域，教师逐步带领幼儿体验所有的游戏区域。上述两种方式，看似给了幼儿一定的自由选择空间，但实际上仍旧是完全由教师掌握游戏节奏，没有充分尊重幼儿的游戏主体地位。

（四）评价问题

在开展幼儿园自主游戏时，时常存在游戏评价问题，该问题表现为：一些教师忽视评价，很少对幼儿的游戏表现进行梳理与总结；一些教师只会针对游戏结果进行评价，没有做好游戏过程观察与记录。当存在评价问题时，教师无法快速、准确地找到幼儿在自主游戏过程存在的问题，无法针对幼儿问题进行游戏调整，可能带给幼儿不好的游戏体验，使幼儿失去游戏的乐趣。

三、确保幼儿园自主游戏有效开展的建议

（一）提高教师的自主游戏开展能力

幼儿园自主游戏的特征之一是教师角色具有多重性，即教师是自主游戏的组织指导者，是材料的提供者，也是幼儿的游戏玩伴。因此要确保幼儿园自主游戏有效开展，需要提高教师能力。具体如下：首先，更新教师教育理念，让教师养成以幼儿为主的教育方式。自主游戏的特点就是尊重幼儿个体差异、调动幼儿的自主性，让幼儿在游戏过程中获得自由选择与发挥的权利创造出更多的可能。这要求教师必须以幼儿为中心来进行游戏的设计、组织与实施，换言之就是在游戏开展过程中教师必须以幼儿为主。其次，在游戏过程中教师要找准自身定位，做到“适度放手”“正确指导”与“平等交流”。教师可以通过对幼儿进行观察、与幼儿进行交流、与家长进行沟通等方式了解幼儿的身心状态，然后在了解幼儿的基础上给予幼儿一定的信任，与幼儿进行平等交流，适度放手让幼儿自由开展游戏，从而激发幼儿的想象力、创造力，而非强硬要求或者命令幼儿如何去做。最后，若教师担心安全问题，可以对游戏风险进行提前评估，针对可能发生的游戏安全问题进行提前预防。比如，在攀爬游戏中，教师应当给幼儿营造自由活动空间，让幼儿可以自由搬移与组织爬梯，但若担心爬梯太重压到幼儿，教师可提前选择重量较轻、绿色环保的塑料爬梯投放到游戏区域。

（二）科学投放自主游戏材料

游戏材料投放科学、合理，可营造出丰富多样的游戏环境，大幅提高自主游戏的有效性。在投放材料时需要注意：其一，控制游戏材料的数量。教师需要根据参与游戏的幼儿人数来控制游戏材料的数量，保证每一个幼儿都能获得可供支配的游戏材料，避免游戏材料投放不足引发幼儿争吵。其二，提高游戏材料的针对性。在投放自主游戏材料时，教师需要考虑幼儿的游戏需求以及幼儿的培养需求，根据实际需求来进行游戏投放。比如，幼儿在游戏过程中更容易被颜色鲜亮、丰富的游戏材料所吸引，同时为了培养幼儿对色彩的感知，教师在选择并投放游戏材料时要尽量选择色彩丰富的游戏材料。其三，投放的游戏材料要功能丰富、特点鲜明。比如，在沙水建构类游戏当中，投放的游戏材料除了沙土、沙坑与沙土工具外，还可以投放其他材料，比如投放各种彩砂、车辆模型，让幼儿充分发挥出自己的想象力，利用功能丰富的材料来进行游戏与创造，搭建沙滩、牧场等。

（三）加强游戏的组织与开展

加强幼儿园自主游戏的组织与开展，可以从游戏内容与玩法入手，即教师要把游戏内容与玩法的选择权过渡给幼儿，引导幼儿按照自己的需求与兴趣来进行游戏内容与玩法的选择，让幼儿真正体会到游戏的妙趣，享受游戏的快乐。比如，教师通过观察发现这两天幼儿们都在讨论幼儿园门口不远处新开的蛋糕店，在发现幼儿们对此感兴趣后，教师可以趁机组织并开展以“甜点”为主题的小游戏，给幼儿们提供黏土、彩纸等游戏材料，让幼儿们发挥自己的想象力与创造力来制作各种甜点。在游戏过程中，教师可以趁机向幼儿们宣传健康小知识，引导幼儿养成良好习惯：“甜食虽然美味好吃，但小朋友们不能吃太多，而且为了保护我们的牙齿，在吃了甜甜的蛋糕后我们一定要把牙齿刷干净。”从上述例子可以看出，幼儿园自主游戏的开展计划具有生成性，幼儿学习、生活中的某些契机可促成自主游戏的开展。另外，在幼儿园自主游戏的开展过程中，伴随频繁社交幼儿之间可能出现矛盾与争吵，当教师发现幼儿之间的矛盾与争吵时，可以先引导幼儿冷静下来自行解决，而不是强硬地上前调停直接要求某一方做出让步。

（四）落实自主游戏评价及反馈

在开展幼儿园自主游戏时，教师要落实并加强游戏评价。具体做法如下：首先，加强游戏过程的观察与记录。教师可以用照片、文字等记下幼儿在游戏过程中的表现，尤其是当幼儿做出非常有趣的操作或者提出某些叫人觉得惊奇的问题与观点时。其次，结合游戏结果与幼儿在游戏过程中的表现对幼儿进行评价，基于评价结果调整、组织后续的自主游戏。最后，在自主游戏过程中，教师要随时针对幼儿的具体表现进行反馈。比如，在开展“超市小游戏”时，小朋友们排成长队等着扮演收银员的小朋友结账，在排队过程中陈陈小朋友突然插队，站在陈陈小朋友身后的姚姚小朋友非常不满，但又不知道怎么表达，只能生闷气。这个时候，教师应尽到指导义务，引导姚姚小朋友表达出自己的想法，并纠正陈陈小朋友的插队行为。当他们做出调整和改正后，教师及时进行鼓励与表扬。

四、结语

幼儿园自主游戏的开展对幼儿的创造力、想象力、社交能力等的培养十分关键。通过自主游戏还可以促进幼儿的个性化发展。在开展自主游戏时，时常存在教师过于关注游戏过程、限制幼儿发挥等问题，针对这些问题，作为教师，要不断提高自身素养，通过营造良好游戏环境等来提高自主游戏的开展水平，帮助幼儿养成独立自主、团结友善等良好品质，使幼儿实现全面发展。

参考文献

［1］李添娣．浅谈幼儿园如何有效开展户外自主游戏活动［J］．考试周刊，2020（33）：167—168.

［2］赵美华．幼儿园户外自主游戏开展的思与行［J］．天津教育，2020（30）：117—118.

［3］胡娜．略谈幼儿园中班的自主游戏开展策略［J］．新智慧，2019（23）：27.

幼儿园体育游戏活动的指导策略及实施要点

（严雨晴　江苏省无锡市新吴区香楠幼儿园）

摘　要： 本文探讨了幼儿园体育游戏活动的指导策略以及实施要点。通过文献综述和实地调研，分析了幼儿园体育游戏活动的重要性及其对幼儿综合发展的影响。在此基础上，从多个方面、不同角度提出了有效的指导策略及实施指南，以促进幼儿园体育游戏活动的有效开展，为幼儿的健康成长和全面发展提供支持。

关键词： 幼儿园；体育游戏；指导策略；实施要点

幼儿期是幼儿生长发育的关键阶段，也是个性、兴趣、能力等方面发展的黄金时期。体育游戏活动作为幼儿园教育的重要组成部分，对幼儿的身心健康和全面发展具有重要意义。然而，目前一些幼儿园在体育游戏活动的开展中存在着一些问题，如游戏设计不合理、教师指导不到位等，影响了活动的效果。因此，探讨幼儿园体育游戏活动的指导策略及实施要点，有助于提高活动的质量和效果，促进幼儿健康成长。

一、幼儿园体育游戏活动的意义及作用

体育游戏活动是一种融合体育技巧和游戏元素的综合性活动，它以锻炼身体和娱乐为主要目的，具有趣味性、互动性和竞技性等特点。体育游戏活动旨在通过轻松愉快的方式促进身心健康，培养幼儿的团队协作和竞争意识。因此，体育游戏活动对于幼儿来说具有重大意义。

（一）促进身体发育

适度的体育游戏活动可以促进幼儿的骨骼生长和肌肉发育，提高身体素质。

（二）培养合作精神

体育游戏活动是一个团体活动，可以培养幼儿的合作意识和团队精神。

（三）促进智力发展

体育游戏活动中的各种动作和规则可以锻炼幼儿的思维能力和逻辑思维能力。

（四）增强自信心

通过参与体育游戏活动，幼儿可以体验到成功的喜悦，增强自信心，树立积极向上的人生态度。

（五）提高心理素质

体育游戏活动有助于缓解压力、增强自信心、提高应对挑战的能力和增强心理韧性。

（六）促进社交互动

体育游戏活动为幼儿提供了一个互动交流的平台，可以促进幼儿社会性发展和同伴交往能力。

（七）传承体育精神

通过参与体育游戏活动可以传承体育精神，在潜移默化中形成公平竞赛、遵守规则和尊重对手的意识。

二、幼儿园体育游戏活动的指导策略

（一）游戏设计

根据幼儿的年龄特点和发展水平，设计富有趣味性和挑战性的游戏活动，激发幼儿的参与欲望。

游戏设计是幼儿园体育游戏活动成功开展的关键。设计游戏时，应考虑到幼儿的年龄特点、兴趣爱好和发展水平，确保游戏既具有足够的挑战性，又能够让每个幼儿参与其中并获得成功体验。教师应根据幼儿的兴趣、能力和水平来选择体育活动内容和区域，确保所有幼儿都能参与进来，享受运动带来的快乐。可以采用多样化的游戏形式，如球类游戏、跑跳类游戏、合作类游戏等，以丰富的方式激发幼儿的兴趣和参与度。

（二）教师角色

教师应充分发挥引导者和组织者的作用，引导幼儿参与游戏活动，及时给予肯定和鼓励。

教师在体育游戏活动中扮演着重要的角色。教师在游戏中不应只是旁观者，而应转变为参与者，成为幼儿的引导者和榜样，以积极的态度参与活动，给予幼儿鼓励和支持，引导幼儿合理竞争、尊重规则、团结合作。教师应树立正确的游戏观念，认识到游戏不仅是幼儿娱乐的方式，也是促进身心发展的有效工具。教师应以游戏的形式教授基本的运动技能和规则，通过轻松愉快的活动帮助幼儿建立积极的运动态度和习惯。同时，教师还应具备一定的专业知识，能够及时处理活动中出现的问题，并为幼儿提供必要的安全保障。

（三）环境营造

为体育游戏活动创造良好的环境条件，如宽敞的场地、安全的器材等，保障活动的顺利进行。

良好的环境是体育游戏活动顺利进行的基础。幼儿园应提供宽敞、安全的活动场地，并配备适合幼儿使用的器材设施。充分利用户外空间资源，开发新型的体育游戏，如跳跃类、平衡类和追逐类游戏，以适应不同年龄段幼儿的需求。在活动场地的布置上，可以设置一些有趣的障碍、道具或标志，以增加游戏的趣味性和挑战性，激发幼儿的参与热情。

（四）个性化指导

针对不同幼儿的特点和能力，进行个性化的指导，让每个幼儿都能得到适当的锻炼和发展。

每个幼儿都是独一无二的，其身体素质、兴趣爱好和能力水平各不相同。因此，在指导幼儿参与体育游戏活动时，教师应根据每个幼儿的特点进行个性化的指导。教师可以根据幼儿的特点和需要，调整体育活动的时间、强度和难度，以便幼儿能够在安全、有趣的环境中锻炼身体。可以通过观察、记录和评估幼儿的表现，及时调整活动内容和难度，让每个幼儿都能够得到适当的锻炼和发展。

（五）家园合作

家庭是幼儿成长的第一课堂，家长的参与和支持对于幼儿园体育游戏活动的开展同样至关重要。教师可以与家长建立密切的沟通与合作，向他们介绍体育游戏活动的意义和目的，鼓励家长在家中为幼儿提供适当的运动环境和支持。此外，可以邀请家长参与体育游戏活动的观摩和志愿者活动，促进家园之间的互动与交流，共同关注幼儿的身心健康发展。

（六）持续评估与改进

体育游戏活动的指导策略需要不断地进行评估与改进，以确保其持续有效。教师可以定期对活动进行评估，包括活动的设计与组织、幼儿的参与情况、活动效果等方面。根据评估结果，及时调整指导策略，修正不足，强化优点，不断提高活动的质量和效果，为幼儿的全面发展提供更好的支持和保障。

三、幼儿园体育游戏活动的实施要点

（一）安全教育

在幼儿园体育游戏活动中，安全教育是首要任务。在活动开始前，教师需要对幼儿进行全面的安全教育，强调游戏规则和注意事项，使幼儿明确安全的重要性，知道如何保护自己，防止意外伤害的发生。

（二）游戏设置

在选择体育游戏时，要根据幼儿的年龄特点、身体发育情况和兴趣爱好进行设置。游戏内容应具有趣味性、教育性和可操作性，能够激发幼儿参与活动的积极性，促进幼儿的身体发育和心理发展。

（三）规则说明

在游戏开始前，教师需要向幼儿详细说明游戏规则，确保每个幼儿都明白游戏的要求和玩法。对于一些较为复杂的游戏，可以进行逐步引导和示范，让幼儿逐步掌握游戏技巧和规则。

（四）示范引导

在体育游戏活动中，教师的示范引导非常重要。教师需要亲身示范游戏玩法，让幼儿更加直观地了解游戏规则和技巧。同时，教师还需要在游戏中对幼儿进行及时的指导和纠正，帮助幼儿更好地完成游戏。

（五）激励与反馈

在体育游戏活动中，教师需要对幼儿的表现进行及时的激励和反馈，让幼儿感受到自己的进步和成就。同时，教师还需要根据幼儿的表现进行针对性的指导和建议，帮助幼儿更好地提高自己的能力。

（六）观察调整

在体育游戏活动中，教师需要时刻关注幼儿的表现和反应，根据实际情况对游戏内容和难度进行适当的调整。同时，还需要注意幼儿的身体状况和情绪变化，防止过度疲劳和情绪波动对幼儿造成不良影响。

（七）结束活动

在体育游戏活动结束时，教师需要对幼儿的表现进行总结和评价，肯定幼儿的努力和成就，鼓励幼儿在今后的活动中继续努力。同时，需要对活动进行简要的回顾和总结，帮助幼儿巩固所学知识和技能。此外，教师还需要提醒幼儿做好放松活动和整理物品等善后工作，培养幼儿的良好习惯。

总之，教师在指导幼儿园体育游戏活动时需要关注幼儿的安全、游戏的趣味性、幼儿的参与度和技能的掌握等多个方面。只有在确保幼儿安全的前提下，充分激发幼儿的兴趣和积极性，才能够让体育游戏活动真正发挥其应有的作用，促进幼儿的全面发展。

四、结语

幼儿园体育游戏活动是培养幼儿身心健康、促进幼儿全面发展的重要途径，有效的指导策略是保障活动顺利开展和取得良好效果的关键。本文提出的指导策略及实施要点，有助于提高幼儿园体育游戏活动的质量和效果，为幼儿的健康成长和全面发展提供支持。希望能够在实践中得到有效应用，为幼儿园教育的进一步发展提供借鉴和启示，并为幼儿的健康成长和全面发展贡献力量，助力幼儿园教育的不断提升和发展。

参考文献

[1] 马启伟．体育心理学［M］．北京：高等教育出版社，1996.

[2] 乔敏芳．以《3－6岁幼儿学习与发展指南》为指导有效开展户外体育活动［J］．教育教学论坛，2014（22）：268－269.

[3] 姚健，吴军元，张翠华．幼儿户外体育锻炼有效性研究［J］．内江科技，2014，35（12）：136－137.

[4] 刘馨．学前幼儿体育［M］．北京：北京师范大学出版社，1997：94，34.

[5] 吴玲．幼儿园体育活动开展的研究综述［J］．教育与教学研究，2013（3）．

在大班益智区游戏中促进幼儿深度学习的方法研究
——以“磁力棒玩具”为例

（王昕平　北京市昌平区机关幼儿园）

摘　要：深度学习是指学习者在理解学习的基础上能够批判性地学习新的理论和思想，再将新的理论和思想融入已有的认知结构中，在此基础上建立联系，并且可以将已经拥有的知识迁移到全新的情境之中，以此作为问题决策和解决的一种学习方式。本文以大班幼儿为研究对象，以深度学习的三个特征“以深度吸引为前提、以深度体验为过程、以深度反思为结果”为出发点，开展在益智区游戏中促进幼儿深度学习的实践研究，笔者以益智区操作类玩具——磁力棒为例，探索在益智区游戏中提高幼儿深度学习的方法。

关键词：大班；益智区游戏；深度学习

一、深入研究磁力棒的特点与价值，为促进幼儿深度学习做好准备

玩具是多种颜色带磁力的短棒和金属球构成。将磁力棒和金属球按一定的方式搭配，完成各种造型。

（一）磁力棒的特点

1. 能够随意拼搭——一根磁力棒和金属球相连接、两根磁力棒和金属球相连接都可以。

2. 搭建层次可以随幼儿的空间感知能力不断提升。例如，初期幼儿可以进行初级拼装，可以完成一些简单的造型，如最开始的平面拼接，三角形、正方形等；中期可以发挥想象，从平面图形到立体造型的转换，三棱锥、正方体等，再到稍微复杂的立体造型，如小秋千、小船等；后期可以进行高级拼装，挑战更高难度时，需要耐心与创造力，如变体金字塔、房屋、吊塔陀螺、大桥等。造型百变、结构复杂。

（二）磁力棒的价值

1. 在学习品质方面。一是幼儿的学习态度，磁力棒在拼搭的过程中是有一定困难的，幼儿在挑战过程中能够遇到困难不放弃，积极思考解决问题的方法，并在整个过程中感受磁力与重力以及搭建的魅力。二是形成良好的学习习惯，持续专注力。磁力棒需要一根根搭建，大班幼儿的作品完成时间基本在 15 分钟以上，要非常专注。三是提高幼儿做事情的计划性，幼儿要在搭建作品之前做好搭建计划，有初步的搭建方案，包括搭建时每个部分的先后关系，以及整个作品的空间关系。

2. 在能力发展方面。一是创造力、想象力与探究力的发展——磁力棒由磁力的短棒和铁球组成，不仅能够搭建出各种各样的造型，还能利用它的磁性创作出更加有意思的作品。二是空间建构能力的发展——建构游戏是幼儿学习数学核心经验的有效载体，为幼儿提供建构感知空间方位的机会，也可以进一步巩固幼儿的几何空间能力。

3. 在手部精细动作方面，建构中的双手配合、手眼协调能力以及拿取策略。

二、积极创设磁力棒游戏氛围，引导幼儿进入深度学习

创设适宜的益智区磁力棒墙面环境，投放不同种类材料，创设益智区游戏情境，组织开

展磁力棒游戏。

（一）保障幼儿有充足的时间进行益智区活动

幼儿要在益智区活动中达到深度学习，幼儿进行的活动要是完整的，时间的不足导致幼儿活动中断是无法使幼儿的学习状态达到更深层次的，磁力棒游戏更是持续时间比较长的活动，幼儿会一直非常专注且认真地完成作品与解决问题。因此，在活动进行之前要对幼儿一日活动进行合理规划，为当天进行的区域活动规划出足够时间，使幼儿有充足的机会达到深度学习。

（二）时刻关注幼儿的学习状态的变化

1. 深度吸引。我们可以发现，幼儿在进行磁力棒游戏时，会通过触摸几何体、搭建等活动感受形状的特点，在建构过程中表现投入、兴奋、认真。虽然在搭建过程中可能会遭遇失败、作品倒塌，是还是能够坚持不懈地找到引发问题的原因，并且总结自己的经验——是磁力棒的磁性不够，还是搭建的位置不合理？幼儿们在整个游戏过程中能够保持长时间的投入。这样的状态我们就可以说幼儿进入了深度学习的第一个状态——深度吸引，它是幼儿进入深度学习的标志。

2. 深度体验。幼儿有充分的机会理解、感知和学习数量与空间关系等。例如，在幼儿成功搭建一个小型金字塔后，他就会发现三角形的堆积会变成四棱锥，而且它有非常坚固的稳定性，在下一次搭建雷达时，他会想到用金字塔的搭建方式去搭建雷达的底座，使其底盘更加牢固，完成已有经验的运用与迁移，在这个过程中让我们看到了幼儿的主动学习、深度学习。

3. 深度反思。在利用磁力棒的建构活动中，幼儿感知了平面与立体、数量与形状、磁力与重力的关系。不断发现不同组合产生的奇妙反应，并且能够分析问题产生的原因等逻辑关系。例如，在搭建埃菲尔铁塔时，幼儿们试图先搭好铁塔的底座，再进行塔身的搭建，但是单独的底座没有办法保持平衡，于是他们讨论可以将四个底座先用简单的磁力棒吸在一起，因为每个磁力棒都有磁力，这样四个底座就能相互支撑，保持平衡，有一个稳稳的底座，后续塔身的搭建就比较顺利了。在区域分享时，幼儿们也能够详细地描述出自己遇到的问题，清晰且有逻辑地介绍自己解决问题的方法。

可见幼儿们在进行磁力棒游戏时，选取适合自己的方式，主动地学习和探索新知识、经验，并通过与周围环境及世界的互动，将其纳入自身原有的认知结构中，最终迁移并解决问题的能力。它满足了幼儿先主动学习，而后建构自己的经验体系，最终进行批判性思考。

三、促进幼儿深度学习的方法总结

（一）提高幼儿的深度学习水平需要激发幼儿的内部动机

幼儿始终是活动的主体，将幼儿的内在动机激发出来，使幼儿真的投入活动中，打破固有的认知尝试经验的迁移，敢于发现问题、提出问题，并积极解决问题，在活动时学会批判性地思考问题，在活动结束后进行深入的反思，才可以真正做到深度学习。而3－6岁学龄前幼儿做任何事情都是由自己兴趣所驱使。在自主游戏过程中，教师应激发幼儿的参与兴趣，如此才能引发幼儿进行探索、进行深度学习。因此，教师一定要设计幼儿感兴趣的游戏，充分尊重幼儿自主选择的权利，调动幼儿的积极性，这样才能充分激发幼儿潜在的游戏动力。

（二）提供充分的时间和空间支持幼儿深度学习

我园对游戏时间进行了调整，打破时间限制，教师可以根据游戏进展或幼儿个体的实际需要，适当延长游戏时间，加大游戏难度，满足幼儿充分探究、深入学习的需要。在游戏发展及高潮阶段，教师可鼓励幼儿自主安排时间，灵活利用一日各环节，持续探索自己未解决的游戏问题。例如，我园幼儿早点活动后，安排 30 分钟左右集中教育活动，接着 40 分钟左右区域活动，接下来是 30 分钟左右的“加餐＋观区”时间，幼儿们可以在这个时间里，自主进行区域活动，可以充分地相互交流自己在区域里的发现和新经验。教师也可以根据幼儿区域游戏需要进行调整，不用担心幼儿在区域游戏中发生深度学习时区域时间到了而匆匆叫停，为幼儿继续完成游戏活动提供“量”的保证。

（三）教师的引导极大地影响幼儿的深度学习的水平

深度学习是在实践探究中不断产生认知冲突、不断解决问题、获取新知的学习活动。教师要细心观察幼儿这种学习行为，抓住契机，及时发现幼儿需求，适时给予幼儿支持与引导。近几年，“静待花开”“退后观察”成了教育工作中的一个高频词，但有些教师简单地将“静待”“退后”等同于“消极等待”，导致幼儿自主游戏中出现的兴趣点及需求未能得到及时有效的关注，错失自主游戏深入开展的良好时机。为此，教师要做幼儿游戏的有心人，细心观察，耐心等待，对幼儿游戏中出现的各种信号进行捕捉、筛选，及时给予支持回应。但教师的介入要恰当、适度，不可过多或过少。适宜的教师指导可以恰到好处地“点拨”幼儿，若没有教师这个“支架”，幼儿需要自己无数次的尝试和探索才可能到达下一阶段的学习水平。

例如，在磁力棒游戏过程中，幼儿非常专注搭建金字塔。搭建一半时，往往会突然冒出一个很有创意的想法，他想搭建一个升级版金字塔——在正常金字塔的塔身上改变顶端的构造。因此一直在反复尝试搭建，但是由于上面需要改动的结构和之前搭建的顺序和方式都是相反的，幼儿尝试多次都没有成果，情绪已经变得有些急躁。这时教师及时介入了解幼儿的想法与设计，用引导式的语言和幼儿进行交流：“我们之前搭建的方式是让三角形的尖角朝上，金字塔的塔身就一点点变尖了，那我们现在想扩大金字塔的身体，我们可以怎么办呢?”幼儿思考一阵想到方法：“那我们可以把三角形的尖角朝下!”说完马上动手继续尝试，这个升级版的金字塔就完成了。如果教师在这个活动当中没有适时地介入，幼儿很可能就放弃了自己的创意搭建，可能需要很久以后才会再次尝试这种创意搭建。

教师对幼儿深度学习的影响也体现在幼儿深度学习的多个维度，这些维度并不是割裂开来的，是紧密联系的，故而教师的引导影响着幼儿深度学习的方方面面。教师引导不仅包含言语，还包括手势、眼神等非言语动作，在这些不易发现的地方，教师对幼儿的影响也依然持续着。

参考文献

［1］詹月丹．让幼儿在区域游戏中深度学习的有效策略［J］．时代教育，2018（8）：213.

［2］魏家恩．浅论幼儿学习迁移［J］．河南大学学报（社会科学版），1988（6）：85—88.

幼儿园美工区材料投放的现状研究

（赵丽媛　乌鲁木齐市第十二幼儿园）

摘　要：随着《幼儿园教育指导纲要（试行）》的颁布和实施，区域活动在幼儿园中受到了日益关注，区域活动的课程实施形式在幼儿园教育教学中也被广泛使用。材料投放影响着教学效果的好坏，因此，我们应该更加重视幼儿园教师的材料投放问题。

关键词：幼儿园；美工区；材料投放

幼儿园美工区域作为艺术活动的重要部分，为幼儿进行艺术教育、发展审美能力提供了很好的发展平台。材料是美工区幼儿得以进行活动的载体，美工区域中幼儿的一切活动都需要通过材料来完成，材料应强调趣味性，感受艺术的魅力，尝试和探索美术的各种操作方法，从而提高其艺术创造意识和审美趣味。

一、目前幼儿园美工区材料投放存在的问题

（一）材料投放种类单一

教师提供的材料种类和数量有限，幼儿创作的美术作品数量不多。绘画类材料和作画工具都是常见的比较容易获得的，一定程度上不能满足幼儿的操作活动，幼儿选择性不是很大。手工类材料提供上，没有装饰类材料，点状材料、块状材料比较单一，面状材料提供的种类比较多。在美工区没有合理有效地利用废旧材料，幼儿的动手能力和操作能力没有在美工区体现。

（二）材料投放盲目

没有考虑各阶段幼儿的年龄特点和实际情况，材料与学习活动缺乏有机的联系、系统的序列，幼儿与游戏材料不能有效互动，在观察和交流中，一味地注重游戏材料的种类繁多、丰富，而忽视了材料的适宜性、层次性。往往开始操作的时候才会想到增添一些新材料，幼儿的操作材料没有挑战性，幼儿机械化地操作、摆弄，无法获得愉快体验，游戏趣味性不足。

（三）材料投放随意

教师以幼儿的兴趣为需要进行材料的投放，可以发现材料的投放与活动主题没有很大的关系，在材料投放中没有考虑材料要结合活动主题，投放材料才能突出活动的价值，同时教师也没有理解材料投放的意义，对美工区材料没有深刻的认识。

（四）材料投放利用率低

在美工区投放的材料摆放在架子上，幼儿使用的手工类材料和绘画类材料投放得比较多，但是使用率较低。教师按照自己的想法和意愿进行材料的投放，没有询问幼儿的意见和建议，在材料的投放过程中幼儿处于被动的地位，没有参与材料投放的过程。美工区中油画棒和水彩笔投放得很多，有好几筐，但是油画棒颜色不齐全，大多数被幼儿折断不能用了，幼儿为了找到喜欢的颜色把油画棒翻得到处都是。固体胶有一整筐，但是幼儿没有利用，所以大多数胶已经干得不能用了。

二、幼儿园美工区投放材料的原因分析

（一）美工区材料投放过于模式化

每位教师都有自己的教学风格，投放美工区材料甚至开展美术教学活动趋于模式化。教师投放的材料大致都一样，每次都是统一发放水彩笔、油画棒及白色的 A4 纸，除了画的内容、主题不一样，流程都一样。投放内容过于固定，难以激发和维持幼儿对美工材料的兴趣。

（二）美工区材料摆放不合理

《3－6 岁幼儿学习与发展指南》在艺术领域部分强调“提供丰富的便于幼儿取放的材料、工具或物品”，可见材料摆放的重要性，美工区材料摆放是否合理也会影响材料取放的便利性。教师在材料投放之后，没有观察和记录幼儿是否与材料发生了互动，以及幼儿怎样与材料发生互动的，由此也没有发现材料投放产生的问题，从而影响幼儿的使用。

（三）材料投放幼儿参与度低

材料投放既是活动的主题，也是环境的主题，环境的布置要有幼儿的参与才能满足幼儿的需要，幼儿与墙面互动的作品中只有观赏性作品，但这些作品也只供幼儿观赏，参与性创设和操作性创设的作品没有。墙面展示的作品中幼儿作品数量较少，教师把幼儿优秀作品进行展示，其余幼儿作品没有进行展示，在墙面，没有亲子合作的作品和师幼合作的作品，墙面的设计，幼儿没有参与，而是由教师自己决定区域的大小、墙面的设计以及主题的确定。

（四）教师外出培训学习机会少

园本教研活动没有正常开展，园本教研是教师自主学习、共同探讨、互助学习、共同提高的一个过程，是提高教师专业素质、促进幼儿教师专业化发展的良好途径。由于经济条件、地理环境等方面条件的限制，教师参加培训和外出参观学习的机会少，造成教师信息流通差，专业素养发展困难。

三、幼儿园美工区材料投放的对策

（一）明确材料投放的具体依据

加强学习《3－6 岁幼儿学习与发展指南》中的体验。其中关键词“创造条件和机会”说明教师需要为幼儿提供更多更适宜的材料，让幼儿有机会去选择喜欢的材料；“在大自然和社会文化”中说明幼儿的兴趣点并不是凭空想象的，而是在大自然中、在幼儿所处的社会生活中，教师在美工区中投放的材料，设立的目标也需要从幼儿的生活、兴趣点出发。

《3－6 岁幼儿学习与发展指南》指出：“能用多种工具、材料或不同的表现手法表达自己的感受和想象。”为了达到这个目标，教师需要思考什么样的工具材料和手法适合幼儿进行表达，如剪刀、固体胶、超轻黏土、卡纸等工具可以让幼儿自由选择使用；自然材料、半成品材料、废旧材料等让幼儿多元自由组合；幼儿可以运用道具进行拼贴、涂色、插贴等多种方式进行艺术表达。

在《3－6 岁幼儿学习与发展指南》感受与欣赏的目标下提出的目标有“喜欢自然界与生活中美好的事物”，对不同年龄段的幼儿有详细的感受面，“多接触大自然”“观察常见植物”“倾听各种声音”等。我们会发现达到这样的目标并不困难，这些都是我们身边触手可

及的，是幼儿们熟悉的，这更会引起幼儿的兴趣和探索的欲望。教师运用自然材料开展活动时需符合幼儿的生活经验。

（二）材料投放更具层次性和目的性

幼儿的发展水平存在着个体差异，收集到的材料并不适用所有的幼儿，过多杂乱的材料会分散幼儿的注意力，不知道该选择什么材料进行游戏，过少则会限制幼儿的发挥。教师需观察幼儿的发展特点，为不同水平的幼儿提供不同类型的材料，而非能力弱的幼儿就提供简单的材料，能力强的幼儿就提供复杂的材料。应从幼儿自身实际情况出发，让不同水平的幼儿都能得到适宜的发展。

（三）投放多样适宜的材料

在幼儿美工区域活动中，教师可以投放一些低结构的材料，为幼儿的想象力与创造力的培养提供优质载体，使幼儿在对低结构材料的再创造过程中，积极发挥自身的想象力，让他们根据个人需求不断调整与探索，激发自己的创造潜能选择相应的材料。有的幼儿选择使用棉签蘸取颜料。

例如，在“制作百变毛毛虫”美工区域活动中，教师先向幼儿提出问题：“什么材料适合制作‘毛毛虫’呢？”幼儿的想法各不相同，他们会提到多种工具，如纸团、颜料、贴纸、瓶盖、塑料瓶等。

教师能够在具体的美工区域，根据学习主题打造一个具备开放性和广阔性的艺术创作平台，为幼儿提供自由表现的机会，利用他们想象力丰富和善于联想的特点，发展幼儿的思维能力，使其设计出具有个性的美工作品。

例如，在“有趣的树叶”美工区域活动中，大部分幼儿为树叶涂色时，都将树叶涂成绿色或黄色，但是，有少部分幼儿将树叶涂得五颜六色。此时，教师不应急于批评这部分幼儿，而应耐心询问他们这么涂色的原因。

（四）保障幼儿操作时间与丰富经验

教师应为幼儿提供合理的时间与频次。教师可以在每周的计划中增加一两次 30 分钟左右的重点区域活动，幼儿既可以在区域活动时间中自由地探索，也可以进行长时间的、有计划的探索。教师可以在美术活动前与幼儿们一起介绍与讨论，问问他们今天想要用材料做出些什么？想用材料进行什么活动？幼儿在操作中是有目的、有计划进行的。一方面，教师可以用示范的作品方式鼓励幼儿大胆尝试，给予幼儿一定的参照物，在积累了一定的经验后可以让幼儿尝试自主创新；另一方面，教师需为幼儿创设有准备的环境，投放不同种类、数量丰富的操作材料，方便幼儿自由充足地拿取。

参考文献

[1] 杨晓河．丰子恺审美思想研究［M］．成都：四川大学出版社，2014：508.

[2] 中华人民共和国教育部．3－6 岁儿童学习与发展指南［M］．北京：首都师范大学出版社，2012：58－60.

[3] 中华人民共和国教育部制定．幼儿园教育指导纲要（试行）［M］．北京：北京师范大学出版社，2001：1.

“双减”政策下幼儿园课程游戏化推进路径探究

（王梦琦　北京市朝阳区康泉新城幼儿园）

摘　要：随着“双减”政策的发布，提高幼儿园教育质量成为关键的问题，而幼儿园课程游戏化作为推进课程改革，提高教育质量的重要举措是需要更为创新的视角。基于此，本文分析了“双减”政策影响下幼儿园课程游戏化推进现状，指出了幼儿园课程游戏化推进过程中的问题分析，提出幼儿园课程游戏化区域推进实施路径。

关键词：双减政策；幼儿园课程游戏化；路径探究

“双减”政策的颁发，对于幼儿园来说，提高幼儿园教育质量成为关键问题。课程游戏化作为推进课程改革，提高教育质量的重要举措，应以此为切口，促进幼儿整体、健康、和谐的发展。所以将幼儿园课程游戏化的推进作为严把教育质量关的第一步，是现代教育课程改革和课程建设要攻克的难关。课程游戏化的推进是需要更为创新的视角和广阔的空间，推动课程游戏化工作开展逐渐成为一种新的思潮。

一、“双减”政策影响下幼儿园课程游戏化区域推进现状

（一）教育组织层面

1. 制度建设。在幼儿园课程游戏化萌芽的实施与推进中，教师对于观念的理解直接会影响政策的落实。基于此，幼儿园课程游戏化进一步实施的前提是提高教师的思想意识，并树立正确的理念。

2. 管理建设。教育部门对于课程游戏化表示了充分的重视，教研改革也在积极地进行。但在政策不断实施的过程中，虽然是不断地在完善，但是落实上仍有不足的地方。

（二）幼儿园层面

1. 实施过程中材料的投放。在材料投放上，多数教师提供了丰富的游戏资源和材料，大部分教师为幼儿创设了较好的游戏情境。材料投放有保障，有利于推动课程游戏化的推进。

2. 教师实施过程中教学形式的选择。大部分教师能够注重幼儿在游戏中的自主性，能够让幼儿自主地掌握游戏进度，游戏的内容和活动的主题幼儿也可以自主地选择，使幼儿的主体性得到了充分的发挥，说明课程游戏化项目实施之后，教师逐渐地由“关注课程”转向了“更加关注人”。

3. 幼儿园实施过程中外部阻力情况。大多数幼儿园教师对于概念上的意识还是比较薄弱的，教育资源与家长方面没有做好及时的沟通与协调，多数家长对于课程游戏化不理解，认为课程游戏化就是将游戏替代教学，觉得没有必要，还不如学一些知识，为升入小学做准备。大多数教师表示学校的教学环境还是比较适合开展教学活动的，如何使学校、家庭和社会充分的合作，实现教育资源最优化，推动幼儿园课程游戏化的发展是至关重要的，这就需要教师从中做一个桥梁，促进各方面资源整合，将外部阻力因素降低，使幼儿能够在更好的教育环境下发展。

二、幼儿园课程游戏化推进过程中的问题分析

（一）整体组织结构不完善

在课程游戏化推进过程中，如果整体发布的任务落实不到位，将导致在组织结构中传达信息通而不畅的现象。可以体现管理层对于课程游戏化推进的重要作用，在幼儿园的推进过程中，对于“双减”政策以及课程游戏化的概念传达得不够彻底，城区幼儿园对于政策和概念了解的程度明显高于乡镇幼儿园。逐渐地形成了通知发布重视抓城区，而忽略了乡镇的不均衡现象。因此，在课程建设上对教师提出了更高的要求。另外，教育部门与各幼儿园之间在实施过程中具有矛盾。教育部门在下达通知后，过于要求实施的结果，而幼儿园更加关注实施的过程，处于一个循序渐进的阶段。教育部门想更快地取得成效，这就造成了通知与实施过程的矛盾，造成了组织结构的不流畅、不完善的结果。

（二）思想意识存在偏差，受“小学化”倾向潜在影响

“双减”政策刚刚落地，许多家长及幼儿园还保留着固有的教学观念，对幼儿园课程化的实施过程有着潜移默化的影响。

1. “双减”减得了负担，减不掉思想。由于人们对美好生活的品质要求日益提高，家长们为了让自己的幼儿赢在起跑线上，更好地顺应时代的要求和变化，对幼儿的期望也日益提高。他们认为学习应从娃娃抓起。所以社会上掀起了一股早教之风。由于这种盲目地跟从主流导致了幼儿发展规律被忽视。并且一些家长缺乏正确的育儿观念，所以他们常常不会顾及幼儿的感受，将学习知识硬塞给他。这样会导致他们与最初的想法南辕北辙。“双减”虽然减去了学生的学习负担，但是很多家长心里幼儿不能输在起跑线的思想依然存在。

2. 家长对于课程游戏化认识的偏差。许多家长认为实施游戏化是没有必要的，认为幼儿在幼儿园里应该学一些知识，把游戏化应用于教学对幼儿今后的发展起不到促进作用。

3. 幼儿园教学评价有偏差。为了迎合家长的需求，个别民办园教育教学评价主要是幼儿掌握的知识和成绩，而忽略了幼儿本身的发展规律。只注重结果，却忽略了过程。这导致了教师只注重教科书中的知识灌输，忽略了幼儿良好行为习惯的形成。

三、幼儿园课程游戏化区域推进实施的路径探索

（一）重视对于教师专业素质的培养及观念转变

首先，教师是教育活动的组织者，是课程的建设者，也是课程游戏化最主要的实施者。这是幼儿与课程相互联系的关键。教师的专业能力得到充分的发展，是当前幼儿园课程进一步解决问题的重要途径。以此提高幼儿园课程的水平和质量，更好地促进幼儿发展和教师成长。其次，在幼儿园课程的建设中，教师的专业素质和能力的培养，是对课程实施非常有效的措施，在区域内，各级各类教育部门及幼儿园应该加强教师对于政策及概念的指导，让教师充分地了解新的教学改革，树立正确的幼儿观、游戏观和课程观，在对此正确认识和理解下，才能更好地实施幼儿园课程游戏化。教师缺乏对于新的教学理念的认识，是幼儿园课程游戏化实施的最大制约因素之一。在对于最新的“双减”政策中，教师应该充分理解，“双减”减的是什么？让教育回归主阵地，让幼儿接受全新的教育，提高幼儿园的教育质量，成为每个教师终身钻研的课题。

（二）各幼儿园之间要做好资源整合

交流与反思是区域内各幼儿园之间一种重要的学习方式。据调查发现，在区域内，各幼儿园无论在教师力量、办园环境，还是在办园理念上，都存在较大的差异，这就使区域之间存在着不平衡的发展现象，出现了“一刀切”，呈现了两种极端现象。在城区幼儿园中，他们投放材料丰富，教师力量更加雄厚、更加年轻化，幼儿园课程游戏化得到了普遍的推广，而乡镇幼儿园相对薄弱，这就需要由“先游戏化带动后游戏化”。各幼儿园行政单位之间要做好资源整合，使区域内各幼儿园教师之间得到充分的交流与学习，将课程游戏化的理念及实施经验贯彻于区域内，得到充分的发挥，可以组织学习领导小组，组成相应的组织结构，定期进行交流会。陈爱萍说过：“因各园的办园条件与教师的专业能力存在不平衡现象，故各园可以通过多种途径，去拓展课程建设路径”。对于幼儿园游戏化的普及，不仅要关注横向的延伸，还需要关注纵向的发展。在互相交流与学习的同时，也应允许各幼儿园“自定步调”，在对于课程游戏化实施的具体策略方面，允许各幼儿园多样性发展，拥有自己鲜明的幼儿园课程特征。

（三）创新课程游戏化进程，打造鲜明的幼儿园课程体系

创新是教育的核心，教师要充分利用各种课程资源，做好家、校、社共同合作的桥梁。不仅要熟练运用传统的教育方法，还要掌握一定的现代技术手段。对于幼儿园来说，可以通过现代信息技术，采取新颖、灵活的教学方式，调动幼儿的积极性，促进课程的开展。互联网信息技术结合传统教育，优化了教育要素，更新了教育体系，逐渐实现教育领域的转型和升级。不仅是在我们的课程方面，在家园共育方面也可以充分地利用现代信息技术，通过网络平台分享家校之间的教育心得，打破传统的教育方式。

对于课程游戏化的建设，可以用突破原有时空的限制来加快课程的变革，变革原有的教学方式，丰富课程内容。对于幼儿来说，教师应该充分尊重幼儿的身心发展规律，在运用现代信息技术的同时，应该从多方面去观察幼儿，实施现代化教学手段也是对幼儿辨别能力与接受能力的挑战。与此同时，教师要正确处理课程与游戏之间的关系，使幼儿主体性得到充分的发挥。坚持以人为本的教育，把游戏化观念与精神融入幼儿园课程以及一日生活的方方面面，进行熏陶，在活动中也要得到充分的体现，并延伸到家庭与社会教育，实行真正的三力合一，促成课程游戏化的全面开展，打造鲜明的幼儿园教育课程体系。

四、结语

本文以“双减”政策的实施为前提，主要针对区域内课程游戏化的推进状况以及存在的一些问题做出系统的分析，探索出了相应的路径，以助于幼儿园课程游戏化的推进，以及教师自身专业素质的提高。我们要更加重视对于教师专业素质的培养及观念的转变，创新课程游戏化进程，从而打造鲜明的幼儿园课程体系。

参考文献

［1］廖贝利．幼儿园课程游戏化现状及应对策略研究［J］．教育界，2020（2）：77—78.

［2］尤梦洁．浅谈以区域推进幼儿园课程游戏化建设的引导策略［J］．承接教育，2020（12）：9—88.

［3］虞永平．幼儿园课程建设与教师专业成长［J］．中国教师，2020（1）：81—85.

创造性戏剧游戏促进幼儿思维发展策略研究

（孟云慧　江苏省徐州市铜山区房村镇中心幼儿园）

摘　要：本文主要探讨了创造性戏剧游戏促进幼儿思维发展及其策略问题。创造性戏剧游戏能够促进幼儿思维发展，比如戏剧故事锻炼幼儿的逻辑思维，戏剧游戏提升幼儿的行动思维，戏剧表演培养幼儿具体形象思维。创造性戏剧游戏促进幼儿思维发展策略，比如强化戏剧互动提高幼儿之间协作力，提升幼儿在戏剧游戏中的表现力，引导幼儿创造和建构戏剧游戏。

关键词：创造性戏剧游戏；幼儿思维；策略

一、创造性戏剧游戏概况

西方最早将戏剧教育作为游戏纳入幼儿的教育活动中，创造性戏剧属于即兴类、非演出形式、重视过程的游戏活动。创造性戏剧是在轻松愉悦的环境下，参与者在指导者的引导下通过想象、韵律动作、默剧、角色扮演等戏剧形式，通过即兴创作和表演，利用自己的肢体动作、口语表达和情绪释放去传达情景中角色。在幼儿园，参与者就是幼儿，指导者就是教师。教师要让幼儿可以运用戏剧的艺术方式进行自我表达，在这个过程中，重点在于幼儿如何表达自我，倾诉自我，如何与他人协作。表演是戏剧游戏活动的一个媒介和方法。创造性戏剧游戏是艺术类活动，但本质不能被归纳为才艺教学或才艺表演，实质更贴近师生们通过角色助演达到启发思维，发展思维的目的。

创造性戏剧游戏是幼儿根据设定的戏剧主题开展学习、探究，让幼儿轻松、自然、愉快地融入戏剧角色，感受角色的情感。从而，能够讲出角色的台词，表演角色应有的动作，还有模仿平时个人观察到的生活场景。

二、创造性戏剧游戏促进幼儿思维发展

（一）戏剧故事锻炼幼儿的逻辑思维

逻辑思维是人们在认识事物的过程中借助概念、判断、推理等思维形式，从而客观理性地呈现某一事件的认识过程。一个人只有拥有逻辑思维，才能正确地认识事物发展的规律和事物的本质，进而准确把握事物的客观性。幼儿的逻辑思维是逐步培养和生成的，比如幼儿会记住父母的日常行为，从而不自觉地模仿这些行为，从记忆、认知、理解到模仿，形成逻辑思维模式。戏剧故事提供给幼儿灵活的思考空间，让幼儿模仿、表达、再现、扮演和创造，模仿的是过往日常，表达的是角色情绪，再现的是生活场景，扮演的是角色，创造的是故事。幼儿沉浸式地投入整个戏剧游戏中，思考、交流、表达、模仿再进行表演，整个过程持续输入到个人大脑中，锻炼了个人较强的逻辑思维。

幼儿越是投入其中，参与到戏剧创作讨论的多个环节中，对个人的思考逻辑能力锻炼越多。创作讨论环节，表达上要有理有据、条理清晰，会比较双方之间的话语，会进行判断，并尝试说服他人。

（二）戏剧游戏提升幼儿的行动思维

行动思维是遇到任务、项目时，敢于去做，在做的过程中，有意识地调整个人的行为。通俗一些理解，就是试错、调整，继续试错，继续调整，直到达到目标。教师提供一个戏剧游戏题目给幼儿进行创作，幼儿要完成创作，就要行动起来。行动路线一，寻找戏剧游戏合适的道具材料，思考合适的道具材料是哪些，如何寻找收集道具材料，又如何在戏剧表演中使用这些道具材料。行动路线二，戏剧游戏需要多位表演者，联系可能的同学、朋友，说服他们加入，并在其中扮演角色。行动路线三，把道具材料、同学朋友组织到一起，大家一同构思戏剧表演。

戏剧游戏需要幼儿自主去完成，完成的前提是积极行动。在行动过程中，一定会遇到困难、阻碍，比如不能找到合适的道具材料，同学和朋友一起排练时相互之间发生摩擦。遇到问题，幼儿能够行动起来去解决问题，这属于行动思维。解决问题之后继续推进戏剧游戏，幼儿在行动方面能够有比较大的提升。

（三）戏剧表演培养幼儿具体形象思维

具体形象思维是凭借事物的具体形象或表象来进行，认识事物的属性，对事物拥有具体的形象感知，进一步探究事物的属性。比如，幼儿观看父母做饭、洗碗、洗衣，或者修理家电汽车等行为，他会思考父母在做什么，这些行为的意义，以及这些行为对人带来的情绪感受，是喜悦还是愤怒。从具体形象出发，幼儿们探讨戏剧表演时，头脑中可以浮现具体的场景，场景中人物的形象、语言和动作。思维由此能够逐步培养。具体形象思维会用在幼儿创造戏剧场景时，比如做饭和洗碗时应该站在哪里，看电视时应该坐在哪里，吃饭时大家如何围坐等。当幼儿借助记忆中的场景去创造戏剧场景时，就是在使用个人的具体形象思维。

具体形象思维能够协助幼儿构建戏剧游戏中的细节，借助已有的经验去创作，联系并产生更多新的学习经验。具体形象思维帮助创造新的场景，符合现实逻辑并带有一点理想色彩的情景，游戏成果逐步显现。

三、创造性戏剧游戏促进幼儿思维发展策略

（一）强化戏剧互动提高幼儿之间协作力

在开展游戏过程中，幼儿之间的相互配合、协作，涵盖言语和行动，从而达成共同目标，相互之间都能够从中获得满足之感。对于幼儿来说，在游戏中学会与他人协作，增强行动思维和逻辑思维，思考如何调解矛盾，如何与他人融洽地合作。加强幼儿之间协作力，能够强化戏剧互动，无论幼儿是表演者还是观众，都需要投入戏剧游戏中。教师可以和幼儿共同建立以下规则：第一，幼儿在行动前进行思考，并学会欣赏教师和同伴的行动。第二，幼儿要遵守角色轮流制度，并尝试其他角色的扮演。第三，作为观众应当有礼貌地进行观赏其他人的表演。

在戏剧游戏进行中，教师还要提供细节指导，指导幼儿们如何合作。比如，戏剧游戏道具材料不够用时，建议幼儿们相互商议，借用其他戏剧团队的道具材料；幼儿们发生矛盾时，劝说幼儿们找到矛盾的根源，积极协商处理，不要置气。教师学会引导幼儿之间加强协作，通过协商、询问、建议、共享、帮助、求助等多种方式，感受真实的合作，体验合作中可能出现的各类问题。

（二）提升幼儿在戏剧游戏中的表现力

重过程轻结果就是创造性戏剧区别于传统戏剧的地方，创造性戏剧教育活动基于尊重幼

儿这一前提，充分发挥幼儿的主观能动力，激发其创造力与想象力，让幼儿进行再创作，提高其自我思考的能力，不再一味地重复教师的语言与行为，更具有幼儿自己的特色。

为了进一步发挥创造性戏剧教育活动的作用，提升幼儿在戏剧游戏中的表现力，首先需要教师在创造性戏剧中有足够的耐心和信心，了解幼儿的需求，结合其兴趣爱好，充分尊重幼儿。其次，对于评价需要把过程与结果综合起来，主要发挥过程性评价的作用，总结性评价起到辅助作用。最后，让幼儿认识到创造性戏剧游戏，就是让幼儿们来尽情玩耍的，提高他们对创造性戏剧游戏的认识，将害羞、羞赧放到一边，接受和认可创造性戏剧游戏。

幼儿教育的一个基础原则在于“以幼儿为本”，也就是说，教师必须将尊重幼儿作为前提，基于幼儿的相关水平与能力来开展相关活动，从而推动幼儿健康成长。创造性戏剧教育活动，充分遵守该原则，要求教师给予幼儿教育的主动权，幼儿才是创造性戏剧教育活动中的主体，根据幼儿的表现和需求及时调整创造性戏剧活动。

（三）引导幼儿创造和建构戏剧游戏

在戏剧游戏中，幼儿能够通过模仿、想象、控制、造型等，学习语言、动作与社会行为。幼儿们的生活经验不同，因此他们运用个人熟悉的经验去创造和建构戏剧游戏，呈现的戏剧内容、戏剧表达会有较大差异。教师要认知差异、鼓励差异，调动幼儿们积极思考，努力做创新、做差异，促进幼儿在模仿、想象、控制、造型方面有所发展。

教师应该对幼儿进行充分的了解与认识，实现科学教育与指导。首先，教师应该做好创造性戏剧教育活动的准备工作，为实践奠定好的基础，并在活动开展过程中，采取各种办法调动幼儿的积极性和主动探索的欲望。其次，教师需要经常与专家、学者进行交流，并随时更新自身的创造性戏剧理念。最后，教师之间要加强联系与沟通，互相学习好的教育方法，提高教育水平，实现更好地指导，积极参加创造性戏剧教育活动的实践经历，提升自身的教育素养。

参考文献

［1］郑雯．戏剧游戏促进学前幼儿创造性思维发展的相关性及策略研究［J］．科学咨询（教育科研），2023（6）：255－257．

［2］廖丽娟．戏剧让游戏更有“戏”——幼儿园戏剧教育的实践研究［J］．亚太教育，2022（13）：153－155．

［3］景海敏，吴丽芳，周林娟．大班幼儿戏剧表演游戏质量与教师指导相关性研究［J］．陕西学前师范学院学报，2022，38（5）：10－14．

［4］费祎．幼儿园戏剧游戏活动实施中的问题及对策探析［J］．文化创新比较研究，2020，4（5）：131－132．

［5］蒋静芸．戏剧游戏在故事剧主题活动中的运用策略——以大班故事剧主题活动《小蚂蚁》为例［J］．陕西学前师范学院学报，2019，35（12）：21－26．

低结构游戏支持大班幼儿深度学习的策略研究

（孙嵌嵌　北京市平谷区第三幼儿园）

摘　要： 由于低结构活动在游戏性、自主性、多元性等方面具有相应的特性，自然也蕴含着促进幼儿深度学习，提升幼儿深度学习的教育契机。0—6 岁是启蒙幼儿数学逻辑思维和语言表达能力的关键时期，这个阶段幼儿思维发展非常迅速，能否抓住这个黄金期，会直接影响其长大后的抽象深度学习。而低结构游戏提倡尊重幼儿的天性，关注幼儿自身发展，珍视游戏和生活的独特价值，蕴含着提升幼儿深度学习的教育契机。基于上述背景，本研究旨在低结构游戏中促进大班幼儿深度学习，为幼儿以后的学习打下良好的基础。

关键词： 低结构游戏；深度学习；大班幼儿；策略研究

一、在低结构游戏中促进大班幼儿深度学习的基本要求

（一）补足环境和材料的“营养”

补足环境和材料的“营养”，针对低结构材料的投放，要遵循按需投放的原则，支持幼儿的活动需要。因为幼儿阶段是以具体形象思维为主，需要幼儿从具体操作中实际感知。教师不能灌输式的一言堂或者放羊式的满场飞，而应该根据幼儿游戏活动的不同需要和发展特点来供给材料，这既能赋予幼儿更广阔的学习与生活的空间，也能让幼儿根据自己的需要、兴趣、个性进行自主选择游戏活动，符合低结构游戏探索的核心原则，即让幼儿自己学习为核心，在环境和材料的土壤中获得滋养。

（二）提高自身逻辑思维的素养

在低结构游戏中，教师有着多重角色，既是环境材料的支持者，提供各种材料，又是活动过程的推进者，不断鼓励、帮忙解决问题；更是幼儿发展的评估者，基于幼儿的经验以及发生的游戏行为，为他的发展提供支持，做好评估。教师角色的转变，能促进教师从教怎么玩变为幼儿自主地在玩中学，游戏也才是真正的游戏。在此基础上，教师还要提高自身逻辑思维的素养，首先按照《3—6 岁幼儿学习与发展指南》的要求，有意识、有目的地培养幼儿的深度学习；其次，学习逻辑学知识，合理安排教学活动，应用逻辑知识，理解和分析碰到的困难，从逻辑角度去做出判断，更好地引导幼儿。

（三）重视幼儿学习品质的培养

幼儿的学习品质与深度学习是密不可分的，因此在低结构游戏中，我们要重视幼儿学习品质的培养。学习品质的高低，往往决定探究活动的深度，激发幼儿的潜能。在低结构游戏中，开始的时候幼儿都是按照自己的经验水平和兴趣来选择活动，因此教师在前期要丰富幼儿的经验，激发幼儿探索的主动性，发挥想象力。当幼儿在整个活动中注意力不是很集中时，教师可以适时地介入，关注幼儿的专注性。遇到困难时，不要直接帮助幼儿，可以选择鼓励幼儿自己独立解决问题，或者寻求同伴帮助，或者启发诱导师幼共同完成，培养幼儿的独立性、合作性和坚持性。

二、在低结构游戏活动中支持大班幼儿深度学习的行动

本园开展教研，多渠道收集材料，描述“低结构活动雏形”建设的结果，对低结构活动实施的过程和结果进行评价，找出计划与结果不一致的原因，并做出相应的调整。

行动计划要先于行动，第一阶段以 C 幼儿园的大班幼儿深度学习前测和教师访谈为前提，从幼儿园大班低结构活动存在的问题出发，结合幼儿园的基本实情，制订了幼儿园的“低结构活动雏形建设”项目的方案。开展大班幼儿深度学习前测研究小组在 2022 年 9 月 7 日至 8 日对整个大班 6 个行动班级（共 168 人）进行为期一周的幼儿深度学习评估，结果如表 1—1 所示。

	大一班	大二班	大三班	大四班	大五班	大六班	平均分
澄清概念的能力	7.6	8.4	9	9.5	7.3	6.9	8.1
准确判断的能力	8.2	7.8	8.9	8.5	7.8	7.9	8.2
严密推理的能力	8.5	8.1	7.6	8.6	6.9	8	8.0
合理论证的能力	7.8	7.1	7.9	8.4	7.2	7	7.6
辨识谬误的能力	7.3	8.3	8.8	7.5	7.6	8.1	7.9
平均值	7.88	7.94	8.44	8.5	7.36	7.58	8.0
标准值	12	12	12	12	12	12	12.0

评估结果表明：第一，从总体上看，满分 12 分，6 个班级的幼儿深度学习水平相差不大。在班级之间，大四班的平均分相对较高，而大五班、大六班相对较低。第二，在各维度之间，被试幼儿在“准确判断的能力”维度上的得分最高，达到 8.2 分，而在“合理论证的能力”维度上相对较弱，只有 7.6 分。

三、在低结构游戏中培养大班幼儿深度学习的主要策略

（一）全心设计，投放简单的低结构材料

“全心”是指教师全心全意专业育人，更是指要从幼儿的年龄特点和身心发展需要出发开展低结构游戏活动。因为幼儿正处于具体形象思维阶段，深度学习的培养，最好是从简单开始。从基础的、具体的、形象的事物中进行考察，往往能够促进对高等的、整体的、抽象的问题的理解。笛卡儿指出，按次序进行我的思考，从最简单、最容易认识的对象开始，一点一点逐步上升，直到认识最复杂的对象；就连那些本来没有先后关系的东西，也给他们设定一个次序。从最简单、最容易的开始，幼儿能够层层递进进行学习，即深度学习。

因此，投放简单的低结构材料在操作层面上，体现在选用材料和操作上。一是选用材料要简单。投放低结构的材料要给幼儿提供原生态、简单、多元、系列的材料，立足激发幼儿的探索兴趣。具体来说，低结构材料包括自然材料和再生材料，包括沙、水、积木、颜料、黏土、绳子、管子、瓶子、纸等。二是操作要简便，玩法要多样。材料的操作立足幼儿持续专注的探索欲望，可以随心所欲地探索和表现。操作复杂会让幼儿有受挫感，从而在坚持性上也有影响。而操作简便，玩法多样，可以让幼儿持续玩，激发思维。

（二）全员参与，创设高互动的空间和环境

“全员”指的是全体幼儿和教师。环境给幼儿提供学习的土壤，高互动的空间和环境可以让幼儿汲取充分的养分，促进幼儿发展。因此，低结构游戏环境的创设，应该以幼儿为主，教师和家长为辅全员参与的形式。我们给幼儿提供的环境是有准备的环境，幼儿可以根据自己的兴趣爱好，自由选择材料进行探索，当活动发展到一定程度时，可根据活动的需要进行创造。高互动的环境不是某一个幼儿创造出来的，也不是某一个教师说了算，而是全体幼儿和教师的共同意志。

（三）全程观察，发现幼儿活动中的困难和需要

“全程”指的是某一特定时间和地点，幼儿进行的低结构游戏，教师都要进行全程仔细的观察。由于低结构游戏的连续性和不确定性，我们无法确定低结构游戏是否已经开始或者结束，所以我们当时观察的就是全程的开始，之后进行跟踪观察。如在《开灯》中，教师从一开始就教幼儿如何开灯，而没有注意到幼儿如何开灯的想法，这样容易禁锢幼儿的思维，妨碍其以后开灯的尝试。只有全程观察之后，才能较好地了解他们的活动目的，发现他们在活动中表现出的潜能。经过一段时间的观察，往往能完整地展现幼儿的学习发展轨迹，较为真实地反映幼儿发展的问题。因此，在观察的过程中，我们主要观察幼儿在与材料环境互动、与同伴之间的合作交往以及问题解决三个方面出现了什么样的困难和需要，通过视频、照片、文字等记录下幼儿的典型表现和行为，以便为教师采取支持策略，为推动活动进一步持续的发展提供依据。

（四）全力支持，实现幼儿合理探索活动的愿望

所谓“全力支持”，一方面针对的是活动中幼儿面对的困难和需要，师生之间的互动，要遵循按需供给原则。根据幼儿的需要，教师分层指导、因材施教。在低结构游戏中，最关键的就是做到细致观察，观察幼儿探索的过程以及在过程中思维的碰撞，而教师就是要根据幼儿的不同发展水平和个性特征，对幼儿进行灵活指导。对此，教师要端正自己教育态度，不打断幼儿的游戏，又能给予适宜的指导，充分注重差异、注重个性、注重发展的价值追求，在传承中发展，在发展中创新。另一方面是指活动后教师要及时总结，帮助幼儿提升经验，要遵循启发诱导的原则。教师的提问要简练，但是提问归纳要有针对性。

（五）全面评价，注重幼儿在活动过程中的表现

低结构游戏不是没有目标，而是内隐目标，教师要用欣赏的眼光看到幼儿的闪光点，不是为了追求教育目的而进行互动，这就要求我们更加关注和寻求在低结构游戏中幼儿深度学习发展的可能性。在低结构游戏中，我们强调持续观察，评价幼儿的时候由于个体差异，我们更应该注重横向比较。在科学探索类、表达表现类、生活类和运动类四类活动中，幼儿的深度学习都有不同程度的提升。但是我们不能只关注最后的评分，还应该结合各方面，更加注重过程，综合评价幼儿。低结构游戏就是要把幼儿终身学习的“灯”点亮。

四、结语

在低结构游戏活动中，关注环境、关注幼儿的学习过程，以及关注师生互动共同建构，有利于促进幼儿深度学习，更多地参与到活动中来探索和表现，从而提高幼儿的深度学习。

参考文献

[1] 朱雄丽．幼儿教育中多元化游戏对幼儿逻辑思维训练的帮助［J］．教育，2016（3）：5.

[2] 毛芬芬．如何培养幼儿数学思维能力［J］．学苑教育，2017（16）：25.

[3] 周翼．基于多元方式投放低结构材料的幼儿个别化学习研究［J］．新课程（小学版），2016（10）：150.

[4] 朱智贤．幼儿思维的发生与发展［J］．北京师范大学学报：社会科学版，1986（1）：1—9.

[5] 朱家雄．从教学活动的结构化程度谈幼儿园课程的设计和实施［J］．学前教育研究，2003（10）：5—6.

[6] 俞培芬．低结构数学活动指导策略的实践探索［J］．学子，2014（2）：69—70.

[7] 王帅．国外高阶思维及其教学方式［J］．上海教育科研，2011（9）：31—34.

[8] 许道凤．试论学生创新能力的培养［J］．安顺师范高等专科学校学报（综合版），2003（9）：49—50.

建构游戏中的深度学习初探

（王颖慧　北京市平谷区第三幼儿园）

摘　要： 本文探讨了深度学习在小班建构区的重要性和意义，以及教师引导幼儿深度学习的方法。分析小班幼儿年龄特点，从游戏准备、积累经验，到游戏中的观察、引导、支持；游戏后评价提升，通过有效策略指导，推动小班建构区深度游戏的发展。

关键词： 建构游戏 ；深度学习；教师指导及策略

深度学习作为一种基于问题理解和时间探究的高级学习，与浅层学习相比，在学习性质、目标、过程、态度和效果等方面都有明显差异。幼儿深度学习是一种复杂的、有意义的高级学习和理解性学习，是幼儿对未知世界的探索和对已有经验和知识的运用，需要运用高阶思维能力对复杂知识和经验进行深加工，而非简单描述。

一、深度学习的基本概念

1. 从学习目标来看，在建构区中，幼儿们从搭建小老鼠房子到长颈鹿房子，逐步掌握基础围拢技巧，通过问题引导，如：房子是什么样子的？让幼儿总结经验，房子有四面、门窗等基本构成。此过程促使幼儿主动建构知识，从小房子到大房子，能举一反三。深度学习强调新旧知识之间的联系，促进幼儿用已有知识和经验解决实际问题，促进认知能力发展。

2. 从学习过程来看，幼儿们在观察房顶图片和参观哥哥姐姐的搭建作品后，每次搭建房顶都会有所调整。这体现了幼儿在深度学习过程中，能够结合生活实际经验来理解新知识，这是新旧经验相互转变的过程，而不是机械记忆。

3. 从学习态度来看，幼儿在遇到问题时他们会积极主动地寻找解决方法，在搭建高高的长颈鹿家时，由于身高不足，他们想出了各种方法，最终选择踩在小椅子上搭建房顶。这显示了幼儿深度学习的主动性，需要幼儿积极创造，深度学习需激发幼儿的学习兴趣，让幼儿的学习更加主动、专注和投入而非被动地接受知识。

二、分析小班幼儿年龄特点，制定建构区深度游戏策略

著名幼儿心理学家皮亚杰认为，幼儿的认知发展有规律性，教育应按此规律来组织。他指出“一切理智的原料并不是所有年龄阶段的幼儿都能吸收的，我们应考虑到每个阶段的特殊兴趣和需要”。作为教师，任务是发现适合每个阶段的知识，然后用适合年龄段心理结构的方式传授给幼儿。教师只有掌握了幼儿建构游戏发展的规律和各年龄阶段建构游戏的水平与特点，才能以此为据来确定适宜的指导内容和指导方法。

（一）丰富经验创设环境引发深度学习

1. 深度学习的基础在于生活经验的积累。在生活中学会观察是开展建构游戏的基础，生活经验是确定幼儿建构游戏主题的关键，需要充分利用各种形式和手段丰富幼儿有关经验。我们可以通过日常参观、图片、照片、哥哥姐姐作品欣赏和与爸爸妈妈收集资料等方式，加深小班幼儿对搭建内容的了解。随着主题的深入，我们可以结合主题设计搭建内容，观察并积累经验。

例如：小班上半学期末，我们开展了《冬天来了》主题活动。活动中，幼儿要搭建房子，我们提供了不同大小和形状的纸箱及毛绒动物。幼儿们根据动物大小造房子，如小松鼠的房子较小、长颈鹿的房子较高、鳄鱼的房子较长。在游戏的过程中幼儿可以用积木搭建房子，小一点儿的积木搭小房子，没有大积木就用纸箱纸盒代替搭建大房子高房子。但小动物们没有食物，怎么办呢？根据故事情节，小熊猫开着火车送食物，于是我们又提供了松塔、草等材料。幼儿们发挥想象搭建火车道，用纸箱代替火车身运送食物，使游戏更丰富多彩。通过这些经验，幼儿们的搭建能力得到了提升。

2. 深度游戏开展的条件——环境材料的支持。皮亚杰提出："幼儿的智慧源于材料。"建构区活动的教育功能主要通过与材料的互动来发展幼儿各方面的能力。丰富多样的材料不仅能激发幼儿的积极性更重要的是能充分发挥幼儿的想象力和创造力，但投放材料要具有目的性、丰富性、可塑性和层次性，并非越多越好。

例如：小汽车嘟嘟嘟主题活动中，幼儿们了解了汽车的不同部分，并在建构区用低结构材料如纸箱和露露罐儿搭建汽车模型。引导幼儿了解了各种汽车，包括内部结构、驾驶室、后车厢、车头、车身、车尾、轮子、车灯等。然后在建构区创设汽车主题场景，放入多辆小汽车，同时投放了纸箱、露露罐儿等低结构材料。初期，他们用大纸箱做车头，小纸箱做车灯，露露罐儿做车轮。通过墙面引导，幼儿们逐渐学会用积木搭建更复杂的汽车模型，如用积木做正方形车头、长方形车身，纸箱当座位，露露罐儿当车灯，圆形积木当车轮胎。当大汽车与小轮胎不匹配时，在教师引导下，幼儿们学会用两个大半圆形拼成大圆形。

这些包装盒、纸箱，纸筒都是幼儿们在日常生活中常见的，也是他们平时生活中经常使用的，所以，材料选择的适宜是支持深度学习的条件。

（二）游戏中的指导——观察、合作、支持引领是支持幼儿深度学习的方法

1. 细致观察，充足的时间，捕捉介入有效时机。观察是教师基本的指导方法。通过观察幼儿的建构行为，思考"为什么"，以深入理解幼儿的搭建行动，然后分析是否应干预以及如何干预。

例如：(1) 给幼儿们时间自己探索积木的玩法，教师耐心观察。大多数幼儿家中都有积木，知道基本玩法。但在幼儿园，积木变大了，很有新鲜感，喜欢拿着看。我认为要给幼儿们时间，让他们充分感知幼儿园积木和家里积木的不同。

(2) 给幼儿们已有经验搭建探究的机会，教师要耐心等待。他们观察过积木后开始根据自己的经验搭建。如：搭建在家里搭建过的东西（如小房子、单面的、小汽车等)。

(3) 给幼儿探究新搭建方法的时间。这需要教师的引导，如问题引导，用积木搭建和自己一边高的房子。在搭建中给幼儿们机会自己探究怎么才能高。当房子倒塌时，教师给予鼓励继续搭建，幼儿们反复实践后，高楼仍易倒，教师提出问题：怎样的房子更结实？

(4) 创新的搭建不需要教，需要自己的观察、实践和前期的经验。这个阶段对于幼儿有一定的困难，如果前期没有给充分感知和了解积木的时间，幼儿就会在这里遇到解决不了的问题。如：怎样选择合适的积木代替缺失的积木；什么图形和什么图形拼出什么图形等问题。

例如：通过搭建小动物的房子，帮幼儿了解房子的基本结构。通过鳄鱼的房子和长颈鹿的房子，帮助幼儿掌握搭高和盖顶的技能。

2. 教师适时介入游戏，支持获得成功体验。马卡连柯曾这样说过：如果我只是教导、要求和限制，那么我就会成为一种外部力量，而不能成为一种幼儿的力量。我必须和幼儿们一起游戏。这就要求教师在指导幼儿游戏时，应参与游戏，机智地引导游戏进程并协调幼儿关系。那么，如何进入幼儿的游戏中呢？

(1) 平行者的身份介入。当幼儿的基础常规或技能出现问题时，可采用平行方式介入，使用相关或相似的材料在旁进行操作，但不与幼儿直接交流。此种介入的意图并不在于直接

指导幼儿，而在于通过范例的提供，给幼儿建立可观察、可思考的操作改进空间。

（2）合作者的身份介入。当幼儿的操作遇到提升性问题时，可以以合作者的方式介入，为幼儿提供新的目标任务达到更高难度的挑战，以合作者的身份引导幼儿寻找新思路，新方法。如小班幼儿玩“给小动物盖房子”游戏时，教师引导他们思考房子是什么样？房子里住谁？门要留在哪儿？小班幼儿搭建水平低，经验少，但喜欢与教师共同游戏，因此教师可与幼儿一起游戏，共同搭建。

（3）情境角色身份介入。当幼儿的操作遇到新问题，能够情境代入进行换位思考，才能更好地完成目标任务时，教师可考虑情境的角色身份进入，引导幼儿解决重难点所在。如在给鳄鱼搭建房子时，我作为鳄鱼角色表达不适，“房子靠在我身上好难受”。幼儿们便主动思考解决方案，避免墙面挨着鳄鱼身体，成功解决问题，幼儿们也感到很高兴。

总之，无论以哪种方式介入，教师的角色均是问题的提出者，而绝不是批判者。

3. 围绕问题，不断探索、大胆创新，关注“问题”是游戏指导的根本。幼儿在建构过程中往往意识不到自己搭建中的问题，教师可以通过“提问”帮助幼儿发现“问题”。例如：我们搭建的动物的家很漂亮，可是下雨了怎么办，启发幼儿回忆自己生活经验，引导幼儿搭建平铺房顶。在教师的启发下，幼儿还可以“创造”不同的房顶。

（三）游戏后——问题的经验交流 分享快乐是深度学习的能力提升

游戏后成果的分享以及教师的评价对幼儿搭建有指导作用。积极有效的指导能提高幼儿的游戏水平，增加深度学习能力。因幼儿游戏体验、经验、解决问题能力各异，教师需助其梳理问题，总结经验，提出新问题。在小班建构区活动结束后我们可以借助幼儿的搭建作品进行评价，提问并鼓励幼儿大胆表达、创新探索，体验成功。小班建构区深度学习方法包括：把握年龄特点，丰富生活经验，适当材料投放，游戏中的指导、观察、合作、支持引领等，以及问题经验交流分享，促进幼儿更大进步。

参考资料

刘焱．幼儿游戏的当代理论与研究［M］．成都：四川教育出版社，

“嗨”玩·深思·“研”有所悟
——幼儿园新任保教管理者怎样有效开展教研活动

（晁慧　北京市十一学校附设幼儿班）

摘　要：作为幼儿园的新任保教管理者，组织和实施教研活动是我们需要承担的工作内容之一。在教研准备和实施的过程中，保教管理者总会遇到这样或那样的问题，而对于新任保教管理者来说，需要迫切解决的问题有两个：一是要先了解教师们到底喜欢什么样的研讨方式；二是要思考怎样让教师们主动参与到教研学习的过程中。因此，本文拟从以上两个问题为切入点，通过分享在实践培训中运用的多种教研方式和具体实施策略，为幼儿园的新任保教管理者指明教研方向和内容。

关键词：新任保教管理者；教研活动

作为幼儿园的新任保教管理者，组织和实施教研活动是我们需要承担的工作内容之一。面对组织的第一次教研，我认真查阅资料，翻看国内外相关文献，用心设计研讨课件，早早地来到会议室进行前期的准备工作。眼看教研时间临近，教师们才拖着疲惫的身躯一个接一个地走了进来，“又要开会了，我好困呀”“是呢！今天中午又睡不了觉了”两位教师你一言我一语地走到门口，看我正襟危坐的样子立刻低头沉默不语。这句简单的交谈像针一样直戳我的内心，我努力使自己平复心态，但不可否认的是，这些话语多多少少还是影响了我的心情。教研活动开始后，我想与教师们积极互动，但他们所表现出来的态度却是“冷漠、不参与、与我无关”，这也令我十分恼火和不解。难道我的时间就不是时间？一次学习的机会不比睡午觉更重要？我的辛苦付出真的得不到教师的肯定吗？

面对这些疑问，当天教研活动结束后我开始冷静思考。的确，我们每次教研的时间都是中午，因为上午和下午教师们需要带班，如果晚上放学后集体教研那利用的就是下班时间，这样看来中午教研似乎已经是比较合理的时间了，但是为什么还会有教师有所抱怨呢？我想一探究竟，于是便发起了有关教研问题的匿名问卷，通过问卷的数据结果我发现原来教师们需要的教研内容并不是深奥难懂的知识点，而是一个活跃的教研现场，能够解决教师们当下在实践工作中遇到的共性问题。因此，两个要迫切解决的问题便浮现在我的脑海中：教师们到底喜欢什么样的研讨方式？怎样让教师们主动参与到教研学习的过程中？通过自主翻阅材料、与教师们进行访谈、和区级专家深入交流、观摩优秀教研活动现场等方式，我逐渐明晰了问题的答案。

一、多种教研方式

（一）“嗨”玩——游戏化教研

游戏化的教研形式深受教师们喜爱，用游戏的方式就教师们关注的问题开展教研，重在营造自由、宽松、平等的研讨氛围。例如，在开展以《幼儿语言区游戏的观察与支持》为主题的研修活动中，教师们通过集体辩论、词语接龙、创编故事骰子等游戏方式亲身体验，发现幼儿在游戏过程中的问题，并梳理出语言区游戏的关键经验和发展特点；在以光影区为例的《跨年龄段主题区域活动的实践研修》活动中，教师们通过分组探索，自主游戏的方式解决了影子大小与遮挡物离光源远近的关系、影子长短与光源照射角度的关系等问题，这种游戏化的教研方式不仅能带动教师主动参与，还打破了传统严肃的教研氛围，使教师们在玩中学，进一步推动了教师专业水平的提高，从而在生动有趣的教研游戏中，不断发现教育的价值、挖掘教育的内涵。

（二）省悟——流动式教研

何为流动式教研？首先，教研的地点不是固定的，指导的教师可以随机走访班级观看幼儿游戏，就观察到的情况和班级教师或者幼儿进行及时沟通；其次，教研的人员是流动的，在走访班级的过程中，感兴趣的教师可以随时加入研讨的队伍，对感兴趣的话题都可以参与进来，这样就会避免教师们在教研活动中出现一片寂静的消极场面。

（三）集智——传递话筒式教研

教研活动是用集体的智慧去探究，是教师多元思想碰撞出真知的研讨过程。因此，传递话筒式教研就为我们打开了“集智”的思路。在传递话筒的过程中参与教研的教师都有机会做主持者，每位教师都有发声的机会，可以在教研会上充分展现自我，增强自信心，从而提高教师参与研讨的热情。教师们可以就自己擅长的知识领域或者就园所正在研究、开展的相关课题、主题等发表自己的看法，相信这对青年教师的专业能力提升和自信心的树立也会有很大的帮助。

（四）共聚——联动式教研

联动式教研是充分利用集团化办园的优势，总园和分园之间各有所长，多园互观，取长补短；单一园所也可以进行跨园交流，实现园所间的相互观摩学习，各园可以共同探讨、共同进步，努力提供适合幼儿发展与需求的内容，以便在思考中成长，使教师提升自身专业素养的同时也能更好地促进幼儿的成长。

二、主动参与教研学习过程的策略

（一）深思——抓住真问题，让教研推动活动持续开展

教研工作的开展，应落脚于教师教育教学中遇到的真问题上。就像虞永平教授强调的：“幼儿园教研需要革命性转身，任何教研的任务和活动，都应该来自现实的保教工作中出现的问题。”作为教研活动的组织者，新任保教管理者可以采用圆桌交流会、谈心、问卷、重组便签等方式收集和了解教师教学中的实际问题，并对问题进行整理归类，开展有针对性的教研活动，逐个解决问题。但需要注意的是，教师提供的问题有的很小，有的只针对个人，有的只是某一阶段的。因此，作为教研活动的组织者，要对问题进行梳理，找出共性“真问题”，开展有价值、有意义的园本教研。对于教师个人的、阶段性的问题，我们可以通过面对面来解答，无须在集体教研活动中花时间一起解决，这样可使我们的教研活动更具有价值和针对性。

（二）反馈——建立回应机制，及时给予肯定和鼓励

在研讨过程中，我们要给予教师肯定和鼓励，让他们感到自己的观点和想法得到了认可和重视，从而更加自信地参与到讨论中。基于此，我园建立了回应机制，教研小组的教师能够在听取教师们的意见后，及时有效地进行正反馈，对于好的建议可以回应、肯定和采纳，从而让教师们感到自己的参与是有意义的，以此来推动教师主动参与到教研学习的过程中。

三、结语

保教管理者只有注重多样性的教研形式，才能吸引教师参与教研活动的兴趣，这些形式多样的教研方式也才会让教师们更加期待教研、喜欢教研，从而使教研后的收获更大。幼儿园的教研活动绝不是只靠保教管理者和主讲人的单打独斗，而是要走“群众路线”，汇聚集体的智慧和力量，围绕教师们想要探究的真问题来研讨，并在过程中解决教师们在实际工作中遇到的困惑问题，从中摸索出一些具有园本特色且效果显著的经验和做法。

参考文献

[1] 黎欢仪．课程与活动［J］．教学，2023.
[2] 虞永平．园本课程建设之我见［J］．幼儿教育，2004（9）．

红色文化融入幼儿园主题活动的现状调查
——以临沂市L幼儿园为例

（文鑫雅　日照市市直机关幼儿园）

摘　要：2021年是中国共产党成立100周年，以此为契机，如何在幼儿园主题活动中有效融入红色文化，应当成为幼儿教育工作者思考的重点。本文综合运用了三种方法分别是观察法、访谈法、文献法。目的是探究调查红色文化融入幼儿园主题活动的基本形式，包括：红色亲子活动，红色表演游戏，红色社会实践，红歌合唱活动；红色体育活动，发现其中现存的问题有：价值偏向，红色文化融入幼儿主题活动存在“小学化”倾向；目标模糊，红色文化融入幼儿主题活动存在“笼统化”倾向；资源匮乏，红色文化融入幼儿主题活动存在“浅表化”倾向。针对问题提出：创新形式，激发幼儿学习红色文化的兴趣与动力；提升教师素养，促进幼儿红色文化有效传承；建立红色文化资源库，推进红色文化资源创造性转化的相应对策。

关键词：红色文化；主题活动

红色文化不同于其他文化，它是我们国家所特有的，流淌在民族的血脉里，传承在民族的基因中。我国早在2001年颁布的《幼儿园教育指导纲要（试行）》中就提倡幼儿园要有效利用和挖掘社会资源对幼儿渗透爱祖国、爱家乡的教育。2012年颁布的《3—6岁幼儿学习与发展指南》中明确提出：幼儿园要“充分利用社会资源”，引导幼儿实际感受祖国文化的丰富与优秀，感受家乡的变化和发展，激发幼儿爱家乡、爱祖国的情感。

幼儿从一出生就开始接受教育。在幼儿园实施红色文化的过程中，作为一名教育工作者，应把红色文化当作载体，以其民族精神和革命传统为内涵，充分遵循幼儿身心发展规律。基于此，本文针对红色文化资源融入幼儿园主题活动的现状进行分析，发现问题，并探究适当对策，以期提高幼儿教育的有效性。

一、红色文化融入幼儿园主题活动的基本形式

红色文化融入幼儿园主题活动，我们认为具有以下五种基本形式：

（1）红色亲子活动。（2）红色表演游戏。（3）红色社会实践。（4）红歌合唱活动。（5）红色体育活动。

研究者通过观察、体验和教师访谈，发现临沂市L幼儿园开展红色主题活动的形式相对丰富，开展的环境呈现室内、室外，台上、台下，园内、园外等多种结合方式；表现形式呈现出亲子阅读、表演、游戏、参观等多种活动；呈现出小、中、大班全面覆盖、全园参与的状态。在很大程度上切实履行了相关教育政策，但经过研究者进一步去梳理，发现仍存在一些不足之处。

二、红色文化融入幼儿园主题活动的现存问题

红色文化融入幼儿园主题活动，目前存在的问题有三个方面：

（1）价值偏向，红色文化融入幼儿主题活动存在“小学化”倾向。（2）目标模糊，红色文化融入幼儿主题活动存在“笼统化”倾向。（3）资源匮乏，红色文化融入幼儿主题活动存

在“浅表化”倾向。

经研究者初步了解，近两年各地响应国家及教育主管部门的号召，纷纷出台红色文化融入学前教育政策，幼儿园红色主题活动的开展处于刚刚起步阶段，该活动的开展形式尚在探索。各幼儿园又受条件因素影响，发展极不平衡。L幼儿园属于地级市区直幼儿园中的一所，各个层面的条件都规范、达标，对教育政策的执行力度都较快、较强！往往起着标杆的作用。探索期出现的不足之处也必然具有代表性。

三、红色文化融入幼儿园主题活动问题的改进对策

为了促进红色文化更好地融入幼儿园主题活动，发挥其文化传承、铸魂培根的作用，从幼儿需求的角度出发，研究者提出以下几点改进对策。

（一）创新形式，激发幼儿学习红色文化的兴趣与动力

1. 幼儿红色文化学习与校园文化建设相结合。
2. 幼儿红色文化学习与户外游戏相结合。
3. 幼儿红色文化学习与节日庆典活动相结合。

（二）提升教师素养，促进幼儿红色文化有效传承

研究者认为，将红色文化融入幼儿园主题活动的工作重点在于教师，这就需要教师做出以下两点努力：一是努力学习专业知识，熟练掌握幼儿园课程及开发的理论，以便于指导红色教育资源开发中的内容筛选和组织实施。二是富有良好的人文素养，了解红色资源的内涵、来历及价值。

1. 开展红色文化主题活动的专题培训和专题研讨。
2. 强化教师的自我评价与反思的能力。

（三）建立红色文化资源库，推进红色文化资源创造性转化

数字资源库的建立是保护红色文化资源最直接、最有效的方式，也是促进红色文化传播、让红色文化“活起来”的重要手段。研究者认为要利用红色文化资源库，创造性地转化红色文化资源，应符合以下几点要求。

1. 对教师的要求——育人为本。
2. 对幼儿园的要求——资源筛选。
3. 对社区的要求——资源整合。

总之，红色文化主题活动要注意园区、家庭、社区的资源整合，注意相关因素的改进和提升。特别要注意提升教师专业素养，深化活动细节。关注活动内容与环节的设计是否适合该年龄段幼儿的身心发展规律和认知特点，在实践探索中持续改进。

红色文化是中华文化的重要组成部分，是中华优秀传统文化，不仅体现着革命精神，更具有深厚的文化内涵。红色文化指向的爱国、坚定、勇敢、团结、奋斗、奉献和担当等优良品质，会对幼儿的行为产生一些潜移默化的影响，铸魂培根，推动其人格的发展。在幼儿园主题活动中融入红色文化，会间接地鼓励家庭教育也重视红色文化，进而在整个社会形成崇尚英雄、爱国爱家、奋发图强的社会氛围。

幼儿园红色文化主题活动要以幼儿为中心，遵循幼儿身心发展特点和认知水平，切实履行教育相关政策，充分发挥红色文化育人功能。

参考文献

[1] 中华人民共和国教育部．3—6岁幼儿学习与发展指南［M］．北京：首都师范大学

出版社，2012.

［2］古丽霞．红色文化教育资源在幼儿角色区域活动中的渗透［A］．教育部基础教育课程改革研究中心．2020 年基础教育发展研究高峰论坛论文集［C］．北京：教育部基础教育课程改革研究中心，2020，485－486.

［3］杨琬舒．引入红色文化培养幼儿坚持性学习品质探究［J］．成才之路，2020（28）：103－104.

［4］刘娟芬．井冈山红色文化课程资源在幼儿园中开发与利用的研究［D］．云南师范大学，2021.

［5］徐梅珊．红色文化背景下培养幼儿的自理能力［J］．好家长，2020（25）：18.

［6］秦泽虎．红色博物馆幼儿德育路径的实践探索研究——以百色市为例［J］．教育观察，2020，9（44）：51－54.

聚焦·追随·支持，幼儿兴趣下的班本课程的实施与推进
——以中班《“蚯蚓”探索之旅》为例

（陈祥政　深圳市龙岗区园山街道安康幼儿园）

摘　要：“班本课程”与“园本课程”遥相呼应，它是“园本课程”的一部分，但是又不完全相同于“班本课程”。特别是我们每一个幼儿的一线教师，带着对于“班本课程”的憧憬，其内容源自本班幼儿的实际情况，围绕着幼儿的兴趣、问题展开，充分反映出教师、幼儿之间的学习与探索的过程。我们根据中班《蔬菜大作战》主题拓展了一个班本活动《蚯蚓探索之旅》，围绕幼儿的兴趣、聚焦、追随、支持幼儿在课程中的探究与实践，经过“班本课程”的实践和总结，生活取向的“班本课程”渐渐成型，“班本课程”不再是空中阁楼，它真实存在着、发展着。

关键词：中班幼儿；兴趣导向；班本课程

一、课程起源——“蚯蚓”的发现

（一）发现：蚯蚓来啦

4 月初，中班正在进行《蔬菜大作战》的主题活动，幼儿们通过主题认识了各种各样的蔬菜，播种蔬菜，照顾蔬菜，而遇到“蚯蚓”的这一天，恰巧是幼儿们播种蔬菜、挖土、松土的一天，幼儿们在松土时发现了一条有趣的生物——“蚯蚓”，于是幼儿们三五成群地围在一起，小小的脑袋里充满着各种问题，“老师，这是什么呀?”“老师它怎么还在动，它钻土里面去了”。《3－6 岁幼儿学习与发展指南》中指出，要充分尊重和保护幼儿的好奇心和学习兴趣，抓住教育契机，因此，我们聚焦幼儿的兴趣，满足幼儿的好奇心，从而开启了一场有趣的《“蚯蚓”探索之旅》。

（二）识别：班本课程的短板

1. 课程故事内容单一、叙述浅层化，不够深入

班本课程是一个实施—发现—调整—再实践的过程，怎样才能使班本课程更具象化、深入化，课程故事内实践叙述浅层化？教师的思考在哪里？幼儿遇到哪些问题与困难？很多教师说要观察幼儿，尊重幼儿，可在具体班本课程的实施中还是存在走流程的现象，没有真正做到关注幼儿的需求。

2. 主体地位的“颠倒”

本着“幼儿为主，教师为辅”的课程理念，教师要及时捕捉幼儿的兴趣，根据幼儿的年龄特点和需求，支持幼儿发现、探索、实践，其核心设计在于实现幼儿的主体价值，但在实际教学中，许多教师没有理解班本课程实施的主体到底是谁？课程到底是围绕什么开展的？课程最后促进幼儿的发展是什么？

3. 呼应：班本课程的解析

该课程建立在幼儿的好奇心和原有经验上，问题观察贯穿课程始终，问题导向、课程把握的就是好奇后隐含的问题。幼儿通过各种提问并解决问题的过程，就是课程开展的过程，也是幼儿学习的过程。

二、课程的深入——“蚯蚓”的探秘

（一）围绕幼儿兴趣，整合已有经验

大自然是幼儿快乐成长的丰沃土壤，赋予幼儿取之不尽的源泉，《3—6 岁幼儿学习与发展指南》中指出，4—5 岁幼儿喜欢接触新事物，常问一些与新事物有关的问题，能根据观察结果大胆地进行猜测，幼儿的兴趣更能激发幼儿的探究欲望，引发探究活动。教师以幼儿兴趣为基础组织幼儿进行了第一次寻找蚯蚓的活动，幼儿们第一次寻找蚯蚓失败了，教师便组织幼儿展开讨论，引导幼儿对蚯蚓什么时候出现？会出现在哪里？进行了一个大胆的猜测，并家园合作让家庭协助幼儿们进行了一个大调查。教师带领幼儿翻阅各种关于蚯蚓的书籍，网上寻找关于蚯蚓的知识，得出雨后泥土里蚯蚓出现的概率最大、最多，通过幼儿们的行动和经验，在雨后的土壤里成功找到了蚯蚓，幼儿们决定仔细观察和了解蚯蚓。

（二）关注幼儿的需要，灵活拓展学习

为了进一步探究蚯蚓，深入课程，我们生成了科学活动《蚯蚓钻钻》。幼儿们拿起放大镜和小铲子开始认真地观察蚯蚓，教师需通过观察、研究幼儿的好奇点和需求，找到合适的机会参与到幼儿的活动中，支持幼儿深度探究，幼儿们在看一看、摸一摸中了解到蚯蚓的外形，而教师作为支持者参与到幼儿的活动中，在适当的时候再抛出问题，把幼儿的兴趣推向深入，蚯蚓喜欢吃什么？再一次引发幼儿的探究兴趣和求知欲。

蚯蚓喜欢吃的食物			
腐败的有机物	植物的叶子、根茎	果肉、果实	土壤里分解出来的物质
其他类型的饲料	玉米、小麦、水稻	花生、大豆	烂菜叶、烂水果

（三）联合家园力量，引发共生智慧

在幼儿园阶段，中班幼儿对事物的探究还停留在直接感知中，因此，我们要为幼儿创造直接感知、实际操作、亲身体会的机会，聚焦、追随、支持和引导其进行探究性的学习。教师再次提出问题，将幼儿的课程和探究推向更深层化，蚯蚓的家是什么样子的以及蚯蚓的生活习性，幼儿们带着问题通过调查法的方式向家长发出了请求。

在家长们的协助下，幼儿们通过喂养、观察、查找等方式探究到蚯蚓的住所与生活习性，充分利用家长资源，亲子一起给蚯蚓建造了各种各样的“家”，教师并结合美术开展“蚯蚓的家”绘画活动。通过制作，幼儿在亲身体验中对活动产生了更大的兴趣，从而提高了幼儿参与活动的积极性以及教师对幼儿课程深入发展的支持。

蚯蚓的生活习性			
阴暗且潮湿的环境	怕光怕水涝	安静且腐殖质丰富的土壤	喜欢温暖

三、课程惊喜“泥鳅”大收获

（一）班本课程促进幼儿能力发展

1. 以“兴趣”促探索

《3—6岁幼儿学习与发展指南》中提出，幼儿的学习以直接感知、实际操作、亲身体验中获取知识与探究。活动初偶然的机会幼儿对蚯蚓产生了兴趣、好奇、求知，教师便以此为教育契机，及时抓住幼儿的兴趣，与幼儿共同探讨。聚焦幼儿的问题、跟随幼儿的兴趣、支持幼儿的探究，利用晨谈、家园合作、五大领域相结合等方式推动幼儿进一步探索蚯蚓，提高了幼儿的语言能力、探究能力和解决问题的能力。

2. “共”互动，助发展

在活动中提出关于蚯蚓的生活住所、生活习性时，我们携手家园合作，利用调查法，引导家长和幼儿们共同观察、记录。当幼儿们想给蚯蚓建造房子时，家长们积极配合，与幼儿一同搭建蚯蚓的家，助推活动的开展，深入课程，助力幼儿深度学习、探究。

（二）班本课程有助教师成长

1. 尊重幼儿、走近幼儿。整个课程活动中我都遵守以“幼儿为本”的原则，在幼儿兴趣基础上引导幼儿思考、实践，在遇到问题时我鼓励幼儿通过思考、翻阅书籍等寻找解决问题的办法。

2. 深入了解，积累经验。通过课程实施，教师对班级幼儿有更深的了解，在尊重幼儿的兴趣与问题下开展活动，使幼儿们在活动中有更深层次的认知，也为下一次活动积累了经验。

（三）教师在班本课程中的反思

课程主题选择明确，突出主题。核心是以幼儿兴趣为基础，聚焦于蚯蚓的探索。进而使主题表达清晰化、问题层次化、探究深入化。优化班本课程，凸显幼儿主体，在班本课程的实施中真正变成了促进幼儿主动学习、主动发展的过程。

总之，在班本课程中教师要根据幼儿的兴趣不断地抛出问题，将课程与探究推向深层化，要不断调节课程与幼儿生活的贴合度，不断学习，深入班本课程，做到细致化。教师和幼儿都是课程的开发者，只有对课程设计的正确辨识才能让教师真正受益，促进成长。

探·践·思
——指向幼儿园课程游戏化路径的探析与思考

（熊燕燕　浙江省余姚市四明幼儿园）

摘　要：在当今时代发展的背景下，游戏是幼儿思维、智力、交际能力提升的关键性渠道。因此，通过教学形式的转变，把游戏化融入其中，是幼儿园课程实践的重要路径。幼儿园课程教育工作需要不断地与时俱进、创新发展，才能够在良好的环境和氛围中，使幼儿健康快乐地成长。本文以幼儿园课程游戏化为核心，探讨其具体的实施路径。希望能够利用多样化的教育方法，以及具有独特性的教育手段，让幼儿感受到游戏的乐趣，也能够真正以幼儿为核心，实现教育工作的创新、完善和发展。

关键词：幼儿园；课程；游戏化

幼儿园课程游戏化，即指在课堂中贯穿游戏精神，让幼儿在参与游戏的过程中获取新知识，拥有新体验。尤其是在当今时代发展的背景下，游戏是幼儿思维、智力、交际能力提升的关键性渠道。因此，通过教学形式的转变，把游戏化融入其中，是幼儿园课程实践的重要路径。

那么，如何结合五大领域，以经验与游戏作为过程中心，探索一条适于幼儿发展的实践路径呢？基于此，本文以幼儿园课程游戏化为核心，探索了五大领域中游戏化课程的具体实践路径。通过探索、实践与思考，利用多样化的教育方法与手段以真实做到基于“幼儿立场”，提升幼儿经验，实现教育工作的创新、完善和发展。

一、探——幼儿园课程游戏化的实践要点

想要保证课程游戏化教育模式得到有效的应用和开展，就需要掌握正确的教育实施要点。

首先，让幼儿成为游戏的主人。《3－6岁幼儿学习与发展指南》中指出，幼儿在学习的过程中，整体的学习模式需要具有直观性和表现性，所以游戏与教学之间的有机融合，就能够让幼儿拥有更加直观的知识学习体验，也能够让幼儿更好地获取经验，提高学习的效果。所以在整个过程中尊重幼儿的主体权益，让幼儿成为核心，是实现游戏化开展的一个最佳效果。

其次，把游戏精神带入幼儿园课程中。课程游戏化并不是简单地把游戏带到课堂，更是需要以五大领域作为基准，让幼儿能够在参与游戏的过程中感受游戏的精神，获取良好的成长。所以教师也需要给予有效的指点，让幼儿在参与课程阶段感受游戏精神，了解游戏内涵，根据幼儿身心的特点出发，引导幼儿发挥想象，在参与游戏的过程中掌握更多的知识和道理，这样才能够实现幼儿园课程游戏化开展的最佳意义和效果。

二、践——幼儿园课程游戏化的实践路径

（一）健康活动领域下幼儿园课程游戏化

健康在幼儿教育五大领域中处于首要位置，体现了当前教育工作对于幼儿健康给予的重视程度。所以在幼儿教育活动实施过程中，想要真正地使课程游戏化得以渗透，就需要使健康活动领域的教学，满足幼儿成长的需求。例如，教师可以组织开展“感冒生病了”主题活动，这也与当前各种病毒肆虐的形式相互吻合。教师可以把教学挂图做好准备，让幼儿看到挂图回答问题，如“图片上的小朋友怎么了？他们在干什么？”然后教师再引导幼儿说出图片上的小朋友们感冒了。这时候教师也需要趁热打铁，让幼儿们说一说如果感冒了该怎么办呀？我们还能不能继续来幼儿园学习和游戏了？通过这样积极地引导，让幼儿能够意识到，如果感冒了自己不仅身体会不舒服，也无法再与小伙伴们一起学习和做游戏了。随后引出感冒的症状和预防感冒的方法等相关的知识。通过这样的形式，就能够让幼儿注意卫生，认识到健康的重要性，以此真正保证在健康活动的领域下，融入游戏化教育的方式，提高幼儿的健康意识。

（二）语言活动领域下幼儿园课程游戏化

在语言活动领域中，教师在对教学活动进行设计时，也需要关注幼儿所占有的主体地位。所选择的教学内容需要与幼儿学习的特点相互吻合，这样才能够提高幼儿语言综合能力的培养效果，也能够把游戏的精神与语言的教学进行有效的结合。例如，在讲解“小蝌蚪找妈妈”的故事时，教师就可以提前做好动物头饰。在故事讲解之前，教师就可以让幼儿根据自己喜欢的小动物，选择想要佩戴的头饰，然后通过教师的描述，进入故事情境中。然后再教会幼儿使用“你好、谢谢、请”等相关的礼貌用语，从而在连贯的故事情节中，让幼儿生动地表演出来，也能够体验到语言活动所具有的乐趣，更能够学会该如何使用正确的语言，与人进行沟通和交流。这样的情景创设以及游戏的开展方法，符合幼儿成长的需求，也能够真正地在游戏化教学工作开展过程中，实现语言领域教育活动的最佳开展效果。

（三）社会活动领域下幼儿园课程游戏化

幼儿在社会领域中的学习和发展过程，是保证幼儿了解社会情感，促进幼儿得以全方面发展的一个重要过程。所以在社会活动的领域下，也需要利用课程游戏化的模式，提高幼儿的综合素质和能力。

例如，教师可以以生活技能作为主题来设计游戏。诸如把“给兔宝宝们穿衣服”或者“比一比谁做得好”游戏活动融入幼儿园的一日生活中，都能够实现最佳的教育效果。给兔宝宝们穿衣服时，教师需要让幼儿们能够选择自己喜欢的小兔子玩偶，找到适合小兔子的衣服，然后为小兔子穿好漂亮的衣服，所有的衣服都需要带扣子，这就能够让小朋友们快速地适应幼儿园的生活环境，并且在游戏参与的过程中学会扣扣子。在“比一比谁做得好”这一个游戏活动中，教师需要把整个游戏贯穿于一日生活，从入园开始比，今天谁没有哭闹，教师就可以给一朵小红花，然后谁自己上了厕所、吃了饭、洗了手等，都需要分别给予不同的奖励，放学前比一比谁的小红花最多，教师再给予一份大奖。这样幼儿们就能够在比赛的过程中，真正地投入幼儿园一日生活中，从而让幼儿更好地适应幼儿园的生活，提高幼儿的社会能力，通过游戏活动促进幼儿的社会性形成。

（四）科学活动领域下幼儿园课程游戏化

对于幼儿园的教育工作来说，科学活动是其中必不可少的一部分内容，也是教育活动中

最为基础的保障。教师要科学地对内容进行选择，提高幼儿参与活动的积极性，其中需要以幼儿生活经验和兴趣爱好为核心，使科学活动的开展，真正满足课程游戏化建设的要求。在幼儿园中，教师可以根据幼儿真实的生活情景和直观教学活动的开展等多样化的角度为方向，确定科学活动中所涉及的游戏。例如，讲解“空气”的知识时，教师可以带领幼儿们拿着塑料袋，在空中挥舞，然后说一说大家都收集到了什么？幼儿的想象力是天马行空的，有些幼儿说有灰尘，有些幼儿会说有小精灵，这时教师就可以带领幼儿共同用手捏捏袋子、拍拍袋子，让幼儿拥有着良好的触感。随后教师再引出“空气”一词，让幼儿认识的空气是看不到的，但是我们用塑料袋是不是捉到了空气？代表着什么？利用这样的游戏活动开展，教师就能够为幼儿树立起正确的思想理念，让幼儿跟随着教师的引导，以及课堂的主要脉络进行思考。并且提供给幼儿自主动手实践的精神，使游戏贯穿科学活动的每一个环节，从而提高活动实施的整体效果和价值。

（五）艺术活动领域下幼儿园课程游戏化

在幼儿园阶段，课程内容的设计以及所包含的知识点，都需要符合幼儿这一阶段的年龄特点，以及身心发展的规律。通过幼儿未来的成长方向为着眼点，确定整个活动具体的实施框架。所以教师在课程设计时，也需要结合幼儿的兴趣需求开展游戏化的创新教育模式。需要注意的就是游戏的设计要有一定的层次性，由简到难，这样才能够使幼儿循序渐进地参与其中。

例如，在幼儿园中教师可以创办一个主题画活动，以石头作为其中主要的原材料，让幼儿充分地发挥自己的想象力，设计不同的“石头画”。有些幼儿会利用颜料与石头进行配合，创设出不同类型的石头小人。有些幼儿则会根据石头的形状和大小自主地进行拼接，最终粘贴成一幅画。还有些幼儿会配合剪纸、编绳等方法，使石头画变得具有多样性。这样的游戏氛围会使整个课堂变得更加的活跃，幼儿也能够结合自己的兴趣以及自己的想象，完成这幅石头画的创作，以此来实现艺术领域课程游戏化开展的最佳效果。

三、思——幼儿园课程游戏化的实践思考

在当今背景下，想要真正地达到最佳的幼儿教育效果，就需要以幼儿为主体和核心，提高幼儿园课程游戏化的实施效果。本文就结合以上的内容，在了解到幼儿课程游戏化具体含义和实施要点的基础上，分析其具体工作的开展路径。希望能够在健康、语言、社会、科学、艺术五大领域中，找到课程游戏化的开展方式，以此在最佳的教育环境以及教育模式支持下，实现幼儿的全方面发展以及良好的进步。

参考文献

［1］谭文婷．游戏化教育在幼儿园 PBL 教学模式中的应用［J］．亚太教育，2023（12）：178－180.

［2］简卉菊．幼儿园自制教玩具与游戏化教学结合的有效策略研究［J］．玩具世界，2023（3）：177－179.

［3］杨芬．幼儿园数学教育游戏化的核心与实施路径［J］．学前教育研究，2023（6）：83－86.

［4］王晓菊．新时代幼儿园游戏化课程理论研究与实践——评《幼儿园游戏化课程的理论与实践》［J］．教育理论与实践，2023，43（14）：65.

创设怎样的区域活动才能更好地体现幼儿的自主性

（杨琼　贵州省贵阳市白云区第十一幼儿园）

摘　要： 在对《3—6 岁幼儿学习与发展指南》不断深入学习和贯彻落实中，新一代的学前教育工作者们都一致认同，区域活动是一种以幼儿为中心的活动，是教师以幼儿的兴趣为出发点，为幼儿进行高效学习获得最佳发展而精心设计的环境，它使幼儿的个性、智能、经验、学习品质等方面的差异受到尊重，得到促进和发展。幼儿在区域活动中得到资源上的支持和文化的熏陶。本文重点探讨了创设什么样的区域活动才能更好地体现幼儿的自主性问题。以期促进幼儿教育质量的有效提升。

关键词： 区域活动；环境创设；幼儿自主；教师角色

一、区域活动创设概述

在学习与贯彻《3—6 岁幼儿学习与发展指南》（以下简称《指南》）的实践中，全国各地各个幼儿园都在尝试各种活动方式来确保幼儿在园的自由活动质量。贵阳市从 2012 年起就结合《指南》开始重视幼儿的半日活动，各园也纷纷为幼儿们创设各种区域活动。其中有以艺术为特色的区域活动，有以阅读为特色的区域活动，有以益智为特色的区域活动等。

二、区域活动创设实践中存在的问题

我园也将区域活动的开展纳入重点工作和研究中。虽然区域活动的历程从幼儿需进区牌参与并限制进区人数等，发展到后来的开放式区域活动，但大家还是不断地在寻求为幼儿开设更高效的区域活动。例如，在开放的美术特色区域活动中，有印画区、刺绣区、折纸区、涂色区、滚画区、撕纸区、涂画区、画线区等。活动开始了，幼儿们都各自选择了一个区域，但有些小朋友还是情不自禁地问："教师，我可以去益智区玩吗？我可以去看书吗？"教师告诉他："现在是美术区域的活动时间"，幼儿露出失望的表情，但还是选择了一个区域进行活动。在刺绣区活动中，有两个小朋友没有选择刺绣，而选择用线开始创意地编起了有意思的小辫子，教师说："请收起来吧，今天我们开设的是刺绣活动，你们想玩辫子下一次再来吧！"两个小朋友听了教师的提醒不情意地收起了。

就这一现象我们进行了反思，这样是不是有些不尊重幼儿的选择、没有保护好幼儿的兴趣和给予支持呢？于是我们翻阅《指南》，在概述部分，实施《指南》应把握的第 4 点中写道，要充分尊重和保护幼儿的好奇心和学习兴趣。根据《指南》的精神，所谓自由活动，就应该是幼儿根据自己的喜好从而选择的一种自主活动的过程，区域活动是一种以幼儿为中心的活动，是教师从幼儿的兴趣出发，为幼儿进行高效学习、获得最佳发展而精心设计的环境，它使幼儿的个性、智能、经验等方面的差异受到尊重。幼儿在区域活动中得到更多发展，得到支持和引导。

既然我们创设的区域活动是为了满足和支持幼儿的兴趣爱好的活动，那么我们更应有责任将区域活动越创越好，我们创设怎样的区域活动才能更好地体现幼儿的自主性？

三、区域活动创设的策略

区域活动是以幼儿为中心的教育实践，是一种对幼儿的解放，它能够满足幼儿的需要和兴趣，也是对所有幼儿发展的一种预期。从以上区域活动开设的情况可以看出，在同一时间段只开设一种特色的区域活动是不能满足所有幼儿的需要和兴趣的，同时在区域活动中，幼儿应该是自由活动的，教师要给予恰当的支持和指导。因此，我们认为创设区域活动要坚持以下策略。

（一）创设丰富的区域活动

从横向而言，基于幼儿的兴趣爱好，幼儿们有着不同的兴趣和爱好，区域活动的创设应设计多方面的内容。从美术特设区域活动开设中，有些小朋友想去体育区、图书区的情况看出，在同一时间开设同一类别的区域活动是不能满足幼儿的兴趣的。因为幼儿有不同的兴趣和爱好，如果我们将创设的区域活动比作一个大超市而言就好理解了。超市为了满足不同人的需要和喜爱，提供了丰富的商品：有日常用品区、有家居区、有服装区、有水果区、有面点区、有蔬菜区、有学习用品区、有玩具区、有小礼品区等，非常丰富。所以超市之所以引来非常多的不同兴趣、不同爱好的人，不难理解同一个时间段开设的区域活动也应该是丰富多彩的，包括多方面内容的区域活动才能更好满足不同幼儿的喜好。当我们在区域活动创设的实践中不断调整尝试时，发现创设开放的区域活动更吸引幼儿，创设丰富的区域活动材料，没有进区人数限制，没有选择材料的限制、也没有操作区域的限制。幼儿们像在自选超市一样拿着材料筐，根据自己的需求选择材料，自主选择合作伙伴、自主选择操作地点和操作方法。在开放的区域环境中更能激发幼儿主动积极参与区域活动的欲望。

（二）区域活动中的内容要有难有易

从竖向而言，基于幼儿的个别差异，在一个类别的区域活动中内容应有难有易，因为对于都有一个共同兴趣爱好的幼儿来说，他们的能力各有差异，不是同在一个最近发展区，当区域活动中的内容有难有易，才能让不同能力的幼儿自主活动而得到发展。如果将美术区域活动划分为一个类别，那么从竖向而言是非常能体现幼儿能力的差异性的。在美术喜好者中，对于能力在起步阶段的幼儿来说内容有涂鸦材料、撕纸区材料、团纸材料；对于能力有基础的幼儿来说内容有滚画材料、绘画材料；对于能力有所提高的幼儿来说有刺绣区、写生区等。由此而言，在美术区域活动中更好地体现了幼儿的差异性。幼儿能能根据自己的发展区选择自己力所能及又具有挑战性的操作材料。

（三）要做好观察者、支持者、引导者

基于教师的角色，既然区域活动是体现幼儿的自由活动，那么教师就不应该去对幼儿主动施加影响，首先是要当一位观察者去观察了解他们，以便幼儿需要时给予适当的引导和支持，进一步为其提供更适当的更丰富的材料，支持幼儿积极参与、乐于尝试、敢于挑战，坚持不懈的良好学习品质。

观察者是活动中的一位旁观者，他能清楚地看到主观者的动态与变化。在区域活动中幼儿才是活动的主体，教师只是在必要时给予幼儿恰当支持或引导促进幼儿的发展。记得我看过在蒙台梭利的“幼儿之家”中教师更多的是一个被动的观察者，而不是主动施加影响的观察者。而且她的被动性包含着她的急切的科学好奇心，包含着对她希望观察到的现象的绝对尊重。

在刺绣区中，两个小朋友不愿意跟着教师进行刺绣活动，而是自己选择材料进行了自己觉得非常有意思的活动，这不是很好地体现了区域活动中幼儿的自主性吗？这不是很好地体

现了区域活动的优越性吗？但不知道当时那位教师为什么要制止幼儿的行为，要求幼儿进行刺绣活动。事实上在区域活动中，我们应该观察幼儿的活动，了解他们的兴趣需求，从而在区域中给幼儿添加他们需要的有意义的材料，让他们随着活动的发展去生成新的兴趣和爱好。用我们的智慧与热情去观察他们，了解他们直至理解他们，根据他们的兴趣和需要持续不断地提供材料丰富、幼儿自主、教师支持的开放的环境和恰当支持，让他成为区域活动的主人。

四、结语

通过学习与贯彻《指南》，在开设区域活动中又经过不断总结、反思、实践，现在我园采取开放式的区域活动，取得了很好的效果。也就是说，打破了之前的区域牌进去、限制人数、限制区域材料等。幼儿在材料丰富、教师支持引导的区域中，促进了幼儿良好的个性、学习品质、学习能力方面的发展。教师专业能力也在探究过程中得到提升，队伍的专业能力、保教质量、办园水平都得到了提高。

参考文献

中华人民共和国教育部．3—6岁幼儿学习与发展指南［M］．北京：首都师范大学出版社，2012.

以游戏活动助力幼儿核心素养发展

（李萍　盐城经济技术开发区步凤镇中心幼儿园）

摘　要： 幼儿时期受到的教育将会影响幼儿的一生，对于幼儿形成良好品格、生活习惯、为人处世原则等都具有重要的意义。未来实际教学期间，必须从健康、语言、社会、科学、艺术等五个领域来对幼儿的学习与发展进行分析，帮助幼儿实现身心的全面和谐进步。本文主要探讨如何使用游戏活动来帮助幼儿核心素养的发展。这对幼儿的全面发展具有重要意义和关键价值。

关键词： 游戏活动；幼儿；核心素养；发展

在幼儿园教育活动期间，开展丰富的游戏活动往往具有重要价值和关键意义。身为幼儿教师，在幼儿教育过程中必须重视对幼儿的核心素养培养，使用多种措施对幼儿进行引导与教育，这对幼儿的未来发展具有重要意义和关键价值。目前来看，我国幼儿教育比较关注对幼儿生活技能的训练以及对基本理论知识的教学，缺乏多方面的引导与教育，因此有必要对这一问题进行分析与研究。

一、幼儿核心素养主要内容

幼儿核心素养首先包括与他人沟通、合作、分享、关心和接受他人的能力。要通过建立良好的人际关系，培养幼儿的情感表达和社交技巧。其次是听、说、读、写的能力。这些技能对于幼儿的思维发展和知识获取至关重要，通过与他人互动才能培养幼儿的语言沟通能力。再次是幼儿对周围环境的好奇心和探索欲望。通过观察、提问、实验等活动，激发幼儿的科学思维和解决问题的能力。然后，帮助幼儿发展数学思维和逻辑推理能力，培养幼儿的数学概念和解决问题的能力。同时，促进幼儿身体发育和协调能力的培养，通过各种运动活动，锻炼幼儿的运动技能和健康意识。另外，培养幼儿的创新精神和想象力，激发幼儿的创造力和审美观。最后，培养幼儿自我认知和自我控制的能力，通过制订计划、遵守规则等活动，培养幼儿的自律性和责任感。

二、游戏活动在培养幼儿核心素养过程中的价值

（一）有助于增加教学实践，提供能力培养机遇

游戏是幼儿最自然、最感兴趣的活动之一，通过以游戏形式开展的教学活动，可以激发幼儿的学习兴趣，增加他们对学习内容的主动参与。在实际教学过程中，游戏活动常常需要幼儿根据规则和情境作出决策，并找到解决问题的方法，通过游戏，幼儿可以培养批判性思维、逻辑推理和创造性解决问题的能力。很多游戏活动需要幼儿进行运动和身体协调，锻炼幼儿的肌肉和发展身体机能，促进他们的身体发展。

（二）有助于协调手脑能力，培养独立学习意识

游戏活动常常需要幼儿综合运用手、眼、脑等多种技能，例如，拼图游戏需要幼儿运用手部精细动作和空间认知能力进行拼图；角色扮演游戏需要幼儿运用语言沟通、情感表达和想象力等多种能力，通过这些游戏活动，幼儿可以协调不同的能力，提高他们的手脑协调能力。在游戏过程中，幼儿扮演着主动的角色，他们需要自行规划和选择行动，并根据结果进行调整。这种自主性的学习过程培养了幼儿的独立思考和学习意识，使他们逐渐习惯于自主学习和解决问题。

（三）有助于加强游戏合作，实现教学互动目标

首先，游戏活动常常需要幼儿进行合作和协作。通过与其他幼儿一起玩游戏，可以学会与他人合作、分享资源、互相支持和尊重他人的意见，这种合作精神的培养有助于提高幼儿的团队合作能力、良好的社交技巧。其次，在游戏活动中，幼儿需要与他人进行互动和交流。他们通过语言表达、动作沟通等方式与他人进行互动，分享自己的想法和感受，这样的互动与交流促进了幼儿的语言发展和社交能力，并增强了教学的互动性。最后，游戏活动的趣味性和参与度往往较高，能够吸引幼儿的注意力和积极参与。通过游戏活动，教师可以创设愉悦的学习氛围，激发幼儿的学习兴趣和动力，同时，游戏活动也可以通过竞赛、团队比拼等方式激发幼儿的竞争意识和积极性，提高他们的参与度。

三、幼儿核心素养渗透教育五大领域

（一）健康领域

教师可以通过游戏、故事和角色扮演等方式，教导幼儿正确的卫生习惯。同时，引导他们认识到保持健康习惯对身体和健康的重要性。通过有趣的活动和实践，向幼儿传授基本的营养知识，鼓励幼儿养成良好的饮食习惯，培养他们选择健康食品的意识。另外，设计各类体能活动，促进幼儿的身体发展和协调能力，教导幼儿参与适当的体育锻炼，增强体质和强壮身体。通过情感教育活动，帮助幼儿认识自己的情绪，学会表达和管理情感。同时，鼓励幼儿与他人分享和倾诉，培养积极的心理健康。

通过在健康领域进行幼儿核心素养渗透教育，可以使幼儿在健康生活和良好习惯方面得到全面发展。这样的教育不仅有助于幼儿身体的健康发展，还培养了他们的自我保护能力、情感管理能力和环境意识，为其未来的学习和成长奠定坚实的基础。

（二）艺术领域

幼儿教学期间，可以通过绘画、手工制作、雕塑等活动，培养幼儿的创造力和审美观。引导幼儿观察和表达自己对事物的感知，发展他们的想象力和表现力。除此之外，通过音乐欣赏、唱歌、跳舞等活动，培养幼儿的音乐感知和节奏感，教师需要鼓励幼儿参与合唱、舞蹈表演等集体艺术活动，培养团队合作意识和舞台表演经验。除了音乐之外，还可以通过朗读、故事会等活动，培养幼儿的语言表达能力和阅读兴趣，选择适合幼儿年龄的优秀绘本、童话故事等文学作品，激发幼儿的想象力和创造力。最后，引导幼儿欣赏各种艺术形式，并

鼓励他们表达自己的感受和评论，帮助幼儿培养对艺术作品的理解和鉴赏能力，拓宽他们的审美视野。

（三）社会领域

幼儿在接受教育之后，迟早要接触社会，因此社会领域的核心素养培养非常关键，教师需要确定幼儿核心素养的培养目标，并确立相应的教育理念，包括培养幼儿的创造力、合作精神、批判思维、沟通能力等。教师需要基于社会领域的特点，设计与幼儿核心素养相关的教学活动。

在幼儿教育中，将不同学科的知识有机整合起来，使幼儿在社会领域学习中能够获得多方面的知识和技能。可以鼓励幼儿积极参与社会实践，并提供相应的支持和指导，通过实践活动，幼儿可以学习解决问题的能力、团队合作的技巧等，从而培养其核心素养。最重要的一点在于，教师需要与家长密切合作，共同促进幼儿的核心素养发展。教师还需要定期对幼儿进行反思和评估，了解他们在社会领域学习中的进展和困难，并及时调整教学策略。同时，鼓励幼儿主动参与自我评价和同伴评价，培养他们的自我认知和批判思维能力。

（四）科学领域

科学方面核心素养的培养主要目的在于为幼儿今后的学习打下基础，教师需要鼓励幼儿积极观察、提问和思考科学现象，提供丰富的实物、图片、视频等资源，激发幼儿对科学的兴趣，并引导他们主动发现和探索问题。另外，教师需要为幼儿提供一个充满科学氛围的环境，鼓励幼儿在自由和探索的氛围中进行科学活动。除了科学之外，还需要将科学与其他学科进行有机结合，以培养幼儿的综合素养。最后，设计开放性的项目学习，让幼儿在实践中运用科学知识解决问题。鼓励幼儿进行独立思考和创新，并引导他们进行项目总结和分享。

（五）语言领域

教师可以打造一个充满语言资源的环境，包括图书角、阅读角、游戏角等，提供丰富多样的语言材料，激发幼儿对语言的兴趣。通过讲故事、唱儿歌、游戏等活动，提高幼儿的听说能力，引导幼儿积极参与语言交流，鼓励他们表达自己的想法和感受。养成每天定时阅读的习惯，给幼儿提供适龄的图书，并进行亲子阅读活动，通过阅读，培养幼儿的阅读理解能力、词汇积累和想象力。在实际教学的过程中，教师可以通过讨论故事情节、角色行为等，引导幼儿思考问题、分析和评估，培养幼儿的批判思维和逻辑思维能力。最后，教师需要与家长密切合作，共同关注幼儿的语言发展，定期举办家长会、亲子活动等，提供家庭教育指导，帮助家长在家中继续促进幼儿的语言发展。

四、结语

幼儿核心素养现如今已经成为幼儿教育的一项关键目标与重点内容。身为幼儿教师，必须使用合理的措施来进行积极优化，适当改进教学质量与教学水平。同时，教师还需要结合有教育意义的游戏活动，结合五项核心素养的相关教学关键节点，在实践当中不断强化创造力、批判能力、独立思考能力、自主学习能力，这对幼儿的未来发展与进步都具有重要意义和关键价值。

参考文献

[1] 许青．支持大班幼儿深度探究的多元区域游戏项目化设计与实践——以《光与影》主题下科探区游戏设计为例［J］．新智慧，2023（18）：41—43.

[2] 陈菁．基于核心素养培养的幼儿教育［J］．江西教育，2023（19）：90—91.

[3] 陈湘东．基于传统文化将游戏教学应用于幼儿园学前教育的策略研究［J］．中华活页文选（传统文化教学与研究），2023（05）：181—183.

[4] 孙文娇．核心素养视域下幼儿园教学管理措施探析［J］．教育实践与研究（C），2023（4）：55—56.

[5] 杜欢．核心素养视域下幼儿足球课程的实践研究［J］．广西教育，2023（7）：96—99.

[6] 袁佳娟．幼儿园游戏化课程中核心素养的培养［J］．新课程教学（电子版），2022（24）：164—166.

[7] 孙瑞．核心素养下幼儿合作意识及能力培养的策略［J］．家长，2022（34）：171—173.

自然材料在乡村幼儿园游戏活动中的应用研究

（吴小梦　湖北省宜昌市当阳市窑湾幼儿园）

摘　要： 随着现代教育的快速发展，乡村幼儿园在游戏材料的选择上更趋向于使用标准化、商业化的产品。现实生活中，这些产品虽然在安全性和耐用性上有所保证，但往往缺乏多样性和创造性。相比之下，自然材料却能以其独特的质地、形状和颜色，为幼儿提供丰富的感官体验和创造性探索的空间，是游戏设计的理想材料。基于此，本文主要阐述自然材料在乡村幼儿园游戏活动中的应用措施及价值，旨在更好地促进乡村幼儿的全面发展。

关键词： 自然材料；乡村幼儿园；游戏活动；应用研究

在乡村幼儿园，自然材料如树叶、树枝、石头、泥土等，不仅易于获得，而且与幼儿们的日常环境密切相关，也更容易引发他们的兴趣和好奇心。在自然环境中，没有固定的玩法，幼儿们可以自由地利用这些材料进行创作和构建。最重要的是，通过与自然材料的互动，幼儿们可以学习到关于自然界的知识，培养对环境的尊重和保护意识。

一、自然材料在乡村幼儿园游戏活动中的应用意义

（一）有效促进幼儿的感官发展

自然材料的多样性提供了丰富的触觉体验。幼儿们通过触摸和操纵不同质地的石头（光滑、粗糙）、树枝（坚硬、弯曲）和泥土（湿润、干燥），能够发展对触觉刺激的敏感性和反应能力，自然材料的多种颜色和形状可以促进视觉辨识能力。如观察不同颜色和形状的石头、树叶的脉络、泥土的色泽变化等，都能够丰富幼儿们的视觉经验。自然材料还可以用来制造声音，促进听觉发展，如撞击石头可以产生不同的声响，摇动装有小石子或干树叶的容器可以制造沙沙声。

（二）激发幼儿创造力和想象力

自然材料如树叶、石头、树枝、果实等各不相同，每一件都有其独特的形状、大小、质地和颜色，这种多样性可以激发幼儿们的好奇心，鼓励他们去探索和发现新事物。幼儿们也会用自己的方式理解和解释这些材料，从而激发他们的想象力。此外，自然材料可以被幼儿们想象成各种各样的东西。比如，一根树枝可能成为一把魔法棒，几块石头可以排列成一座小山，树叶可以变成船只，通过物理物件进行抽象思维的过程，不仅激发了幼儿的想象力，也培养了抽象思维能力。

（三）培养幼儿的环境保护意识

通过亲身接触和使用自然材料，如石头、树叶、泥土等，幼儿们建立起与自然环境的直接联系，这种亲密的自然体验有助于激发他们对环境的兴趣和关心。当幼儿们观察和探索自然物品时，他们开始理解自然界的复杂和美丽，从而培养对自然环境的尊重和保护意识。使用自然材料进行游戏和学习活动能够教导幼儿们实践环保行为，如收集和使用落叶及枯枝进行艺术创作或建筑游戏，可以展示如何在不损害环境的前提下利用自然资源。

二、自然材料在乡村幼儿园游戏活动中的应用措施

（一）自然宝藏狩猎游戏，强化幼儿对自然的认知

在乡村幼儿园，自然环境提供了丰富多样的资源，适合开展各种户外活动。自然宝藏狩猎游戏利用这些资源，鼓励幼儿们在自然环境中进行探索和学习。通过参与自然宝藏狩猎游戏，幼儿们可以学习到关于自然的知识，如识别不同的植物、动物和自然物体。同时，这种活动还能培养他们的观察力、注意力和解决问题的能力。在游戏中教师加入环境保护的教育元素，如教导幼儿们不破坏植物，不留下垃圾。例如，选择安全且富含自然元素的区域进行宝藏狩猎，如校园周边的草地、小树林或花园。收集各种自然物品，如彩色石头、不同形状的树叶、松果、树枝等，当然确保这些物品安全、无毒、适合幼儿操作。教师准备一系列线索，可以是图片、谜语或简单的文字描述，引导幼儿们找到隐藏的宝藏。每组幼儿根据提供的线索，在指定区域寻找隐藏的自然宝藏。完成狩猎后，组织幼儿们分享他们找到的宝藏，讨论它们的特点和来源。游戏结束后，教师要引导幼儿们负责任地处理找到的物品，如将它们归还自然或妥善存放。

（二）设计自然创造游戏，培养幼儿艺术表达能力

艺术表达是幼儿发展的重要组成部分，它不仅有助于情感和认知发展，还能促进语言能力和社交技能的提高。自然材料的多样性和独特性能够激发幼儿的想象力和创造力。相比于传统的艺术材料，自然元素更能引发幼儿们的好奇心和探索欲。教师也要将艺术创作与自然知识、环境教育相结合，如通过创作讲述植物的生长过程或动物的习性。例如，教师设计自然艺术工作坊游戏，提前收集和准备各种自然材料，包括树枝、树叶、花瓣、石头等，确保这些材料的多样性和安全性。在幼儿园内或户外设置一个安全且舒适的艺术工作区，配备必要的工具和设施，如胶水、纸张、剪刀（在成人监督下使用）等。接着展示一些使用自然材料创作的艺术作品作为示例，给幼儿们一些灵感。幼儿们在教师的指导和帮助下，自由选择自然材料进行艺术创作，可以是平面的拼贴画，也可以是立体的构造物。在创作过程中，教师可以引导幼儿们交流他们的想法和创作过程，促进彼此间的学习和灵感碰撞。在这一过程中，幼儿们学会了如何将自然元素转化为艺术表达的媒介，发展了创新思维。

（三）合作完成帐篷搭建，锻炼幼儿团队合作意识

在自然丰富的乡村幼儿园环境中，有大量的自然资源，如树枝、草、叶子等，可以用来进行创造性的建筑活动。另外，教师也可以提供一些生活材料，如竹竿、废旧床单、布条等。通过合作搭建帐篷，幼儿们可以实际应用这些资源，同时学习如何与他人协作和共同解决问题。教师首先组织幼儿们在幼儿园周围的自然环境中收集建筑所需的自然材料，如树枝、树叶、草等，然后将幼儿们分成小组，每组3—5人，确保每组中的幼儿具有不同的能力和特长，以促进多元化的团队合作。教师引导每组幼儿讨论和规划他们的帐篷设计，鼓励幼儿们提出自己的想法和建议，绘制帐篷的草图，规划所需材料和构建步骤，确保每个幼儿都有参与和贡献的机会。完成搭建后，每组展示他们的帐篷，并向其他小组介绍他们的设计理念和搭建过程。在设计和搭建帐篷的过程中，幼儿们学习了基本的建筑和工程概念，如结构稳定性、材料的选择和应用，并锻炼了团队合作意识。

（四）创设丰富自然区角，丰富幼儿自然学习体验

自然区角的设立旨在提供多感官体验的环境，让幼儿们通过触摸、观察和操纵自然材料，如石头、树枝、水和泥土，探索自然界的奇妙，这样的环境有助于激发幼儿们的好奇心

和探索欲望，与标准化的游戏材料相比，更能提供丰富的学习体验。在这个区域内，幼儿们可以自由地使用自然材料进行创造性游戏和学习，这对于他们的想象力、创造力和问题解决能力的发展非常重要。教师在选择和使用自然材料时要考虑其可持续性，避免破坏环境，并提供各种类型的自然材料，以满足不同年龄段幼儿的需求和兴趣。

例如，教师可以规划不同的区域，如触觉探索区、植物观察区、小型水体探索区等，确保每个区域都有足够的空间供幼儿们探索。收集各种自然材料，如石头、树枝、树叶、沙子、泥土、水和各种植物，根据不同的自然材料和区域设置特定的主题活动，如“小小园丁”“水世界探险”等。然后将自然区角的活动与日常教学相结合，如在探索中加入数学、科学和艺术元素。根据季节变化或主题活动的需要，更新区角中的自然材料，收集乡村常见的农作物，如南瓜、橘子、柿子、柚子、松果等。相信在自然区角中，幼儿们通过触摸、观察和操纵自然材料，可以有效促进感官发展和创造力。

三、结语

自然材料在乡村幼儿园游戏活动中的应用具有显著价值，对于促进幼儿的全面发展和环境教育具有深远的影响。鉴于其潜在的教育价值，幼儿教师在设计游戏时要重视对自然材料的进一步研究和应用，为乡村幼儿创建良好的学习和成长环境。

参考文献

［1］江慧玫．从一片树叶说起——环保视角下自然材料在幼儿园区域游戏中的运用［J］．亚太教育，2022（22）：15－18.

［2］张敏．基于课程游戏化理念创设自然角——以秋天自然角创设为例［J］．教育观察，2022，11（30）：62－64＋78.

［3］李圆圆，吴珺珺，董秀维等．以自然教育理念为导向的幼儿园户外空间营建策略研究［J］．西南大学学报（自然科学版），2021，43（3）：167－176.

幼儿园游戏探究与实践

（赵阳阳　新疆阿勒泰地区哈巴河县萨尔塔木乡中心幼儿园）

摘　要：幼儿园是幼儿们接触教育的主要地方，也是幼儿接受学校教育最早的地方。因此，幼儿教育过程中一定要针对幼儿的年龄特点设置合适的教育方法，其中游戏教育就非常适合幼儿园的教学流程。游戏教育作为幼儿园教学过程中重要的组成部分，幼儿们在游戏教育过程中能够感受到愉快的学习氛围，并且在游戏中健康地成长。对于幼儿未来发展而言，游戏教育是非常有效的一种教学方式。

关键词：幼儿园；幼儿教育；游戏教育；实践；问题

幼儿的年龄是小，他们的认知能力也比较有限，在幼儿教育过程中，很多教师面临着一些困难。随着国家和社会对于幼儿教育的高度重视，幼儿园也在更新教学方法和理念，来保证教学质量的不断提高，培养幼儿的综合素养能力。游戏化教学理念，也就是在幼儿教育过程中通过将游戏与教学结合，给幼儿营造轻松愉快的课堂学习氛围，利用多彩的游戏活动，让幼儿的学习兴趣不断地增强，帮助更多的幼儿参与到游戏过程中去，培养幼儿的学科知识学习兴趣。

一、幼儿园游戏教育的重要价值

幼儿园游戏教育作为幼儿园日常教育过程中的重要内容之一，幼儿们能够在游戏教育过程中去发挥自己的主观能动性，让幼儿自主积极地参与到游戏学习过程中，幼儿能够自主地进行思考。游戏教育在一定程度上也有利于幼儿的身体、智力和情感人际交往的关系全面成长，更有助于幼儿综合素养能力的不断提升。游戏教育能够培养幼儿们的合作意识和判断能力，让他们解决问题的能力不断地提升，游戏教育适合幼儿的成长，也能够让幼儿成为对未来和谐社会不断发展的有用人才。

二、幼儿园游戏教育的教学方法

（一）角色扮演游戏

角色扮演游戏在幼儿教育过程中是非常容易使用的一种游戏教育方法，在这种游戏教育过程中，幼儿们可以扮演不同的角色，积极地参与到不同的角色生活过程中去。从幼儿们的视角去演绎他们对于这些角色的认知，教师在旁边对学生进行指导，也能够让学生积极地参与到角色扮演过程中，去培养幼儿的想象力和创造能力。例如，幼儿就可以扮演一些医生、教师、消防员等角色，通过模仿这些职业学习和体验不同职业的重要价值。

（二）拼图游戏

拼图游戏能够培养幼儿的观察能力和动手能力，也是幼儿园教育过程中一种常见的有效教学方法，通过拼图游戏教学能够让幼儿们去学习到一些形状和颜色，而且让幼儿们对于空间关系有一定的认知概念。拼图游戏教育能够培养幼儿们的耐心和解决问题的能力，也能够引导幼儿们的观察能力不断提升，培养幼儿的逻辑思维能力，让幼儿能够安静下来进入学习过程中去。

（三）益智游戏

益智游戏是培养幼儿们创意想法和思维能力以及逻辑思维能力非常重要的一种方法。益智游戏整体包含的内容是非常多的，如迷宫游戏就可以让幼儿们在迷宫中去寻找正确的路径，拼字游戏就可以让幼儿去学习一些字母和拼音，数字游戏就能够让幼儿在游戏过程中去锻炼他们的计算能力，因此益智游戏能够激发幼儿学习兴趣的同时，也能够让他们的智力有所发展。

（四）音乐游戏

音乐游戏主要是能够培养幼儿的音乐核心素养能力和幼儿的节奏感，这也是幼儿教育过程中一种比较有效的教学方法。通过唱歌、跳舞、演奏乐器等多样化的音乐活动，能够让幼儿去感受到音乐的魅力，也能够培养他们对于音乐的认知，进而培养幼儿的艺术核心素养能力。

三、幼儿园游戏教育面临的问题及其未来发展

（一）幼儿园游戏教育面临的问题

在幼儿园游戏教育过程中，幼儿的培养能力其实是没有办法进行全面的预测。很多幼儿园教师在教育过程中过度关注游戏教育的轻松感，而导致游戏教育的水平难以跟上我国幼儿教育不断发展的要求。游戏教育和普通教育的关系没有被明确地界定开来，同时游戏教育在很多幼儿教育过程中发展处于较弱的阶段，甚至教学经验和教学体系的发展也需要不断地进行完善。

（二）幼儿园游戏教育的未来发展

幼儿园游戏教育的未来发展一定要根据中国国情，适合中国幼儿们的发展，游戏教育要在本土化方向进行创新。幼儿教师也要不断地去创新和完善幼儿教育的教学体系，让幼儿教育的发展更加系统化和精准化。教师也要让游戏教育适应更多的教育场景，让游戏教育融入家庭、社会中去，方便幼儿在游戏教育中获得更多的体验和锻炼机会。因此，游戏教育在未来发展的探索和实践过程中，一定要紧跟中国教育的改革和创新，促进幼儿园的全面发展。

四、幼儿园游戏教育应用策略

（一）幼儿教师需要根据课程内容精准地选择游戏

就幼儿园游戏推广和应用而言，教师一定要保证游戏的选择是合理的。教师在游戏教学模式的推广过程中，选择的游戏要符合课程内容和教学要求，这样才能保证教学活动达到提高幼儿的学习和创新能力的目的，让幼儿在游戏学习过程中形成良好的习惯。游戏化的教学方法选择也要根据课程的目标和内容，去选择相适应的游戏，引导幼儿通过游戏来提高他们对于课程内容的理解。

例如，幼儿教师在教育过程中就一定要重视体育教学，可以利用游戏化的教学模式，根据幼儿的成长特性和体育教学目标，保证游戏教学的活动形式是合理的，最大限度地保证幼儿教学的成果。

（二）幼儿教师设计的游戏要有一定的创造性

在幼儿园游戏选择的过程中，教师也要重视游戏的创造性，教师在利用游戏进行教学的过程中，不能够长期单一地选择一种游戏方式，这样幼儿非常容易产生枯燥感，幼儿的学习兴趣就会逐步地降低。教师在各个学科的教育过程中，也要根据不同的课程内容选择不同的游戏形式，内容一定要不断地去创新，通过多样化的游戏来提高幼儿的创造能力。而且幼儿游戏的创新，教师可以从一些社会实践或者是虚拟游戏中去产生，创设一些情景，让幼儿来创新游戏的趣味性，提高幼儿的综合素养能力。

例如，幼儿教师在给幼儿讲解一些植物相关知识的时候，就可以引导幼儿对植物进行扮演，结合植物的生长特性，让幼儿随教师的移动而去变化。这样幼儿能够在了解到植物相关知识的同时，也能够去寻找一个更好的发展方向。

（三）合理地利用游戏器材丰富游戏的多样化

在采用游戏教育的过程中，幼儿教师需要利用游戏器材来进行教学安排。要提高游戏教学的成果，就需要多注重游戏器材的使用和选择，丰富游戏的形式。幼儿教师在选择器材的时候要保证器材的安全，很多器材容易对幼儿造成伤害。因此，游戏教学所选择的游戏器材要与幼儿年龄相符，更要无毒无害，环保安全。在选择游戏器材的时候，要与学习内容相适应，保证游戏器材在游戏教学中能发挥最大的作用，提升游戏教育的成效性。

例如，幼儿教师在教学过程中，就可以带领幼儿来制作游戏器材，幼儿在制作不同的游戏器材过程中，能够提高他们的动手能力。教师可以鼓励幼儿亲自动手去制作一些游戏器材，利用易拉罐或者竹竿等一些材料来进行游戏器材的制作，帮助幼儿了解游戏规则，也让幼儿能够学到更多的知识。

（四）幼儿教师需要不断提高游戏教学的趣味性

在幼儿教育过程中，教师能够发现兴趣就是幼儿学习的唯一动力，因此在兴趣的引导之下，幼儿才能够积极地参与到游戏活动过程中去，发挥游戏教育的重要作用。因此，幼儿教师在教育过程中开展游戏教学，要在游戏中植入趣味性的因素，不断地提高游戏的乐趣。而且教师也要创设良好的游戏学习氛围，通过趣味性的游戏教学方式来给幼儿带来更好的游戏体验感。幼儿游戏设计的难度一定要符合当前幼儿教育的年龄特点，这样才能够让幼儿参与到游戏过程中去，避免对于游戏教育产生枯燥感。

例如，教师在带领幼儿进行户外活动的时候，教师就可以将一些趣味性较强、难度较低的游戏融入户外活动过程中，适合幼儿的整体性发展，也能够让幼儿展现不同的个体差异性，开展个性化的游戏教学。幼儿教师需要保证幼儿能够在游戏教育中让幼儿的能力得到更好的发展，而且在开展游戏教育过程中，教师也要重视记录工作，针对幼儿不同表现去进行观察，进一步地调整幼儿游戏的发展模式，形成相应的数据库，为未来的幼儿教育奠定扎实的基础。

五、结语

我们通过整体论述幼儿游戏的相关知识点，来进一步分析幼儿游戏教育的重要价值、一些游戏教育的教学方法，以及游戏教育面临的问题和未来的发展方向。我们认为，教师要根据课程内容精准地选择游戏，而且在游戏设计的过程中增加创造性。与此同时，在进行游戏教育过程中，要利用丰富的游戏器材不断地提高游戏教育的趣味性，才能真正达到幼儿在游戏中健康成长。

参考文献

魏鸿，赵燕斌，王颖，等．探索在自然教育中提升教师的专业素养与能力——以“幼儿园探究式自然游戏的实践研究”为例［J］．环境教育，2024（1）：68－71.

安吉游戏模式对幼儿教育发展价值的探析

（张云丽　沈阳市苏家屯区教工幼儿园）

摘　要：安吉游戏以它独特的方式引起了我国学前教育界的广泛关注。在安吉游戏中可以感受到许多幼儿玩游戏时的快乐，分享游戏内容时的热情和发表个人游戏观点时的积极性。教师在游戏评价过程中合理地引导幼儿，有足够的户外自然空间，幼儿拥有主体性，实现了教育家陶行知所说的六大解放：解放幼儿的头脑、双手、眼睛、嘴、时间、空间。幼儿真正成为游戏的主人，实现了在“玩中学”的教育思想。本文基于安吉游戏的主要特征，从教师和幼儿入手深入探析其模式给幼儿及教师的发展带来了哪些影响。

关键词：安吉游戏；发展价值

安吉游戏是浙江省安吉县开展的幼儿园游戏课程的简称。以自主性游戏而著称，之前我们幼儿工作者一直在呼吁要转变幼儿观，却迟迟行动缓慢或持续性不强，就是这场游戏变革将口号变为了现实，实现了传统幼儿观的转变。这样的课程模式值得幼儿教育工作者去借鉴。

一、“安吉游戏”特征

“安吉游戏”的发展历经了三个阶段：没有游戏机会的无游戏阶段、幼儿按照教师的计划进行机械游戏并感到假快乐的假游戏阶段、保障幼儿自主性的真游戏阶段，其中真游戏阶段是我们一直所倡导的。

（一）具有自发性、开放性

“安吉游戏”中幼儿从自身意愿出发进行游戏活动，为幼儿提供足够大的空间和足够玩耍的时间，幼儿可以到自己喜欢的场地上，自主选择自己想要操作的材料、玩伴以及对玩法的制定，教师不做过多的干预，在整个游戏中幼儿可以完全听从自己内心的选择。

（二）具有自然性和本土性

“安吉游戏”理念下幼儿园的游戏环境是自然生态的、自主开放的，每一处环境空间的布局与利用都是为幼儿服务的，游戏场地多种多样，有沙地、水泥地、山坡山洞、木屋管道等，这些场地都来源于大自然。教师为幼儿提供的游戏材料包括生活材料、自然材料，如垫子、木板、水渠、油桶、梯子、轮胎以及各种废品等，幼儿可以借助大自然的材料，通过自己的创造思维和动手操作把它们变成自己喜欢的游戏工具。

（三）具有创新的教育方式

第一，教师的角色定位发生变化，他们更多的是观察者、记录者和游戏环境创设者的角色。第二，教师注重过程性评价和结束后的指导。第三，教师给予幼儿支持，鼓励幼儿冒险。

二、安吉游戏对幼儿园、幼儿和教师的发展价值

（一）对幼儿园的发展价值

1. 助推幼儿园课程改革“闭上嘴、管住手、睁大眼、竖起耳”在之前是对幼儿的要求，而如今在“安吉游戏”中是对幼儿教师的要求，把真游戏还给幼儿。安吉的幼儿教学经过十几年的课程改革已经走在全省乃至全国的前列，“安吉游戏”在幼儿园课程改革推进中具有重大的借鉴意义。其主要体现在幼儿园课程价值取向、教学方法、课程内容、课程教学实施方式、课程评价方式等方面。它对幼儿园课程改革的启示在于重新把握游戏精神与内涵，强化一日生活兼课程的理念，坚持以游戏为基本活动，将课程游戏化。

2. 有助于幼儿园去小学化。幼儿园小学化不仅是指向幼儿教授小学的学习内容，还表现在小学化的一日活动安排、学习环境、教学内容、教学形式、评价方式等方面。幼儿园出现小学化的原因，首先是幼儿园教育理念偏差，根本宗旨没有放在发展幼儿的身心健康上，为了迎合市场，违背幼儿教育规律。其次是教师的教育思想，没有树立以幼儿为本的教育理念，专业素质能力不够强，还要迎合家长的想法。而在“安吉游戏”里，幼儿园提供适合幼儿的园所环境，教师尊重幼儿的主体性，保障幼儿自主游戏的时间，恰逢时机的指导，主要目的是让幼儿在游戏中成长与发展，几乎没有可小学化的机会，有助于幼儿园去小学化。

（二）对幼儿的发展价值

1. 培养幼儿的冒险精神。在“安吉游戏”中设有野战区、冒险岛、运动场等内容，其中的沟壑、山坡、秋千、高梯、绳网等都具有挑战性。其实，幼儿的内心是向往具有刺激性、冒险性的游戏，现在的幼儿活泼好动，也会出现与其他幼儿打斗，玩各种“野外游戏”的行为。他们不怕受伤并享受这种乐趣，反而在这样的游戏中能够培养幼儿冒险的精神，促进他们形成大胆、勇敢、自我挑战等优秀的品质，还能提高其自我保护能力、解决问题能力。对于幼儿来说是一种很好的游戏教育。

2. 丰富幼儿的游戏体验。游戏性体验就是游戏者在游戏活动中产生的对于游戏活动本身的主观感受或心理体验。幼儿对游戏内容产生极大的兴趣和好奇心，遵从自己内心真实想法进行游戏，这是幼儿的兴趣性和自主性体验。游戏活动还能使幼儿对自己的能力加以肯定，从而促进其自信心，这是幼儿的成就感体验。在“安吉游戏”的过程中，幼儿可以按照自己的意愿和兴趣独自游戏、合作游戏，能够互相倾听、理解和接受一些意见和想法，制定游戏规则，一起合作解决遇到的问题和困难，促进幼儿与幼儿之间情感的交汇，这些极大地丰富了幼儿的游戏体验。

3. 促进幼儿对自然的主动探索。“安吉游戏”是在大自然中进行的，幼儿可以在草坪、沙地、水泥地、塑胶地等自然场地上开展游戏，运用管道、竹子、轮胎、废品等自然材料，接触自然中的万物，从而让幼儿能够用自己的感官、身体、内心去亲近自然、感受自然、探索自然。只有产生对大自然的兴趣，才能产生对科学探索的兴趣。

（三）对幼儿教师的发展价值

1. 提升教师的观察能力。在“安吉游戏”中，在游戏开展之前，教师先会做好观察的准备，如观察记录表、记录所需要的设备以及观察目标趋向等。游戏开始至结束，教师全程观察幼儿的游戏动向，了解其游戏状态。通过观察幼儿对游戏材料的操作与摆弄、解决问题的方式，进而判断幼儿的发展水平、逻辑思维方式以及动手能力。这样一来，教师可以根据不同幼儿的表现和需求，为其提供多元化的教育模式，展现因材施教的思想，在此过程中逐渐提升教师的观察能力和观察水平。

2. 提升教师的知识储备和解读、评价能力。将幼儿的游戏过程记录下来，当然还需要对幼儿这些行为、语言、游戏过程中出现的问题等进行分析、解读和评价。为了能够更好地了解幼儿，准确而有依据地分析和解读、有效地指导幼儿，教师需要主动地学习关于幼儿教育的相关专业知识，包括学前幼儿心理学、教育学、游戏等内容，并掌握能促进幼儿发展的政策规范性文件，以此来提升自己的教育能力，使其专业化程度越来越高。教师之间可以进行集中研讨，进行经验交流借鉴，使其解读角度更加多样化。只有教师的观察能力提升、专业知识提高、分析解读能力增强，教师才能随之对幼儿进行正确、合理的评价与指导。

三、结语

把“安吉游戏”的理念和精神贯穿始终，不断为幼儿的真游戏和真学习创造条件。也就是说，把真游戏还给幼儿，做到真正放手，让幼儿专注地投入游戏中，保证幼儿不受外界环境的干扰。“安吉游戏”给予了幼儿园、教师和幼儿在传统教育中不一样的价值。我们要汲取“安吉游戏”的精髓（并不是完全照搬），制定适合本园发展的游戏模式。因“安吉游戏”产自安吉县，充分利用了本土化资源，这为中国农村幼儿园发展提供了很好的参考建议，要善于充分挖掘农村本土资源。当然“安吉游戏”也是在不断地完善中，有我们值得借鉴的地方，也有需要我们进一步探索的地方。

参考文献

[1] 钱愿秋．幼儿园户外游戏活动的价值、现状与组织策略［J］．教育与教学研究，2012（7）．

[2] 华爱华．3—6 岁幼儿学习与发展指南：通过活动区游戏来实施《指南》［M］．北京：人民教育出版社，2013.

[3] 吕进峰，曹能秀．幼儿园户外游戏场地的景观生态学研究［J］．上海教育科研，2018（1）．

[4] 吴振东．蒙台梭利关于幼儿教师角色论述的启示［J］．中国教育学刊，2001（4）．

[5] 蔡金莲．“安吉游戏”对教师角色的新启示［J］．幼儿教育研究，2016（2）．

基于观察和解读的户外游戏支持策略

（单慧丽　上海市普陀区恒力锦沧幼儿园）

摘　要：教师的支持策略会影响幼儿户外游戏的开展效果。本文基于对幼儿游戏行为的观察和解读，采用案例分析法，研究了幼儿户外游戏中的教师支持策略。呼吁教师对游戏情境和幼儿状态进行细致的观察，深入了解幼儿的兴趣、发展水平和个体差异，从而更好地支持他们的游戏。与此同时，还提出了提供多元材料、适时介入幼儿游戏、注重游戏经验的分享交流等户外游戏支持策略，鼓励教师根据幼儿的需要和幼儿身心发展规律，为其提供多维支持。

关键词：户外游戏；支持策略

教师是幼儿游戏重要的支持者、合作者与引导者。为了给幼儿提供更好的游戏支持，体现教师的专业性，必须对幼儿游戏进行细致的、深入的观察，了解幼儿的兴趣爱好、发展水平及个体差异。教师通过解读幼儿的已有经验，才能采取适宜的游戏支持策略，更好地促进幼儿的全面发展。

一、观察游戏情境，解读幼儿的游戏状态

任何一个行为都不是无缘无故发生的，幼儿的游戏行为也不例外。教师在对幼儿游戏行为进行观察的时候，需要结合游戏发生的时间、地点和游戏伙伴等多种因素，才能更好地理解幼儿的各种行为。

在一次户外游戏中，男幼儿们开始了他们喜欢的“战斗游戏”。他们迅速搭建完成大炮，并分配了角色，有的当“炮手”用大炮进攻，有的扮演“士兵”用机关枪扫射，还有的当“巡逻员”检查周围情况。瑞瑞自己拿起一块长条积木当作对讲机扮演“指挥官”。这时，东东和晨晨没有分配到任务，便问“指挥官”瑞瑞自己做什么。“指挥官”说：“你俩也做大炮手吧。”可“炮手”说：“大炮只有一个，而且我已经是大炮手了。”瑞瑞听后也不知道该给他们分配什么任务了。当发现幼儿的游戏一直无法推进，教师走上前问：“如果战场上士兵受伤了，怎么办?”“炮手”说：“我爸爸是军人，他跟我说部队里都有医生。”教师继续发问：“那你们这个战场上需要医生吗?”“指挥官”和“炮手”想了想，对东东和晨晨说：“咱们再搭建个医院吧，你俩就做医生，救助咱们受伤的士兵。”原本还愁眉苦脸的两人听后，立马兴奋起来，边答应着，边跑着去找材料搭建医院……“战斗游戏”终于开始了。

幼儿在不同的情境下与不同的伙伴进行游戏时，所表现出的游戏行为也不尽相同，教师可仔细观察这些行为的相同与差异，进一步解读幼儿在与不同小伙伴交往时的不同方式与交往状况。同时，在同一游戏情境下，幼儿不同的情绪反应也是幼儿对当下游戏状况理解的映射。教师通过对幼儿游戏情境以及幼儿游戏状态的观察和解读，可以进一步了解幼儿当下的心理状态，分析行为发生的原因，从而更好地帮助幼儿梳理游戏脉络，促进幼儿在游戏中的自主学习与发展。

二、做好观察记录，寻找游戏行为的共性与个性

幼儿在自主游戏时，教师需要了解该阶段幼儿发展的身心特征，关注不同幼儿的个性特征，同时也要结合时代的变化对幼儿的行为特点进行科学的总结。基于此，观察记录就可以

为教师提供了解幼儿的素材和依据。

教师对不同幼儿的游戏行为和同一个幼儿的不同游戏行为进行观察，洞悉幼儿的差异之处，同时还可以进一步分析相同心理因素下会经常出现的游戏行为。观察记录需要写清楚时间、地点、游戏过程、参与游戏的成员和幼儿具体的游戏行为及其中教师的指导行为、反思内容，要注重对幼儿行为细节的观察，以便作为参考和对比资料。

例如，在一次户外游戏中，俊俊很喜欢开修车店，游戏前期，他和梦梦一起用轮胎和垫子做了很大一辆车，教师扮演客人经常去修车店和幼儿互动。到了游戏后期，他们用了很多的垫子、围栏、纸积木块，在大垫子上划分了一块块区域，让修车店演变成了“房车店”，其他的小朋友都到房车里来参观。

通过一次次观察记录，教师能够发展幼儿在游戏中的不同分工，了解不同幼儿在游戏中的发展情况，教师做好对幼儿游戏行为的观察记录，寻找幼儿发展中的共性特点和个性特点，帮助幼儿更好地成长和发展。

三、基于观察和解读，采取适宜的支持策略

通过观察和记录幼儿的游戏行为，教师能够了解幼儿在游戏中的角色分工，分析幼儿个体在游戏中的发展状况，助力教师发现幼儿发展的共性和个性特点，从而更好地采取适宜的游戏支持策略，引导幼儿多方面的发展。

（一）提供多元材料，激发幼儿的游戏创新力

在户外游戏材料的选择上，材料的丰富并不等于适宜，适宜也不是越多越好。我们采用“加减法”和“标识法”，使材料从丰富走向适宜。

教师需观察现有游戏材料的使用情况，通过“加减法”支持幼儿开展多样化的游戏。一方面，减少高结构、低频使用的材料，如锅、碗、瓢、盆等成品材料，增加低结构、生态自然的材料，如纸箱、纸筒、管子、长板等。另一方面，减少材料种类，增加同一种类材料的数量。例如，减少不常用的低结构材料，如打包带、泡沫片等，增加常用的纸盘、纸板等基础材料的数量，以支持幼儿深入探索和想象。此外，减少固定器械的数量，增加可移动、可组合的材料，支持幼儿跨区使用游戏材料，满足其不同游戏场景需求。例如，在户外涂鸦游戏中时，提供一些白色T恤、废旧轮胎、纸箱、纸伞、树叶等生活材料作为主要涂鸦材料。幼儿在涂鸦过程中，不断更新颜色和线条或者圆圈、小点等，把内在的语言用不同颜色抒发出来，发挥想象力来随意涂鸦，凸显其游戏活动的自主性。

（二）适时介入，引发幼儿对游戏的深层探究

针对游戏中出现的矛盾冲突、负面行为等认知和交往问题，教师应适时介入。针对易于解决的小矛盾和小问题，教师可在游戏结束后进行分享，以此为契机开展快乐交流。

一次游戏中，冉冉因为超速被交警“乐乐”拦下来教育了一番，但是她很不服气：“有很多小朋友都是这样的，凭什么只教育我？”“你刚才太快了，都要撞到别人了！”就这样两个人争吵了起来，争得面红耳赤，其他小朋友怎么劝都没用。教师见状，连忙说：“看，你们的争吵已经造成交通瘫痪了，如果没有人受伤请尽快撤离，可以吗？”两位小朋友这才停止了争吵。在之后的分享环节，小朋友们提出了“开车时能礼让行人、能遵守交通规则、能主动扮演各种角色、一周没有被贴罚单等，以此获得免费加油卡、修车卡和洗车卡”的游戏规则。

此外，游戏主题情节的丰富程度受到幼儿生活经验、游戏材料等多方面的影响，幼儿经常会对一个游戏失去兴趣，另谋新主题。所以，对处于情节无进展的游戏主题，教师要引导幼儿更新游戏情节，教师也可参与到游戏中，使得游戏情节不断丰富，帮助幼儿提升游戏水平。

在一次骑行过程中，萌萌因为转弯速度快而导致了翻车事件，于是幼儿们就提出要增加救护车，去医院治疗的想法，这时教师见状，用手做打电话姿势："喂，120 吗？这里有人员受伤，请速安排救护车送医院接受治疗！"一旁的茹茹看到了，开着救护车将伤者送到了室内共享大厅创设的"小医院"。

教师的实时介入，可以激发幼儿对游戏的深入思考，幼儿的想法不仅增加了游戏的趣味性，更是巧妙地将室内室外的游戏进行了串联，更新了游戏主题的发展。

（三）注重分享游戏经验，提升幼儿的自主游戏能力

玩法、与同伴合作游戏的技巧等。幼儿在分享经验时，既回顾了游戏过程，整理了游戏经验，又能从分享和讨论中提升游戏的能力和水平。教师可以运用辐射式分享、聚焦式分享、散点式分享等不同的游戏分享方式，丰富整体幼儿的游戏经验，提升幼儿的游戏能力。

当户外游戏中萌发"房车"游戏的时候，教师发现个别幼儿的游戏能力和游戏方法有了很大的提高，是辐射游戏经验的好时机，便组织了一次交流分享，让开展"房车"游戏的幼儿上来介绍自己的游戏材料、游戏场地、游戏的内容和玩法。"房车"组幼儿在游戏中的发现和思考对其他幼儿也起到启发、带动的作用。教师还组织了互动，让幼儿们想想游戏后续的发展。小朋友和同伴共同交流，发散思维，表示后续还可以开"飞机场""火车站"等。通过分享交流，不同的生活经验进行了融合，促成了班级幼儿整体游戏经验的提升。

在开展户外游戏过程中，教师需深入了解幼儿的身心发展特点和水平，从而实施适宜的游戏指导。教师要活用科学的研究成果，在日常游戏和生活中倾听、观察、解读和反思幼儿的需求，将理论与实践相结合，开展开放、民主的教育，帮助幼儿在自主的游戏体验中更好地成长和发展。

参考文献

[1] 吴赋宁，姚荔霞．幼儿户外游戏中的教师支持策略研究 [J]．教师，2023（14）：90—92.

[2] 程瑶，余婉兮．例谈户外游戏中教师的四个支持策略 [J]．东方娃娃·保育与教育，2022（3）：60—62.

[3] 何敏．浅析幼儿园户外自主游戏中教师的有效指导策略 [J]．考试周刊，2021（A0）：154—156.

[4] 王炯．优化幼儿户外游戏活动的策略思考 [J]．学周刊，2021，489（33）：185—186.

浅析有准备的科学区提升幼儿科学的探究能力

（王可鑫　北京市昌平区崔村镇中心幼儿园）

摘　要：幼儿园科学活动的目的就是激发幼儿探究兴趣，提高探究能力，为后续学习与发展打下基础，让幼儿获得终身受益的学习品质。但是，教师在平时组织科学区域游戏时经常会因为内容、材料或游戏中教师支持策略的不适宜，导致幼儿难以保持探究兴趣，频繁更换游戏材料、经验停滞不前，探究能力得不到发展的问题。如何解决呢？笔者研究后认为创设有准备的科学区，包括有吸引力的探究内容、有意图的材料投放、有技巧的师幼互动，能有效促进幼儿探究能力的提升。

关键词：科学区；幼儿科学；探究能力

《3—6岁幼儿学习与发展指南》（以下简称《指南》）中指出：幼儿科学学习的核心是激发探究兴趣、体验探究过程、发展初步的探究能力。而科学区是幼儿进行实验操作、感知观察和科学探索的空间，有利于幼儿探究能力的提升。创设一个有吸引力的探究内容科学区，能让幼儿在愉悦自由的游戏中提高科学探究能力。

一、幼儿园科学区创设的原则

在实际活动中，教师往往会结合自己的经验、幼儿的身心发展情况、教学思路和目标以及幼儿园的一些外在环境制备科学区，在制备时应该按照一定的原则进行。首先是保证安全性。主要是确保幼儿们在动手实践时是安全的，这一原则不单单是教师关注的，更是整个幼儿教育阶段必不可少的原则之一。其次是适合性原则。既符合幼儿的身心发展，又能极大提高幼儿的好奇心，关键问题还是要吸引幼儿的兴趣。所以在创设科学区时，教师要结合“最近发展区”理论，这样可以在实际教学中获取更多收益。再次是因时、因地制宜原则。所谓科学区，应该是培养幼儿的动手、思考、探究能力，科学区的好看与否不关键，更重要的是其应具有很强的灵活性，可以随时、随地进行多种变换。最后是多样化原则。根据不同的划分标准，可以分成不同的区域，比如根据位置不同，可以分为室内和室外活动区；根据功能性可分为试验区、种植区、展示区等。

二、幼儿园科学区游戏开展存在的问题

（一）探究内容的选择不适宜

在科学区中，适宜的探究内容是进行后续活动的基础。在观察和访谈中，笔者发现有时候教师精心预设的游戏内容幼儿不感兴趣。例如，中班科学区中教师预设了“蚂蚁的迷宫”这个游戏主题，但是幼儿对真实的蚂蚁洞穴缺乏生活经验，因此才会出现不感兴趣、频繁更换材料的现象。

（二）材料投放缺乏探究性和层次性

材料是幼儿能否在科学区中进行专注、深入探究的基础。在区域游戏中，有的材料操作形式单一，缺乏探究性和层次性，难以让幼儿体验探究的快乐。比如，小班科学区中教师提

供了磁铁玩具“小猫钓鱼”。一开始幼儿很感兴趣，但是熟悉游戏方法后，因为没有操作方法的变化、难度的提升，幼儿很快就失去了兴趣。

（三）教师指导目的性明显，介入方法欠思考

在观察幼儿游戏的过程中，有效的师幼互动是促进幼儿探究能力发展的动力。有的教师自始至终都是观察者，任由幼儿自己探索。有的教师主观倾向明显，希望幼儿随着自己的预设发展，有时会为了达成目的而突然介入、打断幼儿，直白地告诉幼儿方法、结果。教师的不当介入方法会对幼儿探究能力的发展造成消极影响。

三、创设有准备的科学区，助力提升幼儿科学探究能力

（一）从幼儿感兴趣的内容中甄选探究主题

有吸引力的探究内容，是培养幼儿科学探究能力的前提。《幼儿园教育指导纲要（试行）》指出：科学教育应密切联系幼儿的实际生活进行，利用身边的事物与现象作为科学探究的对象。教师要放眼幼儿生活，从生活、游戏中幼儿热点热议的内容里甄选探究主题。例如，进入冬天，教师和幼儿在园中散步时发现幼儿园沙水池变成了一个“小冰场”，这一下子就吸引了幼儿的兴趣。幼儿们来到冰池中玩起了冰。教师及时把握这个“特别时刻”，让幼儿们通过在冰块上走一走、摸一摸的亲密互动中感受到了冰块“滑滑、冰凉、透明”的特点。冰的特殊特性，激发了幼儿的探究兴趣。

（二）设置材料层次，深入探究体验

设置材料层次，既能满足不同幼儿的需要，又能让探索的内容更加深入。因此，教师在游戏前要提前预设，将材料由浅入深地投放，让材料真正为幼儿服务。例如，游戏中第一层材料，教师投放各种容器，引导幼儿进行制冰行动。在知道冰的形成条件后，教师再提供热水、冷水、盐、食用油等引导幼儿探索如何能让冰块加速融化。第三层次中，教师通过投放温度计、计时器等鼓励幼儿探索冰块融化后水温的变化。在这个过程中，探究内容随着材料的变化而不断深入。游戏中，幼儿们一张张记录表正是他们科学观察和记录能力提升的最好见证。

（三）系统投入材料，引发深入探究

只有幼儿园科学区材料投放过程的持续、有效进行，才能不断吸引幼儿的注意力、刺激幼儿主动思考，从而形成连续性、系统性的思维意识。整个过程中幼儿会结合视觉、听觉、触觉等，通过实际动手、反复练习的过程可以对某个问题进行深入、专注的思考，不仅培养了幼儿的科学探索兴趣，更提升了幼儿的专注能力。例如，在讲述“神秘的磁铁”原理时，教师可以投放一些回形针、磁铁、废纸、木头、塑料制品等多种制品，先让幼儿们思考“磁铁和其他材料会产生什么现象?”接着让幼儿们动手操作，发现回形针会被磁铁吸附，此时可以大概了解磁铁能够吸附金属物。接着教师再次投放材料，投放不同外观、不同个头的磁铁，继续让幼儿们动手玩弄多个磁铁，同时引导幼儿们玩弄两个磁铁会有什么感觉呢？有的幼儿会发现：两个磁铁有时能“粘”在一起，但有的时候不行，然而松手后，就又会吸住；如果隔着纸有的时候也会吸到一起。此时教师即可引入“磁极”“正负极”等词，帮助幼儿们理解磁铁的正负极。

（四）有技巧的互动，助力幼儿科学探究能力的提升

在区域游戏中要促进幼儿科学探究能力的提升，除了选择适宜的探究内容和材料之外，教师在游戏中的观察和指导也非常关键，是幼儿提升探究能力的动力源泉。在观察中可以发

现，有的教师虽然在理念上有所转变，但是要落实到行动上还是存在一定偏差，他们有时会以自己的目的指挥幼儿，注重结果。对于这样的问题，教师可以通过创设问题情景、适时转换角色、鼓励记录与分享引导幼儿发现问题，寻找解决对策，促进探究能力的提升。

（五）科学区游戏活动与教学主题相结合

科学区的游戏活动不是单独存在的，需要与课程教学相结合，这样才能增加幼儿的知识、学识。所以把握好科学区活动与教学主题的关系，才能更好地促进学前教育的进步。

第一，教师需要设定本次科学区活动的教学主题。在实际动手操作中，幼儿一定会遇到各种各样的难题、疑问，此时教师可根据具体情况选取有意义的问题，建立新的教学主题。

第二，可以根据教学主题安排恰当的科学区活动，并投放有关材料。例如，以“种子变变变”主题教学内容中，为了吸引幼儿的兴趣、增强对主题的理解，教师可以在对应的科学区投放红豆、绿豆等植物的种子，借助镊子、盘子、放大镜等工具，指导幼儿们在盘子中培养这些种子、观察种子每日的变化并随时拍照保存，便于后期的对比和查看。经过多日的观察，加上教师的指导，幼儿们就会了解种子发育的过程。

四、结语

探究能力对于幼儿期幼儿们的思维培养具有重要意义。教师通过对科学区的创设，可以给幼儿们提供自由、动手、思考的空间；能够满足幼儿们自主学习的要求，不仅能让幼儿们玩得开心，更能学得开心。

参考文献

[1] 牛继鑫．游戏化模式在幼儿园科学教育中的应用［J］．学周刊，2019（14）：153.

[2] 徐志娟．幼儿园科学教育游戏化的实践路径探析［J］．名师在线，2019（26）：40—41.

[3] 彭荣华．浅析幼儿园科学教育游戏化的实施策略［J］．好家长，2017（59）．

生活化主题活动在幼儿本位理念引领下的实施路径与开展措施

（王上　北京市大兴区第十二幼儿园）

摘　要：生活化主题活动强调活动的预设与生成、设计与组织都要以幼儿为主体进行实施。在生活化主题的实践过程中，教师要了解、观察、分析幼儿在生活中的兴趣、问题及需要，与幼儿合作构建主题活动，关注幼儿在其过程中的实践能力与经验发展，不断推进主题活动的开展。

关键词：幼儿本位；生活化主题活动

生活化主题活动关注幼儿的生活经验与生命成长，是一个能够使幼儿感受经验的嫁接和实践的对接研究过程。它使教育源于生活，归于生活，又高于生活。

目前，许多教师在开展主题活动过程中仍存在以教师为主导的现象，教师没有“蹲下来、慢下来”真正关注幼儿的兴趣需求与问题；开展过程中多用技能的获取代替幼儿经验上的成长。教师应基于幼儿本位思想，深入思考如何借助生活这本“活教材”，助力幼儿的学习与成长。

一、关注幼儿本位是生活化主题活动的核心内涵

生活化主题活动的核心内涵要求立足幼儿视角，关注捕捉幼儿生活中的问题和需要，它强调要以幼儿生活为基础，以生活中的问题为牵引，以幼儿生活经验为底色开展主题活动。

第一，生活化主题活动的开展要满足幼儿生命成长的需要。这就要求其必须以生活化教育理念为指引，关注幼儿的生命发展需要，要对幼儿的生活进行深入的了解、观察、分析，使生活化主题活动始终保持有“幼儿的影子”。

第二，生活化主题活动要时刻以幼儿的生活经验为中心，在关注幼儿已有经验的同时，也要关注幼儿“蹦一蹦够得到”的经验，支持幼儿由生活经验的掌握转变为经验构建、经验升级的不断拓展，使幼儿在学习能力、学习品质等方面都有发展，让生活成为幼儿学习的媒介，成为学习的“实践地”，让幼儿能够在多元、丰富的生活世界中获取提升自我的经验价值。

二、着眼师幼共建是生活化主题活动的推进前提

生活化主题活动的开展一定是师幼共同构建的，在此过程中，教师与幼儿一定是平等、合作的关系，二者的合作决定了主题活动的生成过程也一定是师幼共同完成的。那么如何平衡师幼共建中教师的固化预设与幼儿天马行空的后期生成呢？

第一，在发现幼儿兴趣点、问题、提出需求的同时要进行判断并将其赋予实际价值。教师跟随幼儿视角进行问题挖掘时会发现，幼儿的兴趣点方向很多元且思路杂乱，教师需要在其过程中筛选能够为幼儿提供学习成长价值的观点，从中整理出有意义、有价值的内容进行探索。

第二，在确定幼儿兴趣点后，教师要随时调整主题计划，生成新的主题目标与思路。在

开展预设主题活动中，若发现幼儿衍生出新兴趣点，教师进行价值判断后，可以改变原计划，从而生成以幼儿兴趣为新思路的探索路径，开展以幼儿为主体的生成活动。

师幼共建的过程，是动态的、开放的过程，其过程是教师伴随幼儿视角对主题活动进行不断调整的过程。在师幼共建的探究活动中生成适宜幼儿生长发展需要的内容，使幼儿的知识与经验在螺旋交织中不断发展。

三、立足幼儿发展是生活化主题活动的开展路径

（一）关注幼儿生活，捕捉幼儿“真”问题

我们每天都和幼儿们一同生活学习，那么就要求教师要具备一双善于观察与发现的慧眼，要能够以幼儿的视角去发现一日生活中的教育契机。例如，引发《我的图书朋友》主题活动的开展，只是源自一次区域活动与过渡环节，中班幼儿在补书过程中发现了图书的秘密，“书页下面的数字干什么用的?”“书的最前面一页的数字是干什么的?”“书里怎么有线?”“书怎么会有机关?”“这本书讲的是什么?”……幼儿们将话题由区域活动引向区域点评以及过渡环节，基于幼儿的兴趣与疑惑，我们发现了一个话题——“书里有秘密?”这是主题活动与幼儿生活、问题之间的契合点，从而引发了“我的图书朋友”主题活动。

主题活动确定后，要求教师要具有解读“幼儿语言”的能力。能够在幼儿探讨过程中挖掘幼儿对其的原有经验与最近发展区，进而才能够引导幼儿们讨论核心话题。在幼儿沉浸于“书”的讨论时，教师趁热打铁，结合区域中幼儿提出的问题，追问幼儿“你还想知道哪些关于书的秘密?”幼儿回答“书里有三只小猪”“为什么有的书能变出立体小人”……教师鼓励幼儿带着疑问去询问爸爸妈妈，引导幼儿深入、自主地探索，通过收集、记录、分享、总结，帮助幼儿整合经验，向主题下一步的深入核心探究提供线索。

（二）追寻幼儿需求，支持幼儿“真”实践

《3—6岁幼儿学习与发展指南》指出，幼儿以具体形象思维为主，幼儿学习与发展主要依靠自身的直接体验和实际操作。因此在主题活动推进过程中，必须注重幼儿的动手实践与亲身体验。

在主题活动开展过程中，问题的产生意味着解决，问题的出现也意味着为幼儿的发展带来契机。与此同时，问题的到来会伴随幼儿认知上带来的冲突，而在认知与问题的解决相互链接的时刻，就代表幼儿的新经验就此建构完成。因此，问题的出现以及随之而来的动手实践和亲身体验能够促进幼儿的真正发展。

在“好玩的民间游戏”主题活动中，幼儿探索挑棍儿游戏时，围绕“挑棍还能怎么玩?”这一问题，开展了第二部分“挑棍大挑战”的探究活动。教师十分关注这个热点问题，并为幼儿提供了时间、空间、材料等支持，鼓励幼儿在与同伴游戏、同伴交流中共同探寻问题答案。与此同时，在幼儿以单一维度进行亲身实践后，教师与幼儿一同思考、讨论，变换角度寻找不同游戏玩法与策略，通过及时地提问、追问，引导幼儿从不同维度想办法，支持幼儿进行深入探究。

（三）鼓励幼儿体验，助力幼儿“真”发展

教育环境是开展主题活动的脚手架，它不仅包括精神环境，也包含物质环境，这些因素都影响着主题活动的深入开展。而幼儿的学习特点，又是通过与环境的互动或积极的转化自己与人、事、物之间关系来学习的。生活化主题活动更强调教师要以幼儿本位思想，为幼儿创设真实的学习、实践环境，并为幼儿提供丰富、多元的与他人交流互动的机会，从而更好地助力幼儿自主探究与经验建构。

例如，在“我的图书朋友”主题活动中，幼儿将目光聚焦到“乱乱的书架”，怎样让书架变整齐且更容易查找、取放，成为幼儿们关注的焦点。追随幼儿的兴趣，我们开展“小书架变身”活动。通过发现、讨论、实践、再讨论、再实践、总结的过程，支持幼儿动手实践，亲身体验整理书架，帮助幼儿梳理总结利用不同维度整理书架的新方法。在这个过程中，幼儿亲身经历了观察现象、发现问题、讨论质疑、实践验证、获得经验等探究行为，使幼儿在实践体验中，感受新旧知识的重建，促进幼儿的深度学习。

四、结语

生活化主题活动的开展，需要教师树立“幼儿本位”的思想，善于观察和解读幼儿，将师幼合作共建作为主题活动开展的前提。基于幼儿的原有经验，满足幼儿探索的好奇心，使幼儿在动手实践、亲身体验的过程中获得丰富经验与能力，实现幼儿整体性、整合性的学习与发展。

参考文献

[1] 方希．日和开展关于优秀传统文化的生活化主题活动 [J]．教学沙龙，2022（6）：24—26.

[2] 蔡里娜．生活化理念视角下幼儿园主题活动开展的实践研究 [J]．幼教特教，2021（7）：90—91.

[3] 卢文艺．幼儿园生活化主题活动的实践与探索 [J]．教育新理念，2014（7）：40.

园本教研“课程游戏化背景下师幼互动的有效提升”的实践研究

（黄衍　无锡市梁溪区小荧星幼儿园）

摘　要：面对教师在专业理论更新和专业发展上的不足，我们以园本教研为核心，从完善教研工作制度、探索多种园本教研方式和完善教研积分考核机制等多个方面，确保园本教研工作的有效性。我们的目标是帮助教师从依赖经验的角色转变为研究导向的角色，让他们真正体验到专业成长的乐趣。

关键词：园本教研；课程游戏化；师幼互动

园本教研活动是以幼儿园作为游戏和教学的核心，目的是解决幼儿园在成长过程中遇到的实际问题，以教师作为主要的研究对象，旨在推动幼儿的全面发展和教师的专业成长。它是一种基于教师个体视角进行的教学研究，其核心价值在于提升教师自我效能感，增强教师工作积极性和主动性。园本教研为教师提供了一个分享教育体验和经验的场所，对于推动教师的职业发展和提高幼儿园的教学质量都具有至关重要的影响。

一、幼儿园园本教研的发展现状

现阶段，许多幼儿教师在理解幼儿的心理、积累教学经验和提高教研能力上都存在一定的不足。在教学过程中，他们经常面临一些复杂的挑战，因此迫切需要进行广泛的园本教研活动。如何通过有效的方法和策略来提高园本教研活动效果是当前广大幼教工作者关注的重点。在过去的几年中，我园结合实际的幼儿教学经验，探索了多种教育研究方法，并逐步发展出了独具特色的园本教研模式。我们始终坚持“以教师的成长推动幼儿的发展”的教育理念，针对教师在专业理论更新和专业发展上的不足，我们以园本教研为核心，从完善教研工作制度、探索多种教研形式和完善教研积分考核机制等多个方面确保教研工作的有效性。我们的目标是帮助教师从经验丰富的教师角色转变为研究导向的教师，让他们在专业成长过程中感受到真正的快乐。

二、健全幼儿园教研工作制度

园本教研活动要想取得实效，就必须健全园本教研管理体系，才能保证教研工作得以顺利开展。因此，我园建立了教研管理网络，由业务园长作为教研负责人，教研主任领导的年级组长、项目组长、课题组长组成教研工作组，园部教师作为教研组成员，按照固定的时间、人员和地点，有计划、有目的地开展教研活动，确保园本教研工作得到落实，提高教师的专业素质。

（一）教研时间既固定又灵活

我园的园本教研时间根据教研形式的不同而表现出既有固定又有弹性的特点，既保证教师教研活动开展之前做好充分准备，又不影响其日常工作。一方面，教研活动、年级组教研时间较为固定，一般为单周三 13：30 至 14：30 为全体教研活动，双周五 13：30 至 14：30

为年级组教研活动，教研中心组保证一月至少开展一次；另一方面，由于教师工作繁忙，使教研时间更加灵活多样。年级组长和教研组长都会不定时地在工作群里公布主题，教师们也可在群里随时就这个主题提出个人见解。

（二）教研人员既稳定又变动

为了达到园本教研优质效果，稳定教研团队支撑必不可少。如何构建高素质幼儿园教研组，是一个非常重要而又迫切的问题。我园设立了以学校行政领导为主的管理组织机构，并制定了相应的职责分工清晰的管理制度。该领导团队的职责得到了有效的执行，构建了一个“园长主导、业务副园长负责、教研主任具体执行、年级组长提供支持”的组织结构，确保园本教研工作的顺利进行。基于此，我们积极开展了集体备课和专题研修等形式多样的主题教研活动。此外，为了更好地激发教师的学习和研究热情与主动性，展现骨干教师的引领能力，提高教师的教育研究质量，并营造一个有益于教学互助的研讨和学习环境。我们专门建立了幼儿园教研活动的轮值制度，以充分发挥骨干教师的领导作用和年轻教师的创新和改革潜力。

三、探索多元园本教研形式

在过去的几年中，我园始终遵循“教研实用化”的方针，不断尝试多种园本教研方法，并致力于将园本教研的内容与教师的专业发展紧密结合，从而显著提高教师的教育研究能力。

（一）开展集体教研

全体教师集体性地参加以解决教育研究中各种相关问题为主旨的集体教研活动。通过集体教研可以让教师之间形成共识并提高教学水平和能力，促进师幼间的良性沟通与合作，从而实现整体优化育人目标。例如，在园本教研“课程游戏化背景下师幼互动的有效提升”中，我们以“幼儿园课程游戏化项目建设”为关键要素，聚焦“师幼互动”关键词，以问题为导向，以集体教研的形式，从对《幼儿园保育教育质量评估指南》的理论学习到师幼互动的形式研讨，共同探讨课程游戏化背景下师幼互动的有效提升。

（二）推动网络教研

我园依托企业微信微盘、论坛等形式开展网络教研活动。以年龄段为单位，组建了小班、中班和大班群。例如，在园本教研“课程游戏化背景下师幼互动的有效提升”的第二次活动中，我们依托问卷调查、微盘共享师幼互动案例的形式，以腾讯会议、论坛跟帖的方式对教师师幼互动的实例进行分析，提出可行性策略和调整建议。网络教研帮助教师们丰富了教育理论基础知识的储备，还能让教师们的思维更充分、表达更真切。

（三）鼓励分组教研

分组教研以项目组为依托，以“以老带新、以新促旧”为手段，以园本课程案例分析为依据，以教师间的相互讨论为依据，对课程实施方案进行梳理。这种教研形式，项目组主持人作为管理者，在分组教研过程中不仅应针对会员的教研思路与具体实践提出意见，还应有助于会员预见到园本课程有效实施的策略。教师参与分组教研活动明确园本课程的新课程实施价值并锻炼教育科研能力。

四、完善教研积分考核机制

为进一步激发教师参与园本教研的积极性，形成乐于学习思考、勇于发表观点、善于研究交流的良好教研氛围，我园特制定了教研积分考核机制，在健全各项管理制度的同时，完善园本教研考核机制，将园本教研工作与绩效考核结合起来，确定了量化评分标准，从考勤、教研成绩两个方面对教师进行考核。

五、下阶段工作思路

（一）优化课程管理，提高课程审议质量

我们在开展教育活动前，采取先集体备课再回到个体反思的研讨方式，对教材进行深入研究。其具体操作方法是在学期初，由教研组长负责组织，以年级组为合作单位分组进行课程审议，汇总至园部进行统整梳理。

（二）加强园本培训，创新学习方式

园本培训结合观摩研讨、结对帮教、技能展示等方式，丰富教师的专业活动。

（三）探索园本教研有效策略，提升教师专业技能

从日常教育教学事件中捕捉有教育意义的“小问题”，并在解决“小问题”的过程中提出有教育意义的“大问题”。通过“问题交流会”梳理出教育问题“症结”之所在，获得有效解决问题的策略，提升教育成效。

在园本教研方面，仍存在众多待完善之处，有待于进一步细节调整和均衡。通过开展有效的园本研究来提升幼儿教师的专业化素养是当前幼儿园管理中一项重要任务。园本教研应该坚持“以人为本”的原则，提供给教师的以园本为基础的教研平台，以此平台作为基础来促进个人成长。通过参与教育研究活动，不仅能提高个人的教学水平，还能有效地将个人观点融入日常教学活动中，并与时代发展同步，以优化教育模式。

参考文献

［1］贾莹．幼儿园园本教研活动开展的策略探究［J］．河南教育（教师教育），2023（06）：90.

［2］周娟娟．幼儿园园本教研评价探索：问题省思、特点剖析、指标构建［J］．今日教育（幼教金刊），2023（3）：18—21.

［3］项玲，汪玉洁．幼儿园园本教研活动的实施路径［J］．家教世界，2022（24）：63—64.

户外建构游戏中“六大解放”教育思想的践行策略研究

（焦秋玉　北京市平谷区第三幼儿园）

摘　要：户外建构游戏融合户外游戏、建构游戏，在更加自由的时间与空间中，更加突出了游戏的挑战性、丰富性、合作性与创造性，受到幼儿喜爱的同时能够促进幼儿发展多方面学习经验。基于此，本文就幼儿园户外建构游戏中如何践行陶行知“六大解放”教育思想的践行策略进行探讨。

关键词：户外建构游戏；“六大解放”教育思想；策略研究

户外建构游戏是近年来幼儿园热衷的游戏组织形式，相较于室内的建构游戏，户外建构游戏的空间更为广阔并开放，游戏材料的大小、材质、种类等也比室内建构游戏更为多样，为幼儿的创造性学习带来了更多的可能性。游戏过程中会出现自主搭建、合作搭建、小组分工等多种游戏方法，使得游戏过程更加富有创造性。陶行知在《创造的幼儿教育》中，提出了著名的“六大解放”思想，他主张从头脑、双手、眼睛、嘴、空间和时间六个方面，全面彻底地解放幼儿的创造力。在户外建构游戏中践行“六大解放”思想，成为促进幼儿全面发展的有效途径。

一、解放幼儿的大脑与双手——问题导向下的认知发展

幼儿对于世界的认知和理解是他们主动建构的，而非来自外部信息的输入和复制。当幼儿可以有充足的机会与身边真实、具体的物质材料发生互动，自由表达自己的想法与创造，并在与材料发生相互作用的过程中发现问题、试错验证、改变原有的观点时，认知就发生了，大脑的功能就得到了发展。

（一）帮助幼儿注意到“问题”

幼儿操作活动的特点之一是幼儿往往专注于操作本身，而没有意识到这样操作的意义和目的，也往往意识不到自己操作中存在的“问题”。教师可以描述法来强调幼儿某种操作的意识或自己的理解，帮助幼儿意识到自己操作的目的或意义。例如，教师发现两名幼儿用积木围拢成一个个四面封闭的房间，并要给这些“房间”盖上房顶。教师敲了敲其中的一面“墙”问道：“请问，这里是一个房间吗？我可以进去玩游戏吗？”幼儿大笑并邀请教师进入。教师围绕寻找“门”在哪里，这样帮幼儿意识到房间不能没有“门”这个问题。随后，教师通过“站不起身”“不通风，没有窗户”等追问，帮助幼儿积累了更多搭建房间的经验。当然，教师也可以通过设置“问题情境”来提出新的挑战，引起幼儿解决新的问题的需要。一步步引导幼儿发现新的问题，发生新的学习。

（二）互动中思考“为什么”

关注到“问题”后，我们就可以通过抓住一点的“追问”来支持幼儿去思考问题背后的“为什么”。在这个互动的过程中，可以是师幼互动，也可以是同伴间的互动，但有效的互动都是基于教师拥有一定的专业素养。首先要有一个发现问题根本原因的敏感度以及对幼儿想

象力、创造力的开放的态度；其次，游戏现场的有效互动是需要教师思维灵活性和观察与分析等专业能力的支持的。

例如，一个幼儿使用长方体木砖搭建一座高塔。但搭建到一定高度后，总是倒塌。教师先通过“描述”，帮助幼儿意识到自己的主要搭建意图是搭建“最高的”塔，然后从“用什么样的积木搭建的?”“每次大概是搭建到什么高度倒塌的?”“之前是怎样垒高的?”等一系列追问，帮助幼儿逐渐明晰造成倒塌现象出现的原因是“单一积木直接垒高造成的倒塌”。

（三）手脑并用回答“怎么办”

幼儿只有在反复动手操作实际物体、不断发现问题、反复试错中积累经验，教师就要给予幼儿与实际物体互动的机会，在手脑并用的过程中，用实际现象去解答“怎么办”的问题。上面“高塔”的案例中，幼儿描述自己的设计：高塔是要“所有游客来观看游乐园的景色，还有高高地挂在外面的电梯”。那就要满足“稳定、坚固”的需求，随后教师伴随幼儿一同寻找匹配设计的材料，从长方体木砖进行错层垒高到使用轻型纸筒材料进行架空垒高，都不能满足一开始的设计需求。在一遍遍尝试后，最终找到了幼儿自己满意的材料与搭建方法——两边带有凹槽的长木条来搭建，每一层都嵌入凹槽内，搭高以后也很稳定，并且凹槽外侧凸起的部分正好可以挂上一条用麻绳和PVC管制成的“悬挂电梯”。

二、解放幼儿的眼睛与嘴巴——同伴学习效应

眼睛和嘴巴是学习活动中的信息窗口，在“看”与“说”的基础上，教师要更加关注培养幼儿观察能力与提问的能力。多人参与的户外建构游戏为此搭建了同伴学习的平台。幼儿有更多机会去观察同伴的作品和创作过程，在创作的碰撞中，有更多机会发现“美”与“经验”。眼睛观察到的素材就是动脑思考的开始。

例如，在户外搭建的过程中，幼儿用架空的方法搭建立交桥，幼儿A发现自己搭建的桥和幼儿B搭建的高层图书馆碰到一起了，两个人各不相让。和幼儿A一组搭建的幼儿C看到远处正在搭建的地面公交路，提议：“这里有弯弯的大积木，我们可以把立交桥搭建成围绕着B的楼绕一圈，这样就不会碰到一起了。”B又提出自己的想法：“如果我的图书馆被桥围绕起来，那想看书的人怎么进来呢？都没有路了！”三人前后观察着搭建中的作品，参考着周围的其他作品，你一言我一句地商量着办法。最终在三人的一同搭建中，一座高层图书馆、一架环绕高架桥，还有从高架桥直通到图书馆三层的空中走廊被创造出来。

三、解放幼儿的时间与空间——了解幼儿真正的需求

（一）关于游戏时间

在户外建构游戏中教师经常会遇到活动区时间到了，幼儿的搭建还没有完成，幼儿不愿意结束游戏，可是继续游戏会让上午的生活各个环节被打乱，难道游戏意愿与游戏时间会成为真正的矛盾吗？其实我们要识别到幼儿真正的需求，只是延长游戏时间就能满足吗？其实是幼儿更想看到游戏不断延伸创造出新的成果，游戏时间结束了，但幼儿们对游戏的创造性还在继续，头脑中不断地有新点子急于要变为现实。经过观察也能发现，完全自主的游戏中，幼儿相互交流意见、推翻计划、腾挪材料等会耗费大量游戏时间，幼儿需要更高效的游戏。

新颁布的《教育部关于大力推进幼儿园与小学科学衔接的指导意见》中附件《小学入学适应教育指导要点》和《幼儿园入学准备教育指导要点》分别提出有效科学衔接要具备“时间概念的建立”“做事的计划性与任务意识”“分工合作”“持续探究”等能力要点的内容，

“六大解放”思想指导下的户外建构游戏成为承载以上教育目标的有效途径。

1. 以项目活动形式开展户外建构游戏

陶行知先生认为：“应该给幼儿个体学习活动的自由时间和机会。”以项目活动的形式开展户外建构游戏更加强调幼儿在游戏中的主体性，是基于真实问题情境的个体学习、合作学习、深度学习。在游戏中，教师引导幼儿选择项目活动的行动路径，在同一搭建目标下分组合作进行搭建，在搭建过程可以一次或重复按照“明确任务－制订计划－分工合作－实践调整－展示完善”的流程实施。在“合作－共享－创新”的理念下，逐渐增强任务意识，提高制订计划、解决问题的能力，同时提高游戏质量。

2. 不断探索创新的“记时法”

为了缓解幼儿延伸游戏的意愿与游戏时间有限的矛盾，培养幼儿时间概念，可以与幼儿一同研究为游戏“时间控制”的方法。通过“明确问题－搜集材料－投票－实验－创新”的流程，探寻过很多“时控”方法：曾使用过小组插旗竞赛、沙漏计时、乐曲控时等，不断创新的方法让“时间”不再成为幼儿游戏的压力，而是增添游戏的趣味性与挑战性。同时，幼儿的任务意识、合作能力与时间概念得到了培养。

（二）关于空间的利用

教师应该让幼儿回归自然，教师在课程设置上应充分尊重幼儿，根据幼儿的兴趣和需要充分利用活动空间支持幼儿去体验、探索、收获。户外建构游戏必须以充足的场地和宽阔的空间为依托，这些空间既可以是单独的，也可以和运动区、沙池、泳池等区域进行整合，这样既可以充分利用场地，又可充分利用攀爬架、月亮桥等器械当作建构材料。反之，亦可以真实生活需要为游戏目标，将搭建作品使用于小花园农耕、户外游戏、体能游戏中，让幼儿意识到游戏也具有实际使用价值，增加对游戏的兴趣和自信，从而产生继续创造的意愿。

在“六大解放”思想指导下开展的户外建构游戏，促进幼儿的身心健康并满足他们的勘探需求。教师应尊重幼儿发展的真实需求，在有效、灵活的互动中，解放幼儿的“头脑和双手、眼睛和嘴、时间和空间”，发展思考与解决问题的能力，发展观察与提问的能力，发展合作与创新能力。

参考文献

［1］刘焱．幼儿游戏通论［M］．北京：北京师范大学出版社，2004.
［2］陶行知．陶行知全集（第四卷）［M］．成都：四川教育出版社，1991.
［3］周亚．浅谈幼儿园户外建构游戏活动的有效组织和策略［J］．智力，2021.
［4］王秋．大型户外建构游戏的课程化探索［J］．学前教育研究，2020.
［5］周焱．STEM 视角下建构坊项目活动的推进策略［J］．当代家庭教育，2021.

幼儿园建构游戏分享环节提问策略研究

（郝愉　山西省晋中市榆社县直第二幼儿园）

摘　要：党的二十大报告提出要“建设高质量教育体系”，学前教育要思考如何促进幼儿身心“高质量发展”。当前幼儿园教育在建构游戏分享环节中普遍存在提问的有效性不足和提问类型比较单一的问题，本文通过对建构游戏分享环节的提问策略进行研究和探讨，以期能够提高建构游戏分享活动的质量，促进幼儿身心“高质量发展”。

关键词：建构游戏；分享环节；提问

一、绪论

党的二十大报告提出要“坚持以人民为中心发展教育，加快建设高质量教育体系，发展素质教育，促进教育公正”。这是党和国家对教育提出的新要求，不仅要有所发展，还要“高质量发展”。学前教育作为高质量教育体系中最基础的起始环节，正经历从有质量向高质量的发展转型，建构游戏作为幼儿园一日活动中的重要形式之一，对幼儿发展具有独特的教育价值，活动后教师的分享与评价可以起到引导和指导的作用，帮助幼儿有效学习。为了更好地发挥教师在建构游戏分享环节的作用，有必要对建构游戏分享环节的提问策略进行研究和探讨，以期能够提高建构游戏分享活动的质量，促进幼儿身心“高质量发展”。

建构游戏是指幼儿利用积木、积塑、沙、土、雪、金属部件等各种材料，通过想象，创造性地构建物体的活动。《3－6岁幼儿学习与发展指南》中提到：建构游戏是融思维、操作、艺术、创造为一体的活动，是幼儿阶段不可缺少的一种体验。建构游戏分享环节是建构游戏开展后，基于教师的观察和了解，师幼、幼幼之间就刚开展的建构游戏进行交流、讨论和分享的活动。教师通过有效提问，可以提升幼儿建构技能、积累建构经验、提高认知能力和情感体验。幼儿在游戏分享环节中可以充分展示自己的游戏成果和创意想法，同时也能倾听和观察其他小朋友的游戏经验和表现，激发其更具创造性的建构，这种互动对于幼儿的成长和发展有着积极的促进作用。

二、建构游戏分享环节教师提问的现状

（一）提问的有效性不足

有的教师自述“不会提问，不知道该问什么”，未能给幼儿搭建思考的支架，缺乏将游戏深入推进的意识，很难提高幼儿的游戏水平。有的教师认为，建构游戏时幼儿参与游戏就可以了，教师在这个时间可以充分地休息一下，适当地放松。那么教师就很难观察到幼儿是怎么游戏的，和谁一起游戏的，游戏中遇到什么问题，有什么精彩的地方？这样在分享环节，教师就很难提出比较有效的问题。有些教师采取封闭式、低水平提问。比如，“这个城堡好不好看呀？”无法将幼儿导向深度学习，不能引领幼儿更好地开展游戏。有的教师提问简单重复，在建构游戏分享环节提的问题都是“今天你搭了什么？”“和谁一起搭的？”“用了什么方法？”搭建“游乐场”这样问，搭建“幼儿园”这样问，搭建“天安门”还是这样问，千篇一律的问题，使幼儿形成固性思维，不能引发幼儿深度思考和后续探究的兴趣。

（二）提问类型比较单一

游戏分享时，有的教师仅仅让幼儿讲述游戏的已有成果；有的教师提问只聚焦情绪情感，如“今天玩得开不开心？”对游戏内容的分析和探究较少；有的教师提出的问题较为笼统、泛化，没有聚焦具体的游戏内容和游戏过程，不能给幼儿提供明确的思考方向，导致幼儿的注意力更多集中在解决问题上。比如，教师只是笼统地问“今天，你在游戏中遇到了什么问题或者困难？”幼儿往往会先从他自身的感受出发进行回答，会提到游戏过程中和谁闹了矛盾，幼儿不太会意识到他在游戏中真正遇到的困难和挑战，不能很好地帮助幼儿延展游戏活动。

三、建构游戏分享环节提问策略

（一）基于观察，识别教育契机，提出有效问题

只有基于深入观察，才能了解幼儿的建构兴趣，识别教育契机，抓住幼儿学习的兴趣点，提出有效问题。观察的前提是理论学习，教师要明白各年龄段幼儿的建构技能，学习《3—6岁儿童学习与发展指南》，从五大领域内找到建构游戏中我们需要观察的关键点，比如，健康领域的小肌肉动作发展，语言领域的表达能力，科学领域的数量、排序、模式等，社会领域的合作、情绪管理，艺术领域的对称与美感，学习品质方面的好奇心、创造力等。游戏分享不能只是教师抛出问题，然后幼儿直白地分享当时的情景，还需要教师运用集体教学中师幼对话的策略，将幼儿所分享的内容中有价值的信息进行总结、提炼，不断引导幼儿更进一步思考。对于教师观察到，但被幼儿忘记或忽略的关键信息，教师也要通过提问、追问或直接阐述的方式提出，真正在游戏分享中发挥启发思考的作用。

（二）多维度提问，丰富提问类型，推进游戏高质量发展

1. 经验分享，拓展幼儿建构经验。经验分享就是引导幼儿来表述搭建中遇到的难题以及如何解决的成功经验，以获取经验提升。让幼儿进行经验分享的过程也是帮助幼儿提升经验的过程，但是幼儿在反复尝试解决问题的过程中，他的经验是片段性的，所以最后我们通过经验分享的方式帮助幼儿去总结，并把这种成功的经验分享给其他幼儿借鉴。

例如，在一次万能工匠的建构游戏中，小博用两根万能工匠的蓝管插到万向轮平衡滑板车两边运送材料，游戏分享环节教师利用照片分享了这一事件并提问：“小博是怎么把玩具运过来的？”又问小博：“你为什么这样做呢？”通过总结，幼儿发现小博的方法省时省力，后来的游戏活动，教师欣喜地发现：幼儿运送材料的方法变得多样了，不仅有了小博的方法，还出现了小车推、长板抬、滚轮运输等。

教师可以用以下几个问题辅助游戏：

你有哪些有趣的发现？

你是怎么把积木运过来的？

你在游戏中遇到了什么问题？你是如何解决的？其他人有没有更好的办法？

你能按“先……再……最后”这样说清楚吗？

他刚才说了什么？关于他说的，你听懂了吗？

我刚才没有听明白，谁能帮他说得更清晰点？

你搭建得最满意的地方是哪里？你是怎么搭建的？为什么用这种方法？

你们在搭建时，哪部分花费的时间最长呢？为什么？

你们在搭建时是如何分工合作的？

2. 问题讨论，提升幼儿思维能力。问题讨论是让幼儿通过问题讨论的方式来进行分享交

流。在观察时，幼儿会有一些问题呈现，分享环节可以提出有代表性的问题来组织幼儿展开讨论，探索解决问题的方法。在这个过程中幼儿有自己的思考，发表自己的想法，教师在这个时候要适时进行追问，让幼儿来思考，幼儿在讨论过程中，可以很好地找到解决问题的方法。面对这样的情况，教师在提问时要精准、具体地描述幼儿在游戏过程中遇到的问题，并请他来分享解决问题的过程或者将问题抛给大家进行讨论。比如，教师可以具体地问："刚才你们在玩积木时想搭一个塔，但高高的塔总是倒，最后这个问题是怎么解决的?"只有教师把问题聚焦到游戏本身，幼儿才能具体描述出当时的游戏情形以及最后问题是如何得到解决的，这样才能帮助幼儿提高游戏水平。

教师可以用以下几个问题辅助游戏：

我看见你搭建某某时，一直连接不起来怎么办？

搭建时，发现积木不够了，你是怎么做的？

下次遇到这种情况，你会怎么办？

你觉得还需要加入哪些材料？

太高了，够不着，怎么办？

你用了什么方法搭建某某？为什么用这种方法搭建？

我们在收纳的过程中，怎么整理又快又整齐？

3. 作品展示，促进多元能力发展。幼儿把自己的作品展示出来，请其他小朋友一起进行观摩，由教师或幼儿进行讲解、描述或者评价。在这个过程中可以采用幼幼互动的方式，请幼儿来讲解别人的作品。比如，作品用到了什么建构技能，以及有哪些做得比较好的地方。除此之外，也可以请幼儿自己来进行讲解，向其他小朋友介绍一下自己建构的作品：用了什么样的材料，作品的结构是什么样的？里面有一些什么样的特色？这个过程可以很好地提升幼儿的语言组织和表达能力，通过这种方式，还可以很好地提升幼儿的审美能力，从而能够更好地帮助幼儿总结经验。

教师可以用以下几个问题辅助游戏：

你喜欢这个作品的哪里？为什么？

搭的时候你用了什么样的积木？用了几块这样的积木？

如果再搭一次的话，你会增加什么材料，让作品更好？

搭建时，哪个地方有点难？你是怎么解决的？

除了这样搭，还可以怎样搭？还见过什么样的某某？

大家看看这个作品怎么了？为什么会这样？那怎样就不会出现这种情况？

你的积木围成了一个圈！你是怎么做到的？

我发现你搭的和某某的不一样，你的积木是竖的，他的是横的，为什么要这样搭呢？

你搭了什么？和谁一起搭的？你负责了作品的哪部分呢？

……

分享环节的提问策略不只是纸上谈兵，需要在理论与实践中敏锐地捕捉游戏过程中的价值点，进行衔接、总结、提升，为幼儿的"高质量发展"建立广泛联系，只有这样才是"高质量"的游戏分享。

参考文献

[1] 段金玉．大班幼儿建构游戏分享活动的教师支持研究［D］．广西师范大学，2023.

[2] 王丹，张蓓蓓．建构游戏中支持幼儿深度学习的有效提问策略探析［J］．教育理论与实践，2023（3）：120.

浅谈幼儿园建构区材料投放问题与策略

（张利霞　山西省晋中市榆社县直第二幼儿园）

摘　要：建构区被誉为“塑造工程师的地方”，是幼儿进行建构游戏的主要场所。在建构游戏中，作为教师首先要充分了解幼儿的建构兴趣，然后根据幼儿的年龄特点，将教学目标和教育意义巧妙地融入材料中，再为幼儿投放科学适宜的材料，从而为幼儿营造适宜的游戏环境。本文通过对建构区材料投放问题及其策略进行探讨，进而支持幼儿搭建作品，获得学习与发展。

关键词：幼儿园；建构游戏；材料

俗话说：“巧妇难为无米之炊。”幼儿园游戏材料是幼儿开展游戏活动的基础，科学地为幼儿提供游戏材料能够引发、支持幼儿游戏。在幼儿园建构游戏深受幼儿喜欢，他们可以用积木、积塑、沙土石等进行各种建筑幼儿创造出的各种造型，极大地满足了幼儿对空间的想象与创造。在我们幼儿园也曾多次探讨过关于幼儿园建构游戏材料的投放。通过观察与教师们的交流，发现建构游戏中材料投放依然存在许多问题。

一、建构区材料投放存在问题

（一）材料投放单一，不够丰富

在我们幼儿园建构区中，大多数是园内提供的单元积木以及少数桌面积塑。中班缺少大型、异形积木。长期只有单一的游戏材料，让幼儿失去兴趣和探索欲，在搭建时不能很好地获得愉悦的情绪。由于材料单一，不仅会削弱建构游戏对幼儿的吸引力，还会弱化幼儿在建构过程中接受任务、进行挑战的驱动力。

（二）材料利用不合理，更新替换不及时

我们发现在各个班建构区活动中，不能很好地与园本主题相结合。当幼儿需要扩展游戏情节或者更换主题时，没有及时提供相应的材料，会阻碍幼儿开展游戏活动。有时候幼儿发起一个主题活动，在活动结束后，进行另一个主题活动时，班级建构区里的材料却依然没有进行及时更换和调整。一个学期下来，几个主题全部提供相同的结构材料，既不能激发幼儿创造兴趣，也无法为幼儿的创造提供材料支持。

二、建构区材料投放改进策略

幼儿心理学家皮亚杰提出：“幼儿的智慧来源于材料。”游戏材料不同，幼儿的选择和操作不同，幼儿所获得的学习和发展也会不同。那么，综合以上问题，应采取相应策略进行改进。

（一）材料投放要适宜

我们要根据不同年龄段幼儿的特点提供适宜的材料，像小班可以提供一些色彩亮丽、体积稍大、形状简单的材料。种类不需要太多，但数量一定要充足。而中大班我们可以提供一

些数量充足、富有变化、具有挑战性的材料。例如，在中班主题建构“车轮滚滚”中，幼儿喜欢搭建一些车辆，我们可以投放一些大小不一的纸箱、纸盒、轮胎等，便于幼儿建构各种车辆。

（二）材料投放要适量

幼儿的思维具有直接行动性和具体形象性的特点，他们是在直接感知、实际操作和亲身体验中获得发展的。丰富多样的玩具材料会引发幼儿丰富多彩的游戏活动，会影响幼儿游戏的水平，以及幼儿通过游戏获得发展。有时候我们觉得材料投放越多越好，但事实并非如此。数量多并不意味着游戏质量高，幼儿的注意力不够稳定，过多过杂的材料、玩具尽管能吸引幼儿，但也容易让幼儿分心，不能专一、持续地探究和游戏。例如，在大班主题建构“酒店游戏”中，我们与幼儿通过谈话，将游戏材料由原来有限零散的积木换成了数量充足的单元积木，它以精确的比例设计基本单元块、2 倍积木、4 倍积木、圆柱体、长柱体、1/2 圆环形、1/4 圆环形等。这样的比例关系让幼儿在游戏中直观地感受到整体与部分的关系，自然获得数学经验，数量充足，作品规模也更加壮观了。因此，在投放材料时，教师要注意不乱投、不少投。应考虑近期幼儿的兴趣、幼儿发展的需要、游戏内心的需要，做到有的放矢。教师要时刻观察幼儿的游戏情况，合理把握材料投放的量，实时调整，用科学的方式支持并指导幼儿游戏活动有质量地进行。

（三）材料投放要适度

适度的材料能够帮助教师更好地了解幼儿的个体差异，促进幼儿的个体成长。如果材料难度过大，幼儿不知道如何操作，就会失去游戏兴趣，难度过小，缺乏挑战性，幼儿也会失去对游戏的兴趣。因此，教师要敏锐观察，精准分析，及时投放和调整材料，确保游戏高质量地开展，促进幼儿不断发展。

（四）材料投放要动态

教师在投放游戏材料时，可结合当月教学主题进行设计，并在不同区域内投放游戏材料。当然，教师所投放的材料并不是固定不变的，还需要具有一定的动态性，教师可根据当前活动主题实时更新材料，或者根据游戏的生成情况不定期调整材料。同时，我们还要提升幼儿主动参与性，幼儿虽然年龄小，但有自己的思想和需求，我们应该调动幼儿主动参与的行为和意志。例如，大班主题建构“桥”，幼儿在沙水区，借助积木建成平板桥后，想要挑战新的材料，在与幼儿商讨并寻找发现新的材料，于是瓦片、KT 板给幼儿新的挑战，从而提高了游戏的质量。随着幼儿建构游戏从简单到复杂，从单一到富有创意，从以自我为中心到分工合作，教师的材料支持也应该根据游戏内容的变化及时调整材料。在幼儿发起游戏时，需要更换主题。教师应事先考虑幼儿可能会需要的材料，并及时调整原有的游戏材料。在游戏开展过程中，教师应关注幼儿的游戏情况。了解幼儿是否有扩展游戏情节的需要，在幼儿需要扩展游戏情节时，及时补充或更换材料，但是也不可以频繁地更换游戏材料，以免幼儿注意力过度，被材料的外形和颜色吸引。

（五）废旧材料再利用

现实生活中的自然物品和废旧材料皆可利用。我们可以发动家长一起收集，如瓶罐、盒子、石头、瓦片、PVC 管、玉米棒等。幼儿可以发挥想象，创造更好的作品。例如，在搭建“文峰塔”时，我们通过收集易拉罐，并与 1/4 圆环形积木巧妙结合，幼儿学会了塔式建构，更增强了幼儿的自信心。

其实，只要我们善于发现，生活处处是材料。对于材料的投放，既要注重材料的多元性，又可以进行多区联动性，让幼儿搭建作品更加丰富、大气，从而获得成功感和愉悦感。

华爱华教师说："游戏材料的提供对幼儿起着游戏暗示的作用，刺激幼儿选择了某种游戏方式，表现出不同的游戏行为，间接地对幼儿的发展产生作用。"材料既是引发幼儿主动学习的刺激物，又是他们实现主动建构的媒介与桥梁。作为教师，就是要把教育目标和内容物化作为材料，并随着目标及兴趣的发展而不断变化，从而最大限度地助推幼儿发展。

参考文献

[1] 程玉明，王海燕，刘华良．大班建构游戏桥《游戏·学习·发展》[M]．人民教育出版社，2020：26.

[2] 董旭花，韩冰川，阎莉，张海豫．提供开放多元的材料《自主游戏》[M]．中国轻工业出版社，2021：161.

分析幼儿园户外游戏与日常生活教育融合路径

（孙惠宇　中国福利会幼儿园）

摘　要：从幼儿的角度来讲，他们生性活泼好动，十分喜爱户外游戏活动。幼儿园在实际教学时，要把室内课程与室外课程相结合，对户外游戏进行不断拓展，使幼儿在游戏中能够学习和掌握一些日常的生活知识，这样不但能够达到预期的教学目标，而且能让幼儿对户外游戏的乐趣有一个深刻的体会。

关键词：幼儿园；户外游戏；日常生活；融合路径

幼儿是祖国的花朵、未来的希望，所以，对幼儿身心健康成长要给予更多的关注，尤其是心理发育。当前，大部分幼儿的教育主题都是健康快乐，而且最关键的一项课程就是户外游戏活动。然而，在具体实践的过程当中，没有把户外游戏活动与幼儿的日常生活教育充分结合，这就需要对二者的结合模式进一步探索。

一、幼儿园户外游戏与日常生活教育的关系

陶行知先生这样说过：生活就是教育。游戏当中所使用的材料、制定的主题都与幼儿的日常生活有着密切的联系，在对游戏进行指导与评价时，也要着力提高幼儿的生活实践能力。《幼儿园教育指导纲要（试行）》中明确指出，幼儿教育要与幼儿实际生活相联系，激发他们的积极性，对于幼儿生活给予更多的关注，从而促进其生活实践能力的提升。游戏是幼儿的基本活动，他们既是游戏的主体，也是生活的主体。幼儿能够依照自己的意愿来进行角色扮演，通过自身的想象力和创造力能够对现实生活进行充分的反应。幼儿会在游戏角色当中对现实的生活内容进行反应，还会融入相应的知识，通过游戏活动，幼儿能够学到更多的知识，从而促进其身心健康成长。

二、幼儿园户外游戏在日常生活教育中的功能

（一）愉悦功能

户外游戏就是为幼儿创设一个丰富有趣的沟通与交流的情境，主要是为了使幼儿的学习体验得到增强。在对幼儿进行生活教育时，教师要为幼儿设计具有较强娱乐性的户外游戏活动，使他们在心理上感受到开心快乐，通过对知识的学习来完善他们的思维和知识体系。可以把日常生活教育和户外游戏有机结合，并对幼儿进行指导，激发他们的探索欲望，进而能够对所学知识进行灵活应用。若是户外游戏活动具有较强的娱乐性，还能够在很大程度上对幼儿活动参与的积极性进行调动，延长他们注意力集中的时间，促进教学质量和效率的提高。

（二）补充功能

户外游戏能够对生活教育当中的不足进行弥补，能够对幼儿的团结协作能力和动手实践能力进行锻炼，而且户外游戏活动包含许多与日常生活教育相关的内容，不但能够使教学内容得到拓展和延伸，更加丰富充实，而且能使得教育模式更加的多样化。游戏活动类型的不

同，能够对幼儿不同方面的能力进行锻炼，教师可以利用不同的游戏模式和主题来丰富日常生活教育内容，使其具有更强的针对性和具体性，推动幼儿身心健康成长，使传统教学模式得到完善和优化。

（三）延伸功能

户外游戏与室内的生活教育不同，是一个新型的教育管理项目。把户外游戏与日常生活教育有机结合，能够打破传统教学模式的约束，对其进行拓展和延伸，使得室内与室外相连接，为幼儿营造一个更加多维度的教学空间，不再局限于理论知识的学习，使幼儿接近大自然，感受气候的变化，对色彩、物体形状等有一个客观的认识。

三、幼儿园户外游戏与日常生活教育融合路径

（一）创新户外游戏内容

在幼儿园教学当中，教师会教授幼儿生活当中的一些常识，并对简单的社会关系进行掌握，尽管这些都是最基本的常识，但是由于幼儿年龄较小，对他们的生活有着较大的帮助。因此，在设计户外游戏的过程中，教师一定要把日常生活教学内容融入其中，使幼儿通过游戏能够对更多的日常生活内容进行了解和掌握，同时还能对幼儿园的快乐生活有一个良好的体会，促进其实践能力的提高。为了能够实现游戏和日常生活教育的融合，就要加强各方的合作。无论是幼儿园、教师、管理人员还是家长，都要尽可能地参与到游戏设计当中，使设计内容更加的丰富多样，为幼儿创造更多的鲜活主题，制定清晰的游戏目标，使幼儿通过游戏获得更多的启发，能够对所学常识进行灵活应用，推动其自身的综合发展。

（二）引入生活教育理论

幼儿教师要为幼儿营造多元化的户外游戏情境，利用问题使生活理论教学更加完善，从不同的角度对幼儿的认知能力进行分析，并推动其发展。教师要对日常生活教育内容进行了解，创新教学方法，利用游戏来强化幼儿的动手实践能力，培养良好行为。比如，在为幼儿设计“找规律”游戏的过程当中，幼儿教师要把自身的引导和辅助作用充分发挥出来，引导幼儿对小棒、正方形、三角形等简单图形进行主动应用，然后教师向幼儿提出问题：三角形摆放有什么规律？让幼儿对其进行积极的思考，从而能够对图形及其构造有一个良好的理解和认识。教师依据幼儿实际的学习能力和动手操作水平，对其生活教育理论进行具体性的补充，从而使得日常生活教育能够和户外游戏相互融合，不但能够在很大程度上使得课堂气氛更加的活跃，还能让教师的知识结构更加完善。

（三）完善户外游戏活动设备设施

在实际教学的过程当中，幼儿园为了能够使户外游戏活动得到有效的落实，那么就要投入更多的资金来使户外游戏活动的设备更加完善，对一些损坏、破旧的设备进行及时更换，确保所有游戏设施的安全性，把潜在的安全隐患降到最低，避免幼儿在进行游戏时发生事故，为幼儿的人身安全提供保障。有关部门也要对幼儿园户外设施的优化与完善进行相应的扶持，对相关设施进行检查，同时还要对其进行定期的检修与维护，确保设施的性能，可以正常使用。另外，还要依据幼儿园的具体教学需求来对多媒体设施进行引进，这样不但能为户外游戏活动的开展起到良好的推动作用，使其具有更强的吸引力，而且能把生活教育融入其中，促进教学活动有效性的提高。

（四）家园共育引导幼儿养成良好行为习惯

幼儿阶段是对其良好行为习惯培养的一个重要时期，帮助幼儿养成良好的行为习惯，能够对其综合能力的发展起到积极的推动作用。培养幼儿良好行为习惯的过程，与教师有着紧密的联系。在幼儿园当中，幼儿教师要通过各项活动的开展把幼儿良好行为习惯的培养融入其中。著名的教育家陶行知先生曾经说过：教育的宗旨就是对生活习惯进行培养。若想帮助幼儿养成良好的生活习惯，那么家长的作用也是不容忽视的，要从生活中点点滴滴的小事做起。因此，教师可以与家长联合，利用集体活动或是游戏的方式来对幼儿的行为习惯进行培养。在开展游戏时，能对幼儿的交际能力、协调合作能力、谦让意识等进行培养，这不但能够促进幼儿身心的健康成长，而且能让他们更加地关心集体、关爱同伴，树立正确的团队意识。

四、结语

在幼儿的成长时期，无论是家长还是教师都对其长期发展有着较大的影响。幼儿的主要活动就是游戏，这就需要教师对游戏活动进行创新，并融入日常教育内容，把二者有机结合，促进幼儿的身心健康成长。但这种融合并不是一蹴而就的，需要一个漫长的过程，因此，一定要正确处理日常教育和游戏之间的关系，进而为幼儿综合能力的发展和身心的健康成长奠定良好的基础。

参考文献

［1］顾晓君．幼儿园户外游戏与日常生活教育融合路径［J］．教育界，2024（3）：92－94.

［2］江玉．幼儿园户外游戏与日常生活教育的结合探讨［J］．智力，2023（20）：187－190.

［3］董素娟．幼儿园户外游戏与日常生活教育有效结合研究［J］．科幻画报，2022（12）：124－126.

［4］曹文娟．幼儿园户外游戏与日常生活教育的有效结合［J］．天津教育，2022（8）：174－176.

重塑我们的游戏，改造我们的阅读区

（王赛　北京市通州区民族幼儿园）

摘　要：《3—6岁幼儿学习与发展指南》中指出：实施《指南》应“关注幼儿学习与发展的整体性”；要“尊重幼儿发展的个体差异”。要实现上述目标，需要借助合适的手段及载体。项目式阅读的开展可以很好地完成上述目标。本文就项目式阅读及幼儿深度学习等进行了探讨。

关键词：项目式阅读；深度学习；实践

一、我要——听故事

9月初开学，班级的图书区引进了新的绘本故事。幼儿们开心地在图书区翻阅着新的图书。与此同时，总是有一个弱小的身影围在教师身边，“教师，请您帮我讲这个故事。”班级里新来的豆豆小朋友对于陌生的新集体生活十分不适应，总是会请求教师的关注和陪伴。针对豆豆小朋友的情况以及班级幼儿对于图书区的兴趣，我们的项目活动开始了。

案例1：我不认识字怎么办

过渡环节中，小朋友们在班级里的各个角落里进行自由活动。突然听到豆豆大声说道：“我不认识字，我不会讲故事，谁能来给我讲这本书！”星星走到豆豆旁边对他说：“不认识字可以看图片故事呀！”“我来给你讲好了，我也不认识字，但是我会讲故事！”星星讲到一半时被好朋友叫走了，这时的豆豆情绪更加崩溃，哇哇大哭了起来。我安抚了她的情绪，对幼儿们提问：“你们觉得不认识字又想看懂绘本故事，该怎么办呢？”幼儿们展开了激烈的讨论，最后决定由教师先讲新故事，待他们熟悉后再自己讲。

案例2：我错过了新故事怎么办

就这样，每天只要有时间我们就会坐在一起听新的故事。可难免会有小朋友缺勤，而这部分小朋友是听不到故事内容的。爱听故事的小草莓就遇到了这样的问题：“教师，昨天我没来，您讲的这个故事我没有听到前半部分。”这可怎么办呢？幼儿们你一言我一语地争论了起来，有的说请教师重新讲一讲，而有的却不愿意再听一遍已经听过的部分。幼儿们再一次对现在的状况产生了思考。

解析与策略：

我依据项目活动开展讨论学习，遵循幼儿为活动的主人的主旨思想，没有直接帮助他们解决问题。而是遵循幼儿的兴趣，给予幼儿思考和探究的机会，让他们自己去寻找最合适的方式。幼儿可以想到请求教师的帮助利用过渡环节等时间讲述新的故事。教师作为项目式阅读的支持者、观察者和引导者，鼓励幼儿自己去试试。在尝试的过程中，幼儿发现有些时候这种方式并不是那么的合适。对于新状况的产生，又进行了新的探索。

这两个问题的提出，就是他们探究的行为。在面对问题的不断产生时，幼儿兴趣浓厚，同时也是思考、探索的过程。作为教师，我们要为幼儿的探究不断地铺路搭桥，使幼儿体验求知过程中的乐趣。

二、我要——来设计

（一）实地参观萌发愿望

教师可以引导幼儿观察探究周围环境中的设置。由于是发生在图书区的问题，所以我引导幼儿观察绘本馆、图书馆的陈设。幼儿们观察发现：图书馆中有设定视听区，所需设备有计算机和耳麦；绘本馆同样有试听区，除iPad、耳麦以外，还有专人在固定时间来讲故事。有了这样的经验，幼儿开始设计要创设一个可以随时听到故事的图书区。

（二）谈话总结梳理思路

幼儿自发地画出了他们心中的设计方案，这时教师要把幼儿的创意进行展示，让他们一一来介绍自己的设计思路、所需材料，最后选择大家都认可的且适宜班级情况的方案进行实践。

1. 将图书区和表演区进行区域联动：区域联动是琳琳的想法，她认为可以将班级内的两个区域放在一起，位置和场地大小就足够划分试听区和读书区了。想看书的小朋友就可以选择安静的读书区进行阅读；而想听故事的小朋友既可以到试听区请小演员讲故事或者故事表演，也可以选择相应的设备（iPad或者耳麦）自主进行。

2. 区域内划分试听区和阅读区：这是昊昊的想法，他认为可以请小朋友带来点读笔和读书机器人，这样想听故事的小朋友取到相应设备就可以独立进行了，而需要安静环境看书的小朋友则可以在阅读区进行。

3. 请小朋友录制故事，放到试听区。这是星星的想法，星星认为那些点读笔、读书机器人读出来的故事没有小朋友自己讲的有趣。所以他希望能把大家读的故事录制下来放在试听区进行展示，这样他们就可以随时随地听到自己讲的故事了。

经过一系列的商讨和投票，幼儿们最终决定将昊昊和星星的想法结合在一起。小朋友们录制自己讲的故事，教师帮忙生成二维码投放到图书区的试听区，或者用点读笔录制。

三、我要——来实践

落实方案，这需要幼儿投入更多的精力，同时也是他们从“注重”知识转化到“建构”知识的过程。讲故事并非一下就能掌握的，需要通过多次的倾听和练习丰富经验，尝试多次的录制，不断巩固学习。所以在活动启动时，我同样请家长进行协助，开展了图书漂流活动，充分利用家园共育的方式帮助幼儿实现愿望，实现绘本资源的最大利用，并通过以下规则来确保漂流书屋制度的顺利实行。

（一）借书公约

绘本资源由幼儿园提供，怎样能让大家爱护绘本呢？大家通过讨论归纳出自己想要对别人说的话，在教师的帮助下，幼儿把这些话制作成各种形状的小卡片并粘贴在每一本绘本的环衬上。

（二）阅读规则

中班幼儿已拥有一定的阅读经验，但他们自控欠缺，遇到问题容易冲动，不思考后果。所以在阅读过程中也有抢书、撕书、折书的现象。为此，通过商讨制作爱心提醒公告，张贴在书屋旁，时时刻刻提醒大家爱护绘本，在班级内形成一种良好的阅读习惯。

（三）漂流规则

幼儿还商量出“漂流规则”：(1) 每周一下午家长接幼儿回家的时间借书，周五来园的时间还书，一周可借两本；(2) 要在绘本看完归还后才能继续下一次漂流；(3) 每两周选择一个熟悉的故事进行录制。

有了上述的自定规则，大家可以放心地进行借阅，家长也会大力支持幼儿的行为，活动使每个幼儿都能接触更多的绘本故事，并选择自己最喜欢的绘本故事来阅读和演绎，保持着对绘本的浓厚兴趣。

（四）绘本记录："好听的故事我来讲"——作品展现 巧用激励

家庭是培养幼儿阅读能力的另一个重要环境，幼儿在家人面前可以更自然地展现自己各方面的能力并接受爸爸妈妈的鼓励和指导。因此，在选择好幼儿最喜爱的绘本故事的基础上，幼儿要开始讲故事。在本环节，幼儿父母可以选择在饭前或饭后等休息时间，鼓励幼儿大声讲述看过的绘本并予以记录。但是重点在于幼儿的说和画，而不是家长的记录。家长通过点睛式的记录，配上幼儿的绘画，就能激发幼儿的想象力和演绎的连贯性。家长的重点仍在于通过赞美、鼓励让幼儿较为完整地说完故事，同时，点睛式的记录也不至于增加家长负担，使活动能够得以持续开展下去。另外，活动过程中巧妙的激励则能让幼儿们保持激情和动力。

经过一段时间的开展，已有一些成品进行使用，但与此同时幼儿们对作品的要求也变得越来越高。比如，他们开始要求讲故事的时候要投入感情，要能从声音听出主人公的情绪情感；他们开始研究怎样才能为自己讲的故事伴上适宜的音乐等。

四、启示

项目阅读的开展是以幼儿的需求开启的，教师将自己的定位放在幼儿之后，做他们的支持者，以幼儿自主探索研究作为主导开展的项目活动。遵循了幼儿的探究轨迹，满足幼儿的探究欲望。在实践过程中，不断通过多种方式帮助幼儿开展猜想、设计到实践的探究过程，寻找相关问题的解决方法。真正以幼儿为主体开展活动和研究。幼儿在过程中的探究兴趣和欲望被激发和满足的同时，也亲身经历了探究的过程，并从中得到了成功的喜悦，整个过程充分体现了幼儿的深度学习，同时自己也有以下一些小收获。

（一）幼儿为主，教师为辅

在创设区域时摒弃了由教师做主创设的固有模式。用鼓励幼儿思考、幼儿操作的方式代替教师做主、教师创设的方式。教师则作为幼儿的支持者，给予幼儿适宜的帮助和材料的提供，面对问题时给予引导，成为项目进展的助推者。充分相信幼儿的能力，遵循他们的探索轨迹。通过实践自己所想、所设计来不断探索和发现。

（二）兴趣为主，深度学习

项目阅读的开始是以幼儿发现的问题展开的。在活动开展的这一个月内，他们通过设计区角位置、区角内容、制定规则到最终的实践都不是教师“让幼儿们去做”，而是幼儿对活动的兴趣促使他们“主动去做”，过程更是以观察“怎么做”为主。幼儿在这个过程中是深度学习的体现，是主动学习的过程。

五、结语

项目式阅读的开展中的问题都是幼儿们自己遇到的、提出的、解决的。在过程中教师需要进行适度适时地引导。这种能将教师、家长、幼儿牢牢地连接在一起的项目式阅读活动，可以创建出一个家园和谐的阅读平台，让幼儿乐于参与其中的同时也提升了教师、家长等所有参与者的阅读体验。我深信凭借“家庭、学校、社会”三位一体的大教育观，在日常生活中开展项目式阅读活动是能够促进幼儿多元智能发展的。幼儿的发展需要多方努力，事实证明，只要我们找准了基点，共同着力，就一定能取得事半功倍的效果。

参考文献

［1］中华人民共和国教育部．3－6岁幼儿学习与发展指南［M］．北京：首都师范大学出版社，2012.

［2］林育玮．小小探索家——幼儿教育中的项目课程教学［M］．南京：南京师范大学出版社，2018.

以生活之桥 渡游戏光彩
——幼儿园大班科学教育的生活化与游戏化策略

（林珊　北京市大兴区黄村镇第一中心幼儿园）

摘　要：本文阐述了幼儿园科学活动课程生活化与游戏化的重要性，提出了相应的实施策略。以《有趣的指纹》为例，详细阐述了如何在科学活动中融入生活元素和游戏元素，激发幼儿的探究欲望和学习兴趣，提升幼儿的多元智能。文章首先强调了幼儿园科学活动课程需要生活化和游戏化的重要性，然后分别从生活化和游戏化两个方面进行了深入探讨，并提出了相应的实施策略。最后，文章通过举例论证和事实论证的方式，验证了生活化与游戏化策略在科学教育中的有效性。通过举例论证、道理论证、事实论证等多种论证方式，证明了幼儿科学教育从生活中来，以游戏展现的论点，为幼儿园科学活动课程的改革与发展提供了有益参考。

关键词：大班科学活动；有趣的指纹；生活化；游戏化；探索空间；探索材料

幼儿园阶段的教育对幼儿起着至关重要的作用，它是幼儿基础教育的启蒙。是幼儿获得身心健康，社会认知的重要依据。作为新时代教师的我们，应该充分利用多种教育资源，以幼儿感兴趣的方式，作为引导，鼓励幼儿参加各种课程活动。让幼儿在课程中感受生活的魅力，感受游戏的趣味。除此之外，我们还要时刻关注幼儿的学习与生活环境，为幼儿提供良好的探索空间及材料，让课程做到与生活相结合，让游戏成为课堂的主节奏，充分发挥与提升幼儿园课程应与游戏化和生活化相结合的特点，让课程教育的实施变得有价值起来，以下便是我根据上述内容以科学活动《有趣的指纹》为例作出的具体策略与实施。

一、幼儿园科学活动课程生活化

幼儿园科学活动课程生活化，就是让幼儿园的科学课程与生活相结合。随着幼儿园教育改革的巨大变迁，幼儿园课程生活化已经成为幼儿园课程内容选择的必要手段。在以往的科学活动中，我们只一味注重幼儿科学活动成效性，把幼儿的生活当成科学教育以外的一个因素，却忽略了科学活动的本质其实就是幼儿的真实生活世界，把两者切割既不能让幼儿对科学增添理解性，也忽视了幼儿对科学活动的兴趣性。在幼儿园课程生活化的实施过程中，首先，可以让幼儿在自己身边的事物与周围发生的事激发兴趣并感受到了快乐，树立一个以幼儿为主的正确科学活动价值观。其次，我们可以通过多种方式让幼儿感受到生活的丰富多彩、相互渗透与联系的基本特征，并在此基础上让幼儿了解二者是缺一不可的。教师只有充分地利用此种资源才能够加强科学活动的正向意义，并提升了幼儿的课堂经验联系与整合。

幼儿园课程生活化，包括幼儿个人生活、幼儿园生活和社会生活，它是幼儿园课程的有效资源。例如，在科学活动——《有趣的指纹》中，我便选择了幼儿生活中最熟悉与最常见的手指指纹为例，开设了本节科学活动。在经验准备中我利用了幼儿们生活中自己亲手制作的手指印画，让幼儿进行回想。在提问时我用了两组提问和小结，分别为：(1) 观察自己的指纹（可用放大镜）你发现了什么？小结：原来，指纹长在手指的第一个关节上面，每个指头都有指纹，指纹是由许多线组成的，有不一样的形状。(2) 认识指纹的纹路与小结：仔细观察，就可以发现小小的指纹也分好几种类型。有同心圆或螺旋纹线，看上去像水中漩涡的，叫斗形纹；有的纹形是一边开口的，就像簸箕似的，叫箕形纹；有的纹形像弓一样，叫弓形文。让幼儿通过观看自己的手指，在生活中通过观察学习了指纹是什么样子的，从而达成了："知道每个人都有指纹，每个人的指纹都是不一样的，了解指纹的作用"的知识目标。

在科学活动与生活的整合中，我通过幼儿生活中曾进行的活动结合了每个幼儿都拥有指纹，设置了课程活动。在整节活动过程中，我一直让幼儿观察自己的小手与别人的小手，利用现有的课程资源进行了生活化的教育教学，并让幼儿在其中得到乐趣与获得了知识。与此同时，让幼儿感受到了生活中事物的丰富多彩及其与科学的相互渗透的有机联系。

二、幼儿园科学活动课程游戏化

幼儿园课程游戏化，是让幼儿的课程与游戏相结合。通俗来讲，让幼儿科学活动课程游戏化，是因为对于幼儿来说只学习某一方面的知识或单纯地只有某一方面的发展并不能满足他们的需求，所以在幼儿学习时与游戏相结合便成为现代幼儿园所需要的教育方式。而在科学活动中让课程具有游戏性，是一个需要幼儿能够动手、动脑、发现与解决问题的过程，也是一个幼儿在生活中进行探索与学习的过程。在设置科学活动过程中，教师要注意为幼儿创设游戏情境，多为幼儿提供可以独立进行操作的机会。让幼儿能通过充满独立性与自主性的游戏发挥自身的想象力与动手操作能力，从而验证实验的结果。

游戏是课程的内容、课程的背景与课程的实施途径。例如，在科学活动——《有趣的指纹》中，我首先利用了黑猫警长破案的故事创设了有趣的游戏环境与氛围，并引出了指纹的主题，接下来我又请幼儿进行了观察，在观察后请幼儿独立动手操作拓印了自己指纹。在拓印指纹中我把教学游戏步骤分为几个小阶段，第一个阶段是由幼儿操作十指图，通过操作对指纹进行观察与记录。第二个阶段是幼儿互相观察，对比指纹有什么不同的地方。第三个阶段是幼儿设置了指纹对与错的小游戏，让幼儿通过问题、游戏与操作结合的游戏方式达成了有效的游戏式的科学活动教学实施。经过这一系列活动的开展，让幼儿达成：通过指纹小试验，感受指纹的纹路，体验观察指纹的快乐；知道每个人都有指纹，每个人的指纹都是不一样的，了解指纹的作用；对指纹进行观察、比较、分类，发现每个人的指纹都是不一样的，但都是箕形纹、弓形纹、斗形纹的知识、技能与情感三维目标。

幼儿园的重要课程是游戏，只有在游戏的背景中实施课程，我们才能真正做到让幼儿的多元智能综合发展。在上述游戏活动的开展中我充分开发了幼儿的游戏环境的空间，为幼儿创设了自主进行观察、讨论与操作的机会，并在每个流程的目标点钟设置了符合幼儿年龄阶段的目标。让幼儿在游戏化与操作性极强的课程里区分指纹的不同，了解指纹的作用。

三、科学活动游戏化探索空间及探索材料策略

让幼儿园科学活动拥有游戏化的探索空间及材料，就是要为幼儿提供合适的探索区域及丰富的探索材料。在让幼儿的科学活动与游戏化、生活化相结合中，作为教师的我们要能够为幼儿提供符合幼儿年龄阶段及发展幼儿动手操作能力的环境及材料。只有正确地提供环境与材料，才能使整节科学活动达成连贯性及充满探索的能力。在空间与材料的设置中，我们可与幼儿的活动内容及活动形式进行空间与材料的调整及投放。总的来说，游戏材料及游戏空间的最终意义，是为了成就科学活动与培养幼儿的科学探索价值观及多元智能全面发展。

在为幼儿提供丰富的材料与适宜的空间中，我们要与幼儿的认知能力相结合。例如，在科学活动——《有趣的指纹》中，我首先为幼儿能够顺利进行活动提供了丰富的物质材料，包括 PPT，操作纸、湿巾人手一张，印泥每桌一个、放大镜若干。让幼儿通过材料的观察与操作，充分体验了动手操作的乐趣，并在动手操作的过程中通过看、说、记录、讨论等方法发展了自身的综合素质。其次，我为幼儿提供的丰富探索空间，让幼儿通过自身体验、生生合作及交流经验等多种方式了解了此次科学活动所传达的最终意义。除此之外，我们还可

以在课程结束后，在科学区角中投放所有材料，让幼儿有自由自在的探索时间，并在每一次的探索中寻找出不一样的问题并进行解决。由此可见，为幼儿的科学活动提供游戏化探索空间及探索材料策略，培养了幼儿进行科学探索的能力。

正确地为幼儿提供探索空间及材料，是保证幼儿能够科学活动顺利进行的前提，因为科学活动较为枯燥，单纯的说教会让幼儿产生负面的情绪，并对科学活动失去兴趣性。但在提供丰富的材料及适宜的探索空间后，增添了科学活动中幼儿的可操作性，发挥了课程中以幼儿为主体的价值观，最终使幼儿掌握了正确的科学理论，与此同时，也培养了幼儿全面发展的能力。

四、结语

本文通过对《有趣的指纹》活动的案例分析，探讨了幼儿园科学教育的生活化与游戏化策略。实践证明，这些策略的实施可以有效激发幼儿的学习兴趣和积极性，提升他们的多元智能和科学素养。因此，我们应该在幼儿园科学教育中积极引入生活化和游戏化的策略，让科学教育更加贴近幼儿的生活，更加具有趣味性。同时，我们还应该不断探索和创新科学教育的方法和手段，为幼儿的全面发展提供更好的支持和服务。

参考文献

[1] 虞永平．课程游戏化的意义和实施路径［J］．早期教育（教师版），2015（3）：4—7.

[2] 葛巾．幼儿园课程游戏化和区域活动有机结合的策略探讨［J］．新课程·上旬，2017（12）．

“游戏三部曲”的探索与实践

（杨苹　烟台市蓬莱区实验幼儿园）

摘　要： 学前幼儿以具体形象思维为主，以及好奇、好动的心理特点决定了幼儿园的教学要以游戏为基本活动。在长期的游戏实践中，笔者总结出“游戏三部曲”的教学策略，即教师要做到在游戏计划中读幼儿想法，在游戏倾听中见幼儿行为，在游戏回顾中思教师支持。在游戏前、游戏中、游戏后的三个阶段，教师要采取一些策略来推动幼儿游戏的进程。例如，在游戏前，教师可以通过唤醒和拓展幼儿的经验，引导幼儿制订游戏计划和讨论游戏玩法；游戏中，教师可以对幼儿进行观察，倾听幼儿的想法，理解幼儿心底的声音，产生共情；游戏后，教师与幼儿进行回顾与反思，梳理经验，从而引发幼儿游戏进一步发展，形成新的游戏计划与设想。奏好“游戏三部曲”，引领幼儿的游戏水平逐步走向高质量。

关键词： 游戏；计划；倾听；回顾

一、游戏前——谱写计划先行曲

在幼儿的自主游戏中，计划的制订能帮助幼儿提前规划游戏内容、自主选择游戏伙伴及游戏材料，能结合实际情况讨论游戏中出现的问题，有效地促进游戏向着深度和高质量发展。由于各阶段幼儿的年龄特征、学习方式及发展水平各不相同，因此，做计划的方式也会有所不同。一般来说，小班以集体或小组“说”计划的方式为主，而中大班则是以个人或小组“画”计划的方式为主。但如何充分实现游戏计划的价值，避免游戏设计流于形式，灵活安排“计划时间”，笔者总结出以下有效做法。

（一）晨间入园时

每天幼儿晨间来园的时间是中大班幼儿固定的计划时间，此时，他们会独立或与同伴一起制订当天的游戏计划，共同围绕游戏的主题、场地、情节、分工协作、材料、问题解决等进行探讨与协商。提前进行思考和计划，不仅为游戏的导入和计划实施节省出大量宝贵的时间，更是有效地帮助幼儿明确游戏意图及分工，提高行动的计划性与行动力，还能将部分问题提前解决，达成共识。

（二）过渡环节中

除了固定的计划时间，还可以尝试在一日生活的其他时间灵活地为幼儿提供做计划的机会。例如，一日生活的过渡环节是幼儿计划的好时机，餐后、点心后等环节为教师提供了与幼儿个别讨论的机会，让幼儿说一说针对上次游戏回顾中的问题，引导幼儿进一步讨论并制订计划。

（三）游戏回顾时

游戏回顾环节，总有一些幼儿对回顾中讨论的内容有着强烈的兴趣和愿望，在这种积极的状态下，幼儿往往会自发地讨论出下一次的游戏计划，这时教师可以顺势而为。例如，汽车穿隧道游戏回顾时，同伴相互讨论：“车穿过隧道时候是一片漆黑的”“车出了隧道还能去高架桥……”简单表达意见后，幼儿们兴致勃勃地开始设计隧道和高架桥，进行绘画表征，做好下一次的游戏计划。

二、游戏中——奏响共情倾听曲

（一）理解尊重幼儿，倾听真实声音

教师表现出的理解和尊重的态度直接影响着师幼互动的质量，当与幼儿进行互动时，教师要与幼儿保持同一视线，给予幼儿充分的自信，与幼儿形成情感共鸣，为幼儿提供更有针对性的支持。例如，在一次丢手绢的游戏中，幼儿们兴趣很高，突然有一个声音却说：“教师，我不想玩。”我转过身看见了俊烨小朋友焦虑的眼神，我还纳闷一向积极主动的俊烨为何今天一反常态。我轻轻地走到他面前，蹲下来，关切地问：“俊烨怎么了？为什么不想玩游戏呢？”俊烨小声地说：“我害怕他们抓住我。”一旁的赫赫也鼓励他说：“没关系，我们是在玩游戏，被抓住了你就可以再去抓别人。”我同样给了他一个肯定的眼神，但俊烨还是不愿意参加游戏，最后我又和他进行了单独沟通，才明白俊烨不肯参加的原因，原来是他新买的鞋子太大了，走路的时候总是掉下来。正是教师在活动中对幼儿的充分尊重与理解，才打开了走近幼儿内心世界的密码，深入了解了幼儿的内心想法和真实需要。如果教师对幼儿不同的声音置之不理，或者武断解决，也许幼儿以后再也不敢把自己的想法大胆说出来，而教师也无法走近幼儿的内心世界与之共情。

（二）鼓励接纳幼儿，倾听独特表达

教师要以鼓励和接纳的方式倾听幼儿的自主表达，用一双慧眼发现幼儿对生活的独特感知和体验。在一次美术活动中，小艾拿着黏土做了一只有三只耳朵的小兔子，我笑着对她说：“你的小兔子真调皮，还长了三只耳朵，快给我们介绍一下吧！”小艾说：“这不是三只耳朵，这是小兔子的舌头，它看见好吃的胡萝卜，就把舌头伸了出来。”“那舌头上的小纸片是代表什么？”“那是贪吃的小兔子流的口水！”教师的鼓励和接纳让我们看到了幼儿富有个性的内心世界和独特的表达。因此，用积极倾听的态度面对幼儿时，幼儿就更可能展现真实的自己，才能听到幼儿内心最真实的声音。

三、游戏后——唱好多元回顾曲

游戏回顾是对已经发生的游戏回忆、分享，并梳理经验，从而引发幼儿游戏进一步发展，形成新的游戏计划与设想。在游戏回顾环节的组织与实施中，教师应打破回顾环节的时空局限，综合集体、小组、个别等多种形式，支持幼儿的多元表达，进而引导幼儿反思游戏过程，实现经验累积、共享与改造，促成幼儿的深度学习与发展。

（一）实施要求：打破回顾环节的时空局限

回顾，不能被简单地视为一个固定的环节，回顾不是游戏的终结，因此，回顾并不是一定发生于游戏结束之后，更不是一定要发生于回到教室后的特定时空点。幼儿在游戏中的兴趣和行为容易受到周围事物的影响和转移，伴随着游戏情境的回顾，其当下的体悟最为深刻。比如，在户外活动中，一个玩滚筒的幼儿，正站在滚筒上用脚推动滚筒向前，其动作已非常娴熟，这时，教师可在游戏中引导幼儿进行非正式的回顾，“你觉得你为什么玩得那么好，有什么绝招吗？”“站在一端滚滚筒和站在中间滚滚筒，有什么不一样的感受？”因为幼儿正处于游戏中，其更容易描述清楚游戏体验、感受，以及遇到的问题等，而一旦脱离真实情境，幼儿的描述或表达可能就会变得更难。从室内到室外，幼儿回顾游戏的表达也会因为时间的延迟、幼儿的记忆和注意发展不够完善等而不准确。因此，回顾的时机也应是灵活变动的，而不是固定的。如果每次等到正式的游戏回顾环节才开展回顾，那么僵化、刻板的程

序操作将会让回顾成为形式，而不是真正看到了幼儿游戏中的需求，从而失去了自主游戏中开展回顾的真正意义。

（二）组织形式：集体、小组、个别等多种形式

集体回顾形式中，教师以幼儿共同关注的问题作为内容方向，向集体呈现某一个游戏片段，引起他们的讨论与经验分享。小组回顾形式可以将幼儿按照游戏主题、游戏内容、游戏区域等进行分组，并由教师分别对其实施回顾活动。不过，考虑到如果一位主班教师依次进行小组回顾，势必也存在小组消极等待的时间，其活动时间安排也不允许。所以，在面对数量较多的小组回顾情境下，其一般安排在游戏实施过程中。个别回顾形式也称“一对一”倾听方式，教师可针对幼儿个体差异，深入挖掘他们的想法，引导他们对游戏进行反思与生成经验。

（三）回顾实施：支持幼儿的多元表达

当前，一说起表征，画游戏故事仿佛已经成为一种固定的模式和游戏中的任务。实际上，这未真正考虑幼儿的内在需求，限制了幼儿的多元发展。我们可以鼓励幼儿用语言描述表达自身的想法与观点，语言发展不够完善的幼儿，可以借助肢体动作辅助表达，涉及较复杂的操作经验时，幼儿可现场示范进行回顾。比如，教师在引导幼儿就攀爬梯子的搬运问题回顾，教师就可以提供真实的梯子，在户外的现场，让幼儿演示与重现，并共同讨论省力、安全的搬运方式。因此，在回顾环节的组织上，教师应激发幼儿的表达欲望，让其根据自己的意愿、需要等自主选择回顾内容，并鼓励运用多元化的表达方式，支持幼儿进行充分表达。

参考文献

［1］崔远兰．浅谈幼儿园自主游戏中教师的有效指导策略［J］．好家长，2023（41）：12—14.

［2］王小为，罗超．幼儿园自主游戏回顾环节的思与行［J］．早期教育，2023（17）：42—46.

［3］翟艳丽．有效支持，促进幼儿自主游戏深度开展［J］．山东教育，2023（Z6）：74—76.

建构游戏中幼儿攻击性行为的指导策略

（白鸣好　山东省烟台市蓬莱区实验幼儿园）

摘　要： 幼儿的攻击性行为直接关系幼儿的成长与发展，如何正确地引导和教育幼儿的攻击性行为，对幼儿的身心发展起着至关重要的作用。本文探讨了建构游戏中对幼儿攻击性行为的矫正的主要意义和指导策略。提出了建立明确规则、引导情绪表达和指导解决冲突三项策略，旨在让幼儿建立起有意义的人际关系。

关键词： 建构游戏；幼儿；攻击性行为

在建构游戏过程中，幼儿参与的各种活动，如构建、设计和操作环境中的物品，对于学前幼儿的发展性学习、创新能力的培养、问题解决技巧和社交互动都是至关重要的。但这种游戏也可能导致攻击性行为的出现，如争夺资源、空间或争抢玩伴。在这种背景下，鼓励幼儿独立地处理攻击性行为有助于创造一个积极、和谐的互助游戏氛围。当幼儿展现攻击性行为时，教师可以引导幼儿学习如何面对社交上的挑战，从而增强他们的情感智慧，并培养与同伴健康的互动方式。指导策略不仅可以为幼儿提供更丰富的游戏体验，还能为幼儿的社交能力和情感培养奠定坚实的基础。

一、建构游戏中幼儿攻击性行为概述

在建构游戏中，幼儿的社交互动有时会导致攻击行为，这些行为可能表现为肢体动作（打人、推人）、言语攻击（大喊大叫、辱骂），甚至更微妙的形式，如排斥他人参与游戏，这些事件通常源于对共享资源的争夺、对空间的占领或对游戏玩法的不同看法。虽然这些行为是幼儿社会发展中的自然现象，但也是成人进行干预和引导幼儿以更积极的方式表达情感和解决冲突的可教时机。在建构游戏中处理攻击行为，包括设定明确的界限、树立尊重他人的沟通榜样，以及促进解决问题的讨论，这些方法有助于幼儿发展基本的社交技能，如换位思考、协商和合作，从而营造一个更具包容性与和谐的游戏环境。

二、建构游戏中攻击性行为产生的原因

（一）幼儿规则意识较弱

在《幼儿园教育指导纲要（试行）》中明确强调，要培育幼儿去“深入理解并严格遵循日常生活中的社交行为规范”，由此可见规则对于幼儿的影响有着重要的作用。明确的规则意识可以帮助幼儿培养道德感，从而体谅他人减少攻击性行为的产生。因此建构游戏中出现的攻击性行为就可以从侧面反映出幼儿的规则意识较弱，拥有攻击性行为的幼儿从认知中就片面地认为材料或事件就是自己的，因此他们无法体谅他人，容易产生攻击性行为。

（二）无法正确表达情绪

情绪表达指的是人们用来表现情绪的各种方式，对于幼儿而言，情绪表达是维护心理健康的重要手段。若幼儿在游戏中不会正确表达情绪，在游戏中产生挫败情绪或者兴致不高时，他们便容易采用攻击性行为，来抒发自己的情绪，从而让自己的“不舒服”得到疏解。

（三）缺少解决问题技巧

如果拥有一个良好的问题解决能力可以帮助幼儿在问题解决的过程中积累经验，学会体谅他人，提升自身道德情感。相反，如果幼儿没有拥有问题解决能力，那么就有可能会加重问题，从而产生不良情绪。

三、建构游戏中幼儿攻击性行为的指导策略

（一）建立明确规则

幼儿园需要制定明确的规则。例如，制定幼儿在建构游戏中应遵守的具体准则，与同伴友好合作、分享游戏材料、禁止追逐等。鼓励幼儿参与到规则的制定中，不仅可以帮助幼儿更好地理解和接受规则，还可以培养幼儿对游戏环境的归属感和责任感。明确的规则可包括“用语言表达情感”“手不要乱动”或“与他人分享材料”等指令。可以在游戏区内贴上海报或图解图表直观的指示牌，持续地提醒幼儿遵循游戏规则。在视觉上帮助幼儿更好地理解并内化这些规则，从而降低攻击性行为发生的可能性。因此，每个负责监管游戏区域的教师需要统一应对攻击行为，并在违反规则的情况下，采取约定的措施，如暂停或取消游戏的特权。一致性有助于幼儿理解界限的可靠性和成人反应的可预测性，这反过来又会让他们感到安全和被理解，这些后果不仅要一致，而且要及时，并与违反规则的行为直接相关，因为这有助于幼儿在他们的行为和结果之间建立明确的联系。此外，教师与幼儿要深入探讨不遵守规定的行为，协助幼儿反思自己的所作所为，并理解这些行为对他人带来的潜在影响，进一步降低在游戏中发生攻击性行为。

（二）引导情绪表达

在建构游戏中引导幼儿的情绪表达，教师可以引导幼儿说出自己的感受，如“快乐”“悲伤”“愤怒”或“沮丧”。教师可以通过讲述故事、角色扮演或情感讨论来解释这些概念，例如，当共享玩具或空间而产生冲突时，教师可以帮助幼儿说：“我很生气，因为我想用那个积木”，而不是做肢体动作。教师可以通过确认幼儿的情感并展现同情心，来激励幼儿提高情绪管理能力。与此同时，引导情绪表达还需要为幼儿提供其他应对和表达情绪的方法，包括深呼吸技巧、从一数到十或在感到不知所措时找个安静的地方想一想。例如，如果一个幼儿在建构中因没有按计划进行时而感到沮丧，教师可以引导幼儿做深呼吸，并建议幼儿说：“我需要一点时间。”然后再重新尝试或寻求帮助，或者在游戏区特别设置一个“冷静”的角落，配备感官玩具、情感相关的图画书或宁静的视觉效果，为幼儿提供一个可以独立探索和练习各种应对策略的空间，帮助幼儿更好地管理自己的情绪，提升自我调节情绪的技能。

（三）指导解决冲突

指导幼儿解决冲突，要引导幼儿发现问题并用语言表达自己的观点。教师可以通过暂停游戏来解决出现的冲突，同时每个幼儿用“我”来陈述自己的观点，如“当……时我感到不高兴”，这种方法不仅可以帮助幼儿表达自己的感受和经历，还能促进同伴之间的积极倾听，因为每个幼儿都有发言的机会，最后教师总结幼儿所表达的观点，确保各方都能正确理解，从而示范有效的沟通技巧，这种方法告诉幼儿冲突可以通过对话和相互理解来解决，而不是通过肢体攻击或言语侮辱。幼儿一旦明确并理解了冲突，教师就可以鼓励幼儿一起集思广益，找出解决办法。在这一过程中，教师应使用开放式问题而不是封闭式的“是不是”，如“我们能做些什么来纠正错误?”或“我们怎样才能一起玩，让每个人都开心?”等。通过这

种合作努力，幼儿可以学到妥协和协商的价值，发现可以有多种解决方案来满足所有相关的需求。如果第一个解决方案不尽如人意，那么教师可以引导幼儿进行新一轮的头脑风暴，尝试其他替代方案，从而教会幼儿在解决问题时的坚持不懈和灵活性。这种亲身实践的方法不仅能让幼儿们掌握解决冲突的实用技能，还能培养幼儿的集体荣誉感和合作精神。

四、结语

建构游戏过程中指导幼儿战胜攻击性行为是一个涉及多个方面的任务，包括建立明确的规则意识、培育情感的表达能力以及指导幼儿解决冲突的技巧方法。教师通过这些指导策略，不仅可以为幼儿创造一个更为安全和包容的游戏环境，还可以为幼儿在处理人际关系中提供必要的社交和情感支持工具。经过持续不断地实践和支持，幼儿掌握了如何以开放性的方式表达自己的情感，用同情和尊重的心态来解决纠纷，并与同龄人建立了有意义的人际关系，为幼儿全面发展打下坚实的基础。

参考文献

[1] 罗耐霜．幼儿园开展户外建构游戏的策略 [J]．基础教育研究，2022 (10)：92－94.

[2] 乔璐．小班户外自主建构游戏中教师指导策略探析 [J]．成功，2023 (17)：0076－0078.

[3] 余永娟．幼儿攻击性行为的原因研究及改善措施 [J]．幼儿 100 (教师版)，2023 (12)：43－45.

[4] 夏倩倩，肖菊梅，王英杰．博弈游戏中幼儿合作行为培养策略研究 [J]．湖州师范学院学报，2023，45 (12)：88－97.

[5] 何婷婷．幼儿攻击性行为的生成原因与解决方法 [J]．安徽教育科研，2023 (31)：76－78.

[6] 刘硕，王相英．运用情境体育游戏应对幼儿内外化问题行为的可行性分析 [C] //中国体育科学学会．第十三届全国体育科学大会论文摘要集——专题报告 (运动心理分会)．山东师范大学，2023：3.

[7] 和春婷．幼儿园语言教学活动中的师幼互动问题研究 [J]．科技风，2023 (28)：44－46.

[8] 顾梦梦．创意美术中借形想象绘画教学策略对 5－6 岁幼儿创造性思维影响的实验研究 [D]．浙江师范大学，2023.

[9] 王蝶恋．如何在体育游戏中培养幼儿的合作意识 [J]．幼儿 100 (教师版)，2023 (05)：49－52.

[10] 刘婷玉．自我控制对幼儿攻击性行为的影响：消极情绪和积极情绪调节策略的角色探讨 [D]．洛阳师范学院，2023.

[11] 曲静敏，张锋利．幼儿园教师社会支持对师幼关系的影响——教学效能感的中介作用 [J]．成都师范学院学报，2023，39 (3)：109－115.

[12] 朱晓兰．浅谈幼儿的攻击性行为 [C] //广东省教师继续教育学会．广东省教师继续教育学会教师发展论坛学术研讨会论文集 (十三)．日照市岚山区虎山镇中心幼儿园，2023：4.

幼儿园游戏教育对幼儿发展重要性研究
——以"彩虹水果店"为例

（王晓涵　山东省烟台市蓬莱区实验幼儿园碧桂园园区）

摘　要：在幼儿教育领域，游戏一直被视为一种重要的教学手段。该活动不仅可以点燃孩童探索知识的热情，更是推动他们综合成长的关键路径。因此，幼儿园游戏教育日益受到关注，成为幼儿教育领域研究的热点之一。本文以幼儿园游戏案例为出发点，探究并分析了游戏在幼儿教育中的重要作用及其对幼儿发展的影响。首先，阐述了幼儿园游戏教育的基本理论。其次，通过具体的游戏案例，详细分析了游戏如何促进幼儿认知能力、社交能力、创造力以及情感发展，探讨教师在游戏中的角色以及如何优化游戏环境，提出了提高游戏教育质量的具体策略。最后，论文总结了幼儿园游戏教育的重要性，并对未来的研究方向进行了展望。

关键词：幼儿园；游戏教育；身心发展；认知能力

一、研究背景及意义

近年来，随着幼儿教育理念的不断完善，游戏教育在幼儿园教育中的地位日益凸显。游戏不仅能促进幼儿身心健康发展，还能培养其社交技能、创造力及解决问题的能力。因此，研究幼儿园游戏教育，对于推动幼儿教育质量的提高具有重要意义。

二、基本理论与分析方法

（一）游戏的定义与分类

游戏，作为一种普遍存在的社会现象，其定义与分类多种多样。在幼儿教育中，游戏通常被定义为一种自愿的、以娱乐为目的的活动，这种活动具有明确的规则和玩法，通常不涉及现实生活中的功利目的。

依据游戏的种类与内涵，幼儿园内的游戏可以分为角色扮演、构建活动、智力开发以及体能竞技等不同类型。这些游戏类型各具特点，能够满足不同年龄段和兴趣爱好的幼儿的需求。

（二）游戏在幼儿园教育中的地位

随着教育理念的更新，幼儿园教育越来越重视幼儿的主体性和主动性。游戏作为一种以幼儿为中心的活动形式，恰好符合这一教育理念。在玩耍过程中，幼儿能够依据个人意愿挑选玩乐项目、同伴以及玩法，最大限度地展现自己的想象与创新能力。同时，游戏还能够促进幼儿与同伴之间的交流和合作，培养他们的社交技能。因此，游戏在幼儿园教育中占据举足轻重的地位。

我们以游戏教育理论为基础，结合认知发展理论、建构主义理论等，分析幼儿园游戏教育的实践案例。研究方法主要包括文献综述、案例分析、观察法等。

三、游戏案例介绍

基于前期班级开展山东省编教材主题三“秋天的果实”中《水果拼盘》等学习活动，我们发现幼儿对水果有了更深的了解。在日常生活中，幼儿们对他们的父母常去采购水果的店铺表现出浓厚的兴趣。教师一次与班级幼儿开展了关于水果商店的角色游戏活动。在经过多次探讨并结合幼儿们跟随父母实际体验购买水果的情况，对店中各类果品进行了认知，注意到了顾客与店主之间如何互动沟通，商家如何进行收款和记账，店铺员工日常的操作过程。班级内部营造了一个模拟的水果店环境，让幼儿们通过分组扮演不同角色，配备完备的器具与工具，以便进行该游戏。该项目以角色扮演为主要形式，旨在培养幼儿的创造力及团队合作能力。

四、游戏实施过程与反思

当幼儿提出尝试“模拟开业”并就此进行探讨之际，实际上教师早已洞悉了潜在的挑战。举个例子，当幼儿们临时起意开启游戏而无任何准备时，教师便预料到了一个可能出现的问题：缺乏顾客的参与，无法引起其他幼儿加入游戏的兴趣。教师并没有立刻提出来，也没有帮助幼儿去思考制定规则，而是尊重幼儿在游戏中的主体地位，让他们自己去讨论、决定。作为教师，应当坚信，中班幼儿应具备独立处理难题的潜力，因此教师更应频繁地将解题的机遇交给幼儿，使其在玩耍过程中自行察觉并解决所遭遇的问题。

在幼儿自发组成的小团体中，经常会出现几位成员竞争同一个角色的情形，难以一一满足幼儿们的个别需要，这种情况是难以规避的。恰逢教师期待幼儿们能在遭遇这种困境时，开始学习如何解决问题。作为教师，不应当直接插手幼儿们的纠纷，否则可能会无意加剧矛盾。应当首先站在一旁，以旁观者的角度信任幼儿有能力自行化解分歧，并注意观察他们处理问题的方式是否得当。

幼儿在如何让试吃客人尽快离开的问题上花费了大量工夫，在只能吃三次、只能吃一次多次尝试中，幼儿逐渐失去耐心。活动中，同伴的反复尝试和自我调整，是游戏持续下去的助推力。虽然后来大家游戏的氛围比较混乱，但当试吃客人减少，幼儿就能够体会到游戏成功带来的满足感。

活动结束后的分享环节，教师以视频的形式就幼儿的活动过程与幼儿做分享，共同讨论幼儿在活动中遇到的困难，帮助幼儿进行一次经验的梳理与提升。教师引导幼儿思考：幼儿通过绘画的形式并结合教师抛出的问题回顾游戏过程，将活动中遇到的困难，如何解决的以及下一步想怎么玩记录下来，更好地对活动进行了总结，并做好下一阶段的游戏计划。

五、存在问题与改进策略

在执行项目时，同样遇到了若干难题，比如一些小朋友的参与热情不够以及游戏用品的多样性不足等情况。针对以上问题，我们提出了以下几个改进策略。

（一）多种形式优化角色游戏

随着生活阅历日渐充实，教师能够利用观察、交流、读物、动态影像等众多途径来扩展幼儿的经历视野。在幼教实际的角色扮演活动中，教师可依据具体状况，针对活动环境、物质布置、过程评估及导师指导等诸多层面实施切实的教学策略，以此促进幼儿在角色扮演中的认知增长、社交体验以及学习素养等各个维度的进步，并通过这些措施协助他们提升角色扮演的效益。

（二）教师在游戏中的定位要明确

在幼儿园互动教学活动中，教师肩负着复合身份。他们既是活动的策划者和领路人，也是兼职参与者和观察者。在游戏中，教师需要关注幼儿的表现和反应，提供必要的支持和帮助，及时调整游戏策略以满足幼儿的需求。

（三）留白教育促深度学习想象

幼儿在细微观察后，应保障足够的时段让其持续提出疑问并加以解答。例如，在彩虹水果店的游戏中，幼儿正在玩买卖水果。买卖过程有货币的参与，但幼儿借助木棍、扑克牌、积木等来买水果。在游戏结束后教师可以让幼儿对“货币”的经历进行分享，也可以留有空白让幼儿对货币和物品交换进行探索。

（四）优化游戏环境

为了充分发挥游戏在幼儿教育中的作用，我们需要不断优化游戏环境。首先，从幼儿园的角度出发，应当确保有宽敞的娱乐场所，并且供应各类玩教具，以便适应不同年纪和偏好的小朋友的需要。其次，教师需要创设良好的游戏氛围，鼓励幼儿积极参与游戏并充分展示自己的能力。最后，幼儿园需要建立完善的游戏评价体系，定期对游戏效果进行评估和反馈，以便不断改进游戏教育方案。

六、提升幼儿园游戏教育质量的具体策略

（一）教师专业发展与培训

教师是游戏教育质量的关键因素。为了提高游戏教育质量，需要对教师进行持续的专业发展和培训。通过这样的培训，教师可以更好地理解游戏的教育价值，更有效地促进幼儿的发展。

（二）家园共育

家长是幼儿成长的第一伙伴。幼儿园应该与家长建立良好的合作关系，共同促进幼儿的游戏学习。例如，幼儿园可以定期组织家长参与游戏教育活动，让家长了解幼儿园的游戏教育理念和实践，分享自己的游戏经验和策略。

（三）创新游戏内容与形式

为了保持游戏的新鲜感和吸引力，需要不断创新游戏的内容和形式。可以结合幼儿的兴趣和特点，设计个性化的游戏方案、引入新的游戏主题、更新游戏材料、引入新的游戏玩法等。

（四）建立科学的评价体系

要提高游戏教育质量，必须建立科学的评价体系。这个体系应该能够全面、客观地评价幼儿在游戏中的表现和发展情况，注重幼儿的个体差异和进步情况，正确反映游戏教育的效果。

七、结语

通过以上的分析和讨论，我们可以看到，幼儿园游戏教育在促进幼儿全面发展方面具有重要的作用。游戏是幼儿园教育中不可或缺的一部分。通过有效的游戏教学，教师可以促进幼儿们的身心发展、认知能力培养以及社交能力的提升。随着教育理念的不断更新和科技进步的推动，我们可以期待更多的创新游戏方式和教育策略的出现。同时，需要关注游戏教育与其他教育领域的结合，以更好地促进幼儿的全面发展。

参考文献

[1] 滕春燕．有意义游戏的幼儿教育构想［D］．南京师范大学，2021—03—25.

[2] 周姣姣．游戏在小学英语教学中运用的问题及对策研究——以新乡市×小学为例［D］．河南师范大学，2018—01—01.

[3] 李香．浅谈幼儿园教师游戏指导应具备的关键能力［J］．教师，2019—12—01. 28—29.

[4] 张银娣．浅谈区域活动对幼儿自主性发展的促进作用［R］．新课程（综合版），2018—10—01.

[5] 刘月倩．游戏中幼儿学习经验深化的表现［D］．西南大学，2020—05—19.

[6] 田巍巍．幼儿成长档案袋应用现状研究——以山东省 15 所幼儿园为例［D］．辽宁师范大学，2018—01—01.

[7] 李娆娆．幼儿园游戏化教学实施策略探析［N］．新一代：理论版，2021—04—01.

在建构游戏中利用绘画表征促进幼儿思维发展的实践研究

（田乙燃　烟台市蓬莱区实验幼儿园）

摘　要：幼儿时期对于幼儿思维能力的培育至关重要，它是思维形成与发展的黄金时期，也是大脑发展的关键时期。遵循《幼儿园教育指导纲要（试行）》的指引，幼儿园教育应将思维能力的培养置于核心地位，以凸显其在幼儿全面成长中的基石作用。游戏，特别是深受幼儿喜爱的建构游戏，是幼儿认知世界、探索未知的基石，有助于想象力的激发、创造力的提升以及空间感知能力的锻炼，绘画表征的融入，则如锦上添花，助力幼儿梳理思维脉络，系统性强化其思考能力，对创新思维与反思能力培养更是影响深远。这里，我们将绘画与建构游戏相结合，探索其对幼儿思维发展的助推作用，既具有教育意义，又富有实践价值。

关键词：绘画表征；幼儿；建构游戏；思维发展

根据皮亚杰认知发展阶段理论，幼儿期的思维发展具有直觉性以及碎片化特点，缺乏系统性与逻辑性，但这一阶段对于思维能力的培育至关重要。根据《幼儿园教育指导纲要（试行）》，思维能力的培养是幼儿园教育不可或缺的一部分，考虑到幼儿思维的特性，绘画表征被认为是一种有效的辅助工具，可以帮助幼儿梳理思维，逐步构建系统性统一的思考框架。绘画表征在激发幼儿创新思维以及培养反思能力方面也同样发挥着重要作用。研究者尝试将绘画与建构游戏相结合，以绘画表征为引导，促进幼儿思维的全面和深入发展。实践证明，创新性的结合方式具体可行，可以为幼儿思维能力的培养开辟全新途径，具有重要的教育意义及实践价值。

一、绘画表征在建构游戏中的运用价值

（一）深化整合幼儿认知

绘画表征在幼儿教育中有着不可替代的价值。作为一种直观且富有创造性的表达方式，有助于幼儿将抽象概念与具体实际相结合，深化并拓展认知层次。通过绘画，幼儿能将感知到的信息转化为图形符号，促进幼儿的自我反思与认知整合，为幼儿提供了一个将零碎经验系统化的有效途径，在不断实践与记录中，幼儿的科学知识体系得以逐步建立与完善。

（二）推动幼儿社会性发展

绘画表征在增进幼儿间的社交互动与合作中发挥着关键作用。在绘画过程中，幼儿会自发地与同伴分享创意、交流想法，丰富学习体验，有助于培养团队协作意识与集体荣誉感。同时幼儿在绘画表征的交流中可以更新以往知识经验，获得新体验新经验，认识更多的社会事物。这对于幼儿社会性的发展有着不可替代的重要作用。

（三）促进幼儿思维发展

绘画表征对于培养幼儿的科学思维与品质具有积极意义。在创作过程中，幼儿需要进行观

察、分析、比较与概括，才能得以完成。这些思维活动可以锻炼幼儿的逻辑推理以及批判性思维能力，同时绘画的细致性与精确性要求也培养了幼儿的耐心、细致与严谨的科学态度。

（四）助力教师了解幼儿

绘画表征为教师提供了一个深入了解幼儿的独特视角。通过观察幼儿的绘画作品，教师能够洞察幼儿的内心世界、理解他们的需求与情感，为个性化教学提供有力支持，绘画表征不仅丰富幼儿学习体验，更为教师与幼儿之间搭建了一座心灵沟通的桥梁，使教育更具人文关怀与针对性。

二、在建构游戏中利用绘画表征促进幼儿思维发展的实践路径

（一）融合绘画表征与建构游戏，激发幼儿的创造性思维

在建构游戏中，教师可以巧妙引入绘画表征，为幼儿创造富有创意的自我表达空间。更明确地说，教育者应该激励幼儿们在开始创作之前，先用画笔绘制他们的内心世界，无论是宏伟的城堡，还是充满奇幻的乐园，都可以通过画笔在纸上生动地展现出来；接下来，幼儿们可以依据这些画作的设计，利用积木、沙土等素材，逐渐将二维的幻想转化为三维的现实。这个过程不仅锻炼了幼儿的绘画技能，还激发了他们的创造性思维。在绘画过程中，幼儿们需要运用想象力，将抽象的思维具象化为图形。在搭建过程中，幼儿需要根据设计图不断调整和完善作品，以确保最终的成果与最初的设想一致。这样的活动方式帮助幼儿建立了从想象到实践的完整思维链条，还让幼儿在亲身操作中感受到了创造的乐趣与满足，有助于培养幼儿们的空间认知能力、手眼协调能力以及解决问题能力，为幼儿的全面发展打下坚实基础。绘画表征在建构游戏中的运用也充分体现了教师对幼儿个体差异的关注与尊重，每个幼儿都有自己独特的想象力与创造力，绘画正是他们表达这些独特想法的有效途径，通过观察分析幼儿们的绘画作品，教师可以深入了解幼儿的兴趣、需求以及个性特点，为其提供更加贴心和有针对性的指导。

（二）观察与解读幼儿的绘画表征，提供个性化指导

在绘画表征中，幼儿以各自独特的方式展现其思维与创意，这些绘画作品远非随意涂鸦，而是幼儿们认知世界、表达自我的重要途径，教师的作用至关重要，必须细致观察并深入解读每个幼儿的绘画作品，以此洞察他们的思维发展层次及个性化兴趣所在。

对于在绘画中展现出强烈空间感的幼儿，教师会在他们的作品中发现对形状、大小及位置关系的敏锐把握，这类幼儿在面对积木或其他立体材料时，时常能构思并创造出既稳固又富有新意的结构，为进一步激发并培养幼儿的空间思维能力，教师可以为他们设计更具挑战性的搭建任务，鼓励他们尝试构建更为复杂的建筑模型，如桥梁、城堡或塔楼等，让他们在实际操作中深化对空间关系的理解。对于那些在绘画中善于运用色彩的幼儿，教师则应注重从色彩美学角度进行引导，这类幼儿对色彩有着天生的敏感性以及独特的见解，在绘画中善于运用色彩表达情感与主题。在建构游戏中，教师可以鼓励他们将这种对色彩的理解以及运用融入其中，如使用不同颜色的积木或材料创造出色彩丰富、视觉效果突出的建筑或场景。教师还可以通过引入基本的美学概念，如色彩的对比与和谐等，帮助幼儿提升色彩运用意识与技巧，创造出更具艺术感以及审美价值的作品。

（三）利用绘画表征引导幼儿反思与评价，深化学习体验

当游戏接近尾声时，教师应当扮演至关重要的角色，引领幼儿进行深度的思考和评估，协助他们回顾在绘画表征和构建游戏过程中所获得的经验和感受。通过仔细对比游戏前后的

绘画作品，幼儿可以清楚地看到自己的进步和变化，从而有效地提升他们的自信心和学习热情。在教学过程中，教师的指导方法显得尤为关键。我们应该鼓励他们用客观和具体的语言描述他们的创作和游戏经验，分享在绘画和构建过程中的思维、创新和问题解决技巧，为他们创造一个互相学习和交流的环境，让他们有机会欣赏和评估同学们的作品，并从中获得灵感，从而拓宽他们的思维视野。鉴于每一个幼儿都具有其独特的个性和特点，他们在游戏过程中的表现和成长也各不相同。因此，教师在进行反思和评价时，应特别关注幼儿的个体差异，并为他们提供个性化的反馈和指导。对于表现出色的幼儿，教师应该及时给予肯定和表扬，以激励他们继续保持创造力和探索精神；对于遇到困难的幼儿，教师则要耐心倾听他们的想法和困惑，提供必要的支持和引导，帮助他们克服困难，实现自我突破。另外，在组织幼儿的反思和评价活动时，教师还应该重视培养他们的批判性思维和解决问题的能力，引导他们分析自己在游戏中的表现，发现问题并寻找解决方案，帮助他们培养独立思考和自主学习的良好习惯。

三、结语

综上所述，融入绘画表征的建构游戏，对培育幼儿系统性思维至关重要，游戏开始前，幼儿们会精心规划游戏内容，并通过绘画细腻地描绘出游戏场景，加深幼儿对游戏架构的理解，促使他们思考并制定游戏策略，逐步锤炼系统性思维，教师在其中扮演引导者角色，以幼儿易于接受的方式，逐步引导幼儿拓展思维。这一措施对于幼儿的未来成长具有深远的意义，它不仅能增强他们的思考能力，还能为他们未来的学习和问题解决奠定坚实的基础。在幼儿教育领域，将绘画表征的建构游戏融入其中，具有不可或缺的地位和作用。

参考文献

［1］张帆．小学美术“绘画日记”教学的实践［J］．基础教育研究，2018（2）：51－52.

［2］刘娟．建构游戏中幼儿教师言语介入研究［D］．南京：南京师范大学，2016（5）：44－45.

［3］和春婷．幼儿园语言教学活动中的师幼互动问题研究［J］．科技风，2023（28）：44－46.

［4］顾梦梦．创意美术中借形想象绘画教学策略对5－6岁幼儿创造性思维影响的实验研究［D］．浙江师范大学，2023.

［5］曲静敏，张锋利．幼儿园教师社会支持对师幼关系的影响——教学效能感的中介作用［J］．成都师范学院学报，2023，39（3）：109－115.

［6］岳红．探讨幼儿园对话教学活动中师幼对话的问题与对策［J］．国家通用语言文字教学与研究，2022（6）：152－154.

［7］阿依格林·郭龙果．安吉游戏故事分享环节大班幼儿的绘画表研究［D］．石河子大学，2022.

［8］林子圆．大班幼儿建构游戏中问题解决的教师指导研究［D］．绍兴文理学院，2022.

［9］纪雨荷．大班建构游戏中幼儿数学学习的教师支持研究［D］．山东师范大学，2021.

［10］马蓉．建构主义视野下师幼关系的构建［J］．教育观察，2021，10（20）：130－132.

［11］赵舒悦．音乐与绘画的对话［D］．华东师范大学，2021.

感受生活之乐，探索生活之趣

（王飞　徐媛媛　烟台市蓬莱区实验幼儿园）

摘　要：幼儿阶段的幼儿没有较为丰富的生活经验，尚未建立对世界的深刻认知，因此，教师更多的开展科学探索活动，引导幼儿探索世界，并通过具体的实践提高认知。幼儿是科学活动的发现者和研究者，基于此，教师在引导幼儿探索科学时，要努力培养其探究的兴趣，并为其提供充足的材料和空间，使其能投入更多注意力进行科学探究。

关键词：科学；一日生活；科学活动

生活中的科学现象丰富多彩，奇特有趣，能够吸引幼儿的好奇心和探究欲望。在幼儿时期进行的科学教育是科学启蒙教育，《3—6岁幼儿学习与发展指南》指出："幼儿科学学习的核心是激发探究兴趣，体验探究过程，发展初步的探究能力。"成年人要善于发现和保护幼儿的好奇心，充分利用大自然和生活中的教育机会，引导幼儿通过观察、比较、操作、实验等方法，在生活中发现问题、积累科学经验，形成有利的学习内容。更有效地开展科学教育活动，真正做到从幼儿的兴趣出发，并从中发展培养幼儿的科学探索能力，开发幼儿的智力。

一、创设和谐的科学交流环境，让幼儿"敢探索"

《幼儿园教育指导纲要（试行）》指出：幼儿的科学教育是科学启蒙教育，重在激发幼儿的认识兴趣和探究欲望。在生活中，创设和谐的科学交流环境，更好地激发和保持幼儿参与科学活动的积极性。人本主义心理学家罗杰斯认为，心理的安全和自由，是发展幼儿创造力的两个重要因素。在心理安全和自由的环境中，幼儿的心情能轻松愉快，他们在与周围环境的不断交流中，容易形成创新意识，有助于幼儿的自我实现。

首先，教师要和幼儿们成为好朋友，成为幼儿可信赖的交流伙伴，蹲下身姿与幼儿们交流，为幼儿创造交流探索的机会，师生关系民主平等。其次，要认真听取幼儿们提出的问题，幼儿回答得对与错，我们不给予评判，在任何情况下都鼓励幼儿大胆探索。最后，给幼儿们出错的权利，允许幼儿的问题出错，鼓励幼儿们大胆说出自己内心的想法，尊重每个幼儿的意见和想法。

二、打造多元丰富科学探索区，让幼儿"能探索"

科学区是幼儿开展探究的关键所在，只有给幼儿创设真正符合幼儿的科学探究环境，才能满足幼儿的探究需求。科学区创设的空间大小应足够一定数量的幼儿在其中活动。在位置上科学区因其特殊性，要尽量靠近水源、电源和光源。科学活动区是幼儿进行探究和发现的区域，在该区域内可以有发现角、自然角、活动角，这就需要科学活动区区域定位精准，要靠近水源，阳光充足且比较安静，最大限度地满足幼儿科学学习的需要。科学区域的材料选择要注重幼儿年龄、学情实际，分类摆放，便于指导幼儿完成科学体验，并围绕科学探究实验制作的记录图表。还要与幼儿科学探究主题相关联，依据不同的探究活动，构建适宜的科学探索环境。例如，在"观察与比较"主题下，对纸张材料的投放，有不同的厚度、不同质地的纸张，再提供剪刀，让幼儿动手体验剪纸；观察"纸的吸水性"，可以投放小水杯、水等材料；将纸与尺子放在一起，引领幼儿参与测量体验等。教师可以不断拓展幼儿科学探索材料，引领幼儿自主合作探究，在“玩”中亲历科学。

三、重视设计探索流程，让幼儿“想探索”

科学始于好奇，幼儿们拥有好奇心是幼儿学习的动力，充足的好奇心为幼儿的科学探索埋下种子。我们在组织科学探索活动时，一定要有好的想法和流程，激发幼儿探索的欲望。

活动开始之前要有一定的心理准备，掌握幼儿的心理发展的特征，从幼儿感兴趣的方向入手。例如，在《有趣的尾巴》活动中，没有提问一些很难的问题，而是从幼儿们生活中感兴趣的动物们入手作为导入环节，幼儿们的兴趣一下子就高涨了起来。接下来创设了游戏情景，假设小动物们和小朋友们一起玩捉迷藏的游戏，小动物们都把尾巴藏起来了，从而很容易地将幼儿的兴趣点转移到与小动物捉迷藏的话题上来。

更深入地了解幼儿们的身心发展特点，选择适合的教育教学方法。不同班级的幼儿们学习状况和发展状况也存在着一定的不同。在组织科学教育活动之前，我们要认真地了解幼儿，研究幼儿，根据幼儿发展的实际情况，以及班级环境的创设条件，设计适宜的科学教育活动流程。如果在活动中遇到一些与幼儿实际能力水平相差很多的教育教学活动，应适当地改变方法与策略，达到合适的效果。

四、教给幼儿探索的方法，让幼儿“会探索”

“授之以鱼，不如授之以渔。”幼儿固然对科学现象感兴趣，在组织科学活动时也要注意教给幼儿一些初步的科学探索方法，让幼儿们能自由探索生活中的科学奥秘。

大自然是人类发现知识、认识世界的重要方式。在大班组织科学活动《动物保护色》时，给幼儿们出示一张小动物藏起来的图片，询问幼儿们在图片中发现了什么？幼儿们看了一眼便说：“这是在北极，这里有很多的雪。”显然，幼儿们并没有学会认真观察，这时我便对幼儿们说：“是的，你们再仔细看看，这看起来好像真的在北极呢，不过，你可以再仔细看看呀，还有没有新的发现呢？”之后，幼儿们通过认真仔细地观察，在雪地里发现了两只长长的大耳朵，这时候有幼儿提出那并不只是一片雪地，还是一只小白兔。我随即告诉幼儿，那的确是一只小白兔，不过它躲了起来，和雪地融为一体。同时我也告诉幼儿们，要学会认真仔细地观察，这样我们才能发现新的秘密，学到新的知识。

幼儿期的幼儿们小动作发展不够熟练，不能很稳地用笔写字，是不是幼儿就不能记录了呢？《3－6岁幼儿学习与发展指南》指出：“引导幼儿通过图表和画图等方式保留和积累有趣的探索与发现。”例如，在组织大班科学教育活动《会变的月亮》时，为了让幼儿们对月亮的变化有一定的认识，在活动前一个月，我就为每个幼儿分发了一张月亮变化的记录表格，鼓励幼儿用绘画的方式记录自己所看到的月亮，幼儿们兴趣很高。当然，他们也记录得非常认真。因为天气因素没看到月亮的那几天，也画上了当天的天气符号。在带领幼儿们观察植物的生长变化时，我们就可以在花盆中立一个标尺，让幼儿每隔一周在标尺上画线做上标记，来记录植物的生长过程。

在科学活动开始之前，是必然要让幼儿们猜想的。猜想有利于开阔幼儿们的视野，活跃幼儿们的思维，幼儿的创造水平和智力水平也会得到双重提升。当幼儿们的猜想和实验结果一致时，他们会获得积极的情绪体验，同时也会获得成就感和自信心，就会非常有兴趣地投入到下一阶段的探索活动当中。因此我们在组织幼儿的科学教育活动时，不要急于揭示实验的结果，要积极引导幼儿大胆地猜想：“你觉得接下来会发生什么样的事情呢？”“你认为为什么会这样呢？”“你为什么会这么想呢？”让幼儿学会猜想，发展幼儿全方面综合的探究能力。

五、注意拓展活动，争取家长支持，让幼儿“常探索”

作为教师，要挖掘一日生活中的潜在课程，将集体教学活动与幼儿生活活动紧密相联，让幼儿尽情地展现自我，开拓自我。例如，在一节示范课活动中，教师让幼儿将图片按要求贴在黑板上，用的工具是分发到每个小组的一盒磁扣，这时就有些小朋友不去贴图片，而一起玩弄起了小盆中的磁扣。教师注意到了这一现象，随即引导小朋友说：磁扣为什么能轻松地将图片吸在黑板上呢？听到教师的话，小朋友们就开始尝试将图片粘贴到黑板上，探索磁铁的神奇和有趣。活动结束后，教师在科学区提供磁铁及各种材料，材料中一半是铁制品，另一半是木条、泡沫等，还可为幼儿提供几个小碗，将准备的材料盛在小碗中，幼儿在摆弄中会发现，用磁铁区分铁制品与非铁制品分离，同时幼儿在摆弄磁铁时会发现“同极相斥，异性相吸”的科学现象。在活动区中，给予幼儿充分的操作时间，教师不进行直接指导，而是让幼儿通过与材料交流，去发现、去思考，解决各种难题。

家庭是幼儿园重要的合作伙伴，幼儿在家长面前是最放松的。因此，要想让幼儿在科学探究方面能有所收获，只靠教师单方面的力量是不够的。作为幼儿园一线的教师，要向家长宣传科学教育知识和教育方法，全方位合力促进幼儿的成长。

总而言之，幼儿期是人生发展的重要阶段，培养和发展幼儿的科学探究能力是我们的一大目标，作为一线教师的我们，要善于捕捉生活中的教育契机，在生活中培养幼儿们的科学探索能力，让探索活动伴随幼儿的成长。敢探索，能探索，想探索，会探索，常探索，为幼儿的成长打下坚实的基础。

参考文献

［1］中华人民共和国教育部．幼儿园教育指导纲要（试行）［M］．北京：首都师范大学出版社，2001.

［2］卢琰．幼儿园科学教育组织与实施现状［D］．沈阳师范大学，2020.

［3］庄珊．5—6岁幼儿科学探究兴趣与能力的培养策略：源于成都市幼儿园的调查［J］．成都师范学院学报，2022，38（5）：94—100.

［4］姚伟．幼儿园科学教育与幼儿的全面发展［J］．幼儿教育，1996（2）：6—7.

［5］侯耿耿．幼儿科学探究的有效支持策略［J］．学前教育研究，2020（1）：92—95.

［6］单嘉琦．游戏化模式在幼儿园科学教育中的运用探究［J］．才智，2020（16）：155.

建构游戏中师幼互动的问题及对策

（李俊枝　烟台市蓬莱区实验幼儿园）

摘　要：建构游戏被视为幼儿最喜爱的游戏之一，蕴含着多方面的意义。不仅有助于激发幼儿的动手动脑能力，促进他们在操作、创新、社交和合作方面的发展，也能增强他们的自信、想象力和社交技能。在构建游戏的过程中，积极地进行师幼互动，可以有效地推动幼儿的全面发展，增强教师的专业能力，并为教育创造一个更好的环境。然而，在游戏构建过程中，教师与幼儿之间的互动存在一些问题，如教师的专业水平不足、幼儿的主体性缺乏以及互动方式单一等。鉴于此，本文提出了提高教师的专业能力，调整角色定位，充分发挥幼儿的主体地位以及利用绘画表征、一对一倾听等方式丰富师幼的互动形式等策略，以期更好地促进幼儿能力的提高和教师专业性的发展。

关键词：学前教育；建构游戏；师幼互动

一、建构游戏中师幼互动研究背景

当今社会，幼儿教育越来越受到重视，建构游戏作为一种常见的幼儿教育活动，具有促进幼儿身心发展、培养幼儿动手能力和创新思维、促进教师专业成长等多重作用。这一研究对于提高幼儿教育的质量和水平具有重要的理论价值。因此，对建构游戏中师幼互动的研究具有重要的现实意义。在以往的研究中，对于建构游戏中师幼互动的问题关注还不够充分。例如，部分教师缺乏专业培训和实践经验，难以把握干预的时机和方式，导致幼儿无法充分发挥自主性和创造性。这些问题在一定程度上制约了幼儿教育的效果。因此，本文旨在分析建构游戏中师幼互动的问题，并提出相应的对策，为实践提供指导。

二、建构游戏中师幼互动的意义

建构游戏中的师幼互动对于幼儿的发展有多方面的作用，不仅可以促进幼儿各方面技能的全面发展，而且可以增进增强教师与幼儿之间的情感联系，让教师可以通过互动更加了解幼儿，增强幼儿对于教师的信任与亲近感，发展幼儿的社交以及合作解决问题能力。

三、建构游戏中师幼互动现存的问题

（一）教师专业性不足，干预时机选择不当

教师干预行为是指在幼儿园的日常生活中，教师运用各种干预的方式方法对幼儿的活动进行干预，以此来解决幼儿问题的教育过程。在构建活动的过程中，教师的干预时机选择显得尤为关键，因为教师是决定活动能否顺利进行的核心要素，它会直接决定幼儿在此过程中是否能够获得预期的成果。通过观察和调研，我们发现教师的专业能力直接决定了他们的参与程度。具有较高专业水平的教师通常能够精准地把握教育的最佳时机，为幼儿提供适当和合适的指导。而那些专业能力相对较弱的教师在介入过程中，常常会遭遇教学进度的滞后或者衔接过于紧密的问题。

（二）互动主要由教师发起，幼儿主体地位缺失

在构建游戏的过程中，部分教师过分强调游戏的成果和秩序，主动地发起活动，从而忽略了幼儿的主体地位。通过观察我们发现，这种行为会导致幼儿失去表达和思考的机会，影响他们的语言和思维能力的发展。同时失去对该活动的兴趣，从而对与他人的互动失去热情，进而让这场活动对他们来讲毫无价值。

（三）师幼互动形式单一，主要以提问为主

师幼互动作为教育过程中的关键一环，对于幼儿的发展具有重要意义。幼儿园的活动形式是丰富多样的，因此存在于其中的师幼互动也应是多种多样的。然而，在构建游戏的过程中，教师与幼儿之间的互动方式相对单调，这种互动通常是由教师主导进行提问的，提问方式一问一答缺乏创新性和趣味性，这导致幼儿在每一次互动中都会感到一种任务感，也无法体会活动中的乐趣。

四、应对策略

（一）提高教师的专业能力，发挥教育机智

1. 幼儿园提供相应的专业培训。在专业培训中，幼儿园应提供关于教育干预的专业知识，让教师明确干预的目的与策略。同时，应教授教师正确的干预策略，如鼓励、指导、示范、纠正等，这可以帮助幼儿教师更好地应对幼儿在建构活动中出现的各种问题。例如，搭建技巧与同伴交往等问题，以达到干预的目的。

2. 教师自身专业性的发展。一切外因要通过内因起作用，外在的知识经验必须通过教师自身的吸收内化才能真正在教育中应用。因此只有教师将外在的“干预经验”真正内化为自己内在的知识时，教育干预才能够真正发挥其应有的价值。在进行干预的过程中，教师需要细致地观察和分析幼儿的个性和年龄特性，以便根据具体情况和需求制定个性化的干预策略。同时，教师还应密切关注幼儿在建构时的行为表现，把握干预的最佳时机，评估干预措施的成效，并根据评估结果来调整和优化干预方案。

（二）调整角色定位，发挥幼儿的主体地位

1. 游戏的支持者。在构建游戏的过程中，教师需要清晰地认识到自己支持者的角色，赋予幼儿更多的自主权。在活动前，可以根据幼儿们的具体需求，为他们提供所需的建设材料。同时，应为他们的游戏创造一个安全、有趣且充满创意的环境，使他们能够自由地进行搭建和探索。在活动中，应该激发幼儿们的创新精神和探索精神，鼓励他们尝试各种不同的搭建方法和玩法，以此来刺激他们的想象力和创造力。当活动达到尾声时，应该对幼儿表示肯定，这有助于提高他们的自我效能感和兴趣。

2. 游戏的合作者、引导者。幼儿在进行建构游戏时教师要担任合作者和引导者的角色，而不是决策者。幼儿们在进行建构游戏时，教师要以合作者的角色运用同伴介入或是平行介入的方式参与到幼儿的游戏中。同时，教师应以同伴的形式为幼儿提供有益的建议或启示，帮助他们在启发的过程中培养解决问题和知识发展的能力，从而真正提升他们的综合能力。

（三）丰富师幼互动形式

1. 建构游戏开展前。建构游戏活动开展前，教师可以让幼儿提前构想要搭建的“计划”，并通过“头脑风暴”等方式确定搭建计划，并在纸上进行简单的绘画，依据自己的搭建计划向教师“索取”材料，而教师借此过程参与到幼儿的头脑风暴中与幼儿进行互动，引

导幼儿进行充分的想象，同时尽量满足幼儿的材料需求，让其充分创造，并产生满足感，构建良好的师幼关系。

2. 建构游戏开展中。建构游戏开展过程中，教师可以通过鼓励的言语交流以及非言语交流与幼儿进行互动。语言交流时，教师可以积极地与幼儿进行沟通，倾听幼儿的想法与感受，了解他们在建构游戏中的兴趣点，同时有意识地避免“强硬”言语的出现。除了言语交流外，教师还可以通过身体语言、面部表情、目光接触等非言语交流的方式与幼儿进行互动。这些非言语交流可以传达教师的情感和态度，增强师幼之间的亲密感和信任感。

3. 建构游戏结束后。游戏的结束并不意味着游戏中的师幼互动的结束，在活动后可以为幼儿进行“一对一倾听”与“画语解读”。画语解读是一种通过观察幼儿绘画作品并解读其中的符号、色彩和形状，来了解幼儿的内心世界和情感表达的方法。幼儿们的游戏结束后，教师可以指导绘画的表征，将游戏中的思考过程和遇到的困难进行绘画。教师可以通过让幼儿分享自己的“作品”和“画语解读”来加深对幼儿的理解，从而更好地认识幼儿。当幼儿与教师分享他们的快乐时，他们会感受到一种依赖和信任，这种感觉有助于加强与互动，并且为下一次的师幼互动创造条件。另外，对于那些不喜欢绘画的幼儿，教师可以选择“一对一倾听”的方法与幼儿进行互动，实施一对一的倾听表征，给予幼儿充分的关注和重视。这种倾听不仅是听到幼儿所说的话，更是理解和回应他们的内心世界。

参考文献

［1］和春婷．幼儿园语言教学活动中的师幼互动问题研究［J］．科技风，2023（28）：44—46.

［2］曲静敏，张锋利．幼儿园教师社会支持对师幼关系的影响——教学效能感的中介作用［J］．成都师范学院学报，2023，39（3）：109—115.

［3］岳红．探讨幼儿园对话教学活动中师幼对话的问题与对策［J］．国家通用语言文字教学与研究，2022（6）：152—154.

［4］林子圆．Research on Teacher Guidance of Problem Solving in Large Class Children's Constructive Games［D］．绍兴文理学院，2022.

［5］纪雨荷．A Study on Teachers，Support Strategies for Children´s Mathematics Learning in Senior Class Construction Games［D］．山东师范大学，2021.

［6］马蓉．建构主义视野下师幼关系的构建［J］．教育观察，2021，10（20）：130—132.

［7］乔慧，黄瑾，莫嘉韫．基于扎根理论的师幼关系影响因素研究［J］．陕西学前师范学院学报，2021，37（1）：33—40.

［8］李嘉敏．3～6岁幼儿师幼关系和社会适应的关系研究［J］．现代商贸工业，2020，41（12）：75—76.

［9］周宜．运用陶行知理论建构幼儿园中班游戏活动中的师幼关系研究［J］．才智，2019（34）：55.

［10］李姗泽，刘月倩．论幼儿游戏中理想师幼关系的构建［J］．教育与教学研究，2019，33（6）：1—12.

［11］卢琰．浅谈农村幼儿园良好师幼关系构建的问题及对策［J］．农家参谋，2019（9）：13＋76.

［12］刘睿媛．The Study of Teacher-children Relations in the Kinde Rgarten Education Activity in the Field of Society［D］．淮北师范大学，2017.

［13］席梦瑶．Study on Early Teacher-child Relationships and Its Epact on the Development of Children's Self-confidence［D］．江西科技师范大学，2017.

［14］龙蓁蓁．The Research of Teacher's Guiding Occasion in Outdoor Constructive Play［D］．湖南师范大学，2016.

[15] 刘娟．建构游戏中幼儿教师言语介入研究［D］．南京师范大学，2016.
[16] 丁璐璐．幼儿园游戏教学活动中的师幼关系研究［D］．山东师范大学，2013.
[17] 陆浩，李克建．近二十年我国学前教育师幼互动研究的热点领域及趋势展望——基于 VOSviewer 与 CiteSpace 的知识图谱分析［J］．幼儿教育，2020（36）：33－36.
[18] 陈帼眉，冯晓霞，庞丽娟．学前幼儿发展心理学［M］．北京：北京师范大学出版社，2013.

如何做好幼小衔接大班幼儿区域游戏指导策略

（黄巧　广东省深圳市龙华区第六幼儿园）

摘　要：幼儿园与小学是两个教育方式有着较大区别的教育阶段，幼儿的各类游戏教育是幼儿顺利从幼儿园过渡到小学的关键能力培养。幼儿园主要以游戏教育知识为主，区域游戏对幼儿规则意识、任务意识、亲社会行为及良好道德品质的培养具有极其重要的教育价值。教师指导幼儿游戏时，应坚持以幼儿为中心，要为幼儿提供丰富多样的区域游戏，循序渐进地培养幼儿社会意识，促进幼儿亲社会行为发展，以正强化方式引导幼儿提高自我效能感，最终让幼儿获得社会性发展，提高其社会适应能力，让其快速适应小学的学习和生活。

关键词：幼小衔接；教师指导；区域游戏；幼儿教育

一、引言

人们常说，环境对学生具有很强的塑造作用，有经验的教师都会通过创造良好的教学环境来提高学生们的学习效率。幼儿园内的设施、场所以及随处可见的玩具等共同构成了幼儿园的教学环境，我们必须注重对这些环境要素的搭配与应用，让幼儿们在这种环境下不断开拓认知、启迪思维。因此，幼儿园教师应该积极发挥自己在幼儿区域游戏中的引导与指挥作用，帮助幼儿们不断地认识周围事物，加强对这些事物的理解与认知，促进幼儿获得全面、综合的发展，真正做到玩中学、学中玩，使幼儿区域游戏发挥出其应有的教学意义。

二、区域游戏的概念及其教育价值

（一）区域游戏的概念

区域游戏是当前各大幼儿园都比较热衷的一种幼儿教育方式，它所具备的独特的趣味性也使其能够极大程度地调动幼儿们的积极性，并且非常受幼儿们的欢迎。它能够有效地锻炼幼儿们的表达能力、社交能力以及独立思考的能力。区域游戏一般的开展形式是由幼儿园教师规定出一定的区域，并将这个区域作为专门开展游戏活动的场所，一般可称为游戏区或游戏角。区域游戏在设计时也需要遵循三大原则——适宜性原则、发展性原则以及整体性原则。

（二）区域游戏的教育价值

幼儿园的小朋友都有一个非常普遍的特征，即喜欢玩，而区域游戏就是专门针对幼儿们贪玩的这一特性而开设的，它既有趣味十足的游戏供幼儿们玩乐，其内容又会结合一定的教育元素，幼儿们在玩的过程中也没有把学习给落下。

正常情况下在开展区域游戏时教师会观察幼儿们在游戏过程的一些表现并进行记录，还会及时制止并纠正幼儿们的不合理行为，以此做到具有针对性的教学，或者也可以将课本内的教学内容编制成小游戏让幼儿们在游戏区中进行实践，做到学中玩，玩中学。

区域游戏不仅受幼儿们的欢迎，还具备一定的教育价值，这也是它能够受到各大幼儿园青睐的重要原因。但是区域游戏毕竟是一种比较新鲜的事物，教师对此可能还没有太过于深入了解，因此有时在指导幼儿们开展区域游戏时会显得有点手足无措，导致幼儿们并没有按照事先设定的方案来开展区域游戏，最终使得区域游戏失去了其教学意义。

三、大班幼儿区域游戏中教师的指导策略

（一）以幼儿为主，体现其主体地位

区域游戏是为幼儿园的幼儿们开展的，因此必须要以他们为主，给予其充分的自主权利，教师在进行指导时，不能以自己为中心，破坏幼儿们的游戏进程，要时刻提醒自己幼儿才是区域游戏的核心。例如，设计区域游戏规则时，教师更多的需要参考幼儿们的意见与想法，因为游戏是幼儿参与的，规则是幼儿遵守的，所以规则一定要能够体现出幼儿的意愿。同时教师也要定期组织幼儿开展讨论来修改规则，使规则能够随着游戏的深入以及幼儿们技巧水平的提高而改变。当多个区域同时开展游戏时，如果教师发现某个区域参与游戏的幼儿过多，也不应该强行介入命令一部分幼儿去别的区域玩游戏，而是采取暗示的方式。例如，提醒大家每个区域的规定人数，让大家自己意识到人满为患的问题，并且主动去往其他区域玩游戏，这样可以培养幼儿们发现问题的能力以及谦让的良好品德，当然教师也可以将游戏区进行扩张以容纳更多幼儿同时开展游戏。

例如，师看到有三名幼儿在玩“开心奶茶店”的区域游戏，但是这个游戏只有店长和店员两个角色，而其中两名幼儿早早地就已经分配好了角色，最后加入的一名女孩就无法融入其中。但不一会，这个小女孩突然在门口喊了起来，教师仔细一听，原来她是在邀请其他的小朋友进店品尝奶茶。从这件事可以看出，教师在发现这名小女孩没有获得角色时，并没有主动地安排她去进行其他游戏，而是保持沉默并进行观察，看她接下来会采取什么行动，而最终事实证明这名小女孩确实用自己的方式参与到了这个区域游戏之中，充分体现了教师以幼儿为主的原则，使幼儿真正地成为区域游戏的主人。

（二）选择合适的干预游戏的时机

幼儿们在进行区域游戏时，教师要能够选择合适的时机来对游戏进行干预，绝不能在幼儿们玩的正高兴时盲目介入，而是应该当幼儿们遇到无法解决的难题或出现了方向性错误时才进行干预，这种干预才是最为有效的，并且也不会破坏幼儿们的兴致。幼儿们在进行区域游戏时如若遇到安全威胁，教师也应该立即进行干预，防止事态进一步恶化，保证幼儿们的安全。干预的类型也是多种多样的，主要可以分为口头干预以及行为干预，教师既要能够选择合适的时间进行干预，同时也要选择好恰当的干预方式。

例如，在一次“快乐大厨”的区域游戏中，幼儿们所经营的“餐厅”已经连续十几分钟没有客人进入，而餐厅内的“大厨”“服务员”都是一直在重复炒菜、刷碗和端盘子的动作，教师发现这些幼儿越来越没有兴致，开始心不在焉了。于是，教师决定进入餐厅，幼儿们立马又焕发了热情，开始认真地“做菜”招待教师，在玩其他区域游戏的小朋友们看到教师进入了这个“餐厅”，立马也都涌了进来，刚才还空无一人的大厅立马变得热闹了起来。在这个案例之中我们可以发现，教师首先充分给予了幼儿们主动权，在看到餐厅没有客人时并没有指挥别的小朋友进来“充数”，而是让小朋友们自己想办法。当看到参与游戏的小朋友们确实失去了耐心，渐渐失去了游戏的乐趣时，教师才进行干预，并且是以“客人”而不是“教师”的角色进行干预的，不仅使游戏回到了正轨，也重新激发了幼儿们的游戏兴趣。

（三）适当延长区域游戏的开展时间

区域游戏教学价值的发挥是需要以一定的时间为基础的，如果教师给幼儿们开展区域游戏的时间太短的话，教学价值也会大打折扣，因此教师需要适当地延长区域游戏开展的时间，给幼儿们更多的时间来体会自己的角色并思考其中的意义。与此同时，教师能够有足够

的时间观察幼儿们在区域游戏中的表现，并判断是否需要添加游戏道具，也可以用这段时间对游戏表现较差的幼儿进行单独的辅导，帮助他们更好地融入区域游戏，同时也丰富了教师的指导经验。每次区域游戏结束后，教师都应该认真反思幼儿们在区域游戏中的问题，并在下次游戏开展时进行改正，这样才能够最大限度地发挥区域游戏的价值。

例如，有一次在“高楼大厦”区域游戏中，教师发现幼儿们正兴高采烈地搭建一座非常巨大的建筑，同时教师也注意到游戏时间只剩五分钟了，于是教师告诉幼儿们今天的游戏时间可延长 20 分钟，还鼓励幼儿们要用心搭建出更大的建筑，幼儿们有了足够的时间之后也不着急了，全神贯注地进行游戏。最后搭出的建筑物非常壮观，幼儿们都高兴极了。教师也在这一过程中发现了幼儿们在建筑设计方面的天赋。在这个案例中，游戏时间的延长使幼儿们有了充足的时间来完成自己的计划，并且给了教师极佳的观察机会，使教师加深了对幼儿们的了解。

四、结语

区域游戏对于大班幼儿来说是一项非常积极有益的活动，它能够最大限度地激发幼儿们的兴趣，并且在这个过程中幼儿们可以充分地表现出自己的创造性，因此这项运动值得全国各地的幼儿园教师效仿。教师们也应该主动提高自己在区域游戏中的指导能力，拓展延伸区域游戏的教学意义，挖掘其中能够用来教学的部分，强化它的教学价值。当然，也要以幼儿为主，合理考虑幼儿们所处的年龄段特征，不断优化区域游戏的开展形式与内容，让幼儿们在开展区域游戏的过程中不断提高自己的学习能力与认知能力，结合幼儿认知发展水平开发更多的区域游戏，充分利用区域游戏促进幼儿的社会性发展，为幼儿顺利过渡到小学的学习与生活及终身发展奠定良好基础。

参考文献

[1] 石明月．幼儿园区域游戏活动组织与合理实施分析［J］．小学生（下旬刊），2021（12）：122.

[2] 王菊．幼儿园课程游戏化和区域活动有机结合的策略探讨［J］．试题与研究，2021（31）：87—88.

[3] Jie Song. On the Ideological Value of Children’s Games in Combination with the Five Fields of Games［J］. Journal of Educational Research and Policies，2021，3（5）.

[4] 李海燕．浅谈幼儿园区域游戏中教师有效观察的策略［J］．文科爱好者（教育教学），2021（5）：222—223.

[5] 林素英．区域游戏中培养幼儿自主性有效策略的实践研究［J］．当代家庭教育，2023（23）：181—184.

幼儿园游戏探究与实践
——以“蚂蚁西瓜”教学游戏为例

（吴胜男　广东省深圳市宝安区西乡绿海名居幼儿园）

摘　要：本文以“蚂蚁西瓜”教学游戏为案例，通过情境创设、创意设计和实践操作等环节，探讨如何提升幼儿的观察、想象、创新设计和语言表达能力。通过详细分析游戏活动的设计、实施和教学引导，以及幼儿在游戏过程中遇到的问题、教师的引导过程，探究了该游戏对幼儿综合素质发展的影响，为幼儿园游戏教学提供了一种新的思路和实践参考。

关键词：幼儿园游戏；教学游戏；综合素质发展

一、引言

随着社会的发展和现代教育理念的不断深入，幼儿园的教育已经不再仅仅强调传统的课堂教学，而是更加注重通过游戏等实践性的活动促进幼儿全面发展。游戏在幼儿教育中扮演着重要的角色，不仅能够激发幼儿的学习兴趣，还能够培养他们的观察力、创新设计能力和语言表达能力。

二、活动设计

（一）活动目标

活动目标旨在培养幼儿的观察、想象和创新设计能力，并通过创新操作的乐趣促进其成长。通过认识半个西瓜皮，幼儿能够说出西瓜皮像什么，并展开对西瓜皮的想象。结合课件，引导幼儿从准备的西瓜皮中找出半个西瓜皮，激发他们的想象力。通过课件展示小蚂蚁的故事，为活动铺设背景，让幼儿期待小蚂蚁在西瓜皮上制作的物品。

（二）活动准备

活动准备包括相关的课件以及课前组织幼儿吃西瓜或带来吃剩的西瓜皮。这为活动提供了实际材料，让幼儿能够亲身体验西瓜皮的形状和质感。同时，准备了各种材料，如西瓜皮、火柴杆、木板、米饭等，以供幼儿在活动中使用。这些材料的准备为幼儿提供了多样化的选择，促使他们在小组中动手操作，发现西瓜皮的多种用途。

三、活动过程

（一）游戏导入

在这个有趣的学习活动中，我们将引导幼儿认识半个西瓜皮，并通过创意的方式让他们思考西瓜皮的形象。通过结合生动的课件，我们将营造一个情景，让幼儿想象小蚂蚁在春游过程中意外发现了半个西瓜皮。这个情景将成为整个游戏的引导，激发幼儿对于这个特殊物体的兴趣。

在情景导入部分，我们将通过课件展示小蚂蚁与半个西瓜皮的有趣场景，引起幼儿们的好奇心。然后，通过提问的方式，引导幼儿从准备的一堆西瓜皮中找出哪些是半个西瓜皮。这个环节不仅加深了幼儿对于半个西瓜皮的印象，也锻炼了他们的观察能力和辨别能力。

通过建立一个生动的引入情景，我们能够在轻松的氛围中激发幼儿的学习兴趣。这种通过故事情景引导的方式，将使学习更加生动有趣，让幼儿在参与中愉快地认知半个西瓜皮，并为后续的创意活动做好准备。整个导入部分注重情景创设，使得学习过程充满趣味和互动性。

（二）游戏过程

在这个富有创意的游戏过程中，教师引导幼儿发挥想象力，通过课件展示小蚂蚁遇到半个西瓜皮的情景。接着，教师鼓励幼儿们尽情发表对西瓜皮的各种想象：

教师：大家看看这半个西瓜皮，你们能想象它像什么吗？嘉嘉，你先说说看。

嘉嘉：嗯，我觉得像一个大大的太阳帽！

教师：好有创意！太阳帽是一个很有趣的比喻。皓然，你觉得呢？

皓然：我觉得像一艘巨大的船，可以载着小动物出海冒险！

教师：太棒了，皓然！大家都来分享一下，看看谁有更有趣的想法。

在幼儿发挥想象的同时，教师通过巧妙的过渡引导：

教师：你们想知道小蚂蚁遇到西瓜皮后会发生什么事情吗？那我们就一起来看看。

接着，课件展示小蚂蚁：

小蚂蚁：小朋友，我用这半个西瓜皮制作了很多好玩、好用的物品，你们也快动手做一做吧！这一步不仅激发了幼儿的好奇心，也为接下来的实际操作环节做好了铺垫。随后，幼儿分成不同的组别，利用提供的材料操作，发现半个西瓜皮的多种用途：第一组尝试将西瓜皮用作跷跷板板底座、饭碗、滑梯；第二组发现西瓜皮能当太阳伞、船、房子；第三组则利用材料发现西瓜皮能当大水缸、花篮、花盆、淋浴器等。

在这个创意的实践过程中，幼儿们充分发挥了想象力和动手能力，同时学到了西瓜皮的多种用途。各组的合作让他们更好地理解半个西瓜皮的特性。

随后，教师引导幼儿们进行互相介绍，分享各自用西瓜皮和其他辅助材料制作的物品：

熙熙：我们这组做了一个滑梯，大家可以坐上去滑下来，好好玩！

教师：太棒了，熙熙！其他组的小伙伴，你们也来分享一下吧。

通过互相介绍，幼儿们不仅增进了对彼此作品的理解，还培养了团队合作的精神。接着，教师展示小蚂蚁制作的物品，同时对幼儿们的作品给予肯定：

教师：看看小蚂蚁制作的物品，真是独具匠心！同学们也都很棒，你们的创意让教师感到非常惊喜。

在学习和分享的过程中，教师引导幼儿思考：

教师：小朋友们，你们有没有想过如何让这个西瓜皮变小呢？

顺杰：我觉得可以用刀把它切小。

教师：好主意，顺杰！那我们就一起来动手试试，看看还有什么其他有趣的办法。

在动手操作的环节，幼儿们尝试切、掰、摔、压、踢、踩等方式，发现更多让西瓜皮变小的有趣办法。这一步不仅锻炼了他们的动手能力，也培养了实践创新和问题解决的能力。

最后，教师对幼儿进行讲卫生的教育：

教师：大家在玩得开心的同时，要记得把垃圾放到垃圾桶里哦，这样我们的环境才能一直保持整洁。

通过这个富有创意和实践性的游戏过程，幼儿们不仅获得了对半个西瓜皮的多维认知，还培养了创造力、团队协作、问题解决和环保意识等多方面的能力。整个过程充满趣味和教育意义，为幼儿带来了一场充实而愉快的学习之旅。

（三）教师引导

在一组的设计过程中，幼儿们发现西瓜皮可以被巧妙地用于制作大水缸、花篮、花盆和淋浴器等创意物品。然而，在制作淋浴器时，嘉嘉向教师提出了一个困扰他们的问题：

嘉嘉：教师，我们不知道怎么固定淋浴器的喷头，总是摆不稳。

教师：嗯，这是一个有趣的问题。通常我们在日常生活中使用胶水粘贴纸张，但是对于西瓜皮这样的表面可能不太适用。那么，你们有没有听说过或者使用过订书机呢？

在这里，教师提出了一个解决问题的思路，即通过订书机的原理来解决固定喷头的问题。接着，教师进行简单而生动的解释：

教师：订书机的原理是用订书钉将纸张固定在一起，我们可以借鉴这个原理。如果我们用类似的方法，比如使用小型的牙签，来将喷头固定在西瓜皮上，会不会更加稳固呢？

在这一过程中，教师不仅提供了解决问题的方法，还将这个方法与幼儿们熟悉的订书机原理相联系，使得解决方案更具生动性和实际性。接着，教师引导幼儿们思考并尝试使用牙签来进行固定：

教师：那么，我们可以试试用小型的牙签来实现这个目标。通过将牙签插入喷头和西瓜皮中，看看是否可以牢固地将它们连接在一起。

在引导的过程中，教师关注幼儿们的实际操作，鼓励他们亲自尝试解决问题，培养了他们的实践创新和问题解决的能力。在幼儿们进行试验的同时，教师也给予实时的反馈和指导：

教师：看起来大家都很用心，试试不同的角度和深度，看看哪种方式更加牢固。如果遇到问题，随时向我提问哦。

通过这样的引导和互动，幼儿们逐渐理解并应用了订书机原理，将牙签巧妙地用于固定淋浴器的喷头。整个过程不仅解决了问题，还培养了幼儿们的实际动手能力和创造性思维。

四、游戏分析

（一）提升幼儿观察能力

该活动通过引导幼儿认识半个西瓜皮，并发挥他们的想象力，培养了幼儿的观察、想象和创新设计能力。通过结合课件、情景导入以及小蚂蚁的故事，创设生动有趣的情境，引发了幼儿对半个西瓜皮的兴趣和好奇心。在观察半个西瓜皮的过程中，幼儿不仅认识到了这个物体的特点，还通过互相分享想象出丰富多彩的形象，提高了他们的观察力和表达能力。

（二）培养创新设计能力

活动设计注重启发幼儿的创意思维和动手操作能力。分组利用各种材料动手操作，发现西瓜皮的多种用途，促进了幼儿的创新设计能力。在互相介绍和分享自己制作的物品时，幼儿们展示了丰富的创意，从而培养了他们的创新能力和团队合作精神。通过教师的引导，幼儿们在解决问题的过程中探索不同的方法，进一步锤炼了他们的创新思维。

（三）加强语言表达能力

活动过程中，教师引导幼儿发挥想象力，通过对西瓜皮的比喻和形象化描述，提升了幼儿的语言表达能力。在互相介绍和分享物品时，幼儿们需要用语言清晰地表达自己的创意和想法，从而加强了他们的口头表达能力。教师在引导解决问题的过程中，通过对话和提问，促使幼儿们用语言描述他们的思考和实践，进一步提高了他们的语言表达水平。

五、结语

“蚂蚁西瓜”教学游戏的活动设计通过有趣的情境导入、多样化的实践操作和积极的互动分享，全面提升了幼儿的观察能力、创新设计能力和语言表达能力。这种综合性的培养不仅使学习过程更加生动有趣，也为幼儿的综合素质发展提供了有力支持。

参考文献

[1] 周琳．幼儿园课程游戏化实践探究［J］．基础教育论坛，2023（12）：22—24.

[2] 单琳琳．幼儿园教学游戏化存在的问题及实践策略探究［J］．中文科技期刊数据库（全文版）教育科学，2023（4）：4.

[3] 樊琼．关于幼儿园美术活动游戏化的实践与探究［J］．求知导刊，2022（13）：3.

幼儿园小班体育游戏与教学的研究与策略

（孙妍　北京市机关事务管理局第二幼儿园）

摘　要：体育游戏作为幼儿一日生活中一项重要的活动，不仅能够增强幼儿的身体素质、增强他们对周围环境的适应性，还能培养幼儿无畏、坚韧的美好品质和积极向上的乐观心态。因此，本文通过问卷调查法、观察法等对于幼儿园小班幼儿的体育游戏教学现状及存在的问题进行调查，调查结果显示幼儿园体育游戏教学环节设置缺乏独特性，场地安排不合理，器械设置不全面以及师幼互动性较差。经过探讨，我们认为，应当采取合理设计规划幼儿园体育游戏环节、恰当安排幼儿园体育游戏场地分配、增加政府投资、丰富幼儿园体育游戏内容资源、教师转变角色，积极参与师幼交流等相关策略进行改善。

关键词：小班幼儿；体育游戏；教学现状

一、绪论

《幼儿园工作规程》提出："要对幼儿进行正确的教学，培养良好的心情，有利于幼儿的综合能力和人格发展。"幼儿体育游戏是把运动和游戏相结合的一种教学方式，我国幼儿园的体育教育水平普遍较低，起步较晚，幼儿体育游戏的教育水准一般不高，不能起到体育游戏应该起到的效果。早在中国第一次全国幼儿运动高峰论坛上，原教育部体卫司领导就曾表示，目前我国幼儿的整体体质还不够好，我国的幼儿肥胖、近视率也在逐步增加。有学者对我国幼儿进行了 10 多年的追踪研究，发现近年来幼儿的各项生理指标呈逐年下降趋势。幼儿时期是一个人身体发展的关键时期，也是一个终身健康的身体素质的重要时期。因此，想要促进幼儿体育游戏在幼儿体育教学中得以更良好的发展，就一定要进一步认识当前幼儿体育游戏的发展状况，剖析其所面临的问题以及做出针对性的处理措施，从而提高幼儿体育游戏质量。在这里，我们就是要通过对当前幼儿园体育游戏活动开展现状以及存在问题的调研，剖析当前幼儿园体育游戏活动发展中出现的问题，并针对当前幼儿园体育游戏活动发展中存在问题，提供合理的处理策略以提升当前幼儿园体育游戏活动发展的整体品质。

二、幼儿园小班体育游戏与教学现状

（一）体育游戏与教学开展内容情况

《幼儿园教育指导纲要（试行）》提出，在科学地组织幼儿一日活动时尽量减少无谓的团体行为和过渡环节，以减轻和克服消极等待现象。根据上述体育游戏特点，通过对幼儿园小班体育游戏环节设置情况的观察，在游戏的设计中，教师们往往会将游戏的创新环节设置在自主游戏之后，活动延伸之前，这个环节虽然不是游戏的主要内容，但如果做得好，也能起到很大的作用，而在游戏开始的时候，这种活动往往会被"挤"掉。可想而知，要让幼儿在一个空旷的地方尽情释放热情，是一件非常困难的事情，因为他们在玩耍的时候，没有太多的时间。通常情况下，活动对象不会受到影响，但是整个活动的结构会受到很大的损害。

（二）体育游戏与教学环境情况

《幼儿园工作规程》提出：幼儿园要有符合幼儿园规模的活动场所、配套的运动器材、营造沙地、池塘、种植园地等条件，并根据幼儿活动的需要绿化、美化园地。在对幼儿体育游戏的场地问题进行访谈时，部分教师表示幼儿园场地安排并不合理。通过非正式访谈，我们了解到，虽然幼儿园占地面积很大，但也有一些地方没有得到很好的利用。一是场地间的距离比较远，教师常常限制幼儿的活动空间，让幼儿们在一个较小的场地里玩耍，造成场地占用空间减少，有的场地被闲置或废弃，利用率不高。二是游戏中的幼儿活动场所间没有设置安全距离，经常会发生“区域冲突”，造成安全隐患，对游戏的安全有序进行产生一定的影响。

（三）体育游戏与教学中师幼互动情况

根据整理对幼儿园 20 节小班体育游戏与教学的课堂观察记录表来看，体育游戏虽然具有内容多样化、程度高等优点，但在实践进行的流程中，由于这种特性便对师幼交互的要求程度更加严苛。而实际情况是由于小班幼儿数量的庞大，即使是指导教师与保育班教师齐上阵，许多时候教师也根本无法照顾到自由游戏玩中的幼儿，所以当教师在体育游戏玩活动时或与幼儿的互动沟通时常常会出现一个比较混乱的状况。在体育游戏活动中幼儿进行了多次的互动表现，但比较多被教师敷衍地回答或者被忽视，而教师们却因为分散的教学活动而分神，无法解决幼儿们的问题。

三、幼儿园小班体育游戏与教学存在的问题

（一）体育游戏与教学内容设置缺乏独特性

通过以上观察我们可以看到，很多教师在设置游戏环节时只是采用固定的套路。在实地考察过程中发现，虽然很多教师都会在运动开始前就制定好自己的目标，但是幼儿园的教师们在制定目标时，都是照搬《3－6 岁幼儿学习与发展指南》上的内容，而不是按实际情况来设计。这样的话，就会造成现实和理论的脱节，目标也会变得空洞。此外，部分教师对体育活动的组织也较为随便，缺乏计划性，这也得体育活动环节设置显得十分单一。

（二）体育游戏教学场地安排不合理

因为幼儿园的幼儿们正处在成长的高峰期，所以体育活动的开展对于幼儿们而言必不可少。但是，场所划分不合理造成的问题也会严重影响体育活动的正常进行，幼儿园在建设时必须慎重考虑选择的场所是否满足了最基本的条件，划分是否合理。

（三）体育游戏与教学中师幼互动性较差

就如玛格丽特·克拉克所说：“虽然自由的游戏环境对于幼儿学习的潜力很大，但是，当你想要创造一个有效的学习环境时，规则就必须非常详细，因为成年人要有选择地参与到幼儿们的自由游戏中，并且扮演着重要的角色。”也就是说，在体育游戏教学中，教师要正确地扮演好自己的角色。笔者在观察过程中也发现，在幼儿进行体育游戏活动时，教师的行为一般就是站在边上，看护幼儿的安全，很少参与到幼儿的体育游戏当中。

四、幼儿园小班体育游戏与教学对策

（一）创新设计规划小班体育游戏与教学内容

教学活动进行时间过长所引起的幼儿兴趣丧失，创新游戏活动环节时间紧缩所引起的教学活动完成度损失，无外乎以下两大因素：教学活动设计阶段时限计划不合理、教学活动组

织流程时限把控不力。如果后者还需要经验填补，则对时机的规划便是教师在活动策划时必须特别重视的地方，把活动规则以最生动活泼的方法、最简洁的方法在最短时间内传达给幼儿，从而大大减少了幼儿的消极等待，为主动游戏做好了准备，并为创造性游戏预留时机。同时教师从一次次经验中总结反思，根据各个年龄段特点的幼儿班级，制定最科学合理的时间安排，为教学活动组织打好基础。

（二）合理规划幼儿园体育游戏与教学场地

首先，所要掌握环境设计的基本定位与原理，并立足现实，在全面规划园所空间的总体环境条件上，对园所区域和空间进行精心布置，并做到种类丰富多样。其次，要按照幼儿的兴趣爱好制作和改进器械，指导幼儿进行“一物多玩”，从而激发幼儿的兴趣。

与此同时，游戏活动的背景设置也是至关重要的。选择适当的活动形式、地点和材料，可以很好地解决小班幼儿在进入活动过程中的被动等待问题。为降低幼儿的兴趣损失，幼儿园教师在设计活动时要注意，如加入内容丰富的游戏活动背景，通过针对幼儿的3—4年龄阶段和兴趣爱好，赋予其实际需求的游戏活动背景，就能够使幼儿进入游戏玩活动的时间减少，参与性有效增加，从而教学活动的开展也会更加顺利。

（三）教师转换角色，积极与幼儿互动

师幼互动的主要目标是让幼儿们自由活动，但如果没有教师的引导，他们就会像一盘散沙一样。事实上，在师生互动的过程中，教师并非单纯的领导者、指挥者、裁判者，而是引导者、传授者，是师生互动的良好环境的创造者、互动机会的提供者、幼儿的支持者、帮助者、指导者和推广者。为起到互动性中的导向效果，在分组活动中要通过仔细观察，剖析幼儿，在以后的教学活动中以此为基础对幼儿们提供具有针对性的指导。

五、结语

就当前国内外研究情况来看，对幼儿园体育游戏的研究已经成为幼儿教育领域的重点课题之一，体育教学不但能够促使幼儿身体均衡发展，而且对教师自身的身体素质起着重要影响，所以研究幼儿体育教学是非常有必要的。经过问卷调查与研究，我们找到了幼儿园小班体育游戏与教学中普遍存在的问题，建议采取以下处理措施：创新设计规划小班体育游戏与教学内容；合理设计规划小班体育游戏与教学内容；教师可以转换角色，积极地参与师幼互动。希望通过本文的研究可以给教育者有效的借鉴，从而促进幼儿身心的全面发展。

参考文献

［1］安昕．幼儿园小班如何开展户外体育区域活动［J］．新智慧，2020（26）：35—36.

［2］魏娇．巴中市巴州区幼儿园体育活动及教学内容现状调查［D］．成都体育学院，2020.

［3］归明芳．课程游戏化背景下的幼儿园体育活动［J］．清风，2021（22）：77.

［4］梁柳映．幼儿园体育活动有效开展的策略——以小班体育活动“醒狮体育游戏”为例［J］．知识文库，2021（20）：46—48.

［5］宋武壮．哈尔滨市城区公立幼儿园体育活动的发展对策研究［D］．哈尔滨体育学院，2021.

［6］张义斌．林州市幼儿园体育教学活动分析及对策研究［D］．哈尔滨体育学院，2021.

通过角色游戏提高大班幼儿创造性的研究

（张伟丽　北京市延庆区第七幼儿园）

摘　要：在角色游戏中，幼儿以模仿角色的行为，创造性地反映现实。既能开阔幼儿视野，也能促进幼儿创造性思维的发展。教师开展角色游戏，要符合大班幼儿的游戏水平，依据幼儿的兴趣，生成游戏主题，提供丰富的游戏材料，提供必要的引导和支持，促成幼儿的自主创造和合作游戏，令幼儿的创造性得到不断提升，促进幼儿全面发展。

关键词：角色游戏；大班幼儿；创造性

《幼儿园教育指导纲要（试行）》指出，游戏是幼儿的天性。角色游戏为幼儿提供了模仿和再现人与人关系的机会，有助于促进幼儿创造性的发展。教师在开展大班角色游戏时，要从大班幼儿的成长特点出发，引导幼儿在游戏中自主探究、想象创造、协调合作，不断提高幼儿的认识水平、生活经验和创造力，促进幼儿健康、快乐成长。

一、顺应幼儿兴趣，生成角色游戏主题

角色游戏是扮演、模仿各种角色行为的一种游戏方式，能够促进幼儿想象力和创造力的发展。教师在开展角色游戏时，应当为幼儿创造良好的游戏环境，丰富幼儿的生活印象，使幼儿对角色游戏保持探索热情，并在游戏的过程中发展创造力，体现幼儿的主动性和创造性。

在阅读了一本关于邮票的绘本后，幼儿们都对邮票、信件等产生了兴趣。对于身处信息化时代的幼儿来说，邮寄纸质信是十分陌生的。作为教师，我便顺应幼儿的兴趣，趁机开展了一次“邮政局”角色扮演活动。在活动开始前，教师与幼儿通过绘本和相关视频，了解了关于邮局、信封、信件、邮票等内容，并通过组织谈话，与幼儿一起探讨邮局寄信和收发信件的主要流程，以及角色涉及的主要人员。最后，一场关于两个相隔很远的朋友相互寄信的角色扮演游戏便开始了，扮演朋友的幼儿将自己画好的信装在信封里，贴好邮票，来到邮局寄信。扮演邮递员的幼儿则往返送信和收信。在游戏的过程中，幼儿们对邮政和信件又有了更多的认识。

在上述案例中，作为教师，我顺应幼儿的兴趣开展主题式的角色游戏，并为幼儿提供必要的游戏支持，丰富幼儿的生活印象，使幼儿拥有更多自主创造的空间，在游戏中充分发挥自身的主动性，获得了丰富的情感体验。

二、提供丰富材料，支持幼儿想象创造

丰富的游戏材料是幼儿深入探索游戏的物质条件，幼儿善模仿、爱动手，教师为幼儿提供的游戏材料需要具有较强的可操作性，幼儿能够充分发挥自身的创造性思维，将各种材料进行搭配和组装，变成他们理想的游戏道具，使幼儿的创造性淋漓尽致地发挥出来，也使幼儿感受到创造的乐趣，获得更多游戏的愉悦感和满足感。

在一次开展“种植园”角色扮演游戏时，乐乐扮演园丁，只见他利用积木搭建了一座种植园，并分隔成一块一块的种植地，分别种植玉米、白菜、土豆和胡萝卜，这些蔬菜道具都来自娃娃区的厨房玩具。搭建完毕后，乐乐就和小雅、悦悦一起玩种植蔬菜的游戏。小雅突

然说，我们该怎么给蔬菜浇水呢？一番寻找后，大家找来了吸管、洒水车等材料，经过一番组装，一辆自制的浇水装置就做好了。随后，他们又发挥创造力，自制了除草、打农药等道具，游戏兴致越来越高，游戏的内容也越来越丰富。

在上述案例中，作为教师，我通过为幼儿投放操作性强的低结构材料，使幼儿的创造性被充分激发出来。幼儿能够自主设计和制作心仪的游戏道具，将创造力贯穿游戏的始终，持续、深入探索游戏，始终对游戏保持强烈的兴趣和探索欲，并依照自己的想象，创新游戏内容和情节，实现创造性思维的深层次发展。

三、尊重幼儿主体，鼓励幼儿自主创造

《3—6岁幼儿学习与发展指南》指出，教师要将幼儿视为发展着的机体，使幼儿成为主动的探索者。为此，在开展幼儿角色游戏时，教师应当树立正确的教育观和幼儿观，摆正自己与幼儿的关系，明确幼儿的游戏地位，尊重幼儿的游戏行为，以循循善诱的方式引导和启发幼儿，使幼儿成为游戏的主人，维护好幼儿的主动性和创造性。

在开展“超市”角色扮演活动时，超市货物的来源是幼儿自带或手工制作物品，并由幼儿自己对货品进行分类。此外，作为教师，我请大家发挥创造力，制作新颖的超市宣传海报和广告牌，自主为商品定价。一切准备就绪后，幼儿经过讨论，将自制海报、广告牌和货品摆到操场上，超市正式营业。在活动中，每个摊位都欢声笑语，每个顾客都满载而归，大家脸上都洋溢着灿烂的笑容。

在上述案例中，作为教师，我赋予了幼儿极大的自主权，充分体现了幼儿的游戏主体地位，令幼儿的创造性得到了极大发挥，培养了幼儿的动手能力和创造力，提高了幼儿的社交水平，也使幼儿获得了更多的快乐。

四、巧用评价环节，促成幼儿合作创造

大多数的大班幼儿具备在角色游戏中合作的能力，并通过合作形成新的游戏主题和情节，但是幼儿的生活经验有限，合作程度较浅，互动行为也较为单一。教师通过实施游戏评价，能够引导幼儿主动与同伴进行深入的游戏交流，使幼儿获取更加丰富的游戏经验，提高幼儿的游戏水平，促使幼儿的社交水平和创造性都得到更进一步的发展。

在一次角色扮演游戏中，参与游乐场游戏的艺艺想要进入旁边大剧院观看演出，扮演大剧院工作人员的静静认为他并不是这个游戏里的人，不让他进去。双方僵持不下的时候，作为教师，我建议大家暂停游戏，并在游戏的评价环节，请静静与大家分享今天游戏中发生的事。静静讲述了自己与艺艺之间的冲突，我请大家评判一下，不让艺艺进入大剧院是否合理。一些幼儿认为合理，另一些幼儿认为不合理，大家展开激烈的辩论。随后，悦悦说道：“我去过的游乐场里面也有剧院，如果大剧院和游乐场合起来，是不是就更好玩了？”悦悦的提议获得了大家的认同，大家针对这个提议，开始讨论游乐场和大剧院合作的游戏方式，并产生了更多的合作想法。

在上述案例中，作为教师，我利用评价环节，引导幼儿之间展开相互评价，以有效的引导方式，加深了幼儿的交流深度，促成了幼儿的主动合作，使幼儿通过合作的方式，解决游戏中的矛盾问题，又发展了合作能力和创造力，游戏经验也随之加深。

五、结语

角色游戏促进了幼儿的社会交往，提高了幼儿的创造性，丰富了幼儿的情感体验，能够为幼儿的长远发展奠定稳固的基础。教师要积极探索形式多样的角色游戏，丰富幼儿游戏课

程，为幼儿的发展提供有力支持。

参考文献

[1] 朱虹．浅谈推动大班幼儿角色游戏持续性发展的策略——以大班角色游戏“娃娃旅行社”为例［J］．好家长，2020（45）：20—21.

[2] 顾羽双．巧用留“白”，激发幼儿在角色游戏中的创造性［J］．幸福家庭，2021（19）：105—106.

[3] 倪铭．幼儿园角色游戏活动中的问题分析及策略探究［J］．小学科学（教师版），2020（6）：159.

浅谈家庭环境对幼儿自主游戏开展的影响

（温路曼　郄鹏瑜　石家庄市桥西区瑞特幼儿园）

摘　要： 游戏是一种十分有效的教育形式，对于低龄幼儿来说也是一种教育方法。每个幼儿都有喜欢游戏的天性和权利，我园开展的安吉自主游戏，恰恰是以游戏为媒介，充分尊重幼儿，还幼儿游戏的自主权，让每个幼儿都能在游戏中得到愉悦的体验，在体验中得到提升——安吉自主游戏正是以游戏为媒介。然而，幼儿自主游戏不仅仅局限于幼儿园，它贯穿于家庭甚至社会……

关键词： 家庭环境；幼儿；自主游戏

在幼儿的成长过程中家庭教育起着举足轻重的作用。家长在家庭教育中，要尊重幼儿的兴趣爱好，从小帮助幼儿培养自主意识，推动个性发展，给幼儿提供足够的自由和空间。我园的园本课程安吉游戏教育理念越来越得到家长的认同，家长们对幼儿自主游戏的关注度也在不断提高。然而，由于部分家长未接受过专业培训，也缺乏相关经验，在家开展幼儿自主游戏时，仍会面临诸多挑战。因此，针对这些问题，我们需要探寻相应的解决之道。

一、幼儿在家中游戏面临的挑战

（一）幼儿独自游戏的时间超过了亲子互动时光

如今，很多家庭中常见的场景是幼儿独自一人玩耍，而父母往往忙于手机或其他事务，很少能抽出时间陪伴幼儿。到了双休日，各种课外班可能已经挤占了幼儿们的游戏时间；有的父母会选择带幼儿去游乐场等幼儿比较集中的场所。

（二）家长在竞争中扮演的角色相对被动，主动发起竞争的人并不多

当幼儿主动邀请家长一起游戏时，近半数的父母能够积极响应，但他们大多数是出于满足幼儿的需求或防止不良习惯的目的。当然，也有部分父母会在幼儿邀请时直接拒绝。显然，家长在幼儿游戏中的角色较为被动，主动发起游戏的机会相当有限。

（三）玩具丰富多样，但利用率较低

家长们乐此不疲，在最突出的表现——物质投入上，让幼儿得到更好的成长。走进有幼儿的家庭。琳琅满目的玩具比比皆是，箱子里、抽屉里……这些玩具数量众多、种类丰富。然而，由于幼儿兴趣容易转移，许多玩具在还没来得及了解玩法时就已经被遗忘在一旁。

（四）专业玩具普及，自制玩具稀少

专业玩具是指造型逼真、功能明确、主题固定的玩具，这类玩具具有专业化特点，主要是由工厂生产衍生而来。而自制的玩具，则是利用日常的废旧物品或者天然的物资进行制作的。家里的玩具大多数是从商场或超市买来的，自制玩具日渐减少，即使是农村的家庭，父母带着幼儿一起制作的玩具也是罕见。

（五）妈妈的参与度高，爸爸的参与度低

受传统文化所谓“男主外，女主内”观念的影响，通常是妈妈的参与度高，爸爸的参与度低。如今，女性在社会经济地位上的提升，还是很难摆脱贤良淑德的角色定位，更多地承担起育儿的责任，成为重要的抚育儿女的角色。在家庭亲子游戏中，不管是男孩还是女孩，妈妈都是参与主体，和妈妈一起玩的时间要长一些，比重也要高一些。

（六）家长对游戏过程的干预多，引导少

在进行家庭游戏时，成人往往会要求幼儿按照自己定下的规则去玩，以求“不再玩了”。把“玩”当成要挟，逼着幼儿对权威唯命是从。在指导过程中，通常采用指令性语言，有的甚至决定了游戏的走向，对游戏过程的指导缺乏科学性，很少真正突出幼儿的主体地位。

二、影响幼儿自主发挥的原因

（一）家庭因素的影响

1. 家长对游戏的认知偏差。在幼儿眼中，游戏是快乐的源泉，但在很多家长看来，游戏与教育和事业存在冲突。他们认为大人的参与只会浪费时间，因此他们认为，从情理上讲对幼儿提出的游戏要求加以拒绝也是合情合理的。

2. 家长的职业性质受限。在社会压力日益增大的今天，为了给幼儿创造更好的生活环境，每个家长都想尽了各种办法。部分单位工作上经常要求加班加点，节假日也要上岗，双休日也要加班，甚至在家里也要完成自己的工作任务。

3. 家庭经济状况的影响。有的家庭经济条件更拮据，给幼儿们提供不了玩具，提供不了游戏场地，甚至剥夺了幼儿们游戏的权利。从而妨碍了家中年幼幼儿的发挥，影响了游戏的质量。当然，若经济条件过于优越，玩具过剩且闲置，幼儿不知所措，也会对游戏行为产生负面影响。

4. 家庭居住环境的约束。相对于家庭宽敞的居住空间而言，拥挤的居住环境使得低龄幼儿的发挥空间受限，只能进行一些简单的游戏、便捷式桌面游戏，对于低龄幼儿的游戏多样性也造成了一定的影响。

（二）社会层面的影响因素

1. 传媒方式的阻碍。电视、手机等传媒工具的诞生，使得人际交流逐渐减弱，并被数字化取代。幼儿在家的主要活动就是长时间观看电视、使用手机，这些都是导致幼儿游戏受阻的“罪魁祸首”。

2. 传统文化观念的制约。从幼儿园开始家长们就热衷于给幼儿报各种培训班，认为识字和掌握技巧是必不可少的，“起步不能输”的观念在幼儿们的心中根深蒂固地存在着，幼儿们在幼儿园里学习、训练、识字等方面都是必不可少的。于是，幼儿们在周末也忙着“上课”，游戏的次数明显少了，传统的“角色定位观”也在一定程度上限制了参与游戏的低龄幼儿。

三、改变家长观念，全方位推动幼儿游戏进行

（一）充分认识到幼儿成长的重要意义

游戏是 3—6 岁幼儿的日常活动核心，无论何种游戏，皆有助于幼儿全面发展，涵盖智

力、创意、语言、社交、个性等各个方面。家长的参与对幼儿的技能掌握、情绪培养、社交能力等方面的影响更为关键和深远。家长作为有经验的长辈，对幼儿特定技能的学习和社交方式的掌握，在游戏过程中起到了积极的促进作用。

（二）了解成人对低龄幼儿游戏的影响，了解参与不同角色的深刻含义

人们通常认为，父亲偏爱力量型的游戏，这对幼儿的动作发育和培养勇敢精神都有帮助；而妈妈则偏向于温柔的游戏，有助于幼儿耐心、细心等品质的培养。

（三）改变教育理念，强调幼儿主导权

家长在教育幼儿时，应秉持以幼儿为主体的原则，尽量采用民主式的家庭教养方式，尊重幼儿的意愿，站在幼儿的角度思考问题做出决策。游戏主题也应尽量满足幼儿的兴趣，而家长在游戏过程中，切忌用强迫或指令式的语言引导幼儿，学会“闭口、闭手、睁眼、竖耳”的态度，用心去观察。

（四）努力营造游戏环境，多样化的游戏类型

游戏环境涵盖硬件设施和心理氛围。首先，要提供丰富的游戏资源，包括游戏素材、游戏空间、游戏时机和保证幼儿游戏时间等，使游戏种类繁多，内容丰富。其次，要创造一个优良的心理环境。一是要对幼儿的游戏行为给予支持，切忌指责。二是尽量满足幼儿的合理需求。最后，要积极参与幼儿的游戏，不仅要配合，而且要主动发起。

四、结语

幼儿的发展基于游戏之上，在家庭、幼儿园、社会各个层面都要贯穿游戏环境的营造。作为专业教育工作者，我们有责任帮助和指导家长更深入地认识自主游戏对幼儿成长和发展的深远影响。相信每个幼儿都会有一个独特的未来，家庭、幼儿园、社会三方一起努力吧。

幼儿教学中关于游戏教学的思考与策略

（张金婷　石家庄市桥西区瑞特幼儿园）

摘　要：幼儿时期对一个人今后的学习和发展有重要的影响，因此必须重视幼儿园教育工作。幼儿时期的幼儿普遍活泼好动，通过游戏教学的形式，让幼儿学习知识，增强身体素质，提高情感体验。在游戏活动中培养和其他小伙伴交往的能力，在游戏中思考互动，提升幼儿的自主意识。基于此，本文将对幼儿教学中游戏教学的应用进行探讨和分析。

关键词：幼儿教学；游戏教学；应用

一、幼儿教学中游戏教学的意义

要想更好地将游戏教学法应用于幼儿教育教学过程当中，相关教学工作者就必须全面地了解游戏化教学法，利用游戏化教学法推动幼儿教育教学工作的有效开展。所谓的游戏化教学法，就是将传统的生硬死板的灌输式教学方法转变为利用游戏的方法将教学内容展现出来，通过游戏的特点激发学生的学习兴趣，引导学生对学习内容进行探索。具体到幼儿教学当中来说，也是将游戏和幼儿知识相结合的一种新型教学模式。也就是说，教师在实际教学过程中，针对教学内容穿插适当的教学游戏、游戏当中包含着新课程改革。学生通过游戏实践能够把握教学内容的重点和难点，提高学生的学习体验性。与此同时，通过游戏教学法也让学生体会到学习的乐趣。

二、幼儿教学中游戏教学存在的问题

（一）在开展游戏化教学时一些教师缺乏相应的教学经验

对幼儿缺乏指导，导致幼儿不知道怎样做，就无法达到游戏化教学的目标。在活动中，一些教师过分参与，反而成为活动的主体，不能充分地体现幼儿的主体地位。这样就导致游戏教学的质量比较低，失去了原有的意义。

（二）游戏的形式不合理

一些教师对游戏教学缺乏正确的理解，游戏教学流于形式，只是把游戏作为一种教学方式吸引学生的注意力，容易导致游戏教学的效率并不高。此外，一些教师认为只要幼儿按照教师的指导，在游戏中自由活动就可以了。在整个活动中，教师的参与度不高，游戏教学的效果不理想。

（三）环境设置不合理

通常情况下，幼儿园每个班级的人数应当在三十人左右。而受到各种因素的影响，许多幼儿园的班级人数在四十人左右。由于每个班级的人数比较多，环境又比较狭小，因此就不适合开展游戏，在游戏中，教师又很难关注到每一个幼儿。

三、幼儿教学中游戏教学的应用

（一）营造游戏氛围，激发幼儿参与热情

当今，游戏化的教学已成为一种普遍的幼儿培养模式。为了更好地实现这一目标，我们需要创造一个充满活动气息的、适宜幼儿们全身心投入的学习环境，让他们可以尽情地玩耍，从而培养他们的多元智慧，并且促使他们更加积极主动地去探索世界。第一，为了确保游戏式的课堂活动能够有效地进行，教师需要给幼儿们一个安静、温馨的场所，要完善相关的规章制度，以防止幼儿们因此遭遇意想不到的危险。第二，教师可以根据幼儿们的年龄、思维模式、个人能力水平，灵活调整课堂的难度，比如分配一些容易、较容易、较艰巨的课题，让幼儿们能够更好地掌握基础概念，拓宽视野。第三，为了让幼儿们更好地接受新的概念，我们建议让幼儿们使用各种各样的玩具。这些玩具能够让幼儿们更加专注于所学的东西，并且能够让他们更加轻松地参加各种游戏。第四，我们建议教师们要根据幼儿们的特点，给他们提供适当的奖励，并且要让他们能够更好地适应新的环境，从而更好地掌握新的概念。

（二）通过组织丰富多彩的游戏，帮助幼儿们增强认识能力和技能

在开展游戏化教学时，教师应当营造氛围，激发幼儿对游戏的兴趣。在游戏之前要制订出符合幼儿的游戏活动方案，要照顾到每一个幼儿，了解幼儿之间的差异性。从实际出发开展游戏教学，使游戏能满足幼儿的学习需要，促进能力发展，提高幼儿的认知水平。例如，在开展搭积木游戏时，就可以让幼儿充分地发挥想象力，在教学中要考虑到小班的幼儿动手能力有限。因此，教师可以给予适当的帮助和指导，在游戏中启发幼儿的智力。在开始活动之前，教师应该根据幼儿们的人数进行合理的分组，并且准备适量的积木，以便幼儿们能够一起参与，这样不仅可以锻炼幼儿们的数学思维，还能增加游戏的乐趣。在课堂上，教师应该创造一个生动的环境，培养幼儿们的想象力，并且在完成游戏后，教师应该让幼儿们展示他们的作品，并对他们的表现进行评价，鼓励他们的创新思维。同时要让幼儿相互点评，说一说哪些地方不合理。用这种方式就能不断提高幼儿的认知水平。

（三）实现幼儿绘本游戏的教学

幼儿刚刚接受学习和生活，在这个时期的幼儿树立良好的生活习惯，建立初步正确的思想意识是至关重要的。所以该时期的教学“接地气”就显得尤为重要。教学的主要目的是指导学生进行学习和生活。比如幼儿对于大自然的一些现象，有着较为强烈的好奇心，教师就可以通过绘本游戏从课堂走向大自然，以大自然为教材设计绘本游戏，贴近幼儿的生活。比如在《风喜欢和我玩》这些绘本中，就是要挖掘其中的一种自然元素风。教学目标要引导幼儿了解“风”这一种自然元素，通过设置各种绘本游戏来加强幼儿对风的理解。比如指导幼儿做风车、吹泡泡。在操场上，学生拿着自己制作的风车努力地奔跑，通过奔跑所产生的风力推动风车的转动，让幼儿感受到风的神奇力量。同时让幼儿在操场上吹泡泡，泡泡随风飘扬，让幼儿感受到风的真实存在。通过这种利用游戏将绘本内容进行具体体现的方法，更能够让幼儿充满想象力和求知欲。

四、结语

现代的幼儿教育正朝着更加有趣、多样化的方向发展，其中，游戏化的教学模式已经被越来越多的教师接纳。它不仅可以帮助幼儿培养良好的逻辑思考、社会技能，还可以激发幼

儿的兴趣，让幼儿在玩耍、互动、探索的环境里，获取更多的知识，从而实现快乐地成长。

参考文献

[1] 叶兰. 幼儿教学中游戏化教学的应用研究 [J]. 文理导航（下旬），2021（2）：92—93.

[2] 曹敏. 幼儿教学中游戏教学的应用解析 [C]. 重庆市鼎耘文化传播有限公司，2020年教育信息化与教育技术创新学术论坛（重庆会场）论文集. 重庆市鼎耘文化传播有限公司：重庆市鼎耘文化传播有限公司，2020：817—818.

[3] 韩小平. 游戏教学在幼儿教学中的应用 [J]. 学周刊，2020（7）：170—171.

幼小衔接背景下开展游戏化的音乐活动

（孙楚颐　北京市通州区幼儿园）

摘　要：幼小衔接是帮助幼儿以更好的身心面貌迈入新的阶段而形成的重要工作，可以说幼小衔接的工作质量会直接影响幼儿往后的人生发展，以及其是否能够真实融入小学的学习生活当中。所以作为幼儿的指引者以及幼小衔接活动的构建者，幼儿园教师应结合各科教育内容开展衔接活动，将小学生活元素渗透其中，以助幼儿提前适应小学的生活模式。音乐作为一种艺术形式，可以帮助幼儿们在学习中认识美、体会美，减轻幼儿在进入小学生活之后产生的陌生感。因此，教师可将音乐与游戏活动相结合，让幼儿在游戏中学习音乐，这与小学音乐课程多样化、游戏化有共通之处。

关键词：幼小衔接；游戏化；音乐活动

幼儿正处于思维活跃且活泼好动的年龄阶段，对身边的一切新鲜事物抱有强烈的好奇心。但也正因如此，一些外界的干扰因素也会影响幼儿的注意力。为了提高幼小衔接工作质量，发挥幼儿园音乐活动价值，锻炼幼儿的艺术审美能力以及基础音乐能力，就需要教师能够以激趣为原则开展丰富多样的音乐活动，充分集中幼儿的注意力，使其在轻松愉快的氛围当中得到知识的巩固以及能力的提高，助力幼儿全面发展，这对其今后的小学生活大有帮助。

在幼儿园里，大多数的幼儿都比较活泼好动，所以教师可以给他们一些适当的游戏，让他们在玩的过程中，提高动手能力和思考能力。教师把音乐和游戏结合起来，可以达到“1＋1＞2”的效果。这让幼儿们获得更多学习体验的同时还能够促进他们的全面发展。

一、基于幼小衔接下的幼儿园游戏化音乐活动开展策略

（一）丰富活动内容

在教育行业不断改革的背景之下，越来越多新颖有效的教学手法被广泛应用到教育领域中，且取得不小的成效。那么幼儿园教师若想做好幼小衔接工作，优化幼儿园音乐活动，就要做到科学选择最能够满足当下幼儿所需求的教育形式，借助这些优秀教育方式锻炼幼儿的审美能力和艺术表达能力，同时激发幼儿自主学习音乐的兴趣，深入感受音乐艺术的魅力，为今后的小学音乐学习奠定基础。以歌唱活动为例，作为音乐这一学科的重要组成部分，歌唱既是基础，又是幼儿最为喜欢的一项活动，为了发挥出歌唱活动的教育价值，教师在选择歌曲的时候要确保歌词生动且富有趣味性，也能够朗朗上口，符合幼儿年龄认知需求。与此同时，为了引发幼儿情感共鸣，集中其注意力，教师可以借助一些简单的肢体动作或音乐道具辅助来呈现歌曲。例如，融入奥尔夫音乐教育思想，通过拍手、拍桌子，或是跺脚，用提前准备好的沙锤等道具击打节奏，伴随着音乐与节奏的起伏转折，感受艺术环境，进而提升幼儿音乐节奏感。教师也可以引导幼儿围成一圈与身边的幼儿互相击掌，或者做一些提前制定好的趣味动作，在音乐活动中设计游戏环节，与教师互动、做游戏。例如，在《踩水坑》这节音乐活动中幼儿根据音乐的强弱，改变肢体动作，可以加入情景游戏表演，教师扮演鸭妈妈，幼儿是鸭宝宝，下雨了，跟着鸭妈妈出来一起玩踩水坑的游戏，吸引幼儿的兴趣，增

加了课程的趣味性。利用这些游戏环节以及肢体动作来找准节奏，并在教师的指引下完成整首歌曲的歌唱，这样既能够锻炼幼儿的节奏感和歌唱能力，又能够活跃气氛，提高教育趣味性，这对幼儿的音乐综合素养发展大有裨益。又如，在欣赏音乐的活动中，可以带领幼儿利用肢体动作来与音乐产生共鸣，或者让幼儿运用画笔画出简单的符号与线条，来呈现幼儿自身对歌曲的理解，伴随着音乐旋律的变化，而使线条产生变化，培养幼儿的创造性思维能力。

（二）开展实践活动

幼儿活泼好动，所以在幼儿园的教育活动中多以实践为主。对于即将迈入小学生活的大班幼儿而言，其自主学习能力以及思维、情感认知等方面都已经初步养成，那么为了帮助幼儿尽快适应小学的生活，教师就需要借助音乐活动来提高其自信心和表现能力。在音乐活动中，不仅要关注其审美的提升，也要突出幼儿的活动主体地位，关注其表现能力的增强，构建充满活跃气氛的优质音乐活动。例如，在进行《不怕输的小火车》歌曲学习的时候，教师可以结合这首歌曲视频中所展现的舞蹈元素为幼儿进行舞蹈编排，通过“小火车”的游戏形式带领幼儿随着音乐起舞，借助歌曲来促进舞蹈学习，能够同步提高二者的学习效率。最后，教师要给予幼儿自主创作机会，让幼儿结合自己最为喜欢的歌曲来编排一段小舞蹈。在编排的过程中，教师不要多加限制，充分发挥出幼儿的想象力与创造力，感受到舞蹈中幼儿所展现的艺术理解力，同时对幼儿的表现进行表扬与鼓励，满足幼儿成就感，使其更加积极地参与到接下来的活动中，集中课堂注意力。在这样一个活动中，帮助幼儿塑造诸多能够适应今后小学生活的能力与品质，对落实幼小衔接工作大有帮助。

（三）鉴赏音乐作品

音乐艺术素养是在潜移默化中逐步形成的，是伴随人一生的优秀艺术品质。为了做好幼小衔接工作，音乐教师就要致力于提高幼儿的音乐鉴赏能力，帮助幼儿感知并懂得如何理解音乐。以幼儿园大班的音乐欣赏活动《水族馆》为例，此音乐选自法国圣桑的名曲《水族馆》，整首乐曲优美舒缓，主奏乐器为钢琴，在钢琴清澈流畅的音色当中，使聆听者仿佛感受到海洋生物在眼前舞蹈、嬉戏。通过间奏，能够感受到鱼儿在吐泡泡，在欣赏的过程中为幼儿构建情境，借助多媒体视频直观感受水族馆世界，让幼儿产生身临其境般的体验。这一欣赏活动最富生活气息，也极具趣味性与生动性，最为适合幼儿欣赏。艺术源自生活，音乐存在于生活的细微处，教师也要结合幼儿的生活经验而开展音乐鉴赏活动，使艺术贴近生活，提高幼儿的音乐感知力，为今后的小学音乐学习奠定扎实稳固的基础。在欣赏音乐以前，教师可以向幼儿发起提问，让幼儿积极思考。比如，在欣赏水族馆的时候，让幼儿说一说自己所知道的鱼儿的生活习性以及形态特点，并让幼儿用动作进行模仿，表现出小鱼的不同形态。在条件允许的情况下，也可以组织幼儿来到水族馆实地观察水草的波动，以及小鱼的泳姿，直观感受趣味多彩的海底世界。

二、选择恰当的游戏内容

幼儿园教师在开展音乐活动的过程中，必须充分认识到，幼儿对自身感兴趣的内容，参与积极性更高。因此，幼儿教师应根据幼儿的身心发展特点、认知水平和能力，设计符合幼儿兴趣、幼儿学习规律和年龄特点的游戏内容，提升其参与度。以歌曲《小狗抬轿》为例，教师在带领幼儿学唱的过程中，可以设置学唱新歌的比赛，围绕老虎和小狗两条主线，以小组为单位来展开，比一比哪个小组能够更快学会新歌。过程中教师可以运用快板来加深幼儿对歌词的理解和记忆。此外，教师还可以组织幼儿玩“老虎追小狗”的游戏。选择一名幼儿扮演老虎，小狗则由其他幼儿扮演，小狗们团结一致，最终将老虎赶走。在玩的过程中进行学唱，不仅可以增强音乐教学的趣味性和生动性，还能帮助幼儿充分体验到音乐学习的乐趣，有效调动其音乐学习的主动性，提高其综合素养。

三、提供恰当的游戏指导

开展音乐游戏活动，教师要对幼儿的主体地位予以尊重，还要充分发挥自身的指导、组织作用，给予幼儿恰当的指导，促进幼儿音乐活动质量有效提高，将音乐活动中游戏化教学的教育价值最大化地发挥出来。以音乐活动“小兔子乖乖”为例，活动主要涉及兔宝宝、兔妈妈的角色，教师可以佩戴兔妈妈的头饰，带领幼儿一同玩游戏，在教师的角色影响下，幼儿会主动扮演兔宝宝，进而活跃游戏氛围。又如，在开展音乐游戏活动“三只猴子”的过程中，教师负责伴唱，幼儿需要根据节奏做出各种跳跃动作，教师要依据幼儿动作的快慢来调整速度，帮助幼儿顺利完成游戏。总而言之，幼儿阶段的幼儿认知有限，游戏对幼儿智力的开发尤为有利，是幼儿生活中必不可少的一部分。幼儿教师在开展音乐活动时，必须密切结合游戏，使幼儿在游戏中获得良好发展。同时，幼儿教师必须积极创新教学方法，运用科学手段充分融合教育活动和游戏，从而促进幼儿的音乐素养有效提升，确保幼儿在好的氛围中加深对音乐知识的理解和掌握。此外，教师还应用恰当的游戏内容，制定相应的游戏规则，在游戏过程中给幼儿正确指导，充分调动他们的积极性，从而充分体验游戏的乐趣，促进音乐素养提升。

四、结语

游戏教学在幼儿音乐教学中扮演着至关重要的角色。它能够通过各种有趣的游戏形式，激发幼儿对音乐的兴趣，使他们在快乐中学习，从而提高他们的音乐记忆力和综合素质。

参考文献

［1］张晓静．基于陶行知教育理念，优化幼儿音乐活动游戏化教学［J］．文理导航（上旬），2022（9）：94—96.

［2］何蕊．幼儿游戏化音乐活动教学探究［J］．甘肃教育，2022（15）：107—111.

［3］项斐．幼儿音乐教育活动游戏化的策略［J］．天津教育，2022（20）：138—140.

幼儿园自主游戏中分享环节的教育探析

（曾燕　成都市锦江区金苹果爱弥儿幼儿园有限责任公司）

摘　要：在幼儿园教育体系中，自主游戏是非常重要的教育内容，而分享是自主游戏中的主要环节，能加强幼儿的交流与互动，帮助其正确表达自身情感与游戏体验，充分调动其好奇心与求知欲。但在幼儿园实际教学中，许多教师并未意识到分享环节的作用，导致其成为流于表面的教学形式。本文探究了分享环节在自主游戏中的价值，并从营造开放氛围、尊重主体地位、发挥科学引导三个角度，对组织自主游戏中分享环节的方法进行分析，帮助教师完善自主游戏环节。

关键词：幼儿园；自主游戏；分享环节

对于学前教育阶段的幼儿来说，其身体和心理尚处于不断发展和成熟的过程中，思想极易受外界因素的影响发生改变。如果能在游戏活动中给予幼儿正确的引导，能有效纠正其不良行为与思想态度，增强其理解力与实践力。幼儿教育学者也指出，幼儿园教育的真正价值并不是传授对应的知识内容，而是发挥教师的引导性教育功能，带领幼儿在游戏活动中理解分享的意义与作用，正确认知自我和发展自我意识，帮助其实现社会性发展。为此教师应分析以往游戏分享形式化和理论化的问题，积极创新游戏设计理念，全面贯彻主体性、综合性与层次性的教育原则，鼓励幼儿分享自身游戏经验，提升学习自信心。

一、营造开放氛围，吸引幼儿主动分享

幼儿虽然年龄很小，学习和生活经验有限，但其对周围生活与学习环境的感知力较强，易受外界环境因素的影响。为此在构建幼儿园自主游戏分享环节的过程中，教师应综合分析影响幼儿游戏效果的各类因素，营造开放化、轻松化的学习氛围，吸引幼儿更主动地参与到游戏活动中，切实体验自主游戏的乐趣。在氛围的熏陶与感染下，能正确发挥环境对幼儿的积极影响，给予幼儿愉快的身心体验，使其能更自然地完成游戏分享活动，乐于将自身游戏体会与经验认识分享给他人。

综合以往幼儿园游戏教学经验，在营造开放化教学氛围的过程中，教师不能将关注点始终集中于幼儿在游戏中的不良行为上，不能过于关注幼儿之间不遵守纪律、争抢玩具或吵架等行为，避免浪费教学引导时间。应以表扬、鼓励和赞扬的态度为主，引导幼儿游戏探索方向。例如，在组织户外自主游戏时，教师可以在游戏活动区域内投放几个不同大小的滚筒，不能直接告诉幼儿滚筒的玩法，应鼓励其先观察滚筒的外形特征，给予其更多空间探索滚筒的游戏方法。随后设计游戏分享环节，从肯定幼儿对滚筒玩法的创新点入手，引导幼儿结合自身游戏实践进行具体的分享与评价。使幼儿能始终沉浸于被肯定的愉悦游戏体验中，便于更积极主动地分享自己的游戏玩法。同时教师应注重游戏小组的合理分配，综合考量学生性格、实践能力与游戏经验等要素，应将性格相似的幼儿分在同一小组内，给予其更多倾听与表达的空间，构建和谐平等的对话环境。另外，还可以将幼儿在游戏活动中的状态拍摄下来，结合照片鼓励幼儿分享当时的心境与体会，帮助幼儿保存游戏活动中的美好记忆。

二、尊重主体地位，创建多元分享方式

尊重幼儿主体地位是幼儿园教育改革的核心思想，需要全面关注幼儿的成长变化，积极调整自身教育行为。为此在建构幼儿园自主游戏分享环节的过程中，教师不能只关注自己想了解的内容，应将游戏分享的主动权交还给幼儿，引导其正确表达出内心的真实想法，尊重幼儿差异性特征，将实现其个性化、全面化成长作为主要教育任务。而且部分幼儿即使进入大班，受自身思维认知能力的限制，也具备主动反思和总结的想法，甚至会忘记自身的游戏过程。对此教师应采用提问法、情景再现法等不同的教育引导方法，辅助幼儿集体回忆与自主分享，加深其对自主游戏环节的印象，从而锻炼其语言表达与解决游戏问题的能力。

对于游戏经验不足的小班幼儿来说，应采用对比的方式引导幼儿主动分享游戏体会。例如，在组织幼儿园区域游戏活动时，教师应事先拍摄一张不同材料的游戏区域内整齐排放的照片，在幼儿游戏活动结束后，再拍摄一张活动空间的照片。由于游戏经验不足，小班幼儿通常不具备整理与收纳的意识，为此教师应将两张照片一同呈现，引导幼儿对比不同之处，使其明确自身游戏行为的不足，以便后续能自觉参与材料整理活动。对于中班幼儿来说，可以采用求助式提问的引导方式，如“这次的拼接图纸特别复杂，哪位小朋友可以讲一讲呢?”引发其积极分享的游戏行为。

三、发挥科学引导，抓住分享教育时机

在幼儿园自主游戏中设定分享交流环节，主要目的是在热烈积极的讨论中产生更多思维碰撞，帮助幼儿掌握不同的游戏方法，达到增长经验和提升游戏实践能力的效果，有效提升幼儿园游戏教学成效。因此，在建构幼儿园自主游戏分享环节的过程中，教师不仅应引导幼儿完成口头分享，不断丰富分享形式与内容，还需及时捕捉游戏分享时机，提升幼儿分享语言的逻辑性。除在游戏结束后组织分享评价外，还应抓住幼儿出现游戏问题的契机，引导其分享与交流，逐步培养良好的行为习惯与学习模式。

例如，在组织以“搭建迪士尼城堡”为主题的幼儿园游戏活动时，应事先在活动区提供不同大小、形状的积木作为游戏材料。部分幼儿还会依据自己在迪士尼游玩的真实经历完成搭建，其通常会在搭建城堡中心的花坛时出现问题，容易找不到适宜的搭建材料或无法做好造型设计。如果不能及时发现和引导，就会导致搭建游戏陷入僵局，出现注意力转移等问题，影响幼儿想象力与实践力的发展。对此教师应及时介入幼儿游戏过程，询问其是否遇到了搭建问题，认真倾听幼儿对游戏问题的解释与介绍。随后带领全部幼儿针对此问题展开讨论，在交流与互动中共同解决游戏问题，有效捕捉分享交流的教育时机，引领自主游戏向正确方向发展，提升幼儿游戏活跃度，切实提升幼儿园游戏教学质量。

四、结语

合理建构幼儿园自主游戏中的分享环节，有利于凸显幼儿主体性学习地位，增加其在游戏环节中的体验感和参与感，能使分享交流逐步成为一种学习习惯，推动幼儿素养能力的综合发展。因此，教师应立足幼儿实际情况及时调整游戏分享方式，善于捕捉有意义的幼儿行

为，更多地采用鼓励性语言，在交流分享中实现经验共享，增强班集体的凝聚力，帮助其获得身心等各方面的健康成长。

参考文献

[1] 范煜姬．幼儿园户外自主游戏中教师指导的意义及策略分析［J］．华夏教师，2023（15）：94—96.

[2] 陈怡．幼儿园组织自主游戏活动的策略［J］．亚太教育，2023（10）：185—188.

户外体育游戏中培养幼儿良好意志品质的实践研究

（包蓉　江苏省泰州市姜堰区实验幼儿园）

摘　要：意志品质对一个人的成长及发展有着关键性的影响，幼儿阶段正是意志品质培养的关键时期，而体育游戏活动的开展是培养幼儿良好意志品质的重要途径。为此，幼儿教师应当制订科学的实践教学方案，在户外体育游戏中指导幼儿的行为，使其逐渐具备良好的意志品质，实现身心健康发展。

关键词：户外体育游戏；幼儿；意志品质；培养策略

一、户外体育游戏对幼儿良好意志品质的引导作用

（一）培养幼儿的自信心

在户外体育游戏中，教师可以提供给幼儿各种体育锻炼机会，并在引导幼儿完成体育任务的同时，使其能够掌握游戏规则，克服多项挑战，从而具备一定的自信心，相信自己的能力与价值，为今后的学习与健康成长奠定坚实的思想基础。

（二）培养幼儿的坚持性

在户外体育游戏中，幼儿需要在克服畏难心理的前提下，完成游戏任务，这对幼儿的智力及体力具有一定的考验。教师可以在户外游戏中鼓励与引导幼儿，使其养成坚持不懈的品质，增强自身的毅力与勇气，品尝到游戏胜利的喜悦。

（三）培养幼儿的合作精神

多种户外体育游戏的开展需要幼儿相互合作才能够完成，在这一过程中，教师可以指导幼儿关心同伴，具备合作意识，共同完成游戏中的任务，并建立良好的合作伙伴关系。这样一来，幼儿可以逐渐掌握与人交往的方法和技巧，从而交到知心朋友，并且能够在今后的学习中相互帮助，取长补短，促进自我的完善。

（四）锻炼幼儿的抗挫折力

幼儿的户外体育游戏过程并不是一帆风顺的，教师可以通过改变游戏的难度，使幼儿遭遇到困难与挫折，并指导其正确认识与面对困难和挫折，具备一定的抗挫折力，从而能够在今后的学习与生活中自行应对挑战，创造属于自己的美丽人生。

二、户外体育游戏中培养幼儿良好意志品质的实践教学策略

（一）借助足球游戏，培养幼儿的合作精神

在幼儿园户外体育游戏活动中，足球运动是一项重要的活动形式，并且是一项团队性竞技体育运动，可以通过教师的良好指导，使幼儿具备一定的团队合作意识。教师需要在足球活动开展之前，根据幼儿对足球运动的喜好，建立几支足球小队，并做好明确的分工工作，

使每个幼儿明确自己的位置及在团队中的作用，在实现团队配合的基础上发挥出自身的价值。教师应当鼓励队员之间进行交流，具备良好的进攻与防守思路，达成有效的合作。教师也需要向幼儿讲清楚游戏规则，避免由于球权的问题引发队内的矛盾。另外，在户外体育游戏中，教师可以借助足球训练延伸足球游戏，并掌控足球游戏的难度，增添游戏的趣味性，有效地培养幼儿的团队合作意识。

例如，教师可以设置“抢占足球”的游戏，在完成分组之后，将一定数量的足球放置在呼啦圈中，要求每个小组一次派出两名成员使用背靠背的形式运送足球，并进行接力，运送速度更快的小组获得胜利。在游戏过程中，小组成员之间可以进行组对，按照身高、体型来两两结对，并商讨足球的运送策略，提高物资的抢占效率。当前面的队友完成物资抢占任务之后，应当及时与后面的队友进行击掌，从而实现任务的传递。在游戏的最后，教师需要数一数每一支队伍中的足球数量，并给予获胜队伍相应的奖励。在这一游戏中，幼儿的胜负欲可以得到激发，并且在教师的指导下，其团队合作意识能够显著提升。幼儿可以在足球游戏中认识到团队合作的重要性，从而学会相互配合与分工合作，进而养成良好的意志品质。

（二）组织亲子户外体育游戏活动，培养幼儿坚持不懈的品质

在幼儿教育中，家长发挥着关键的作用，教师应当重视家庭教育的价值，本着理解、平等以及合作的态度与教学原则，积极邀请家长参与到户外体育游戏活动中，借助家长的力量，帮助幼儿养成更多的良好意志品质，推动幼儿的身心健康发展。

例如，在户外体育活动中，教师可以组织亲子运动比赛，如亲子跳绳、亲子两人三足竞赛等，以此来调动幼儿在户外体育游戏中的参与积极性，并促进亲子之间的深度交流，发挥幼儿教学中家园共育的作用。在亲子跳绳比赛中，家长需要手持绳子，持续地喊着“一二，一二……”的节奏，带领幼儿一起完成比赛。在比赛过程中，家长应当及时鼓励幼儿，使其连贯地跳起来，并坚持下去，争取最后的胜利。当幼儿想要放弃时，教师与家长应当采用激励的话语，使其再坚持一下，养成不抛弃不放弃的良好意志品质。亲子游戏的开展可以给予家长与幼儿相互配合与锻炼的机会，更为关键的是家长可以指导幼儿在游戏中养成坚持不懈的品质与生活习惯。幼儿在游戏与学习中的主动性也能够得到提升，有助于形成更加乐观开朗的性格。另外，通过参加亲子户外体育游戏，家长也能够学习到更多的幼儿教学指导方法，并且为了幼儿的健康成长以及良好意志品质的形成，家长也会具备更高的亲子游戏参与欲望，有助于推动幼儿教学水平的提高，促进幼儿教学内容的丰富。

（三）调整体育游戏难度，渗透挫折教育

在幼儿教育阶段，教师可以在户外体育游戏的开展中，控制游戏的难度等级，使幼儿在其中遇到一定的挫折，并指导幼儿具备直面挫折的勇气，通过思考解决方法顺利完成体育游戏，养成善于克服困难的良好意志品质。挫折是一种消极的情绪体验，尤其是对于幼儿来说，其在遇到挫折之后往往产生较多的负面情绪，并且会寻求家长与教师的帮助。幼儿缺乏面对挫折与战胜挫折的经验，因此在遇到困难的游戏关卡时往往会停滞不前。挫折教育的渗透是幼儿体育游戏教学中的关键内容，有助于培养幼儿的抗挫折力，使其拥有丰富的情感体验，并懂得怎样从负面情绪中走出来。为此，教师可以结合特定的教学情境，提高户外游戏的操作难度，使幼儿发挥自己的主观能动性，通过独立思考自行完成任务，促进其挫折承受力的提升。另外，教师应当及时对幼儿进行鼓励与指导，使其明确自己的游戏思路，通过坚持走出困境，取得游戏的胜利。

例如，在户外体育游戏中，教师可以划定游戏区域，设计“踢球比远”的游戏，并制定游戏的比赛规则，要求幼儿学习教师的不同动作进行踢球，并比赛谁踢得更远。另外，教师需要在地上画出踢球的起始线，并在前方每隔 2 米画出一条区域线，足球每前进一格代表积得一分。踢球的动作也分为不同的难度等级，当选择的动作难度越高时，获得的游戏积分也

就越多。教师可以鼓励幼儿不断挑战自己，选择不同的动作完成游戏，并取得相应的积分。在游戏开展之前，教师可以使用图片展示相关的动作，供幼儿进行选择。有的动作要求是幼儿需要原地旋转5圈，之后将球踢出，倘若足球的踢出方向不再相应区域中，则表示失败，不能获得积分。有的动作要求是幼儿需要在单脚弹跳助跑后完成踢球动作，有的则是需要完成6次不落地颠球后完成踢球动作。为了使幼儿掌握游戏规则，教师可以进行动作示范，并指导幼儿的游戏过程。对于颠球动作而言，大部分幼儿无法顺利完成，并且会产生一定的挫败感。教师需要使幼儿明白球感的养成不是一蹴而就的，为了达到教师的颠球水平应当每天进行练习，从而可以有效完成挫折渗透教育。

三、结语

户外体育游戏的开展能够有效培养幼儿的各项意志品质，教师可以通过开展户外足球游戏，并组织亲子比赛，使幼儿养成善于团结合作、坚持不懈以及勇于面对挫折的精神品质，为其身心健康发展打下良好的基础。

参考文献

[1] 夏晓娟．如何在幼儿园自主性体育活动中培养幼儿良好的意志品质［J］．教育界，2023（9）：98—100.

[2] 叶月．浅谈如何在幼儿园自主性体育活动中培养幼儿的良好意志品质［J］．新教育，2017（14）：86—87.

[3] 王燕．浅谈在幼儿基本体操教学中如何培养幼儿良好的意志品质［J］．科学大众（科学教育），2014（4）：111.

基于幼儿本位的“一对一倾听”实践与思考
——以“区域游戏”为例

（吉莎莎　苏州太湖国家旅游度假区舟山实验幼儿园）

摘　要：在幼儿教育领域，基于幼儿本位的“一对一倾听”越来越受到关注。这种倾听方式不仅可以帮助教师更好地了解幼儿的需求和想法，还可以促进幼儿的语言发展和情感交流。本文以区域游戏为切入点，探讨了“一对一倾听”的实践策略及其对幼儿发展和教师专业成长的影响。通过深入分析和思考，发现“一对一倾听”能够为幼儿提供更加个性化的教育支持，同时也能够提高教师的教育能力和专业素养。

关键词：幼儿本位；一对一倾听；幼儿发展；教师专业成长

一、理论基础

（一）幼儿本位教育理念

1. 以幼儿为中心：从幼儿的视角出发，关注幼儿的需要和兴趣点的内容，尊重幼儿个体差异，明白不同幼儿的发展期不尽相同，尊重并理解幼儿的选择和发展意愿。而不是将教师自己的想法和计划强加于幼儿身上阻止幼儿发展脚步，抑制其发展兴趣。

2. 关注幼儿的全面发展：除了以游戏为主的教育外，在幼儿园教育过程中应当关注幼儿在心理、生理、认知、情感等多方面的全面发展。这些方面所包含的内容也旨在培养幼儿的自主学习能力、团队合作精神、创新思维及道德品质。

3. 尊重幼儿的个性和兴趣：每个幼儿都是独立的个体，在教育过程中充分尊重他们的差异，帮助幼儿寻找适合自己的发展途经，确定发展方向。

（二）“一对一倾听”

教师在尊重幼儿主体性、理解幼儿多样性的基础上，必须把握住“师幼互动”的前提，坚持践行“一对一”策略，对幼儿一日活动中的语言、图画、情境等表征进行专心、耐心、移情式的倾听，并给予积极专业的反馈。从而了解、读懂每一个幼儿，实现促进个体全面发展的目的。

二、在区域游戏中的应用与思考——以建构游戏为例

（一）基于幼儿本位的“一对一倾听”实践在建构游戏中的应用

案例：我眼中的城堡

区域活动开始了，幼儿们迫不及待地来到建构区搭建城堡。只见温锦坤和康钰诚两个小朋友选择了圆柱体、长方体形的积木进行搭建车底板和车轮。刚开始温锦坤尝试利用圆柱体作车轮、用长方体作底板，最下面一层的积木数量较少，上面的积木太多，这时“砰”的一声，积木倒下来了，吸引了其他小朋友的注意，他们开始了讨论：

“为什么城堡会倒呢？”

“我想可能是因为城堡上的东西太多了。”

“也有可能是拿的积木不对。”

“那我们要怎么改变才能让我们的城堡不会倒下来，保持稳定呢?”

“我们可以改变一下搭建组合，调整积木数量，避免积木太多又倒下来。”“我们可以寻求教师的帮助，看看有没有什么办法可以解决。”

幼儿们在遇到困难时，想到了寻求教师的帮助，表达得有理有据，并且能清晰地描述出现的问题及需要教师帮忙的地方。在“一对一倾听”中我们知道了幼儿们的想法，基于出现的问题我们和幼儿一起探索，一步步引导幼儿们解决问题。

教师的思考：

第一次搭建中，幼儿们缺乏建构技巧，一直在垒高，没有考虑到建构材料的大小。但幼儿们遇到问题能积极思考，经过讨论，原来是摆放的位置不对，拿取材料的大小、数量不合适。找到原因后，幼儿们进行了调整。

从幼儿的兴趣和需求来看，在建构区中，幼儿选择的就是圆柱体和长方体。在选择圆柱体和长方体之后的搭建过程中失败了，我们可以根据他们的需求，提供更有针对性的材料和活动。

从幼儿的发展水平来看，教师应关注幼儿在建构活动中的操作技能、空间观念、逻辑思维等方面的发展水平。通过对幼儿的表现进行评估，教师可以了解幼儿的优势和不足，从而制订个性化的教育计划，帮助幼儿提高各方面的能力。

教师的支持：

1. 为幼儿提供丰富多样的游戏材料，满足幼儿的兴趣和需求。多样化的游戏材料可以让幼儿具有多种想法，发展幼儿游戏思考创造出多种游戏可能。

2. 根据幼儿不同的性格特点，制定并设计出个性化的教育活动，针对幼儿的发展水平和不足进行有针对性的指导。做到“一对一倾听”幼儿的真实想法，优化活动设计。

3. 在游戏过程中组织幼儿进行团队合作的活动，通过团队合作过程培养幼儿的合作与交往能力。

（二）基于幼儿本位的“一对一倾听”实践在建构游戏中应用的思考

1. 教师角色的转变。在传统的教育模式中，教师是知识的传授者。而在当代快速发展的社会中，教师更多的是扮演着学习和引导、支持的角色。教师通过预设一些活动，激发幼儿的活动兴趣和活动动力，引导幼儿自主的探索和学习。同时教师也要具备临场反应能力，要随时应对活动中出现的各种情况，如一直倒塌怎么办？教师要及时跟踪搭建进度，及时给予支持，推进幼儿的进一步搭建，丰富幼儿的建构经验。

2. 倾听与观察。教师在活动中一对一倾听，了解到幼儿在游戏中的需求和困惑，观察幼儿的行为和表现。倾听幼儿内心的真实想法，适时地调整活动计划及过程，设计出更加贴合幼儿活动的设计。在建构游戏进行时，教师对幼儿游戏过程的观察，可以评估幼儿的学习效果和发展水平。这些观察包含幼儿在活动中的参与度、解决问题的策略、与同伴互动的方式等。通过观察，教师更加了解幼儿内心活动，并能及时发现幼儿的困难与需求。

3. 引导与支持。教师根据幼儿的需求，提供适当的引导和支持，帮助幼儿解决问题，促进幼儿的全面发展。例如，建构活动过程中我们可以为幼儿提供丰富的游戏材料和设施，创设出一个安全舒适、有趣的游戏环境，激发幼儿的兴趣和积极性。此外，还会注意幼儿情感上的支持，关注的情感需求，给予积极的情感支持和鼓励，让幼儿在游戏过程中感受到快乐和满足。

三、基于幼儿本位的“一对一倾听”实践对幼儿成长的影响

（一）促进幼儿自主性发展

通过一对一倾听，教师关注幼儿的需求和感受，通过提供丰富多样的游戏材料，与幼儿一起制定区域游戏规则等多种方式引导幼儿自主探索和学习，培养幼儿的自主性和创造力。

（二）提高幼儿社会性发展

教师与幼儿建立良好的沟通关系，帮助幼儿解决游戏中的问题，培养幼儿的合作精神和沟通能力。例如，在角色扮演区中幼儿们通过扮演不同的角色，如教师、医生、消防员等学习如何与他人合作、分享和解决问题。在艺术创造区中，幼儿们通过使用各种材料进行绘画，完成作品后可以与其他幼儿一起分享自己的作品，互相欣赏和评价，从而培养他们的表达能力和自信心。

（三）丰富幼儿情感体验

教师关注幼儿的情感需求，给予关爱和支持，帮助幼儿建立积极的情感体验，促进幼儿的心理健康。例如，户外体育活动中幼儿们可以一起组队，共同参与比赛和挑战，从而培养他们的协作精神和竞争意识。在这个活动过程中，幼儿们可以感受到友谊、团结、自信等情感。

四、基于幼儿本位的“一对一倾听”实践的挑战与对策

（一）挑战

1. 幼儿方面。首先，幼儿阶段的幼儿们表达能力有限，可能无法清晰地表达自己的想法和感受。这需要教师或者家长有足够的耐心和技巧，去引导幼儿们表达自己的情感和需求。其次，幼儿们的注意力和集中力有限，可能无法长时间地专注于倾听。这就需要教师在与幼儿们交流时，使用简洁明了的语言，并适时地使用肢体语言和表情来加强沟通效果。另外，幼儿们的情绪波动较大，可能会因为一些小事而产生较大的情绪反应。这就需要教师在倾听过程中，关注幼儿们的情绪变化，适时地给予安抚和支持。

2. 教师方面。首先，教师可能因为工作压力过大，无法充分关注每个幼儿的需求和情感。这需要教师有足够的责任心和耐心，去关注每个幼儿的个体差异和需求。其次，教师可能因为专业知识和技能的限制，无法完全理解幼儿们的行为和情感。这需要教师有足够的专业素养和经验，去理解和引导幼儿们的行为。最后，教师可能因为职业倦怠和个人情绪的影响，无法保持持续的热情和关注。这需要教师有足够的自我调节能力和心理支持，去应对职业倦怠和个人情绪的影响。

（二）对策

1. 幼儿方面。针对幼儿的这些挑战，教师可以使用以下对策：首先，可以尝试使用一些适合幼儿年龄的沟通技巧，比如使用简单的语言和肢体动作来表达自己的情感和需求。其次，可以尝试在倾听过程中与幼儿们进行互动和反馈，比如通过问一些简单的问题来引导幼儿们表达自己的想法和感受。最后，可以在倾听过程中关注幼儿们的情绪变化，适时地给予安抚和支持。

2. 教师方面。针对教师的这些挑战，教师可以使用以下对策：首先，可以尝试减轻工

作压力，比如通过合理安排工作时间和任务量来减轻工作压力。其次，可以尝试提高自己的专业素养和技能水平，比如通过参加专业培训和学习来提高自己的专业能力。最后，可以尝试调节自己的情绪状态，比如通过运动、音乐、阅读等方式来放松自己。

参考文献

［1］李季湄，冯晓霞.《3－6岁幼儿学习与发展指南》解读［M］. 北京：人民教育出版社，2013.

［2］王默，廖雅霜. “幼儿为本”理念下体验式韵律活动设计［J］. 福建教育，2014：39－41.

［3］凌茂焕，轮卢梭. 幼儿本位思想及其对幼儿教育的启示［J］. 教育观察，2020（6）：104－105.

建构游戏中促进幼儿数学能力发展的策略初探
——以大班建构游戏“我心目中的小学”为例

（张祎　江苏省常州市金坛新城实验幼儿园）

摘　要：江苏省课程游戏化项目建设目标是以游戏精神为切入点，全面实施幼儿园课程改革，贯彻落实《3—6幼儿学习与发展指南》。如何开展有效的活动促进幼儿思维发展、对幼儿核心素养进行有效培养是现阶段幼儿园教师都在思考的问题。在这一背景下，本文以大班建构游戏“我心目中的小学”为例，对构建游戏在促进幼儿数学能力发展的作用进行分析，并在此基础上对幼儿数学学习的多元化路径开展研究，以期为相关幼儿教师发展幼儿数学能力提供参考价值。

关键词：建构游戏；大班幼儿；数学能力发展；活动实施方式

建构游戏指的是幼儿利用各种建筑和结构材料（积木、积塑、金属结构材料、沙、雪等）进行各种建筑和构造活动，以及反映现实生活的游戏。这一游戏对幼儿思维能力培养有利，可以让幼儿更好地认识世界。将其融入幼儿数学能力发展相关活动中，可以降低幼儿学习数学知识难度，将抽象的数学知识逐渐有具体化特点。为此，幼儿园教师要积极研究建构游戏运用方式，以此促进幼儿能力发展与素质提升。

一、建构游戏在大班幼儿园数学能力发展中的积极作用

（一）对大班幼儿的空间想象力发展有利

在幼儿数学能力发展活动实施中，教师如果直接要求幼儿对抽象的数学知识进行想象，与幼儿实际认知特点不符。教师要让幼儿主动感知什么是空间转化，将抽象的空间内容与形象的内容融合到一起，以此来降低问题解决难度，并在幼儿不断转化中培养其想象力，促进幼儿思维发展。建构游戏的有效设计与运用，可以帮助幼儿园教师达到这一目标。例如，在大班幼儿参与建构游戏活动时，教师可以让幼儿先运用建构材料搭建自己喜欢的事物，可以是高楼大厦，可以是立体的花园或者小房子等。当幼儿搭建完成后，让幼儿观察自己搭建的成果，并对搭建过程进行回忆。这一过程中，幼儿的空间想象能力会有所发展，幼儿的空间认识能力会有所提升，这对学生数学思维能力发展有重要作用。

（二）对大班幼儿数的概念和运算能力发展有积极作用

数的概念和运算是抽象的活动，因为幼儿还不熟悉算数等知识，所以实际计算中也会遇到较多问题。在数的概念和运算活动中，为了让幼儿认识数字的概念和学习运用数进行简单运算，教师通过让幼儿解决生活中的数学问题，帮助幼儿积累数学经验。例如，询问幼儿去超市买东西如何确定自己花了多少钱。同时，也会通过建构游戏，让幼儿通过动手实践的方式认识算数，并不断积累算数经验，这对幼儿算数能力提升有利，也可以促进幼儿思维发展。例如，幼儿在建造房子时，要对墙面需要用多少材料进行计算，这一过程中幼儿会主动进行计算，这可以促进幼儿算数能力发展。

二、建构游戏中促进幼儿数学能力发展的思路

（一）引导幼儿观察，帮助幼儿了解小学

在建构游戏中，有明确的游戏主题，活动才有核心，才有方向与目的地向外扩展，从而达到育人目的。在主题确定后，教师不能直接把主题抛给幼儿，要主动参与到建构游戏中，对幼儿的思维与学习行为进行影响，让幼儿围绕主题进行自主探究。引导幼儿观察与主题相关的事宜，鼓励幼儿发挥想象，通过实践探究验证猜想等，让幼儿成为建构游戏的主人，教师才有促进幼儿全面发展的机会。为此，在“我心目中的小学”主题建构游戏开展中，教师要主动引导幼儿观察小学，促进幼儿数学思维发展。

例如，在“我心目中的小学”主题活动实施中，首先，幼儿园教师可以组织幼儿参观附近小学，重点观察小学内设施与建筑等结构。幼儿期是认知发展的关键时期，而观察是幼儿获取外界信息、理解事物的主要方式。通过观察，幼儿可以感知到世界的多样性，提升感知能力。幼儿观察小学内建筑时，会关注到事物的形状、颜色、大小、质地等特征，以及事物之间的关系和规律，并选择将自己观察到的内容用绘画的方式记录下来。这有助于幼儿更好地理解和认识周围世界。其次，在观察活动结束后，要让幼儿主动说出在观察中看到的与小学相关、有趣的事情，增加主题活动的趣味性，符合幼儿认知特点，让幼儿变成积极主动的学习者。有了故事与简单的图纸支持后，教师可以让幼儿想一想自己心中的小学是什么样子，并详细地将其绘画出来。最后，当“我心目中的小学”有基本图形后，教师可以鼓励幼儿尝试从数学对称美的角度出发，将学校建构完整，引导幼儿了解数学，对幼儿数学思维能力进行培养。在这一过程中，幼儿需要主动了解数学中的对称美，并思考建构“我心目中的小学”。

（二）积极评价反馈，提高活动实施针对性

从游戏切入改造幼儿园课程：从“依赖教材、注重集体活动、强调规范统一”转变为“关注幼儿、关注生活、关注游戏、关注经验，追随发展需要规划和生成保育教育活动”。科学有效的评价活动，可以帮助教师更好地关注幼儿的成长、感受等，从而引导幼儿更好地学习。建构过程是幼儿数学思维能力发展的过程，因为幼儿的思维方式存在差异，所以在进行自主建构时，表现也会有所不同。针对这一问题，教师在参与建构游戏时，要切实做到尊重幼儿差异，并根据幼儿表现进行灵活评价，来激活幼儿思维，让幼儿有自信心建构出自己的小学。具体而言，幼儿园教师在组织建构游戏时，根据幼儿在游戏中的表现，进行针对性、积极的评价，促使幼儿主动思考，寻找问题解决方式、创新方式，促进幼儿数学思维发展。

例如，在“我心目中的小学”建构游戏活动进行中，有幼儿在按照图纸进行建构时，出现了建筑倾斜问题，这时教师可以对幼儿进行启发性提问：你在建构中遇到了什么困难？可能是什么原因造成的？你有尝试去解决问题吗？结果如何？与此同时，在面对积极进行自主探究的幼儿时，教师也要给予积极的评价，进一步激发幼儿参与游戏的积极性。例如，对于顺利建构出“我心目中的小学”模型的幼儿，教师可以用有创意、动手能力强等肯定的语言点评，并从幼儿建构的小学模型中寻找问题，鼓励幼儿持续探究。此外，还可以组织其他幼儿一起点评，让幼儿大胆说出对问题的看法，给同伴更多参考与帮助，再询问幼儿自己的想法是什么，以此培养幼儿的思维能力。幼儿在不断尝试中取得成功，既可以发展大班幼儿的数学思维，也可以提高建构游戏活动质量与效率。

（三）拓宽思维视野，培养团队合作能力

用游戏精神重塑教育观：从“教师是真理的掌握者，要把真理教给幼儿”转变为“教师

是童年的守护者，要陪伴和支持幼儿成长”。所以，在“我心目中的小学”主题活动建构中，可以开展合作活动，以此促进幼儿数学思维能力发展有积极作用。在小组活动中，幼儿可以接触到不同的观点、想法和思维方式。这种多元化的输入对幼儿拓宽自己的思维视野有利，通过团队合作有助于培养幼儿分工协作的精神，并通过交流合作实现思维互动，激发创新能力。在具体实施中，可以将幼儿分组，而后让幼儿将问题集中到一起，进行互动探究。如此，既可以培养幼儿的数学思维能力，为幼儿创造自由、自主、创造、愉悦的学习环境，对幼儿合作意识培养也有积极作用。

例如，在“我心目中的小学”活动中，教师可以先让大班幼儿将自己在活动中遇到的问题进行整理，而后在班级中分享出来，并征询幼儿的意见，引导幼儿用合作的方式解决问题。在建构游戏中，幼儿遇到的问题有相同的，也有不同的，而将所有问题都集中到一起，既可以让幼儿意识到合作的重要性，也可以让幼儿遇到的问题得到快速解决。在问题整理后，可以陪伴幼儿一起将问题分类，而后指导幼儿尝试用相互探究的方式，完成建构主题活动。幼儿在活动中主动说出自己对问题的看法，并与小组成员一起分析问题，能够将幼儿的智慧集中到一起，让幼儿在相互探究与不断质疑、提出新想法中，完成“我心中的小学”建构。如此，既可以促进幼儿全面发展，也可以提高幼儿园活动质量。

三、结语

总而言之，游戏在幼儿核心素养培养中有重要作用。所以，教师要主动构建对幼儿全面发展有利的游戏活动。建构游戏中促进幼儿数学思维发展，可以培养幼儿动手能力与审美能力，这对幼儿素质与能力培养有积极作用。在建构游戏设计中，教师可以通过观察引导、积极评价与开展小组合作活动，激活幼儿思维，创造让幼儿感受成功的机会，增加幼儿对知识的渴望、对小学生活的向往。

参考文献

[1] 杨琼，王妮妮．积木建构游戏对4—5岁幼儿早期数学能力的影响［J］．幼儿教育·教育科学，2022（4）：17－21，27.

[2] 钱晓丽．在积木建构游戏中培养幼儿的数学思维［J］．科普童话，2023（37）：16－18.

[3] 米兰．幼儿园数学教育中实施建构游戏的问题与对策探讨［J］．读与写，2021，18（10）：273.

[4] 杨琼．不同搭建类型下幼儿积木建构游戏发展水平［J］．陕西学前师范学院学报，2022，38（6）：76－83.

[5] 范秋菊．如何帮助小班幼儿在游戏中建构数学语言与数学核心经验［J］．中外交流，2019，26（52）：371.

小班亲自然课程实践与探索
——以“西瓜虫”活动为例

（叶晓玲　浙江大学幼儿园西溪分园）

摘　要：《3—6岁幼儿学习与发展指南》明确指出要让幼儿“亲近自然，喜欢探究”，培养幼儿“初步的探究能力”，在探究中“认识周围的自然事物和现象”。幼儿园工作要以《3—6岁幼儿学习与发展指南》为导向，以适宜性和自然化为基本原则，进一步拓宽课程领域，根据幼儿的兴趣和需要，从身边的环境、从幼儿的自主游戏和主题活动中探索自然课程生成的路径，有效地生成亲自然课程。培养幼儿良好的学习品质，发展幼儿多方面的能力。现以小班“西瓜虫”活动为例，来谈一谈如何开展自然项目活动。

关键词：自然；教育；项目活动

一、捕捉幼儿兴趣，生成项目活动

美国著名教育家约翰·杜威说：“幼儿是中心，教育的措施便围绕他们而组织起来。”教师应当将幼儿看作独立的人，可以自发、自主地进行探究活动的人，这样才能在日常活动中发挥幼儿的主体地位，让幼儿成为学习的主人。

一次户外活动时间，幼儿们都在自由活动。果树林里四五个幼儿，低着头往地上看，有几个还伸出了手。顺顺伸出一只手，两根手指中间夹了一个黑色的小球，大声问：“教师，这个小球是什么?”我一看，说：“这是西瓜虫。”朵朵在一边说：“终于知道叫啥啦，我见过它好多次，我家院子里就有好多，它有时候会变成虫，有时候会变成球。”其他幼儿也弯着腰一边走一边看，饶有兴趣地寻找着西瓜虫。

幼儿在户外活动时围观了未知事物——黑色的小球，他们对此相当感兴趣。得知是西瓜虫后，他们的兴趣更浓了，纷纷低头寻找西瓜虫。教师应有敏锐的嗅觉，捕捉到幼儿的兴趣点，以问题为出发点，引导幼儿去进一步探索。

户外活动结束后讨论环节，幼儿表示想把在户外碰到的西瓜虫带回自然角，以方便近距离地观察。我在讨论小结时告诉幼儿不能为了观察而把西瓜虫带离适合它生存的地方，引导幼儿在大自然中观察记录西瓜虫及其与周边环境的关系。在建立相关经验的基础上，我协助幼儿列出问题清单，并将多次讨论、谈话后记录下来的猜想和发现用文字、图片等方式呈现在网络图上。

二、搭建探究支架，推动项目发展

项目活动需要一次又一次围绕问题的调查研究。“小孩有勇往无畏的气概，对一切无所惧怯，这应该善为爱惜、善为发展，才可以使它们成为超过父母的人。”叶圣陶先生的这句话强调了教师支持幼儿的重要性。教师只有保护幼儿的好奇心，支持幼儿的探究行为，让幼儿的探究更深入，并且在探究中变得更加独立、自主、自信。

我组织幼儿们到大自然中观察西瓜虫及其与周围环境的关系。可乐拿起一只西瓜虫，把它放进水池里。九九看见了大声说：“西瓜虫不会游泳，别淹死了!”乐乐看着九九说：“可不可以就放这一只，试一试它会不会游泳?”九九做了个拒绝的动作：“快捞起来，别淹死了！”九九捞起西瓜虫，大家都担心得拥了过去。可乐说：“没事没事，它没死！”幼儿们逐渐对西瓜虫怕不怕水、西瓜虫住哪里、西瓜虫吃什么等问题产生了兴趣。

幼儿对西瓜虫的兴趣已不止于在自然环境中找到它，还想知道西瓜虫的居住环境、生活习性。可乐想知道西瓜虫怕不怕水，就将一只西瓜虫投入水中。九九担心这一行为会危及西瓜虫的生命，所以努力阻止，可见他已有了初步的生命保护意识。教师只有时刻观察幼儿发现的问题、关注的焦点，才能使项目活动的发展更加适宜幼儿。为了有效推动项目活动的发展，教师可以具体实施以下几个步骤。

1. 问题推动小组合作。小班下学期的幼儿，经验水平逐步上升，相较于上学期而言，他们已经有了合作游戏的意识和经验。教师可以通过晨间谈话活动将幼儿关于西瓜虫的问题记录下来，进行归类，让他们分组分类讨论，逐步明确各小组的探究目标。教师可用思维导图软件对问题进行整理，引导幼儿用图画的方式将讨论的问题制作成海报，张贴在班级西瓜虫项目活动主题墙上。

2. 提供实地考察的机会和工具。教师应当多组织室外活动，为幼儿提供可以观察、收集、记录的材料，如放大镜、昆虫盒、纸和笔等。小班幼儿只有通过多次实地考察才能在亲自感知中获得有益经验，进而在已有经验的支持下深入自主地进行探究。

3. 组织以记录为目标的写生活动。幼儿的观察、讨论、发现可以通过绘画、涂鸦来呈现。户外写生活动既能给幼儿提供比较自由宽松的氛围，又能给幼儿提供亲近大自然的机会。在探究西瓜虫的项目活动中，教师可多借助写生活动推进小班幼儿对西瓜虫的观察记录与图画表达。

4. 发挥家庭的力量。教师可以邀请家长进幼儿园给幼儿讲述有关西瓜虫的知识，也可以请家长利用空闲时间带幼儿到户外观察西瓜虫，或者家里给幼儿讲有关西瓜虫的故事，一起玩和西瓜虫有关的游戏等，从而携手共同推动幼儿对西瓜虫的探究活动。

三、聚焦幼儿行动，拓展项目活动

在项目活动实施中，教师要学会捕捉幼儿行动的预兆。当幼儿对西瓜虫的探究兴趣开始衰退时，教师要善于发现幼儿言行中新的生成点，适当拓展项目活动，使项目活动具有持续探究的活力。当然，若幼儿对项目活动已毫无兴趣，则教师应适时结束项目活动。

幼儿主动观察西瓜虫的次数越来越少。在一次户外写生中，不少幼儿对写生的内容——西瓜虫没了兴趣。致远蹲在种植地上，用水彩笔摆成歪歪扭扭的围墙，想把西瓜虫困在里面。辰辰说：“这样做会让西瓜虫迷路，回不到家的！”敦敦在旁边走廊的积木柜里抱了一堆积木到地上，边搭边说：“我造个大城堡，做西瓜虫的家！”说着将几块积木围了起来，中间放入一块圆柱积木，说：“这是它的床。”随着越来越多的幼儿参与其中，我便停止了写生活动，提供材料支持幼儿进行有关西瓜虫的建构活动。

写生活动演变成了幼儿的建构活动，一定程度上预示着幼儿关于西瓜虫的探究活动已接近尾声。幼儿不再关注西瓜虫本身，而是想通过与西瓜虫有关的建构活动来寻找活动的乐趣。我没有干涉幼儿的建构行为，而是提供材料支持幼儿进行有关西瓜虫的建构活动。幼儿通过建构活动将图形空间思维变成了为西瓜虫做的迷宫、城堡以及其他建筑物，并用图画的方式记录自己的建构作品。我举办了简短有趣的展示会，让幼儿邀请其他班的幼儿来参观。幼儿分享自己的记录，展示自己的建筑作品，并在分享与展示中学会反思、发现，为下次项目活动积累经验。

四、回顾活动过程，总结项目经验

约翰·杜威也曾说：“我们并不是在经历时学习，而是在对经历的反思中学习。”项目活动能让幼儿跳出“被预设”的模式，以幼儿感兴趣的事物生成活动内容，最大限度地将主导权还给幼儿，让幼儿以思维的发展和实际问题的解决为目标，积极主动地迁移已有经验进行持续而深入的学习。西瓜虫来自幼儿园生活的自然场景，是幼儿感兴趣的小动物，也是打开幼儿自主探索大门的一把钥匙。当然，项目活动不仅是幼儿的探索过程，还是教师的自我成长过程。教师要不断地观察、关注幼儿，了解幼儿的兴趣与需求，发掘有价值的项目中心问题，发挥支持者、合作者、引导者的价值，与幼儿共成长，从资源、时间等方面给予幼儿持续的支持。教师还要关注幼儿的积极态度和良好行为倾向，留意幼儿在活动过程中是否对探究工作负责、是否投入地参与探究活动、是否会应用探究策略、是否具有合作能力等，对幼儿做好动态评估，从而使幼儿在项目活动中深度学习，获得认知、探究、合作等能力的发展。

参考文献

［1］王春燕．自然主义教育理论及其思考［J］．教育理论与实践，2001（9）：58—61.
［2］皮军功．自然教育：农村幼儿教育的基本理念［J］．学前教育研究，2012（11）：17—19＋25.
［3］郑黎丽．幼儿园亲自然园本课程的构建［J］．学前教育研究，2019（6）：89—92.

幼儿在区域活动中促进深度学习的策略

（饶佳　深圳市龙岗区坂田街道大发埔第一幼儿园）

摘　要： 随着教育改革的不断深化，学习的方式方法也在逐步演进，并贯穿于各个阶段的教学活动中。深度学习是一个全新的概念，与现代教育精神相契合，为幼儿园的教育工作注入了新的活力。在幼儿园阶段，教育工作的重心应以区域活动、小组活动等为主要内容，在这样的背景下，将深度学习的概念引入幼儿早期教育，显得尤为重要。深度学习强调幼儿在区域活动中通过自主探索，用表象认识促进个体思考，从而优化学习经验，实现全面发展。

关键词： 深度学习；幼儿园；区域活动；学习；探索

在目前的幼儿教育工作中，区域活动是比较常用的。区域活动强调幼儿的主体性，通过游戏的方式，让幼儿参加各种主题活动，这样就能让幼儿掌握与该主题有关的知识。而深度学习，教师们需要对其概念的含义有一个清晰的认识，找到将深度学习思维渗透到区域活动中的途径，并且教师们要有一个清晰的深度学习的教学目的，指导幼儿们在区域活动中快乐地游戏，深度学习，快速成长。

一、区域活动中幼儿深度学习的重要性

区域活动作为幼儿深度挖掘能力的一种重要方式，为幼儿提供了丰富的学习资源和环境，有助于他们在实践中发现、探索和解决问题。而深度学习，作为幼儿在区域教育中的最大发展目标，有助于他们实现知识的深层次理解和应用。将区域活动与幼儿深度学习密切结合，会极大地促进幼儿的发展。

首先，深度学习能够激发幼儿的认知技能与天赋。在区域活动中，幼儿可以通过亲身实践、观察、探索等方式，深入了解事物的本质和规律，从而提高他们的认知水平。同时，深度学习鼓励幼儿主动思考、质疑和创新，有助于培养他们的批判性思维、创造力和解决问题的能力。

其次，深度学习促使幼儿主动将其所学到的文化知识和经验进行迁移应用。在区域活动中，幼儿可以通过与同伴、环境、材料的互动，将所学知识应用于实际情境中，实现知识的迁移和拓展。这种学习方式不仅有助于幼儿加深对知识的理解，还能提升他们的实践能力和解决问题的能力。

再次，教师在区域教育活动中扮演着重要的角色。他们需要引导幼儿将已有的文化知识与经验转化，并应用于当前的区域教学情境。通过设计符合幼儿认知特点的区域活动，教师可以为幼儿提供多样化的学习资源和情境，帮助他们建立新旧知识之间的联系，实现知识的整合和应用。

最后，将区域活动与幼儿深度学习相结合，有助于培养幼儿终身学习的能力。幼儿通过提供自主选择的区域活动，促进实践探索与高阶思维发展，增强社交合作能力，培养解决问题和自我管理技巧，从而锻炼幼儿自主学习、持续探索和适应变化的能力，为

终身学习奠定坚实基础。

二、幼儿区域活动中深度学习存在的问题

（一）学习主动性较差

虽然与其他的教学方法相比，区域活动的兴趣更大，但是幼儿对区域活动的积极性不高，深度学习的效率也不高，很难实现教育目的。在实践中，由于区域活动的场地及材质受到限制，例如建筑活动中的积木种类及数目过少，都会引起幼儿的兴趣降低。他们的学习积极性不高，这使得他们在区域活动中的深度学习效率很低。

（二）知识体系不完整

深度学习的前提是要建立一个完备的知识系统，而现在大部分的幼儿还没有建立和完善自己的知识体系，并且在学习的时候，他们不能把自己的学习体验抽离出来，所以要把新的知识整合到现有的知识体系中，这就需要幼儿教师的引导和帮助。通过观察，我们发现，有的幼儿无法通过活动来建立和完善自己的知识系统，在进行深度学习的过程中，出现了一些问题，从而影响了他们的学习效果，难以实现深度学习。

（三）缺少批判性思维

高阶思考水平是深度学习最基本的特点，是确保其有效性的重要保障，高级思考水平与深度学习之间的相互促进，不仅能达到深度学习，还能推动幼儿高级思维的发展。但是，大部分的幼儿在进行区域活动的时候，他们的思维层次可能相对较低，对教师的依赖性较强，自我反省能力较弱。这可能导致他们在面对问题时，更倾向于听从教师的建议来解决问题，而不是主动地思考和探索。这样的学习方式虽然可以让他们学到知识，但他们所学到的只是一种结果性的知识，这些知识留于表面，缺乏深度和理解，对解决问题的流程和方式并不感兴趣，很难实现深层的学习目的。

三、促进幼儿在区域活动中深度学习的策略

（一）提高幼儿学习能力

在区域活动中，幼儿是进行深度学习的主要参与者，所以，在制定促进幼儿深度学习的策略时，要充分调动幼儿的积极性，提升他们的学习能力，并激发他们的学习兴趣。

第一，教师要对幼儿的学习习惯有一个清晰的认识，并结合他们的年龄特征，设计可以激发幼儿学习意愿的区域活动主题，给幼儿们创造一个真正的区域活动环境，指导幼儿们提出自己的活动目的，让他们在区域活动中保持学习积极性。第二，在区域活动开展之前，教师应根据活动方案，做好活动的主题、选择活动区域、制作活动材料，并根据活动的需要进行相应的调整和补充。在幼儿们的活动中，教师给他们提供了操作体验，他们可以积极地学习和探索这些知识，从而提高他们的学习能力，并且进行更深层次的学习，实现深度学习的目的。

（二）丰富幼儿知识经验

知识体验与学习成效有着密切的联系，受到年龄的影响，幼儿的知识体验很少，这会影响区域活动的深度学习，因此，教师应该通过帮助幼儿来丰富他们的知识体验，从而实现高质量的深度学习。第一，在区域活动中，指导幼儿对周围的环境进行观察，感受到周围的环境和活动内容的联系，培养幼儿的观察力，为积累学习经验提供基本的条件。第二，加强与幼儿父母的沟通，改变父母对幼儿的教育观念，注重幼儿的实际体验，让幼儿在实际生活中获得更多的知识。

（三）创新教师指导模式

在区域活动中，教师的引导是进行深度学习必不可少的一环，所以，当教师要对幼儿进行深度学习时，应该对幼儿进行引导，使其能够更好地引导幼儿进行深度学习。

首先，教师们要转变自己的教育观念，明白在区域活动中进行深度学习的意义，与幼儿们建立起一个融洽的关系，倾听幼儿的想法，尊重幼儿的意见，支持幼儿的行动，给幼儿们创造一个宽松的精神氛围，让他们更乐于参加活动。其次，在区域活动中，给幼儿们搭建一个学习平台，让他们能够更好地理解在活动中所遇到的问题，同时也可以让他们进行反思，学习解决问题的途径。最后，加强幼儿和教师之间的沟通和合作，共享深度学习的体验，更好地提升幼儿们的实践能力。

（四）完善活动评价制度

为了确保幼儿在区域活动中的深入学习，教师们需要对活动的评估体系进行改进，从而让评估的结果能真正地体现出幼儿园的区域活动和幼儿的深层学习效果。首先，根据深度学习在区域活动中的需求，对区域活动进行评估，以幼儿的深度学习状况为主要评估指标，并根据评估的结果，让幼儿对自己在深度学习过程中遇到的问题有清晰认识。其次，转变活动评估的对象，教师指导幼儿在活动中对自己的表现进行评估，建立多样化的活动评估系统，以提高幼儿的学习反省能力。最后，对区域活动进行合理的评估，将过程与结果有机地结合起来，从发展的观点来评估幼儿在活动中的表现，从而获得更加客观的评估结果。

（五）家园共育

父母是幼儿早期教育的主体，要使幼儿更深入地参与到区域活动中来，就必须得到父母的支持。第一，教师要与父母密切沟通，让父母知道幼儿在区域活动中的表现，让他们意识到深度学习对幼儿成长的重要作用，并与教师一起完成他们的教学任务，提高他们的深度学习能力。第二，指导父母注意幼儿的生活，和幼儿一起做好科学探索试验，在生活中保护幼儿的好奇心，为幼儿创造一个融洽、快乐的家庭教育环境。让父母主动地加入到区域活动中去，对区域活动中所包含的知识进行深刻的反思，将知识进行有效的转移和应用，建立起一个完备的知识系统，实现深层的学习，从而推动幼儿的全面发展，充分显示出家园教育在幼儿发展过程中的珍贵价值。

四、结语

每位幼儿教师在运用深度学习策略进行幼儿园区域教学活动的过程中，必须敢于打破常规，采用更为新颖的方式进行教学，使幼儿能够在区域活动中获得深度学习的机遇与经验。

尽管教学改革之路困难重重，但新的教育理念不断涌现，在现有的幼儿教育工作中，对幼儿的发展需要进行综合分析，并根据幼儿的发展需要，组织适合幼儿发展需要的教学，并进行积极的试验，对此进行反思，使幼儿园的区域活动具备深度学习的能力，促进幼儿健康全面发展。

参考文献

［1］居秋霞. 基于细节入手实现幼儿园区域活动中的深度学习［J］. 文存阅刊，2020（16）：88.

［2］黄海虹. 实现区域材料适宜投放，促进幼儿深度学习［J］. 天津教育（中、下旬刊），2020（13）：183－184.

［3］朱湘萍. 区域活动中促进幼儿深度学习的有效策略［J］. 文渊（小学版），2020（6）：736.

对幼儿园区角活动中现存问题的分析及其提升性策略研究

（王金玉　哈尔滨市中兴幼儿园）

摘　要：区角活动作为培养幼儿个别化学习的一种重要教育形式越来越受到关注。通过区角活动把幼儿培养成为具有自主性、有想法、敢于向自己挑战的人，这不仅能促进幼儿将来更好地适应社会，也是对教师的一项挑战。借此，本文主要采用文献法、调查法、跟班观察等方式，了解幼儿园区角活动的开展现状，收集有关幼儿园区角活动研究的相关资料，综合分析幼儿园区角活动在布置、开展、延伸方面的情况。在阐述区角活动价值的同时，深刻剖析幼儿园区角活动中存在的问题及成因，并提出解决问题的有效策略。

关键词：幼儿园区角活动；问题分析；提升性策略

一、幼儿园区角活动中存在的问题及成因分析

（一）幼儿园区角活动中存在的问题

1. 教师对区角活动的价值取向认识肤浅。在观察中发现，部分教师没有充分挖掘和利用区角活动的教育价值，缺乏引导幼儿主动探索学习的技巧。因为区角活动相对于集体的教学形式来说显得有些“不正规”，所以区角活动在一部分教师眼中可有可无，在这部分教师的眼中区角成了摆设；还有一部分教师虽然思想上能认识到区角活动的重要性和对幼儿发展的独特价值，但是行动上怕组织不好，嫌麻烦，只有在有人检查时才组织区角活动，只要幼儿不出事，在里面怎么玩都可以，区角活动成了应付检查的“道具”。

2. 环境创设缺乏合理性。在观察中发现，在区角活动的环境创设中存在几个问题，总结概括为：第一，喧闹区和安静区离得太近，例如，图书区和表演区相邻，导致幼儿在看书的过程中不能完全集中注意力。第二，忽略“低结构”材料的投放，一些教师为了极力还原场景的真实性，过多地运用了“高结构”材料，使幼儿无法和操作材料产生动态性的互动，难以长久维持幼儿对游戏的兴趣。第三，活动区域的创设具有相对封闭性，不给幼儿创造自由选择、主动活动的机会和条件。在幼儿园区角环境中我们经常可以看到用矮柜、隔离板划分出来的一块一块的活动区域，但往往因为活动室比较小，导致几个区角之间没有留出畅通的通道，不能为幼儿充分协作交往提供可能。

3. 区角活动材料投放盲目。有些教师片面地认为，材料投放得越多，越能吸引幼儿的兴趣，实际上材料过多过杂反而会造成干扰，影响每一种材料发挥真正的功能。在观察中还发现，有的班级投放材料的目的性太强，例如益智区“给数字宝宝排排队”，教师准备了1—10的若干个数字还有排序标记卡，幼儿选择不同的排序卡按照规律往下排数字。该游戏由于游戏性不强，幼儿都不愿主动参与进来，往往是在教师的安排下进行且游戏时间不长。在投放活动材料前，教师不仅考虑区角设置的场地、投放材料的品种和数量，还要看这些材料是否符合幼儿的能力水平。

（二）区角活动中存在问题的成因分析

区角活动是20世纪70年代从美国引进我国教育界的教育概念。所以在我国托幼发展的历史进程中，以游戏为组织形式，以活动区为空间结构的教室组织形式早已存在。绝大部分教师对区角活动并不陌生，并且对它特有的教育价值达成了共识，但在笔者实际观察中发现，教师对区域活动的开展常流于形式，盲目借鉴，表面上开展得红红火火，实际上却没有发挥区角活动真正的教育价值，甚至有的幼儿园把区角只是作为“装饰”，用来应付检查。区角活动虽然相对于集体教学更注重幼儿的差异性，但是需要较长的达成过程，并且在幼儿操作、探索的过程中需要教师及时地、不断地调整教育目标。而集体教学往往在每次教学活动后都能看到幼儿的发展成效，有一个“即时”的效果。所以虽然大部分教师和教育机构认识到区角活动的独特教育价值，但是由于固有的教育观念的影响，以及大部分家长现在认识不到这种教育模式的价值，教师和家长的家园联系得不到良好的建立，导致幼儿园区角活动的时间过少，甚至取消。在观察中发现区角活动时间并不是每个区角都会开放，在有限时间里还会存在教师消极指导、材料投放不合理、未妥善划分活动区等问题。所以在幼儿园区角活动中教师和教育机构的教育观念的转变、对区角的重视程度是导致现在区角活动现状的重要原因之一，以及教师实施区角活动的能力水平和活动环境的设置也是造成现在区角活动的现状的原因。

二、对幼儿园区角活动实施的建议

（一）合理设置教师培养课程

虽然区域活动得到越来越多的幼儿园和教师的重视，但很多教师是“心有余而力不足”。有很多教师不知道如何开展区角活动，什么是正确的指导方式，就导致了区角被“冷落”，只是一种摆设和上面的要求。进行专门的区角活动培训课程可以让教师知道把握时机，适时地介入指导。在学习的同时，转变教师的教育观念，改变以往那种以集体教学为中心的倾向。也为教师在提升自己专业能力的同时，能够为有效地创设和开展区角活动提供理论依据。

（二）增进合作交流

如何使幼儿园区角活动合理地、有效地开展，这需要幼儿园管理者和教师的重视，那么不断地反思与评价就显得尤为重要。这时，幼儿机构就可以设置区角目标，教师在指导区角活动时仔细观察了解，发现问题，如哪些区角受到幼儿的喜爱、哪些区角经常被冷落、活动材料丰不丰富、区角活动的时间需不需要增加等，在每周的集体研讨会时把这些问题讲出来，大家一起商讨出最为合理的解决策略。教师评价的结果也是反思自己教育行为的依据，促进教师形成学习共同体，在不断地合作交流过程中，促进自我发展与成长。

（三）合理布局区域活动

1. 妥善布局不同性质的活动区域。活动区域布局的合理性直接影响区域活动开展的效果。不同性质的区域要妥善布局，如喧闹区和安静区要分开，以免互相干扰。安静的阅读区、益智区可布置在离门较远的地方，喧闹的表演区可布局在离门较近的地方或门外的走廊上；相关区域要邻近，美工区完成的作品常常成为表演区的道具，美工区也会因表演区的活动所需制作作品，类似这样的互动较多的区域就要邻近布局。这样合理布局不同性质的活动区域不仅有利于幼儿科学素养的养成，还帮助教师更好地维护秩序。

2. 封闭性与开放性相结合。在区域活动创设中，教师应尽量选择通透的隔离物，如矮柜、开放式的栅栏和橱柜等，使得每个区域具有相对独立的空间，又能保持一定的互通性。并且在需要的时候教师完全可以把区域拓宽至活动室的中央，延伸到活动室的任意角落。当然也可以缩小甚至取消某一区域，只有这样，才能使区角活动在最自由的环境中进行。

3. 避免“死角”。幼儿教育机构对幼儿实施保育和教育的双重任务。幼儿园不仅负有教育幼儿的责任，更负有保护好幼儿安全的任务。保证幼儿安全是凌驾于一切教育之上的首要责任，如果幼儿在教师看不到的区域中自由活动，很可能导致两个问题：一是幼儿的安全得不到保障，二是幼儿很可能会长时期停留在原有的能力水平上，也使得开展区域活动的效果大幅度减少。因此，区域布局时千万注意避免“死角”。

（四）投放材料的策略性

1. 活动材料应保持更新。幼儿的知识建构必须由他们自己的操作活动去完成，因此活动区最重要的就是创设能鼓励幼儿自由选择、大胆操作、大胆探索的环境。我国著名教育学家陈鹤琴说：“幼儿教育是一件很复杂的事，不是家庭一方面可以单独胜任的，也不是幼儿园一方面可以单独胜任的，必须两方面共同合作方能得到充分的功效。”可见，在教育幼儿的问题上，家长和幼儿园都有不可替代的使命。只有积极规划，才能为幼儿的发展服好务，例如，家长可以利用家里废弃的饮料瓶子给幼儿做汽车、船，喝过的酸奶盒做小房子等。这样不仅促进了家园共建的工作，而且减轻了教师的负担，还保证了幼儿的思维与创新能力得到充分发挥。因此根据本班幼儿的能力发展水平，教师要定期更换活动材料，以确保区角活动的开展效果。

2. 活动材料的投放要有层次性。维果茨基认为：“游戏创造了最近发展区。”区角活动是幼儿在最近发展区里的活动，那教师在投放材料时要为每个幼儿提供发展潜能的机会，为不同发展水平的幼儿提供不同层次的材料，满足他们不同的学习需要，促使每一个幼儿都能在自身原有的水平上获得适宜的发展。例如，在“喂食”的情景设计中，为不同能力的幼儿提供大勺子、小勺子、夹子、筷子等不同层次材料来给娃娃喂食，逐步发展幼儿的手部小肌肉，提高手眼协调能力。又如，在“造房子”的游戏设计中，虽然只是大、中、小三个纸盒，但是这一套材料可以使不同能力的幼儿按照自己的游戏水平来进行游戏。他们可以按照大小、颜色或形状来垒高，也可以按照自己的独特创意来造房子。在幼儿原有的能力水平上又保证不过于难的操作材料，能够引起幼儿的探究动机和兴趣，还能激发其积极的思维活动。

参考文献

[1] 王梅香．区角活动的改善和指导［J］．教学管理，2002（9）．
[2] 邹蓉蓉．浅析区角活动中教师角色定位［J］．基础教育，2005（4）．
[3] 张丽萍．区角活动的指导与评价［J］．幼教天地，2005（7）．
[4] 张海云．论幼儿园游戏教学有效性的提高策略［J］．学苑教育，2013（9）.

深度学习下小班幼儿在角色区促进同伴交往的策略
——以“无处‘布’在商店”为例

（杜雪龙　北京市通州区临河里幼儿园）

摘　要：角色游戏是幼儿最喜欢的游戏活动，幼儿通过扮演角色，运用想象，创造性地反映个人生活经验，满足了幼儿的生理和心理需要，促进幼儿的个性和社会性的发展。本文以角色游戏“无处‘布’在商店”为例开展买卖游戏，利用角色游戏中具有独特的价值和适用性来促进小班幼儿之间的同伴交往；从回归生活，促进角色生成，迁移经验，引发游戏内容；聚焦问题，给予正确评价，家园共育，增强同伴交往为支点，探讨了教师支持小班幼儿角色区深度学习的支持策略，从而促进小班幼儿之间的同伴交往。

关键词：角色游戏；同伴交往；深度学习

深度学习就是幼儿在游戏当中，不断地探究、研究，把之前的经验迁移到新的游戏当中。角色游戏是一种通过模仿和联想，扮演自己所认识到的各种角色，从而创造性地反映现实生活的一种活动。同时也是架起幼儿之间的一座好桥梁，教师可以通过善用材料支持幼儿深度学习，通过问题引领、正确评价、家园共育等策略来激发幼儿深度学习的积极性。

结合小班幼儿的年龄特点以及上学期班中区域游戏开展的情况，发现班中的幼儿对于买卖游戏很感兴趣，同时幼儿在角色区能够很好地与同伴进行交流，促进幼儿的交往。能够让幼儿真实地参与到“赚钱”的氛围当中，还能够有效地支持幼儿的游戏兴趣，因为班中开展的关于班里的物品增多没有地方摆放，于是在角色区开展了“无处‘布’在商店”游戏的主题活动。

一、回归生活，促进角色生成

《3—6 岁幼儿学习与发展指南》指出：幼儿能与同伴友好相处，幼儿园的角色游戏就是幼儿进行深度学习的重要途径之一。角色游戏多元的游戏主题、丰富的游戏材料和灵活的游戏形式为幼儿深度学习提供了有利环境，教师的有效支持可以帮助幼儿在角色游戏情境中发现问题，从而获得更多学习发现问题、解决问题的机会。

小班幼儿的年龄小，幼儿是在环节的相互作用中去感知周围世界的，获得直接的经验和体验就是他们对社会的最初认识，所以教师要为幼儿创设良好的环境，以及幼儿感兴趣的游戏活动，从而在幼儿的深度学习下促进幼儿的同伴交往。

班级中的幼儿对于“布”很感兴趣，所以班级投放了很多关于“布”的商品。教师要及时捕捉幼儿的兴趣点，支持幼儿在交往中生成游戏，为幼儿学习与发展创设条件。《3—6 岁幼儿学习与发展指南》中指出：“幼儿的学习是以直接经验为基础，在游戏和日常生活中进行的，要珍视游戏和生活的独特价值。”所以在科学区投放了织布机，科学区的幼儿开始织布，美工区的幼儿开始利用科学区制作的织布机制作布艺品，有各种的布艺粘贴画，给小娃娃做衣服等的活动。教师为角色区提供了一些布娃娃、小玩具等商品，于是商店正式开业啦。在游戏的过程中，幼儿发现了一些问题，大川说：“咱们的商品摆放太乱了，而且价格也没有。”核桃说：“那咱们可以设计一个价格表。”乐乐说：“对的，我还发现他们买东西都不排队。”大川说：“对！咱们要安排秩序，还要有人收拾整理！”

区域小结的时候，角色区的核桃说：“需要设计标签。”于是这时候美工区的楚楚说：“那我来帮助你们设计标签吧！”区域联动就这样开始了。

在角色游戏的生成阶段，幼儿能够发现问题，物品摆放得太乱，幼儿不会排队，商品没有价格标签，在这期间幼儿聆听他人的想法，与他人共享自己的经验，一起动手创建情境、分配角色，互相探讨学习。买卖游戏不是教师提出的主题，而是在幼儿的共同兴趣下生成的，在少数有经验的幼儿帮助下共同实现。在此过程中，幼儿能够学会通过交往获得间接经验，正确表达自己的情感，知道如何在集体中去讨论、协商、计划一件事情，还可以满足不同幼儿的需求，增强幼儿的自信心。在幼儿发现问题的过程中，通过幼儿之间的沟通、解决问题、商讨等方式促进了幼儿之间的交往。

二、迁移经验，引发游戏内容

游戏一段时间后，角色区幼儿发现玩具还是不够多，这时候旁边的拼插区的仔仔说："我拼的玩具能不能也卖到商店，我还能挣钱。"大川看向了我："老师您觉得呢?"当然可以了！于是更多的拼插玩具作品也拿到了角色区来进行买卖游戏，旁边的大川又说："昨天我跟妈妈去买东西，我发现我们走的时候还有人跟我说话，还会主动跟我打招呼。"乐乐说："那我们也跟客人说再见。"玩具多但是乱，这个时候乐乐说："咱们把商品丰富一些吧。"教师为幼儿提供了一些商店摆放的照片，于是幼儿开始划分区域，进行摆放。但还是发现商品种类太少，关于布艺的作品不多，而且不够精致。

这个时候教师设计了一节教育活动，幼儿初步了解了商店的不同角色的职责，并且大家都想要攒钱来进行购买商品，于是美工区的幼儿说出自己一个挣钱的好方法，就是可以让角色区的幼儿下订单美工区幼儿制作并且来换钱。在游戏中，教师及时地利用教育活动的方式，通过引导了解商店的分工跟职责，帮助幼儿梳理问题、发现问题，并鼓励幼儿主动寻求解决问题的方式，从而发展创造力。

三、聚焦问题，给予正确评价

幼儿游戏的过程中，幼儿是在不断地发现问题、解决问题，通过角色游戏的契机，幼儿能够通过教师的引导，聚焦核心的问题，更好地开展角色游戏，教师要对幼儿的活动，给予正确的引导还有适宜的评价，才能够促进幼儿之间的交往。

在区域小结的时候，大川说："我们的商店顾客太少了。"小甜甜说："因为我想要买到的东西都没有。"焦焦说："那你们可以来角色区下订单啊，这样你们想买的东西就都能买到了，而且还能挣钱。"

小甜甜说："但是我们没有织布机了。"于是科学区的乐乐说："那我来做织布机。"教师为幼儿提供了更为方便的简易织布机的图片等。在游戏的过程中发现虽然商品越来越多，但是顾客很少，于是幼儿们想到了新方法，小赞说："柜子看起来乱乱的怎么办?"乐乐说："咱们可以把同类的物品归类到一起。"小赞说："对！这是个好方法！我看麦当劳都分好多套餐，咱们也分不同的套餐名字吧。"焦焦说："好啊，我看有好多小礼物，要不就叫礼物专区吧。"商店开了一些日子，幼儿发现商品还是卖不出去，这个时候想起来超市都有打折日，昨天去超市就是打折日，于是开始了周三半价日的活动。

这些体验都可以再现到真实的生活中，让幼儿表现出符合社会期望的行为，更有助于幼儿的社会性发展，也促进了小班幼儿之间的同伴交往。

四、家园共育，增强同伴交往

家长是幼儿成长过程中最重要的引导者，角色游戏可以在家长的引导下更好地开展，家长能够更好地了解幼儿的情况，也能够更好地参与到游戏当中。在游戏过程中，邀请家长参与到班级的角色游戏当中，不仅能够促进家园互动，也能够培养幼儿之间的交往。

随着游戏的开展，扮演介绍员的乐乐一边跟别人讲解一边整理货架，大川说：“你怎么整理这么长时间，有顾客来了你都没看见。”乐乐说：“因为这个扇子太乱了，而且特别容易倒。”还有很多包包也很乱，总是倒下来，乐乐说：“你看这些拼插玩具也没人买，能不能把扇子放在这些玩具上。”核桃说：“那咱们可以让拼插区的小朋友给咱们的这些扇子制作扇架。”幼儿们在游戏的时候进行了讨论，发现没有海报，也没有一些活动，大川说：“我去商场的时候固定的日子都会打折。”乐乐说：“那咱们也可以打折。”核桃说：“那咱们就把周五当作半价日。”根据幼儿兴趣的增加，幼儿还可以拿着钱来到角色区进行抽奖活动。在活动的开展过程当中，准备开设刺绣展的活动，于是教师扮演了讲解员的角色，这时候幼儿听到教师的讲解，纷纷鼓掌，在以后的讲解活动当中，幼儿开始能够积极介绍商品，并且说出刺绣的方法和特点。刺绣展开始的时候幼儿想到，去哪里都要门票，于是他们邀请美工区的幼儿开始制作邀请函。我们还带领幼儿参与别的班幼儿的义卖活动，丰富不同班级幼儿之间的交往，给幼儿提供人际交往的机会，鼓励幼儿参加别的班级的义卖活动。通过义卖活动，鼓励幼儿大胆与不认识的人进行沟通，同时增强幼儿的自信心。

五、结语

我们认为在开展角色游戏的时候，教师要重视并且科学地认识角色游戏对于促进幼儿同伴之间交往的重要价值，支持幼儿在交往当中遇到的问题，鼓励幼儿自主解决，教师要在游戏过程中观察和分析幼儿再现社会规则的能力，进一步推动游戏的发展，从而促进小班幼儿之间的同伴交往，也让幼儿在角色游戏中获得成长。

参考文献

［1］中华人民共和国教育部．3～6岁幼儿学习与发展指南［M］．北京：首都师范大学出版社，2012.

［2］潘嘉雯．趣玩小医院——浅谈角色区游戏“小医院”的创设与使用［J］．教育界，2020（42）：73—74.

［3］段雪梅．大班角色区生成的实践与研究［J］．知识库，2019（11）：60—61.

浅谈如何开展游戏化的美术活动

（杨琴　南部战区总医院幼儿园）

摘　要： 在幼儿园的美术教学中，以教师为主导的教学方式相当普遍，幼儿们只是跟着教师展示的范例来绘画，且教师在更大程度上关注的是技能的学习，如认识物体的形态、颜色搭配，以及画面的设计等；对于幼儿们的成果，评判的标准基本只在于“画得像还是不像”。这就造成了幼儿们在绘画时只能遵守教师的指导，他们的自我表现被限制，创新精神被压抑。在活动互动中，教师常常采取两个极端的方式，或是“注重结果，疏忽过程，关注技能技巧的培训”，或是“过度放手，强调想象力的开展”。基于此，本文探讨了作为教师需要深度思考怎样在模仿学习和鼓励创新中寻找最恰当的“平衡点”、怎样在活动过程中找到“最佳方式”等问题，以期助力幼儿全面发展。

关键词： 美术活动；游戏化；乐趣

游戏化的美术活动，能让幼儿们初次体验、察觉并欣赏环境、生活和艺术的美。通过独立探索，操作各种不同的艺术材料和形式，让幼儿喜爱研究、想象和创新。能在一个轻松、自主的创新活动环境中大胆想象，用自己热爱的艺术手法表现美。以“只要我对其感兴趣，就可以成为我的作品，只要我喜爱，就可以成为我创作的材料”来培育幼儿的自尊心和成就感。游戏化的美术活动给予幼儿最好的自我表达方式，他们通过这个艺术途径来展示个人的感触，从而得到快乐和成功的体验。那么，我们到底应该从哪些角度着手呢？

著名教育学者布鲁姆着重指出：“在学习的过程中，学习者不应只是一个被动地接受信息的角色，他们更应扮演主动参与者的角色。”这个观念也适用于幼儿美术教育中，教师需要打破教材的框架，运用新颖的思考方式，尽最大可能激发幼儿的创造性，通过让他们在美术活动中去思考，用双手去创作，积极地表达自己的创意，使得他们真正地成为创作过程中的主角。

在幼儿园小班的创新美术活动中，涂鸦这种画画方式对于幼儿们来说十分重要。在涂鸦的过程中，幼儿们有机会体验到“依靠自己的能力创作，使用自己的智慧思考，通过自己的画笔展现”的成就感。考虑到小班幼儿的感知能力和表达特性，游戏是他们在此阶段最热衷的活动。因此，我们将游戏与艺术创新活动巧妙地结合起来，激励他们大胆用自己独特的方式去创作，且极其珍视他们个性化的原创作品，旨在实现在娱乐中创作的目标。

一、题材内容的游戏化

幼儿们对于游戏总是怀有热切的热爱，这主要来自他们对想象世界的着迷，他们喜欢将自我融入游戏的角色当中，将假象的事物当作真实的存在，将动物人性化，甚至认为无生命的事物也具有感知和行动的能力，视其为游戏的伙伴。这样的特质在三四岁的幼儿身上尤其显著。在选择美术活动的主题时，我们需要突出其游戏性。像是“小小厨师制作比萨”的活动，仅仅一听活动名字，就能唤起食欲，符合这个年龄段幼儿的口味，幼儿们喜欢讨论比萨的配料，模拟制作比萨的过程，就像在游戏中再现生活的情景，为幼儿们带来了无尽的快乐。如“驾驶飞机”的美术活动，巧妙地将游戏与画画活动结合。在“打电话”的活动中，幼儿们模拟给各种动物打电话，通过点、线、圆等元素检验电话安装的成功，满足了他们对打电话游戏的需求。

在这类游戏情境之中，幼儿们可以随心所欲地玩耍和释放创造力。对于幼儿而言，每一次创造美术的过程都是一种有趣的尝试，都是一场游戏。

二、作画材料的游戏化

在确定了幼儿园幼儿们的兴趣主题后，我们全力以赴地为他们打造一个吸引他们积极参与的环境。在这个充满创意的艺术活动中，幼儿们除了使用常见的绘画工具，如蜡笔、水彩、染色棒和细画笔外，还可以选用一些被废弃的物品，如瓶盖、木珠、蔬菜等。同时，我们会根据主题的需要来调整和改变绘画工具的外形（如改为篮子、碗、衣服等样子）。以“美味汉堡”为例，我选择了水彩、染色棒和剪成两张相连的圆形纸，还在胶水中混入了各种颜色的颜料。水彩、染色棒好比一个“烤箱”，幼儿们能在纸上“烤”，让那两张相连的纸看起来像是“面包”，同时也能帮他们区分内外，这是一个非常细致的设计。加在胶水中的颜色就好比各种口味的果酱（如草莓酱和香蕉酱等）。看见这样的设置，幼儿们被激发了兴趣，非常想要“烤面包、涂果酱、制作汉堡”，他们积极参与的态度也自然展示出来。还有一次以做“花瓶和花”为主题，我选择给他们提供用蔬菜梗印花的方式，提供了包括青菜梗、芹菜梗、荷花和苦瓜等。展示完花儿盛开的样子后，幼儿们也兴奋地叫道：“哇，真好看！”他们的视线充满了疑惑：“这些蔬菜怎样才能绽放出花朵，真是太神秘了！”他们对蔬菜茎的观察充满期待，没忍住就想去碰碰它，一探真相。一支普通的水彩笔通常也有它的趣味性。只需我们频繁根据各种艺术主题，赋予绘图素材、工具和纸质以新生和变动，幼儿们就有可能在实践中以无畏和开心的心态去创作。

三、学习过程的游戏化

以游戏化的教学内容作为高质量教育的基础，将学习变成游戏才能有效地引导幼儿开展活动。我们需将游戏化元素融入整个艺术创作过程，让幼儿将参与艺术创作视为“游戏”的体验。如“小厨师制作比萨”的示例，在活动流程中，使用黄色水溶性颜料代表黄油，撕贴彩纸作为馅料，用咖啡色水溶性颜料画出烘烤比萨的外圈，共同完成一块比萨，让整体活动仿佛真正制作比萨。幼儿在这个模拟烹饪过程中享受的是参与的快乐，而非最终比萨的成品。又如“打电话”的艺术活动，在活动中我设定了为小动物装电话的情境，让幼儿们通过使用各类符号如点、线、圆连接电话，以此完成活动目标。“购买食材”的艺术活动中，我构建了一种模拟兔爸爸买食材、装食材、送食材的场景，通过这类游戏化的教学，让幼儿学会有意识地绘制封闭的圆，激活了他们的表现欲望。

四、指导评价的游戏化

美术活动在幼儿教育活动中占据了一席之地，其重要性在于能提高幼儿审美能力。在活动中，教师的及时指导和评价是不可缺少的环节。但是，在具体实施的过程中，一旦涉及指导和评价的环节，教师往往会被迫离开游戏情境，从原本的情境营造者变为情境的破坏者。那教师应该如何平衡指导评价和游戏情境的关系呢？最直接也是最有效的策略，就是利用游戏情境语言，以游戏化的方式进行指导和评价。

在进一步的游戏环节中，教师会将明确的教育目标注入游戏，引领幼儿们参与游戏，合作面对和解决问题，使他们在游戏过程中实现活动的目标。例如，在游戏“香香的汉堡”中，目标是教会幼儿们学习均匀涂抹。在实践过程中，幼儿们常常会涂抹得不均匀，我的解决方法是引导他们通过游戏：“汉堡还没煮熟，吃下去可能会使你肚子疼，我们放回烤箱烤一下（做出模拟烤箱的动作，模拟烤箱的声音：嗡……哒，一分钟）。”然后模拟涂抹的动作，在涂抹果酱的阶段，幼儿们可能也会涂得不均匀，我则把指导语变得轻松游戏化："舀一点果酱，点一点，再抹平，果酱就遍布在每一个角落了。"幼儿们这样就能注意到需均匀涂抹果酱了。此外，在美术活动"送礼物"中，我设立了一个"包装礼物"流程，让幼儿们用水彩笔在礼物外围画个圆。幼儿们画圆时，常常会留下不完整处，我就用如同游戏般的话语来应对："礼物包好了吗?""小心礼物不要从小洞里滑出来!""让我们给礼物绑上漂亮的蝴蝶结吧。"这样他们就会慢慢从最初不完整的圆形过渡到有规律地画出完美的圆形。

在美术活动中，我们通过营造情境和游戏化的方式，使得幼儿们在每一个活动都犹如探险之旅或者获得意想不到的游戏乐趣。他们把热爱投注在每一次笔触的流转之中，每一张白纸便成了他们心中的那个美好世界，幼儿们天真无邪、充满想象的画面，正是艺术灵魂的写照，我们需要给予他们鼓励和激励，才能帮助他们展翅翱翔于想象的天空。

参考文献

[1] 袁爱玲．幼儿园创造性教育活动设计［J］．北京：北京师范大学出版社，1994.

[2] 霍灿、熊蕾译．对美术教育的意见长沙：湖南美术出版社，1993.

[3] 孙海燕. 大班幼儿美术活动游戏化的思考与探索［J]. 新课程（上旬），2017（10）：45.

[4] 蒋钰荃. 幼儿园美术教学游戏化初探［J]. 教育实践与研究，2016（22）：46，49.

幼儿园游戏探究与实践

（于长华　北京市大兴区第六幼儿园）

摘　要：本文首先阐述了幼儿园游戏的种类和特性，涵盖角色扮演、建设性和认知游戏等类型，分析了各类游戏对幼儿各项能力培养的影响。其次，罗列了多种幼儿园游戏的实际操作技巧，涉及设计启发性游戏、控制游戏时间、引导幼儿兴趣等内容，目的在于为幼儿园教师提供实际操作建议，以推动幼儿全面成长。幼儿园不断调整优化，以更好地满足幼儿成长需求，优化游戏在教学场景的应用。

关键词：幼儿园游戏分类；游戏实践策略与方法；游戏评估与改进

游戏在幼儿教育中被誉为推动幼儿全面成长的关键手段之一。本文对幼儿园内各类游戏的划分及特性进行了详尽探讨，接着从实践层面进行探讨，分析幼儿园游戏活动的实施技巧与途径，目的是为教师提供实用建议，通过游戏活动来提升幼儿的成长。讨论了如何评估与优化幼儿园游戏活动，突出构建高效评估机制，致力于提高游戏在教育领域的应用效果。这一综合性研究的目标是助力幼儿园教育工作者，为其提供有益的理论依据和实践引导，促进幼儿园游戏教学品质的提高。

一、幼儿园游戏的分类与特点

（一）角色扮演游戏的分类与特点

在幼儿园中，角色扮演游戏被广泛应用，旨在培养幼儿的社交技能和想象力。这种游戏通过模仿不同角色，如家庭成员、职业人员，激发幼儿表达自我和理解社会的能力。其特点在于能够促使幼儿积极参与，激发创造性思维。在活动中，教师可通过设定多样化情境，引导幼儿体验生活，从而在游戏中实现学习互动。例如，模拟家庭环境中的超市购物，激发幼儿在游戏中扮演顾客和商家的角色，锻炼其社交技能和合作精神，培养对社会的基本认知。通过这一有趣而富有教育意义的游戏，幼儿能够在积极参与中实现全面发展。

（二）建构性游戏的分类与特点

建构性游戏强调通过搭建、组装等方式培养幼儿的动手能力和空间认知。这包括搭积木、搭建模型等活动，通过实践中培养问题解决能力和协作意识。游戏的特点在于注重实物操作，激发幼儿对空间和形状的认知。在实际教学中，教师可提供丰富的建构材料，引导幼儿创造独特作品，促使其在游戏中获得成就感。

（三）认知游戏的分类与特点

认知游戏专注于激发幼儿的思维发展，包括拼图、记忆游戏等。这类游戏有助于提升幼儿的注意力、记忆力和问题解决的能力。其特点在于强调认知挑战，通过游戏培养幼儿对事物的敏感度。在实际教学中，教师可巧妙设计游戏情境，引导幼儿主动思考，激发好奇心，促进认知水平的提升。例如，通过记忆游戏，让幼儿记住一系列图案或物品的顺序，培养其观察和记忆能力，同时在游戏中促使其积极参与，达到认知发展的多重目标。这样设计的认知游戏既激发了幼儿的学习兴趣，又促进了其认知水平的全面提升。

二、幼儿园游戏实践的策略与方法

（一）设计富有启发性的游戏活动

为确保游戏活动富有启发性，教师需深入了解幼儿的兴趣和发展水平，以个性化方式选择与其需求契合的游戏主题。通过巧妙设置游戏情境，教师能够引导幼儿更主动地参与，培养其解决问题的能力。定期更新游戏主题是关键，以保持活动的新鲜感，激发幼儿的好奇心和创造力。例如，设计一个“探险家”主题的角色扮演游戏，通过模拟不同环境，让幼儿在探索中学习科学知识，培养观察和发现的能力。这种富有创意和启发性的设计能够激发幼儿的积极参与，使游戏成为一个有趣且充实的学习过程，进而促进其全面发展。

（二）合理安排游戏时间

为确保游戏在幼儿园教学中发挥最大效果，教师应将游戏时间合理融入日常教学计划，将游戏作为课堂中不可或缺的组成部分，有助于激发幼儿学习兴趣，促使他们在轻松愉悦的氛围中积极参与。此外，需要关注游戏的时长和频率，确保在保障学习效果的前提下，不使幼儿感到疲劳。例如，教师可以安排每天课程中的第一个小时为“探索时光”。在这段时间内，通过富有趣味性的游戏，激发幼儿的好奇心，引导他们积极参与课堂活动，促使学习变得更加愉快而富有成效。这样的合理安排能够在游戏中融入学习，提高幼儿的学习积极性。

（三）引导和激发幼儿的兴趣

引导和激发幼儿的兴趣是成功实施游戏活动的关键。教师应通过细致观察幼儿的兴趣点，巧妙选择游戏主题，以满足其好奇心和求知欲。例如，若幼儿对动物表现出浓厚兴趣，教师可设计一场“小小动物园”游戏，让幼儿在模拟动物园环境中，通过角色扮演、互动游戏等方式，既满足了他们对动物的好奇心，又促使了语言、社交等多方面能力的发展。除了精心选择游戏主题外，提供多样化的游戏材料和丰富的游戏环境也是至关重要的。例如，创设具有挑战性的游戏场景，引导幼儿展开探索，促使其发挥创造力。通过这样的引导与激发，教师能够使幼儿在游戏中更全面地发展，并培养他们对学习的积极态度。

三、幼儿园游戏的评估与改进

（一）建立有效的评估体系

为确保对幼儿园游戏实践的全面评估，教育者应建立科学有效的评估体系。首先，明确评估目标，明白每个游戏活动的预期收益，以确保评估的针对性和实效性。其次，设计合适的评估工具，包括观察记录、问卷调查等，以多元化的方式收集幼儿在游戏中的表现数据。最后，制定明确的评估标准，确保评估过程具备客观性和标准性，以便准确判断幼儿在各方面的发展水平。定期进行综合性评估是至关重要的，通过对不同类型游戏的综合评估，可以更全面地了解幼儿的发展状况。例如，通过观察角色扮演游戏中幼儿的表现，收集他们的社交互动数据，以及通过认知游戏评估他们的问题解决能力，形成全面的幼儿能力图谱。这样的评估体系有助于为教育者提供具体而有针对性的改进方案，促进幼儿在游戏中全面发展。

（二）收集反馈信息

积极收集来自多个方面的反馈信息对于幼儿园游戏实践的评估至关重要。除了教师的观察，还应借助家长和其他专业人士的意见，以确保评估的全面性和客观性。建立定期的家长会议是一种有效的方式，通过与家长深入交流，获取他们对幼儿在游戏中表现的观察和看法，不仅丰富了评估数据，也促进了家校合作。同时，与专业机构合作，例如邀请心理学家或专业教育评估师参与评估，可以获取更专业的意见，确保评估过程更加准确、科学。通过多方反馈的综合，可以更全面地了解幼儿在游戏中的发展情况，为改进提供更有针对性的建议。这样的反馈机制不仅有助于提高评估的深度和广度，也为教育者制订切实可行的改进计划提供了重要支持。

（三）根据评估结果调整游戏活动

评估结果应被视为改进的起点，而非终点。基于评估的数据，教育者应以积极的态度调整和优化游戏活动。这可能包括调整游戏内容，确保其更贴合幼儿的兴趣和学习需求；改进教学方法，根据幼儿的反应调整教学策略，提高教学效果；适时增加或减少游戏时间，以保持幼儿的专注度和学习热情。保持灵活性和反应迅速性对于游戏活动的调整至关重要。教育者需要在评估结果的基础上迅速做出反应，不断适应幼儿的发展需求。例如，如果评估显示某一类游戏无法有效吸引幼儿的注意力，教育者可以立即探讨并实施新的教学策略，以更好地激发幼儿的兴趣。

通过建立全面的评估体系、积极收集反馈信息、并灵活调整游戏活动，幼儿园可以实现对游戏实践的有效管理与优化。这一过程将有助于确保游戏在教育中发挥最大的潜力，促进幼儿的全面成长。

四、结语

在幼儿园游戏教育的探讨中，我们深入研究了不同类型游戏的分类与特点，提出了实际操作的策略与方法，并强调了游戏实践的评估与改进。通过建立有效评估体系、收集多方反馈，以及灵活调整游戏活动，幼儿园能更好适应幼儿成长需求，提高游戏在教育中的效果。希望本文能为教育者提供一些理论指导和实践支持，从而促进幼儿园游戏教育水平的提高。

参考文献

［1］周琳．幼儿园课程游戏化实践探究［J］．基础教育论坛，2023（12）：22—24.
［2］张懿彬．关于幼儿园户外游戏的实践与探究［J］．甘肃教育，2017：67.

基于幼儿游戏视角下的安吉游戏实践研究

（吴枫华　南宁市良庆区百灵路幼儿园）

摘　要：在幼儿教育的众多方法中，安吉游戏教学被认为是一种有潜力的教学方法，也可以促进幼儿的探究精神、社交能力和自主性发展。然而，在实际应用中，仍存在一些问题和挑战，包括游戏目标不明确、家校合作不足以及对游戏的理解和应用不够深入。为了改进这些问题，本文提出了幼儿游戏视角下的安吉游戏教学实施路径，包括践行教育改革理念、明确教学目标、加强家校合作以及加强对游戏的理解与应用。通过这些路径的实施，有望提高安吉游戏教学的效果，为幼儿的全面发展提供更好的支持和指导。

关键词：幼儿；安吉游戏；教学实践

安吉游戏作为一种新的教学理念和教学方式，它强调遵循幼儿的个性特点，通过为幼儿营造寓教于乐的环境而提高教学效果。要发挥幼儿在其中的积极性和主动性，可以通过践行教育改革、优化教学方案，加强家校合作以及拓宽游戏思路等一系列的举措提升游戏教学效果，使幼儿能够健康发展。

一、安吉游戏应用的价值及意义

（一）有利于引导幼儿进行探究

安吉游戏的应用可以取得更好的教学成果，能够使幼儿对身边的事物以及自然环境进行探究，与教师的指导相结合，幼儿可以有效提高自身的合作意识、沟通能力以及思维水平。与此同时，安吉游戏更加注重创新和与时俱进，能够进行不断改进，能够根据幼儿的特点以及反馈及时调整游戏的难度。总之，教师和家长应该对幼儿的游戏过程中进行引导，而不是一味地重视安全问题而忽略幼儿在游戏过程中的收获，只有这样才能激发幼儿的探究精神。

（二）增强幼儿社交能力

安吉游戏应用在增强幼儿社交能力方面具有重要的价值和意义。通过安吉游戏，幼儿有机会与他人互动、合作、分享和交流，从而培养了他们的社交能力。在游戏中，幼儿学会与他人合作解决问题，学会倾听和尊重他人的意见，学会分享和互助，从而培养了友善、合作和团队合作的品质。此外，安吉游戏还提供了创造性的自由表达空间，让幼儿展示自己的想法和观点，培养了他们的沟通表达能力和自信心。通过这些社交互动，幼儿能够建立良好的人际关系，增强自我认同感和归属感，为其未来的社交互动和合作能力的发展奠定了坚实的基础。因此，安吉游戏应用在幼儿社交能力的培养中具有重要的价值和意义。

（三）有利于发挥幼儿的自主性

新课改背景下，要能够充分发挥幼儿的自主权利，这与教学的质量息息相关。安吉游戏就注重解放幼儿的天性，其游戏教学价值更高，能够使幼儿的游戏教学更好。从本质上看，安吉游戏是一种围绕幼儿内心世界所创设的游戏实施行为，它能充分体现出幼儿在游戏中的主体地位。尤其是幼儿本身具有较强的发展意识、选择意愿、思维形态，能以想象的方式对现实环境进行改造，并用自己的标准创造世界，所以幼儿在游戏中能展示出更多的天赋和才能。由此可以看出，教师不宜为游戏的创造者和主宰者，而要成为游戏的支持者与提供者。

二、幼儿游戏视角下安吉游戏教学存在的不足

（一）游戏目标不明确

在实施安吉游戏教学时，有时游戏的目标并不明确或与教育目标脱节。教师可能更加关注幼儿的自主探索和发现，而忽视了对游戏活动的目标设定和指导。这导致游戏活动的教育意义不够明确，影响了幼儿的学习效果和发展成果。当游戏目标不明确时，幼儿可能面临以下问题。首先，缺乏明确的目标会使幼儿在游戏中迷失方向，无法准确理解和把握游戏中的任务和规则。其次，缺乏明确的目标会降低幼儿的参与度和动机。最后，缺乏明确的目标也会影响教师的引导和评估。教师难以对幼儿的游戏行为进行有效的引导和评估，无法提供有针对性的支持和反馈。

（二）缺乏与家长的合作与沟通

安吉游戏教学强调家长、教师和幼儿之间的紧密合作和沟通，以共同关注和支持幼儿的发展。然而，在实际实施过程中，教师可能未能充分与家长建立良好的合作关系，导致缺乏有效的沟通和合作。首先，缺乏与家长的合作和沟通会限制家园之间的信息互通。家长是幼儿最亲近的人，了解幼儿的个性、兴趣和需求。如果教师与家长之间缺乏合作和沟通，就无法获取家庭背景信息和家长对幼儿的观察和了解，这将限制教师对幼儿的全面了解和个性化教育的实施。其次，缺乏与家长的合作与沟通会影响家园共育的实施。家庭和幼儿园是幼儿成长的两个重要环境，家园共同育人的理念强调家庭和幼儿园之间的紧密合作。而安吉游戏教学需要家长的积极参与和支持，他们可以在家庭环境中提供延伸和拓展的游戏活动。然而，如果教师未能与家长建立密切的合作关系，家长就可能对安吉游戏的理念和实施方式存在疑虑或误解，无法提供有效的支持和延伸。这将限制幼儿在游戏中的学习和发展。

（三）对游戏的理解和应用不足

虽然安吉游戏强调幼儿的自主探索和发现，但教师在实施过程中可能未能充分理解游戏的本质和教育意义，以及如何有效地应用游戏来促进幼儿的学习和发展。首先，教师对游戏的理解可能存在狭隘性。游戏作为一种重要的学习活动，不仅仅是幼儿的娱乐方式，更是幼儿学习和发展的重要途径。然而，教师可能将游戏仅仅看作一种放松和消遣的活动，忽视了其中的学习和发展机会。其次，教师在游戏应用上可能缺乏多样性和创新性。安吉游戏强调提供多样的游戏材料和环境，以激发幼儿的想象力和创造力。然而，教师可能过于依赖固定的游戏材料和设定，缺乏创新和变化。未能提供丰富多样的游戏选择，限制了幼儿的探索和发展空间。最后，教师在游戏应用上可能未能充分发挥引导和支持的作用。虽然安吉游戏强调幼儿的自主性，但教师在游戏中扮演着重要的角色，应提供适当的引导和支持。然而，教师可能过于强调自由探索，缺乏对幼儿的引导和指导。他们可能未能提供适当的问题和挑战，缺乏针对性的反馈和引导，限制了幼儿在游戏中的学习和发展。

三、幼儿游戏视角下的安吉游戏教学实施路径

（一）践行教育改革理念，明确教学目标

在幼儿游戏视角下的安吉游戏教学中，教师可以通过践行教育改革理念和明确教学目标来有效实施该教学模式。首先，教师应深入理解教育改革的核心理念，即以幼儿为中心、以

发展为导向、以游戏为主导的教育理念。这意味着教师要将幼儿的需求和兴趣置于教学的核心位置，关注幼儿的整体发展，并通过游戏活动来促进幼儿的学习和成长。其次，教师应明确教学目标，确保安吉游戏教学的实施具有明确的导向性。教师可以结合幼儿的发展特点，制定具体的学习目标，涵盖认知、社交、情感和身体等方面的发展。例如，教师可以设定培养幼儿的观察力、想象力和解决问题的能力等目标，以提高幼儿的认知水平。同时，教师也可以设定促进幼儿与他人合作、分享和交流的目标，以培养幼儿的社交技能和情感表达能力。通过践行教育改革理念和明确教学目标，教师能够更好地实施幼儿游戏视角下的安吉游戏教学。这将为幼儿提供积极、愉悦的学习体验，促进他们的全面发展。

（二）加强家园合作

推广安吉游戏的过程中，幼儿园与家长要做好沟通，获得家长的理解与支持，再将幼儿参与游戏时候的具体情况，以视频或者照片的形式传送给家长，让家长随时掌握幼儿的状况，从而让家长了解安吉游戏的价值与意义。幼儿主动参与游戏时，必然会干一些小小的体力活。有的家长对自己的幼儿百般呵护，担心幼儿的安全。作为教师，要及时地将幼儿参与游戏的过程推送到家长群中，让家长放宽心，放手让幼儿成为安吉游戏的主角，才能真正让幼儿健康成长。放手，才会发现幼儿们都是游戏高手，自己动手、动脑发挥聪明才智，还能学会处理问题、解决问题。例如，在安吉筒游戏中，爬进安吉筒的一个幼儿怎么都出不来，周围的同伴开始实施营救计划。有的幼儿将一个个轮胎摞起来，双手拽拉被困的同伴；有的小朋友灵机一动，把轮胎尝试放进筒中，让被困的同伴踩着轮胎爬出来。为营救受困筒中的小伙伴，幼儿积极地开动脑筋，想方设法营救自己的同伴。经历了一次一次的失败，但是在失败之后，幼儿开始调整自己的营救策略，最终找到最佳的方法成功营救了受困者。

（三）加强对游戏的理解与应用

教师应深入理解游戏的本质和教育意义。游戏不仅仅是幼儿的娱乐方式，更是一种有目的的学习活动。教师需要认识到游戏对幼儿认知、社交、情感和身体发展的积极影响，并将其视为促进幼儿学习和发展的重要途径。安吉游戏强调提供多样的游戏材料和环境，以激发幼儿的想象力和创造力。教师可以积极探索和引入新的游戏材料，提供丰富多样的游戏选择，以满足幼儿的兴趣和需求。同时，教师应鼓励幼儿参与集体游戏和角色扮演，促进社交技能和合作精神的培养。此外，教师还可以结合幼儿的学习主题，设计有针对性的游戏活动，帮助幼儿深入理解和应用所学知识。教师应深入理解游戏的本质和教育意义，拓展游戏的应用领域，并通过持续学习和实践不断提升自己的教学能力。这将有助于教师更好地发挥游戏在幼儿学习和发展中的作用，创造积极、有意义的教育体验。

参考文献

[1] 刘静，张坤颖．安吉游戏的研究现状与未来展望——基于可视化分析［J］．宁波教育学院学报，2023，25（6）：32—37.

[2] 郭三强，郭雨萌，杨楠．基于安吉游戏理念的幼儿园户外游戏活动现状分析——基于江西省某市的调查［J］．黑龙江教师发展学院学报，2023，42（10）：119—123.

[3] 马宁．安吉游戏视角下幼儿园游戏材料投放的策略探究［J］．国家通用语言文字教学与研究，2023（3）：166—168.

[4] 包伊宁，甘少杰．教育生态学视域下“安吉游戏”本土化课程构建［J］．齐齐哈尔师范高等专科学校学报，2022（6）：110—113.

[5] 唐娇萍．“安吉游戏”实践下教师专业发展的园本支持［J］．教育科学论坛，2022（32）：46—49.

[6] 樊亚博，杨晓萍，邱添．学习“安吉游戏”：理论检视与实践自觉［J］．教育与教

学研究，2022，36（10）：37—47.

[7] 梁洁．安吉游戏视角的幼儿园科学教育课程改革探索[J]．亚太教育，2022（15）：96—98.

[8] 张通，崔海今．焦点与转向："安吉游戏"的研究进展与未来展望[J]．教育观察，2021，10（16）：41—43.

[9] 周屏．幼儿视角下我国数学活动游戏化的现状与应对策略[J]．林区教学，2021（1）：87—90.

[10] 邹洪玮，伍香平．"学习者中心"理论视角下"安吉游戏"的教育启示[J]．文化创新比较研究，2020，4（14）：23—25.

安吉游戏理念下班级环境创设有感

（吴丹　连州市东陂镇中心幼儿园）

摘　要：幼儿园以游戏为基本活动，如何创设适宜的班级环境以促进幼儿的发展，是幼教行业的热议话题。随着安吉游戏的不断实践和深入，教师不断更新理念，重新审视现有环境，及时做出调整，创设自然、开放的班级环境，助力幼儿在良好的环境中获得更好的发展。本文以园内开展班级环境创设为契机，对环境创设过程进行再思考，详细阐述在创设实践中的做法：通过学习理论知识，联系实际改造空间和丰富游戏材料，看见幼儿的成长变化。同时，教师坚信要做一名追随者，让幼儿做环境的主人。

关键词：安吉游戏；幼儿；环境创设

在班级环境创设的路上，我们允许试错，坚持不断学习、实践、反思、整改，旨在给幼儿一个具有探索意义的活动场，让幼儿在与环境的互动中成长。根据安吉游戏精神，我们立足幼儿角度，坚持把班级场地归还给幼儿。

一、坚持学习，蓄力前行

千里之行，始于足下。在学习的路上，我们一路前进。我们通过线上慕课培训、教研及线下共同学习、观摩等方式，一起学习关于班级环境与材料的内容，牢固掌握理论，以便顺利改造班级环境。

教而不研则浅，研而不教则空。我们利用班级里的小教研，围绕班级环境这一主题，到其他班级里观摩学习，汲取经验，反思自身，创设符合自己班级幼儿特点的环境。同时，园内组织级长、班主任等一同到各班活动室观摩学习，结合区域设置、标记整理、材料投放、呈现方式等方面进行研讨，说出不合理的地方，并一起在现场进行改造，相互进步，助力室内自主游戏的开展。另外，我们还特别珍惜外出观摩的机会，到其他园内学习交流，开阔视野，学习同行的优秀做法，弥补自身的不足。

通过学习，我们知道安吉游戏理念下的班级环境创设的特点：空间自由开放，留白墙壁，材料种类丰富且充足，标志清晰等。在创设过程中，要基于幼儿视角，充分利用空间，投放丰富材料，让幼儿的游戏需求得到满足。

二、学以致用，成长有迹

（一）改造空间，追求空间最大化

我们坚持空间通透、力求空间最大化的原则，让环境看得见。首先，尽可能不遮挡墙壁，让墙壁留白，合理利用玩具柜背面、上层，可以用于完整展示幼儿周一到周五的游戏故事记录，或者阅读记录、班本主题故事、植物观察记录、作品故事等，让幼儿有机会与同伴相互交流分享与学习。其中，班本主题故事的产生是追随幼儿的兴趣点而设置的，涉及不同的主题：区域游戏故事、绘本故事、日常生活趣事分享等，我们教师支持幼儿自主分享记录。例如，幼儿热衷探索小山坡上的游戏，并喜欢与同伴间交流，教师会抓住教育契机，以小组形式或一对一倾听方式，让幼儿自由表达自己的发现、想法、遇到的困难及解决的办法等，在这个过程中，教师既是倾听者也是支持者。我们会以小山坡上的故事为主题将幼儿的想法通过图文与表征结合一一展示出来，供幼儿回顾游戏经历，交流想法。作品故事则展示在每个玩具柜的最上层，保证每人一个展位。幼儿根据自己的需求，在不同的时间里进行自己的作品创作，自行更新替换作品和作品故事，增强自主服务能力。

其次，充分利用走廊位置，打造植物角与积木区。关于植物角的设置，我们将原本靠墙的柜子分隔开，预留足够位置打造植物观察记录墙，让幼儿将自己的植物观察记录自主上墙。同时，我们提供不同材料供幼儿观察记录植物：浇水养护工具、测量工具、记录工具、桌椅等；每个幼儿都有自己的小植物（各类菜籽、观赏性植物、各种豆类等），只要是他们喜欢的，就可以带回幼儿园。同时，我们还投放一些小动物：泥鳅、小乌龟、螃蟹、小鱼等。而积木区这一块，我们投放小型积木，将各类小型积木整合摆放，设置对应标签，各班根据场地的实际情况摆放大小适宜的桌子，供幼儿自由选择游戏或者表征游戏故事。墙壁也同样留白，让幼儿自主将积木游戏作品故事上墙。

（二）丰富材料，满足游戏的需求

《幼儿园保育教育质量评估指南》在环境创设方面指出："玩具材料种类丰富，数量充足，以低结构材料为主，能够保证多名幼儿同时游戏的需要。"在材料收集方面，我们按照工具类、图书类、积木类、材料类收集，整理出材料收集清单，坚持发动教师、幼儿、家长一起收集可利用、低结构、高探究、可组合的材料。我们重点添加本土自然材料：各类树枝、树叶、石头、贝壳、瓜果蔬菜等，对于材料类的收集，我们投放线绳类，彩色折纸、海绵纸、皱纹纸、报纸等纸制品，白乳胶、固体胶、双面胶、透明胶等胶类，超轻黏土、纸盘等成品类，旨在让幼儿在探索过程中利用多种现有材料制作具有创造性、想象力的作品。对于图书类，按照人均数量不少于 10 册，每班复本量不超过 5 册的要求，每班每月轮换，及时调整更新。

除此之外，对各材料设置清晰标签，可以让幼儿设计或一起合作设计小标签。听取幼儿的想法，根据年龄特点调整标签，从手绘图片到打印图片，再到图文结合的标签变化，为的是根据幼儿的需求而变化，让材料看得见、拿得到，也放得回，满足幼儿游戏的需求。同时，教师会保持关注幼儿运用材料的情况，基于他们的兴趣、需要，随时调整材料，为游戏的开展提供保障。

（三）静心守望，成长看得见

我们给幼儿提供一个自然童趣的环境，让他们自主安排自己喜欢做的事情，我们看到幼儿的成长。幼儿会独自一人阅读或与同伴共读一本书，将自己的阅读经历、感受或故事情节表征出来，与教师、同伴分享。同一个故事，每个幼儿讲述的方式、内容都会有所不同，有的叙述完整情节，有的浮想联翩，有的风马牛不相及，我们教师依然愿意做幼儿的忠实倾听者，惊叹他们的语言表达与丰富的想象力。幼儿会细心照顾植物，给它浇水、松土、施肥，和它说话，观察它每一天的变化，记录它当时的模样与心情，他们会在桌子上创造自己的作品，在小画板上用粉笔、刷子等工具进行涂涂画画。幼儿会驻足在游戏故事、班本主题故事里，欣赏着同伴的故事，在自由交流各自的想法。幼儿会非常乐意到各玩具柜、窗边上欣赏同伴的作品及记录，猜猜这个是什么，聊聊是怎么做出来的，互相学习，进行有效的社会交往……作为教师，我们为幼儿的成长而感到欣喜，幸福感倍增。

三、取长补短，继续向前

关于班级环境的实践中，我们通过班教研、级教研、园级教研层层落实，发现问题及时反思调整，我们学会察言观色，观察现有的环境对幼儿行为的变化，注重倾听，听取幼儿的意见，也让他们参与到环境创设中。例如，怎样把物品放回原位，我们的教师要做到尊重幼儿，退后一步，让幼儿集思广益，亲身实践，解决问题，做环境的主人。他们会自己发现物品的特征，根据颜色、形状、材质等方面的不同给物品分类，设计标签，给物品一个家。在开始创建植物角时，幼儿抱怨摆放工具的架子太高了，我们决定将架子分割成两层并列摆放，便于幼儿取放工具。和幼儿一同成长，是一件多么幸福的事情。我们教师应当尽可能地提供机会，加强师幼互动，只要是幼儿能够理解和参与的，应当尽可能地变成幼儿的“决定”。我们会一直努力，取长补短，继续向前。

四、结语

一花一木一世界，一角一落皆教育。随着安吉游戏理念的深入，我们逐步形成“幼儿在前，教师在后”的新型师幼关系。我们努力追随幼儿的世界，打造通透开放的班级空间，追随幼儿的目光，尊重并支持他们的意愿，让幼儿参与创造、体验，为幼儿学习探究提供多种可能，见证成长，让幼儿成为环境真正的主人，让环境为教育助力。

参考文献

程学琴．放手游戏 发现幼儿［M］．上海：华东师范大学出版社，2017.

幼儿园体育游戏对幼儿社会性发展的影响

（王嬴　南京市仙林实验幼儿园学思路分园）

摘　要：本文从社会性发展的三个方面，即社会认知、社会情感和社会行为，结合体育游戏的特点，探讨了体育游戏在幼儿社会化教育中的作用，如宣泄不良情绪，形成积极向上的情感，促进同伴交往，培养幼儿的规则意识、合作精神以及良好的行为品质。我国体育游戏存在家长和教师对体育游戏不够重视、教师专业知识和专业教师缺乏、硬件设施不够齐全等问题。对于这些问题提出了加强宣传，帮助家长和教师充分认识体育教学的意义，加强对教师的专业知识培训，创造性地利用和开发活动场地和活动器材等对策。

关键词：体育游戏；幼儿；社会性；发展

德国著名教育家福禄贝尔强调游戏的教育价值，在他看来："幼儿早期的各种游戏，是一切未来生活的胚芽，因为整个人最纯洁的素质和最内在的思想就是在游戏中。"游戏是幼儿教育的重要手段，是幼儿园的基本活动形式。体育游戏是幼儿游戏的一种，深受幼儿的喜爱。教师可以充分利用体育游戏来引导幼儿了解社会规范，培养幼儿良好的行为品质，为其以后能更好地适应社会奠定坚实的基础。

一、体育游戏在幼儿社会性发展中的作用

（一）体育游戏促进幼儿身体健康，发展幼儿的基本动作

体育游戏是由基本动作组成，以增强幼儿体质为目的的体育活动，在游戏中幼儿通过练习基本动作，锻炼幼儿的运动机能以及身体协调能力。健康的身体是一切活动的基础，幼儿只有具备良好的身体素质，其他方面才能得到更好的发展。

（二）体育游戏让幼儿了解规则，学会遵守社会行为规范

体育游戏是一种有规则的游戏，在游戏中幼儿必须遵守游戏规则，否则游戏将无法顺利进行。幼儿在游戏中学会了遵守规则，在以后的社会生活中也能遵循基本的社会行为规范，这种影响是潜移默化的。

（三）体育游戏帮助幼儿形成积极的正面的社会情感

体育游戏是一种生动有趣的游戏，幼儿在游戏中注意力被分散，所有不良情绪都能得到宣泄，体育游戏让幼儿的身体也得到了锻炼，身心都得到了极大的放松，很好地促进幼儿身心和谐发展。情境性体育游戏中的特定情境可以引起幼儿的情感共鸣，让幼儿产生同情和安慰的情感，这种积极的社会情感可以延伸到生活中。

（四）体育游戏促进幼儿良好社会性行为的发展

体育游戏是在教师的带领下进行的一种集体性游戏，幼儿必须摆脱自我中心，与他人团结协作共同完成游戏，在此过程中幼儿与同伴沟通交流、相互协商，促进了幼儿与同伴的交

往，培养了团队意识。在体育游戏中也能锻炼幼儿坚持、勇于克服困难的精神。在游戏中小伙伴遇到困难需要帮助时，作为团队的一员，幼儿能够主动伸出援助之手，给予一定的鼓励和安慰，这种良好的社会行为带到日常生活中能帮助幼儿更好地适应社会，增进同伴之间的友谊，促进同伴关系的发展。

二、幼儿园体育游戏中存在的问题

（一）体育游戏种类、情境单一

当前幼儿园体育游戏种类单一，情节简单，内容相对老套，缺乏新颖性，不能引起幼儿的兴趣。《幼儿园教育指导纲要（试行）》中指出，培养幼儿对体育活动的兴趣是幼儿园体育活动的重要目标，要根据幼儿的特点组织生动有趣、形式多样的体育活动，吸引幼儿主动参与。单纯的体育游戏对年龄较小的幼儿没有太大的吸引力。

（二）专业教师及教师专业知识缺乏

以往幼儿园对教师在技能上要求多才多艺，在人格上具有亲和力等品质，忽略了体育方面的有关知识。实际上，幼儿园教师不仅要掌握必需的有关幼儿身心发展的一般规律，还要深入了解有关的体育知识。此外，大多数幼儿园没有配备专门的体育教师，师资相对缺乏。现阶段幼儿园教师专业能力不够完善，造成了幼儿体育教学不能与幼儿年龄及身心发展相适应。

（三）场地和硬件设施具有局限性

幼儿园在开展体育游戏活动时往往停留在比较传统的方式上，硬件设施相对缺乏。例如，想带领幼儿做接圈游戏，需要用到一根 30 厘米长的塑料管粘住两头，做成一个圈，以及若干根 40 厘米长的细棍子，由于不易找到符合条件的塑料管导致该体育游戏不能顺利进行。另外，场地也具有一定的局限性，场地太小或者不合理安排场地空间也会导致一些体育游戏活动无法开展。

三、解决幼儿园体育游戏中出现问题的对策

（一）家园合作，重视体育游戏教学

1. 动员家长力量，认识并参与体育教学。幼儿园适当地组织亲子体育游戏活动，让家长和幼儿们一起玩，在“玩”的过程中，首先能促进亲子关系的良好发展，家长作为幼儿的第一位教师，能够发觉幼儿遇到的问题进行及时引导，对幼儿的发展具有重要的意义。其次，让体育游戏走入家庭，可以让幼儿主动把幼儿园玩过的游戏“带回家”，在家中做游戏活动的“小教师”，让家长和幼儿一起参与，家长也可以带幼儿进行不同的体育游戏。

2. 开展教师培训，强化专业知识。幼儿园可以定期邀请专业的教师来园进行与体育游戏相关的专业知识讲座，例如：一日活动中如何安排体育游戏？如何创造性地开展体育游戏以促进幼儿各方面能力的发展等，拓展教师关于幼儿园体育活动的专业知识，并鼓励园内教师将理论运用到实践中。此外，幼儿园还可配备专门的体育教师对幼儿进行专业化的教学。

（二）利用现有条件创造性地开展体育游戏

1. 游戏种类丰富，方法多样。教师要创造性地开展体育游戏，首先要丰富游戏种类，游戏的分类有很多，如训练幼儿基本动作的游戏（走、跑、跳等）、有情节的游戏、竞争性的游戏等，教师可以结合不同种类开展游戏。情节的加入使得游戏活动生动有趣，能够调动幼儿的积极性。游戏类型和难度还需根据小中大班幼儿的年龄特点适当地开展。另外，游戏方法要多种多样，以吸引幼儿的兴趣，游戏方法有模仿法、竞赛法、变化法等，根据幼儿的年龄特点使用不同的方法。

2. 创造性地开发场地和器材。活动场地和器材的制约是影响体育游戏顺利开展的原因之一，因此在现有的条件下，需要教师具有创新性，打破局限。在开展体育活动前，要合理地规划和利用场地，将场地分为几个板块，每个板块的作用分别是什么；当场地不够时，可以设置“上下层”场地，扩大幼儿的活动空间，也可以考虑去园外相对安全空旷的地方。活动器材也具有一定的局限性，在充分利用幼儿园现有器材的条件下，教师可以利用身边的物品创造性地制作器材，充分发挥现有条件的潜力，为幼儿体育游戏提供充足的物质保证。

（三）科学分配体育游戏活动在幼儿园一日生活中的比重

体育游戏在一日生活中的开展要适当，开展得过多会让幼儿产生疲劳感，开展得过少则不利于幼儿的发展，因此在一日活动中要科学安排体育游戏活动时间，并且开展什么样的体育游戏活动很重要。幼儿每天的体育活动时间不得少于 1 小时，例如，在晨间锻炼期间，安排幼儿做半小时的体育游戏活动，下午的集体户外活动再安排半个小时。

（四）教师正确指导开展小中大班的体育游戏

在体育游戏活动中，只有教师角色的正确扮演、指导方法的恰当运用、游戏种类的正确选择，才能最大限度地发挥体育游戏的作用。

小班幼儿体力和身体素质较弱，各项基本动作没有掌握，身体的平稳性和协调性较差，教师应当组织一些简单的、以发展幼儿的基本动作为主的游戏活动，如滚小轮、小兔拔萝卜等。小班幼儿好模仿，对游戏中的动作、角色、情节感兴趣，根据该特点教师在游戏中可以设置特定的情节，同时要制定简单的游戏规则，并在游戏前进行示范，游戏时也要不断地引导幼儿遵守规则。

中班幼儿体力和动作有所发展，注意力较集中，初步学会了与同伴友好合作，集体观念有所增强，能比较自觉地遵守游戏规则。因此，中班体育游戏内容可以变得复杂一些，在发展幼儿基本动作的同时增加游戏角色和情节，教师可不完全示范，角色由幼儿自己来担任。教师可开展具有比赛性质的游戏活动，例如《小猫晒鱼》，把幼儿分成两队，每队第一名从起点线用手脚着地爬行以后，起立，跑至筐处拿起一条鱼挂在绳子上后跑回，再爬过垫子，然后站起来用手拍第二个幼儿的手。第二个幼儿接着按照上面的步骤进行，以此类推，哪一队先晒完鱼为胜，游戏体现幼儿的团队精神，获胜队伍的幼儿能够帮助他们树立信心。

大班幼儿身体素质好，动作更加灵敏、协调，体力充沛，知识范围扩大，观察和理解能力有所发展，有一定的责任感和集体观念，相互合作的能力较强。因此，大班的体育游戏，动作难度要增大，内容更加丰富和复杂，更多考验幼儿的自主性和团队意识。例如，“人枪虎”“两人三足走”等需要幼儿相互协商，团结协作才能完成。

参考文献

[1] 陈晓芳．浅谈如何利用体育游戏促进幼儿身心健康教育［J］．学周刊，2011（29）：145.

[2] 岳丽娜、王芳华、高峰．浅析体育游戏在幼儿社会化过程中的作用［J］．体育科技文献通报，2011（3）：113—114.

[3] 石庆丽．幼儿园体育教学活动中幼儿社会性品质培养研究［D］．湖南师范大学，2013.

[4] 冯燕．论幼儿园体育游戏活动对幼儿发展的重要性［J］．中华少年，2016（16）：258—259.

[5] 王燕，黄文英．幼儿园体育教学中存在的问题及对策研究［J］．江西社会科学，2001（2）：125—126.

[6] 李书珺．对幼儿园体育游戏中教师角色的探索［J］．教育现代化，2016（3）：255—258+260.

浅析如何有效提高大班幼儿建构游戏水平的策略

（赵丹　南京市仙林实验幼儿园学思路分园）

摘　要：建构游戏是大班幼儿喜爱的游戏之一，幼儿们可以在建构区域中自主地拼搭、摆放，运用平铺、垒高、围封等技能建构出自己的作品。为了使幼儿保持高度的游戏热情，实现“教学做合一”教育方法，幼儿的学很重要，但是教师如何教与指导是幼儿“做”的核心，“做上教，在做上学”，“教”、“学”和“做”同实际的幼儿日常生活活动结合起来，对教师就有了新的要求。本文就以大班幼儿建构游戏为探究对象，简要地探讨了教师如何有效提高大班幼儿的建构水平。

关键词：建构游戏；幼儿；有效提高建构游戏水平

建构游戏涉及的主题比较广泛，操作的材料极为丰富、有变化性、操作性和创造性，对于大班上学期的幼儿来说，与小伙伴共同协作后，能建构出让大家都觉得漂亮的建筑作品是有一定难度的。经过教师细心地观察和思考，进行适当地介入和帮助，可使幼儿在建构前产生能根据主题进行先构想再搭建的行为，知道要先给建构作品设计出图纸，再根据建构图纸与小伙伴进行讨论、商量、合作，才可以共同协作完成建构作品。最后教师进行有效的引导评价，这样不仅能够促进幼儿的想象力、创造力和建构能力的发展，还有助于培养幼儿的社会交往能力，让幼儿在建构游戏中发挥奇思妙想，从而提高大班幼儿的建构水平。

如何有效指导大班幼儿建构游戏的开展，是非常值得探讨和思考的问题。

一、观察与分析解读

（一）教师的适时介入，能引导幼儿发现问题

这天，游戏时间一到，选择了“冰雪城市”的幼儿们像往常一样开始了“建筑师”的系列工作。还没一会儿，就听到了幼儿们的争吵声，站在一边的我已经观察了一会儿，我知道他们遇到了困难，合作搭建时出现了问题，接着我就问了“设计师”泊闻一个问题：“设计师有没有把你的设计想法和小伙伴们一起讨论过呢?”通过这个问题聪明的泊闻知道要把自己的设计想法告诉大家，大家才能明白怎么做。泊闻和小伙伴们讨论起来，讨论完就回到了“岗位”上，明显地发现他们知道该做什么了，我的第一次介入后让我意识到教师的适时介入很重要，幼儿们这时需要我的帮助。

（二）“设计图”能引导幼儿明确设计方向

这时，泊闻发现了一个问题，小朋友们都不按他画的图纸来搭，就只顾着自己搭自己想搭的，跟他的图纸一点都不一样。我提示他：“你可以试着去听听小伙伴们的想法?”泊闻拿着设计图走回了建构区询问了小伙伴们的意见后自己拿着图纸进行比对和修改，看见幼儿们的作品搭好了，我给幼儿们和他们的“冰雪城堡”拍合照。设计图是幼儿们建构的“指南针”，融入了大家的想法，建构起来会更有方向。

（三）合作搭建能引导幼儿想出更多创意

建构区的幼儿们搭好了城堡，自己很满意，这时琪琪提出要丰富“冰雪城市”，想要让

美工区和建构区合作，但是小朋友们无从下手，我给了他们一个小提示："刚刚琪琪说我们这个不像'城市'，那我们再加点什么能让它更像一座'城市'呢？"经过我的第三次介入后一座"冰雪城市"逐渐出现在我的面前。在游戏结束做总结的时候，我展示了"冰雪城市"的系列照片，也让几位"设计师"和"建筑师"说了自己的经历和感受。班里其他的小朋友纷纷为他们的奇思妙想鼓掌。大家不光看到了一个齐心协力的"建构作品"，还看到了他们笑得合不拢嘴的小脸蛋上露出的那份自豪感和成功感。

二、思考与跟进

随着幼儿生活质量的不断提高，现在大班的幼儿对于建构游戏有着很多的奇思妙想，但是他们在建构游戏中所出现的问题和挑战的困难也是层出不穷的，以下几个方面是我对教师有效指导大班幼儿建构游戏的思考。

（一）教师的"介入"是"帮助"还是"阻碍"

教师在指导建构游戏的过程中，经常看到的都是介入指导，但是这样势必会影响幼儿的建构活动，所以教师要寻找合适的时机，掌握如何巧妙地介入就显得非常重要。

首先，教师在介入之前需要对幼儿进行短暂的观察，在确认幼儿真的需要帮助的时候才可以介入。例如，幼儿在建构时总是不断地出现问题，面对产生的不同问题，教师也需要根据具体的情况，选择适当的方法进行介入。方法一：教师可以与幼儿进行平行游戏，可以用相同的建构材料在幼儿的周围进行搭建，引导幼儿来模仿教师的搭建方法。方法二：教师可以扮演与主题相关的角色，加入幼儿的建构游戏之中，并帮助幼儿进行进一步的扩建或指导幼儿建构游戏中解决遇到的建构问题，这种方法比较适合帮助幼儿建构困难的主题建构游戏或帮助幼儿回忆不熟练的建构方法。方法三：教师可以用"发现幼儿问题—引导幼儿思考—促使幼儿互相讨论—帮助幼儿找到解决方案"的方式来让幼儿处理建构游戏时所发生的困难，特别是幼儿在多次遇到困难的时候教师要给予更多的关注和引导。

（二）"设计图"怎样投放才能发挥它的作用

教师引导幼儿学会自己设计建构图纸，并且能够按照设计图来搭建相应的建构作品，让幼儿达到有目的地玩建构游戏。幼儿刚开始学习设计图纸时要遵循由容易到困难、由简单到繁杂的原则，可先从简单的、单个的建筑物开始设计，等到幼儿掌握了基本的设计方法之后，再逐步过渡到复杂的设计。例如，这次泊闻是参考《冰雪奇缘》电影当中的冰雪城堡的图片来设计的，其实是比较难的，但是他的观察能力很强，能够抓住"冰雪城堡"的设计要点和层次感，从而设计出自己想要的"城堡"，融入小伙伴们的想法后，完成了设计图上的作品。在建构游戏活动前期，教师可以将自己的设计图、幼儿的设计图及网上下载的设计图等多种方法，收集成各种难易程度不一样的设计图册投放于建构区当中，让幼儿可以有更多的选择去学习参照搭建和模仿搭建。

（三）主题下的合作搭建教师该如何引导

大班幼儿的合作意识和能力明显有所增强。大班幼儿在合作中经常会产生意见不一致或者争执一些问题，针对这些合作中出现的问题和冲突，教师要做的是让建构区里的每位幼儿要清楚地了解自己在与同伴合作建构中要做的事情是什么，幼儿也可以明确提出具体的合作要求。例如：让幼儿自己寻找合作的伙伴；推选出"设计师"和"建筑师"；能确定建构的主题；知道商量建构的方法，会建立合作的规则等。

在不同的建构主题中，幼儿能够积极地思考，在有准备的基础上，幼儿能够完成任务，与其他小朋友配合，在获得成就感的同时，也增进了他们的合作能力。但是不同的主题对于大班幼儿的合作行为有不同的影响。例如，在“冰雪城市”的建构游戏中，幼儿之间的合作点很多，该主题以想象创造来联系生活经验为主，而且有一定的难度，能促进幼儿之间的合作意识，因为幼儿在合作时出现的问题较多，屡次出现困难，就会出现各自忙各自的现象，经过教师的提醒后再次去寻求合作。因此，不管哪种主题，都有可能存在一定的优势或缺点，建构游戏尽量要设置丰富的主题内容，教师在综合幼儿的建议之后，合理地设计和制定建构游戏的主题，这样才能有意义地促进幼儿之间高水平的合作能力。

（四）教师的评价小结是否能促进幼儿的建构水平

教师在观察幼儿进行建构游戏时，可以运用文字、视频、照片等方法来记录幼儿的建构行为，最后可以用于有效的评估幼儿的发展水平。当幼儿的建构出现一些问题时，教师应该根据自己刚才的观察，及时地与幼儿分析问题，并提出有效的建议，使幼儿的建构游戏能够继续地进行。如果幼儿和同伴出现了较大的争执，教师应根据自己的观察，充分聆听幼儿的谈话内容，与幼儿一起讨论引起争执的原因，并做出有效的评价，及时帮助幼儿解决问题，促使游戏正常进行下去。在游戏结束的时候，教师的评价方式是能否促进幼儿下次建构游戏的关键。例如，教师可以与幼儿一起分享和评价建构游戏的过程；可以在幼儿玩建构游戏的过程中拍摄视频或照片，并且及时地给予幼儿鼓励和认可；对于幼儿在建构游戏过程中有代表性的行为、获得的关键经验、出现的问题，教师要给出比较宽裕的时间，让幼儿分享自己的感受、讨论游戏中自己遇到的问题，怎样能想出有效、合理的解决办法等，可以让幼儿在下一次的建构游戏中更深入地探究建构自己喜欢的建筑，也能够循序渐进地帮助幼儿提高建构水平。

三、结语

建构游戏的开展过程是一个不断实践、积累、思索的过程。在幼儿进行建构游戏时，教师应该做到细心地观察，根据幼儿的实际发展情况适时地融合“教”“学”“做”，真正做到“教学做合一”，放手让幼儿自主地进行建构游戏，激励幼儿对建构建筑的兴趣和欲望，让幼儿积极参与到建构游戏中，充分地让幼儿在建构区发挥他们的奇思妙想。

参考文献

[1] 蒋琴．将“设计图”投放于建构游戏的理性思［A］．名师在线，2019（8）．
[2] 姚海娟．大班幼儿建构区游戏现状分析与改进策略［A］．学前教育，2017（7）．
[3] 邵爱红．提升幼儿园建构游戏质量的策略［J］．学前教育研究，2016（10）．
[4] 王囡．大班幼儿在建构游戏中的合作行为研究［D］．辽宁师范大学，2015.

基于生态美育观创设户外美工区的实践与思考

（戴敏　南京市仙林实验幼儿园学思路分园）

摘　要：生态美育主要是注重人体与社会、自然和环境的相互融合，我园充分发挥户外创意美工区融于自然的独特优势，并观照“生态美”、生态美学理论、生态审美及其艺术表现作为教育手段或教育理念，组织幼儿以户外的动植物、自然物、自然风光、生活场景等符合生态审美的表现对象为主开展户外美工区活动。在户外创意美工区环境创设、材料投放及教师组织等方面开展深入研究，解读幼儿、支持幼儿，收到了较好的教育效果。

关键词：生态美育；户外美工区

时下多家幼儿园紧随课程游戏化改革的步伐，思考与开发幼儿更多的游戏，对幼儿游戏的环境创设有了更多的创新，比如将更多的美工活动搬去了户外，在幼儿园户外打造一片创意美工区，这是幼儿们自由创造、表达自我的良好空间。我园充分利用幼儿园的户外环境给予幼儿一片美的乐园，让幼儿置身于自然和谐的生态环境中，能够观照“生态美”、生态美学理论、生态审美及其艺术表现作为教育手段或教育理念，组织幼儿以户外的动植物、自然物、自然风光、生活场景等符合生态审美的表现对象为主开展户外美工区活动。

一、户外创意美工区创设现状

户外美工区是在幼儿园户外为幼儿提供的一个自由欣赏和创作的重要场所，它为幼儿的游戏、学习与创作提供适当的环境和条件，营造宽松、愉快而有要求的氛围。如今在课程游戏化实施的大背景下，幼儿园打造户外游戏场地时，户外美工区的创设更是首推的游戏区域，不同年龄段的幼儿在这个区域里所创作的作品也是天马行空、大相径庭的。但在多家幼儿园户外美工区活动中不难发现许多幼儿教师以自身的想法选择认为适合幼儿进行户外美工区活动的场地，投放给予幼儿绘画的纸、笔、背景墙等绘画工具，以幼儿户外写生活动为主，活动后以“写生的是什么”“写生的像不像”“喜不喜欢写生”等问题单一性地展开作品评价。在此过程中，有的教师为了完成“课程游戏化改革”而创设此区，但没有真正地挖掘那些具有原生态美感的自然物在户外美工区运用，且在活动中没有组织，活动形式单一、场地单一、评价单一。

二、基于幼儿本位，体现自然生态美、生活艺术美的环境创设

（一）体现幼儿自主表现意识

在对户外创意美工区进行创设的过程中，应当充分考虑幼儿的主体地位，营造宽容、和谐、愉悦的氛围，为幼儿的创造能力、表达能力的发展提供条件。

在幼儿园的户外有许多场地可以作为创意美工区的创设，在创设时如何基于幼儿本位去创设是教师要思考的问题。创设户外美工区时，教师可以带领幼儿们一同参观园区的户外环境，并用照片的形式保存下来，组织一场讨论与调查。当教师将创设户外美工区环境的第一步选址交给幼儿时，我们会发现幼儿的思考是立足于他们自身的需求，体现了幼儿自主表现意识。

（二）发挥自然生态环境优势

生态美育是要结合生态因素发挥创造价值，为幼儿园户外美工区创设提供新的思路。当幼儿园确定户外美工区的选址时，一定要发挥此区的自然生态环境优势，打造出独一无二、极具特色的幼儿成长和发展空间。正如我园最具生态美的便是紫藤长廊，在这里有茂密的紫藤缠绕，花开时一片粉紫色海洋在风中荡漾，幼儿们写生紫藤花，捡起一串紫藤花戴在发际间……又或是走近紫藤长廊旁的小树林，观察抚摸不同的树皮，捡一捡小石头、树叶、树枝等在地上拼拼摆摆，也能创造出不同形式的作品。

当户外美工区发挥了幼儿园自然生态环境优势时，我们会看到幼儿接触自然的过程中，能以自己独特的方式去观察与思考，在探索大自然秘密的同时，也拓宽自己的眼界，提高认知水平，并感受到了大自然带给他们的无限惊喜。

（三）分区打造，体现生活艺术美

生活是艺术的源泉，那么无疑，生活也是艺术美的源泉。在户外美工区环境的创设中，我们思考的是如何在幼儿玩乐与生活的这片小方地中展现生活艺术美？那我们也可以用分区的方式将户外美工区打造得更具生活美与创造美。

1. 涂鸦区、写生区。我园利用墙壁，创设了一块大型涂鸦墙，供幼儿自主涂鸦。将生活中的废旧材料如纸箱、瓶瓶罐罐、轮胎等放置在涂鸦区里，幼儿们可以自由组合彩绘。我们还利用透明保鲜膜缠绕在两棵树之间，便有一片可以让幼儿尽情涂鸦的区域。在户外写生活动中，教师鼓励幼儿自己去寻找、观察、创作。涂鸦区、写生区是户外美工区创设中最能释放幼儿绘画艺术的天性，在大自然中提升美的素养。

2. 自然物、废旧材料创意区。在户外美工区中，幼儿们对自然物探索的欲望是相当强烈的，幼儿教育专家陈鹤琴提出“大自然大社会就是活教材”。在户外创意美工区里，天然的环境中遍布丰富的自然资源，也有家园合作收集的废旧材料，幼儿们利用自然物、废旧材料大胆创作。幼儿们可以利用自然物创作出更多的作品，如树叶拓印画、影子画、拼贴画等，也可以边玩边收集自然物。

3. 展示区。在幼儿园户外美工区创设时也需要将幼儿们的创作痕迹留下，作为教师可以巧用幼儿作品，将户外美工区的展示区打造得更具艺术美。例如，给幼儿涂鸦好的废旧自行车、轮胎进行组合，便会产生奇妙的联动，可能会变成可爱的卡通形象，在幼儿们自由创作的这个区域里，看到自己的作品可以通过巧妙地展示更加富有美感，幼儿们创作的兴趣更加高涨了。

三、基于生态美育视角下户外美工区材料投放的策略

（一）投放户外天然的材料

我们都知道在当今社会，人们追求一种朴实自然的美感，而天然材料有着大自然赋予的特殊审美价值，这些天然材料从色彩、纹理去看给人以美感。例如，斑驳的树皮纹、大大小小的鹅卵石、贝壳、干花等，这些天然材料的使用也是灵活多变，范围宽广。利用天然材料可以开展许多富有创造力的户外美工活动，可以有平面的作品，也可以有立体的呈现方式。

（二）投放多样化的生活材料

生活材料是来自幼儿生活的，具有可变性与多样化的特点，如颜料、布、麻绳、塑料瓶、吸管、塑料勺、纸箱等。不同年龄段的幼儿对生活化材料探索的能力与方式都是不同的，但多样化的生活材料可以给予幼儿归属感，利用生活材料与装饰去创造。

（三）材料投放要关注幼儿的经验

在幼儿园户外美工区中，投放的材料虽然有很多，但作为教师还是要根据年龄段有层次地投放，切实关注幼儿的经验。例如，小班的幼儿喜欢涂鸦，那么可以提供多格颜料盘、挤压瓶、海绵球、滴管、喷壶等，满足小班幼儿探索不同工具玩色的乐趣。大班的幼儿构思主题既明确又清晰，且空间知觉开始发展，对三围空间的认识开始萌芽，有了把自己看到的立体物体表达在画面上的需要和能力。教师可以提供一些长木条、布、扭扭棒、小藤球、干花、干草等材料，这些材料非常适合立体造型，可以发展幼儿相关的绕、接驳、扎、堆叠等塑造物体的学习经验。

四、基于尊重、维护幼儿的学习生态为主实施的户外美工活动

（一）生态美育视角下户外美工区活动强调师幼间的对话关系

生态美育视角下户外美工区活动是基于课程游戏化理念下，师幼双方共同参与的活动。传统的幼儿园美术教育教学是以教师为主导、注重灌输式的教学，但是生态美育与这种灌输式教学截然不同。生态美育视角下的户外美工区活动将视线从教师转移到幼儿身上来，以幼儿为主体，注重师幼双方共同参与、互动融合的过程。在这种理念下，教师的教育观念也会得到进一步的更新，教师的教育观逐渐以幼儿为主，教育不再是强调幼儿的绘画技能和绘画效果，而是更加注重幼儿的参与和体验、大胆想象和创造，也有利于促进教师美术教育观念的生态化、师幼双方共同成长。

（二）正确处理户外美工区活动生成、预设的关系，开展生态美育活动

在户外美工区活动组织中，教师也会常常有疑惑，难道我们没有任何活动的预设，完全放手给予幼儿玩吗？抑或结合一些季节特征、材料特征预设一些创意活动，再引导幼儿自主生成？我认为幼儿走近户外美工区活动时，是有一个过程的，前期教师一定是有预设的。例如，对工具摆放、材料种类的预设，要向幼儿介绍，甚至一些创作的方式也会提前介绍，但是幼儿真正进入这个区域活动时，他们也是在教师预设的环境中的，户外美工区更多的是关注幼儿自主生成的过程，教师不必过多担心。在户外环境中，这样的活动本身建立在自由自主的游戏理念上，教师只要耐心成为一名有效的观察者、教育者，便能做到生态美育观理念中提到的尊重幼儿学习的生态。

生态美育视角下户外创意美工区的创设与实施，要充分发挥幼儿的看、听、想、说、摸、闻的各个过程，并与幼儿原有的审美经验相结合，从幼儿喜闻乐见的美的事物中创造性地生成，幼儿在户外美工区中回归自然既能够感受大自然的艺术气息，又达到满足自身审美需要的目的。

参考文献

［1］李钊敏．基于幼儿学习经验发展的户外自主美术游戏材料投放的探析［J］．广东教学报·教育综合，2020，153.

［2］郁文娟．助力幼儿自主探究的户外艺术区创设与利用［J］．教育界：教师培训，2019（014）：147—148.

［3］谢晗．生态美育对幼儿园美术教育的意义［J］．科教导刊，2019，03—02.

多元学习中心理念下混龄教育的实施策略与管理模式

（陈亚萍　深圳市龙华区华南实验学校附属春华四季幼儿园）

摘　要： 随着教育改革的推进，为适应当代幼儿个性化教育的需要，以幼儿为中心的多元学习模式随之发展起来。《3—6 岁幼儿学习与发展指南》指出："幼儿园应支持幼儿和不同群体的同伴一起游戏，鼓励他们自由结伴，促进社会性发展。"要充分理解和尊重幼儿在发展过程中的个体差异，支持引导幼儿由原来的低层次向高层次发展。幼儿园混龄教育是指在幼儿园中，将不同年龄段的幼儿组合在一起进行教育和活动的教育模式。本文探讨了幼儿园混龄教育对幼儿全面发展的正面影响，并分析其实施策略和挑战。通过深入研究和实证研究方法的应用，我们发现混龄教育可以促进幼儿的社交能力、情感发展、认知能力以及自主学习能力。

关键词： 混龄教育；社交能力；情感发展；认知能力；自主学习；管理模式

近年来，混龄走班作为一种独特的走班游戏形式，有利于帮助幼儿其社会性能力得到综合的发展。美国心理学家彼得·雷格（Peter Gray）认为，幼儿的社交活动应该与不同年龄阶段的幼儿一起进行。幼儿期是幼儿生命中关键的发展阶段，对幼儿全面发展意义重大。传统意义上，幼儿园通常按年龄段划分班级进行教育。然而，越来越多的研究表明，幼儿园的混龄化教育对幼儿的全面发展产生了积极的影响。混龄教育为幼儿提供了与同伴在不同年龄阶段互动的机会，促进了社交能力、情感发展、认知能力和自主学习能力的提升。混龄幼儿共同成长，大龄幼儿享受榜样、责任，学会自律、领导能力和解决问题的能力，构建和重塑原有经验。小龄幼儿会升级为学习者、观察者、守护者、成长者，以大带小、以小促大的学习氛围共促成长。本文将探讨幼儿园混龄教育对幼儿综合发展的影响，并讨论其实施策略和挑战。

一、幼儿园混龄教育的影响

（一）促进幼儿社会性的发展

在混龄教育中，幼儿与不同年龄阶段的同伴互动、沟通，合作意识、沟通能力、解决问题的能力得到了很好的发展。幼儿与他人相互作用的机会对幼儿社会性具有重要意义，幼儿与他人相互作用的机会是多样性的、日常的随机互动和专门的互动。让每个幼儿参与，从而促进其社会性的发展，扩大幼儿的社会交往圈。

（二）情感发展的促进

在混龄教育环境中，幼儿能够与不同年龄段的伙伴建立关系，增强情感交流和情感认知的能力。幼儿在与年长伙伴接触中，可以感受到关爱和支持，培养出积极向上的情感态度。

（三）认知能力的提高

在混龄教育中，幼儿可以通过观察和模仿学习来自不同年龄段的伙伴的行为和技能。这种跨年龄学习的经验可以丰富幼儿的认知结构，促进他们的思维发展和问题解决能力。

（四）自主学习能力的培养

混龄教育鼓励幼儿独立发展。年长伙伴的存在可以激发幼儿的求知欲和独立性，鼓励他们主动探索和学习。

（五）实现资源最大化

在混龄教育中，教师可以根据幼儿的年龄特点、发展阶段，提供适宜教育资源，使每个年龄段的幼儿都能得到个性化发展。此外，混龄教育也有助于幼儿间合作精神的培养。让他们学会共同分享有限的资源，从而实现资源的最大化。

（六）尊重幼儿发展的个体差异

混龄教育对幼儿的个体差异给予充分尊重。让每个幼儿都能按照自己的发展节奏和兴趣进行学习。在这种教育模式下，教师可以更加关注每个幼儿的个性和特长，给他们提供个性化的教育计划。

（七）榜样作用

在混龄教育中，年长幼儿可以扮演小教师的角色，帮助年幼的幼儿学习和成长。在互助互学的过程中不仅能够提高年长幼儿的自信心和责任感，还能让他们学会关心和照顾他人。同时，年幼的幼儿可以通过模仿年长幼儿的行为和社交，学习到更多的知识和技能。

二、幼儿园混龄教育的实施现状

（一）实施混龄教育的幼儿园概况

混龄教育在全球范围内逐步推广的过程中，不同国家和地区的幼儿园根据自身的教育传统和文化背景进行了多样化的实践。在一些北欧国家，如芬兰和瑞典，混龄教育成为教育样板。在这些国家中，混龄班级通常由3—5岁不同年龄层的幼儿组成，让不同年龄发展水平的幼儿身处同一环境共同生活和学习，旨在营造一个接近家庭环境的温馨氛围，一个混龄集体就是一个“社会组织”，也是一个“社会体系”。而在亚洲一些国家和地区，混龄教育则处于试验阶段，部分幼儿园开始尝试混合不同年龄组的幼儿在同一班级进行日常活动，以观察和研究其对幼儿发展的长远影响。

（二）混龄班级的组织与管理

在实施混龄教育的幼儿园中，班级的组织和管理是教育目标能否达到的重点。首先，要有平衡原则，即年龄结构的平衡，平衡混龄性别比例，平衡师幼比例；其次，打造相应的室内外环境，室内设施的保障，学习材料的层次性等；再次，有效的班级管理需要教师具备灵活调整教学计划和内容的能力，以满足不同年龄幼儿的需求；最后，才能达到良好的混龄学习样态。

（三）家长和教师对混龄教育的看法

作为幼儿园教育的重要参与者——家长和教师，他们对混龄教育的态度在很大程度上影响了该教育模式的实施效果。大多数家长和教师认为混龄教育有助于培养幼儿的社会交往能力和责任感。然而，也有部分家长担忧不同年龄幼儿在同一环境下可能会造成年幼幼儿的挫败感或年长幼儿的压力过大。教师则普遍反映，虽然混龄教育带来了新的教学挑战，但也给自己的专业发展提供了一个新的视角和机会。总体而言，家长和教师的支持是成功实施混龄教育的基石。

三、幼儿园混龄教育的挑战

（一）不同年龄段幼儿之间的差异

不同年龄段的幼儿在生理、认知和情感等方面存在差异，严格来说，这对教师的教学、管理都是一个挑战。教师需要根据幼儿的不同实施不同的教育策略和方式。

（二）师资队伍的培养

实施混龄教育需要教师具备跨年龄段的教学能力和管理能力，而这需要对教师进行系统的培训和专业发展。培养专业的师资队伍是混龄教育的关键。

（三）教学资源的合理配置

混龄教育需要创造相应的学习环境，合理配置教学资源，包括教具、教材和教室环境等。然而，资源的有限性可能成为实施混龄教育的制约因素，需要加大资源投入和管理。

四、幼儿园混龄教育的实施策略

（一）构建适宜的课程实施方案

课程设计需充分考虑到不同年龄幼儿的学习特点和需求。多元学习中心课程通过搭建多元的学习渠道和空间，以“汇自然、融中西、搏体健、创未来”四个维度，让幼儿在自然、文化、科技之间畅游，回归本真、深度融合、内涵发展。创设《生态自然中心》《传统文化中心》《科学创造中心》《户外趣时光中心》《体能悦动中心》《非遗文化中心》六大学习中心及十八个特色场馆 123 个学习区域，多元化学习中心场馆，让幼儿畅游世界，独特自由的学习路径，完善幼儿心智地图和个性化成长。

（二）师生互动与学习氛围的营造

混龄班级的成功很大程度上依赖于积极的师生互动和健康的学习氛围。教师要起到引导者、协助者的作用，而非单一的知识传授者。他们需要通过倾听、观察和适时地干预来适应每个幼儿的学习节奏。

（三）评价体系的建立与完善

在混龄教育中，评价体系起着至关重要的作用。传统的以年龄分级为基础的评价标准并不完全适用于混龄班级。构建观察评价体系，快速、全面、客观地了解幼儿的发展情况，捕捉幼儿的最近发展区，有效地进行区域指导。提高工作效能，掌握本班幼儿整体连续的发展情况，做好侧重点的支持和引导，并做好家园间的反馈与沟通，助力课程推进。因此，需要开发更具包容性和灵活性的评价工具和方法，以准确反映每个幼儿在不同领域的进步和成就。评价不仅要考虑学术成绩，还要考虑社会情感发展、创造力以及团队合作能力等多方面的表现。

五、结语

幼儿园混龄教育对幼儿的综合发展具有积极的影响。通过促进社交能力、情感发展、认知能力和自主学习能力的提升，混龄教育为幼儿打开了一个广阔的发展空间。然而，实施混龄教育也面临一些挑战，如不同年龄段幼儿之间的差异、师资队伍的培养和教学资源的合理配置等。为了有效实施混龄教育，需要制订适当的课程实施方案，加强师资培训和资源投入，并与家长积极合作。只有有效应对这些挑战，才能更好地发挥混龄教育的优势，推动幼儿全面成长和发展。

参考文献

[1] 孔露蒲，红霞．幼儿园混龄教育、课程构建研究回溯与展望［J］．幼儿教育探索，2016（1）．

[2] 刘晓燕，王建华．幼儿园混龄教育存在的问题及应对策略［J］．幼儿教育导刊，2023.

中班幼儿自主游戏现状与促进策略研究

（王雨妍　北京市平谷区第四幼儿园）

摘　要：本文聚焦于中班幼儿的自主游戏，探讨了其现状以及中班幼儿自主游戏的有效促进策略。通过研究发现，中班幼儿的自主游戏在类型、参与程度等方面呈现出一定的特点，但也存在一些问题。基于现状分析，需要有促进中班幼儿自主游戏的有效策略，包括环境优化、教师角色定位、家园合作等方面。通过实施这些策略，不仅能够显著提升中班幼儿的自主游戏品质，还能够全面促进他们的成长和发展。

关键词：中班幼儿；自主游戏；现状分析；促进策略

一、自主游戏的概念

自主游戏，顾名思义，即幼儿根据自己的兴趣和意愿，在游戏过程中自由挑选游戏内容、材料和伙伴，并自主安排游戏的进程和规则，能够自由地表达游戏体验和感受。这种无拘无束、自由自在的游戏形式，突出了幼儿的主动性、独立性和创造性，使他们从被动的参与者转变为游戏的主导者。在自主游戏的广阔天地中，幼儿们得以自由探索世界、积累丰富经验，进而发展各项能力。

二、自主游戏中班幼儿发展的意义

自主游戏在中班幼儿的发展中扮演着至关重要的角色。这一时期，幼儿们正处于身心发展的重要阶段，自主游戏不仅仅满足了他们探索和学习世界的渴望，更是在多个领域推动他们的全面成长。首先，自主游戏对于中班幼儿的认知能力发展具有显著的促进作用。在游戏中，幼儿们不仅能够锻炼自己的想象力和创造力，还能培养问题解决能力，这些能力将为他们未来的学习和生活提供强大的支持，使他们能够更好地应对各种挑战。其次，自主游戏对于中班幼儿的社交能力和情感品质的培养具有显著作用。在游戏中，幼儿们与同伴的互动和合作是必不可少的，这促使他们学会了分享、协商和解决冲突的技巧。这些技能的培养不仅使他们在未来的人际交往中更加自信和从容，还有助于提高他们的团队协作能力。更重要的是，自主游戏为中班幼儿提供了一个释放压力、表达情感的场所，这对于培养他们的积极情感和情绪管理能力至关重要。通过这样的游戏体验，幼儿们能够更好地管理自己的情绪，以更积极、健康的态度面对生活中的挑战。

三、中班幼儿自主游戏现状分析

（一）游戏类型与参与程度

中班幼儿的自主游戏类型丰富多样，涵盖角色扮演、建构创造、体育运动以及艺术创意等多个领域。这些游戏在中班幼儿的自主游戏过程中占据了核心地位，充分展现了他们的游戏偏好。而在参与程度上，中班幼儿表现出了极高的积极性与投入度，他们热衷参与游戏，并在游戏中尽情展现自己的想象力与创造力，享受游戏带来的快乐与成长。在游戏类型方面，中班幼儿特别偏爱角色扮演游戏，这种游戏不仅让他们尝试不同的社会角色，理解各自的责任与义务，还助力他们发展社交技巧和情绪表达的能力。建构类游戏则成为他们锻炼创造力和空间认知的绝佳平台，幼儿们在搭建积木、拼图的过程中，手眼协调能力和空间想象力得到显著提升。此外，运动游戏同样不容忽视，它对于培养幼儿的体能和团队协作能力至关重要。幼儿们在跑、跳、爬等活动中，不仅强健了体魄，还增强了运动能力。最后，艺术创意游戏则是幼儿们发挥创造力和审美眼光的舞台，他们在绘画、手工制作中尽情释放想象力，表达自己的独特感受。

（二）存在问题的分析

中班幼儿在自主游戏中展现出令人瞩目的参与度和创造力，然而，深入观察后，我们也发现了一些值得关注的问题。首先，部分幼儿在游戏中缺乏足够的自主性，过分依赖教师的引导和安排。这可能是由于教师在游戏中过度承担了指导和管理的职责，从而在一定程度上限制了幼儿自主性的发挥。为此，教师在组织游戏时，应更加注重幼儿的主体性，赋予他们更多的自主选择权和探索空间，以促进他们更好地发展和成长。其次，我们注意到，部分中班幼儿在游戏中显示出合作能力的不足，缺乏与同伴互动和协商的技巧。这可能是由于他们年龄尚小，尚未积累足够的社交经验。因此，教师在游戏中应扮演更加积极的角色，为他们提供更多的合作机会和指导。通过组织小组游戏、分配角色等策略，教师可以有效地促进幼儿之间的合作与交流，从而逐步提高他们的合作能力。

四、促进中班幼儿自主游戏的策略探讨

（一）环境优化策略

在推动中班幼儿自主游戏的发展过程中，环境优化起着至关重要的作用。为了构建支持自主游戏的环境，教育者需要深入分析中班幼儿的发展阶段和兴趣特点。在中班的幼儿期，幼儿们正在经历一段身心发展的黄金时期。他们拥有旺盛的好奇心和对未知世界的渴望，这种天生的探索欲使他们不断地尝试新事物、提出新问题，并通过各种方式与环境互动，以获得对世界的认识。因此，游戏环境应当具备足够的吸引力和挑战性，以满足他们的游戏需求。具体来说，针对环境优化的策略着重从以下两个方面展开实施。一方面，我们需要为幼儿们提供充足而多样的游戏素材和工具，这样做不仅能够激发他们的无限想象力与创造力，更是培养他们动手实践与探索能力的重要手段。通过与环境进行亲密而丰富的互动，幼儿们可以在游戏中发现新事物、提出新问题，进而深化对世界的认知与理解。例如，提供各种形状的积木、彩笔、纸张等，鼓励幼儿们进行自由构建和绘画。另一方面，游戏环境的设置应注重安全性和舒适性，确保幼儿们在游戏过程中能够感到安全和舒适。

（二）教师角色定位策略

在自主游戏中，教师的角色定位显得尤为关键，它不仅直接关系游戏的效果，还深刻影响着幼儿的发展。教师应积极转变身份，成为幼儿们游戏旅程中的坚实后盾与引导者，而非单一的管理员或指挥者。在实际操作中，教师要深入观察幼儿们的游戏过程，悉心捕捉他们的需求和兴趣点，从而为他们提供精准而有效的支持和帮助。

（三）家园合作策略

家庭和幼儿园，作为幼儿们成长道路上不可或缺的两个重要环境，它们之间的紧密合作对于推动中班幼儿的自主游戏发展具有至关重要的意义。通过家园合作，家长可以了解幼儿园的教育理念和方法，从而在家中为幼儿们创造支持自主游戏的环境。同时，幼儿园也可以向家长宣传自主游戏的重要性，鼓励家长在家中与幼儿一起进行游戏互动。例如，定期举办

家长座谈会或工作坊，向家长介绍自主游戏的理念和方法；邀请家长参与幼儿园组织的游戏活动或志愿者活动；通过社交媒体或通信工具与家长保持密切的联系与沟通等。

五、结语

经过对中班幼儿自主游戏现状的调查与分析，我们揭示了一些关键性问题。首先，观察到中班幼儿在游戏活动中展现了极高的参与热情和创造能力。然而，也识别出了几个影响游戏质量的问题，包括受限制的游戏环境、不足的游戏资源，以及不尽理想的教师引导等挑战。与此同时，中班幼儿的游戏类型虽然丰富多样，但幼儿们对某些类型的游戏显示出明显的偏好。这种倾向可能与他们的年龄阶段、性别及个体差异紧密相关。因此，我们必须认识到优化幼儿自主游戏环境和条件的重要性，确保他们能够在一个安全、富有创意和适宜的环境中进行自主游戏。综上所述，为了促进中班幼儿的健康成长，教育者和父母应共同努力，帮助幼儿们充分发掘其潜力，享受游戏的无穷乐趣。

参考文献

［1］陈晓艳．幼儿自主性情景游戏中行为观察记录的有效性探究［J］．考试周刊，2024（5）：151—154.

［2］陆红琴．让幼儿解放天性——论幼儿自主探索游戏的开展路径［J］．求知导刊，2023（25）：98—100.

［3］许曼曼．自主游戏中教师指导策略提升的行动研究［D］．广东技术师范大学，2023.

［4］蒋玉婷．教师支持幼儿自主游戏的个案研究［D］．成都大学，2023.

［5］桑文英．幼儿园自主游戏建构中的幼儿教师介入研究［J］．考试周刊，2023（16）：154—158.

体验式教学模式在幼儿园角色游戏指导中的应用

（路博宇　河北省唐山市丰南区岔河镇岔河中心小学）

摘　要：生活是最好的课堂。践行《3—6 岁幼儿学习与发展指南》（以下简称《指南》）教育精神以及陶行知生活教育理论的核心“生活即教育”，引导幼儿开展生活体验式教学，借助角色扮演提高幼儿的生活自理能力、认知探索能力及社会交往能力，已经成为当下学前教育改革发展的客观要求。“体验式教育”坚持以幼儿发展为本，引领幼儿在学习情境中以实际行动、自我建构、自我反省等形式实施角色游戏体验的指导。学前阶段是个性培养、经验积累、能力形成的黄金期，教师应立足新型教学理念，全面认识幼儿的发展特征与规律，以新颖性的体验式教学，以幼儿视角有效丰富幼儿的认知和情感体验。基于此，本文分析了幼儿园体验式角色游戏的开展现状，并提出了体验式教学模式下幼儿园角色游戏的指导策略，以期提高教师组织与指导游戏水平与能力，促进幼儿全方位发展。

关键词：体验式教学；幼儿园；角色游戏

《幼儿园教育指导纲要（试行）》指出：“社会领域的教育具有潜移默化的特点。幼儿社会态度和社会情感的培养尤应渗透在多种活动和一日生活的各个环节之中，要创设一个能使幼儿感受到接纳、关爱和支持的良好环境，避免单一呆板的言语说教。”在学前教育改革不断深化，且教学实践工作不断推进的进程中，生活即教育理念指导下构建全新的体验式教学模式，更有利于幼儿学习基础知识，并获得多元的认知体验。体验式教学作为一项新颖且有效的开放式教学手段，对于提升角色游戏指导成效，引导幼儿以一定的角色或身份参与其中，在情景交融的氛围下最大限度挖掘幼儿潜能，对幼儿能力发展发挥积极推动作用。本文基于幼儿园体验式角色游戏的实施现状，以体验式教学为主导，以角色游戏为载体，努力实现科学育儿，帮助幼儿实现社会性发展。

一、依托于生活主题，创设游戏氛围

《幼儿园教育指导纲要（试行）》指出：“环境是重要的教育资源，应通过环境的创设和利用，有效地促进幼儿的发展。”角色游戏是学前幼儿最主要的游戏活动类型之一，它对培养学生的认知能力、亲社会行为、语言表达及创造力等发展起着重要的推进作用。然而，目前部分幼儿园在布置游戏环境时往往只是简单摆放一些玩具与道具，影响幼儿创意及想象力的发挥；角色设定与情节安排缺乏多元性；部分教师未能实现与幼儿的深入互动及有效引导等问题。对此，教师需适当渗透生活中的素材以引导幼儿更多及更自主地尝试体验，只有将贴近生活的角色游戏引入教学，才能更有助于体验式教学模式的顺利开展，实现幼儿全面发展。

好奇因理解而产生，又可被未知激发。教师立足于幼儿角度看待游戏场景，解析幼儿日常生活图景。教师先设置银行、医院、邮局等基础性场景，通过合理的空间规划、连贯的动线设计以打造一个合理、独立且完整的游戏氛围。随后，教师通过奇幻童趣的设计，将随处可见的生活物品形象以艺术化的手法勾勒出来，营造能够引发幼儿奇妙想象的空间氛围。此外，为提升空间的美感设计，增添角色游戏区的温馨感与吸引力，在培养幼儿美感的同时，教师还设了幼儿喜爱的童趣角色，并将书本元素卡通化，让幼儿步入环境的一刹那如同跌入梦幻的童话秘境。最后，教师在进行区角游戏环境规划时，根据不同园所的面积大小，遵循空间利用最大化原则，将角色扮演区设置在活动室、走廊、大厅等不同区域。例如，在空间中投入可移动的家具，方便教师与幼儿随时调整布局，根据主题创设新的环境，旨在创造出新的游戏主题与情境，从而推动角色游戏的深入发展。通过创造多元性、成长性的游戏支持氛围，实现幼儿在角色游戏中的自然成长。

二、尊重幼儿自主性，注重观察分析

《指南》指出："充分理解和尊重幼儿发展进程中的个别差异，支持和引导他们从原有水平向更高水平发展。"幼儿是学习活动的核心参与者，在体验式角色游戏中需展现积极主动的探索精神，以此获得深刻的生活体验，提升其独立生活的技能。然而，当前幼儿园存在着部分教师对角色游戏的设计过于成人化，往往以自身角度出发而忽视幼儿的兴趣与需求；教师在实际教学中没有明确的观察目的、对象及重点，对游戏时间安排不合理等问题。要解决这些问题，教师需要始终尊重幼儿的自主性，减少不必要的干预与指导，对幼儿的各项行为表现展开全面观察，并及时作出原因分析与解决，为幼儿提供高质量的游戏体验。

例如，在"小小建筑师"的游戏体验中，教师扮演观察者的角色，让幼儿根据自身的生活经验及兴趣开展游戏规划与执行建筑任务。有的幼儿可能热衷于设计一座宏伟的城堡，有的幼儿则可能对搭建一座小巧玲珑的木屋更感兴趣，还有的幼儿可能想要搭建一个功能齐全的游乐场。随后，教师引导幼儿针对所确定的建筑目标进行材料的选择，并展开其充分创意的"建筑师"搭建体验。在此过程中，教师发现个别幼儿的情绪较为低落，便上前鼓励他找小伙伴一同拼搭，尝试能否将城堡搭好。同时，教师积极肯定在场幼儿们的探索与尝试，鼓励其在角色游戏及建筑模拟中体验乐趣，从而进一步推动幼儿个性化发展，以此提升其多元的创造力与解决问题的能力，促进幼儿个性化发展。

三、围绕活动目标性，实施实时指导

《指南》指出："要支持幼儿在接触自然生活事物和现象中积累有益的直接经验和感性认识。帮助幼儿学习发现问题、分析问题和解决问题，不断积累经验，并运用于新的学习活动，形成终身受益的学习态度和能力。"角色区作为幼儿开展游戏的重要场所，幼儿借助角色扮演，与同伴和环境有效互动，创造性地模仿、反映周围生活以获得愉悦感与体验感。然而，现阶段存在不少教师对游戏活动目标设定较为模糊，缺乏明确的教育方向与要求；未能准确把握幼儿的发展水平及需求，以及在体验式角色游戏的组织与管理上出现漏洞等问题。对此，教师需理解幼儿因年龄小、认知经验不足等影响因素，掌握幼儿的年龄特征及兴趣爱好，立足于围绕预期的活动目标而设计游戏，旨在让幼儿享受游戏快乐的同时，获得知识与技能的实质性提升。

例如，在"快乐小超市"角色游戏中，基于部分幼儿对于超市购物及收银的流程了解并不深入，角色扮演意识相对薄弱，由此在游戏过程中往往会出现一些问题。例如，扮演顾客的幼儿可能不清楚如何挑选商品、如何排队结账；而扮演收银员的幼儿则对收银机的操作、商品的定价等缺乏了解，以致游戏难以顺利开展。面对此情况，教师积极寻求家长和社区的支持与协助。教师热情邀请家长来园，分享他们带幼儿去超市购物的经验，向幼儿介绍超市的基本布局、商品的分类、购物的流程等。家长还带来一些真实的超市购物用品，如购物车、收银机等，供幼儿在游戏中使用，增加游戏的真实感和趣味性。同时，教师利用社区资源，组织幼儿参观附近的超市，让幼儿亲身感受超市的氛围，观察顾客和收银员的互动，了解他们的工作职责和流程。实地参观的方式不仅让幼儿对超市有更直观的认识，还能激发其对角色游戏的兴趣和参与度。本次活动有助于幼儿积累丰富的超市购物经验，对超市中的角色和职责有更清晰的认识。着力于培养幼儿自信心的同时，提升幼儿生活和生存能力。

四、结语

体验式角色游戏不仅为幼儿提供了一个尽情展现自我的舞台，更是一个促进幼儿间深入沟通的桥梁，有助于幼儿在欢乐的氛围中实现全面发展。因此，幼儿教师需深刻认识到体验式角色游戏对幼儿自我意识的培养、智力的提升以及社会性发展具有举足轻重的作用。针对当前角色游戏实施的状况，教师采取依托于生活主题，创设游戏氛围、尊重幼儿自主性，注重观察分析、围绕活动目标性，实施实时指导等有效策略，加以适度指导，让幼儿全身心地投入到体验式角色游戏中，让幼儿在游戏中品味生活，在生活中体验游戏。

参考文献

[1] 刘水连．幼儿园混龄角色游戏指导策略探微［J］．成才之路，2020（24）．

[2] 陆炜烽．幼儿园角色游戏活动存在的问题及对策［J］．当代家庭教育，2020（22）．

[3] 温璐杰．在角色游戏中深化幼儿对社会角色的体验［J］．基础教育研究，2020（13）．

“慧”劳动“乐”成长

——课程游戏化背景下幼儿园劳动教育的实施策略

（林静云　安溪县龙门镇培文颜明幼儿园）

摘　要：2022年的全国教育大会，重点强调了全民劳动精神的重要性，教育界应该引领受教育者培养热爱劳动、尊重劳动的意识。结合上述理论，实施劳动教育已经成为学前教育中必然的选择。在使用游戏化教育的课程下，幼儿园需将游戏和劳动教育相结合。基于此，本文通过参与绘本游戏活动、情景游戏活动和种植游戏活动实施过程的探讨，探索幼儿可掌握的基本劳动技能，并且培养出热爱劳动和尊重劳动的意识。

关键词：幼儿园；游戏课程；劳动教育；绘本游戏

课程游戏化是一种教学策略，将教育内容呈现为游戏的形式。由于幼儿们对游戏的兴趣，这一方式能够激发幼儿的参与度，还能促进主观能动性以及思维能力的培养。通过游戏方式，幼儿们在探究和实践的过程中逐渐发展劳动能力和意识。由于幼儿的年龄较小且具有很强的可塑性，因此应该将课程设计成游戏化的形式来培养幼儿的劳动意识和能力，这样做能够为幼儿未来的成长和发展打下坚实的基础。

一、课程游戏化背景下幼儿劳动教育的基本原则

（一）坚持以幼儿为中心

在传统的幼儿园劳动教育中，教师通常会直接传授劳动技能和知识，并通过简单的劳动行为来让幼儿反复练习某项技能。这种教育方式虽然能在一定程度上提高幼儿技能，但从长期来看，大班幼儿的劳动意识和素养难以得到增强。教师在面对这种情况时，应当牢记以人为本的教育原则。应基于大班幼儿的兴趣和需求，设计并引进适合的游戏活动。同时，教师应根据幼儿在游戏中的表现和参与情况，适时调整游戏活动，以形成以幼儿需求为导向的幼儿劳动教育模式。

（二）切合幼儿需求为主

根据实际情况，幼儿劳动教育中的教师会对教育的形式和内容进行调整，以帮助教育活动的可持续发展。在课程游戏化的背景下，教师需要实事求是地观察幼儿在劳动游戏中的参与情况。当幼儿出现积极性不强或无法独立解决问题的情况时，教师应该及时介入活动，以最符合幼儿实际需求的方式，帮助他们克服难关。这样可以加强幼儿的劳动信念，并提高他们解决现实问题的能力。

（三）促进幼儿综合发展

劳动教育不仅要培养幼儿的劳动技能和生活能力，还要激发他们尊重劳动、热爱生活的意识，提高幼儿的综合素养，以实现基于立德树人的根本教育任务。在课程游戏化的背景下，当教师设计劳动教育游戏时，需要秉持交互融合的原则，以促进大班幼儿在知识、技能、能力和素养等多个方面同步成长为目标。为了实现这一目标，教师需将绘本阅读、生活场景、实践操作和游戏活动相互融合，并从语言、健康、社会等不同领域切入，以推动劳动

教育游戏的高速发展和稳定进步。

二、课程游戏化下开展劳动教育需要注意的地方

（一）课程设计要与教育目标一致

幼儿教育工作所要实现的总体目标包括幼儿的身心健康、智力、情感、社会适应等各个方面。在这些教育目标中，游戏化课程设计应该特别注重幼儿的身心健康和智力发展，围绕五大领域进行，与幼儿教育总目标相结合。

（二）课程设计符合幼儿认知特点

幼儿的认知水平是有限的，他们更善于通过直观的感受和体验来获取知识，因此游戏化课程设计应该注重幼儿的劳动体验，让他们在游戏中通过动手、观察、探索等方式来学习劳动知识。这样不仅能够提高幼儿的学习兴趣，也有助于他们更好地理解和记忆所学内容。

（三）课程设计贴近幼儿生活实际

游戏化课程设计可以将幼儿的劳动学习过程转变为一种有趣的游戏，可以融入一些实用的技能和知识，如如何正确使用工具、如何保护环境等，让幼儿在游戏中学会一些实用的技能和知识，为未来的生活奠定坚实的基础。

三、课程游戏化背景下幼儿劳动教育的实施策略

（一）通过绘本游戏，让幼儿在思想上形成劳动意识

绘本对于幼儿来说具有十足的吸引力，它以简洁易懂的形式展现出丰富的情节。为了启发幼儿的劳动意识，教师应该利用绘本的特点吸引幼儿参与阅读，并设计相关的绘本游戏活动。在幼儿观察插画、分辨文字的游戏中，让他们理解绘本中人物的劳动行为以及劳动的价值和意义。为了达到劳动教育的目的，绘本游戏必须具备高质量的绘本资料和完善的游戏环节。教师可以以幼儿的思维特征和阅读理解能力为主要参考，挑选与幼儿成长发展规律相适应的绘本资料，作为游戏的主要内容，带领幼儿在游戏中感受劳动的乐趣。

例如，绘本《小威利做家务》中的小威利是一只小野猪，故事中的它十分喜欢帮家里做家务，因此常常得到妈妈的表扬。《小威利做家务》中精美灵活的图画，对幼儿是十分有吸引力的，图画中丰富的表情也容易引起幼儿的模仿，尤其是当小威利得到妈妈的赞美时，小威利总是显现出愉悦又自豪的神态。在整个故事中，小威利在劳动时的每一副表情都是微笑的，幼儿可以通过图画来感受小威利对劳动是怀着热情与热爱的。

虽然绘本《小威利做家务》的内容非常简单，却能传达出一种“劳动光荣”“劳动至上”的精神，教师在教学时，着重针对绘本中小威利劳动的插画，通过问答形式，引导幼儿沉浸于绘本中的情节，从而为后续启发幼儿的劳动意识做好准备。

（二）通过角色游戏，让幼儿在意识上尊重劳动行为

除了生活情景游戏以外，教师还可以组织角色情景游戏，让幼儿体会各行各业劳动人民真实的生活状态，模仿和体验不同行业的劳动者。这种趣味化的角色扮演游戏有助于培养尊重劳动的意识和热爱劳动的兴趣。

例如，教师可以设置一个“社区志愿者”的角色，让幼儿扮演这个角色，了解社区的环境和人文情况，并且通过一些小小的行动，比如捡垃圾、帮助老人过马路等，让幼儿明白自

己的劳动和行动可以对社区产生积极的影响。通过角色游戏，教师可以让幼儿在游戏中感受到劳动的重要性和价值，从而培养他们尊重劳动的意识和习惯。又如，教师可以设立一个小超市，让幼儿扮演店员或者顾客，通过模拟购物、结账等场景，让幼儿亲身体验劳动的过程。在游戏中，教师可以引导幼儿关注商品的质量和价格，让他们认识到商品的价值与劳动的关系。

（三）通过情景游戏，让幼儿在行为上提升劳动能力

在支持课程游戏化教育理念的情况下，为了增强游戏体验，劳动教育需要创造出良好的环境，并设计特定的场景。这样，幼儿在学习中可以更好地感受到游戏的乐趣。幼儿在承接任务并完成任务的过程中，会产生对劳动的兴趣，并且逐渐掌握劳动技能。为了激发幼儿的兴趣，教师应该以“环境”为中心，将情景游戏作为主要方式，以引领幼儿在情景中感受劳动的乐趣为基本目的，并结合幼儿的生活阅历和思维特征。

例如，教师可在幼儿园开设“野炊小镇的游戏”，配置幼儿适用的“厨房设备”，让幼儿化身小厨师，既回归大自然的本真，也回归劳动教育的本真。在游戏中，教师让幼儿回忆起平时在家的时候，父母都会烹饪什么菜式？幼儿喜欢吃的菜式是什么？然后，让幼儿自行挑选“蔬菜”和“调味料”，使用安全的工具进行切菜、洗菜，烹调时让幼儿自己尝味，让幼儿感受父母烹饪的辛苦，让幼儿了解一日三餐是如何制作的，从而让幼儿知道“没有劳动付出便没有收获”的道理，培养出正确的劳动习惯和劳动意识。

通过这次活动，幼儿不仅能提升劳动意识，也能体验到劳动乐趣，同时建立初步的合作意识和团队精神。这种劳动教育也能让幼儿更加珍惜生活中的一切，明白劳动的辛苦和价值。相信在这样的劳动教育中，幼儿将能更好地成长和发展。

四、结语

为了培养启蒙幼儿的劳动意识，幼儿园需要根据国家对劳动教育的要求和幼儿教育的背景，精心设计和规划劳动教育方案。通过采用多元化、趣味化和导向化的游戏，旨在通过这些游戏渗透劳动意识，并培养幼儿的劳动技能，从而达到有效的教育目的。在开展劳动教育游戏活动时，教师需要利用幼儿较为熟悉且感兴趣的材料，以激发幼儿的兴趣和主动性。同时，幼儿教师也需要及时观察和分析幼儿的反应，根据幼儿的真实表现来调整游戏活动的形式和内容。

参考文献

［1］陈瑶．探析陶行知教育理论对幼儿游戏化教学的指导意义［J］．天天爱科学（教育前沿），2023（3）：22－24.

［2］杨丰语．在劳动中成长，在快乐中收获［J］．教育家，2023（8）：67.

［3］黄未．课程游戏化背景下劳动教育新尝试［J］．幼儿100（教师版），2020（11）：48－51.

户外民间游戏中如何进行观察分析与支持

（梁海谊　北京市房山区窦店镇交道幼儿园）

摘　要：观察是了解和理解幼儿的基本路径。了解是理解的基础，而观察幼儿正是了解幼儿的前提。在观察的基础上，去分析原因，再进一步制定新的支持策略，才会有真正适宜的教育。在户外民间游戏中，我们教师的观察要点有哪些？如何对幼儿的表现进行分析？又怎样评价与支持？这些都是需要探究的。

关键词：户外民间游戏；观察；分析；支持

2022年教育部《幼儿园保育教育质量评估指南》的颁布，让我们更加注重过程性评价，注重幼儿学习品质的培养。这些变革，让教师们更加注重对幼儿的观察。观察是了解和理解幼儿的基本路径，了解是理解的基础，而观察幼儿正是了解幼儿的前提。在观察的基础上，去分析原因，再进一步制定新的支持策略，才会有真正适宜的教育。在户外民间体育游戏中，我们应该如何去观察、分析？通过怎样的支持来促进幼儿的发展呢？

一、户外民间游戏中的观察

观察是评价的基础。“观为看，察为思”，观察是教师走近幼儿、了解幼儿的重要途径。唯有通过观察与分析，才能真正了解幼儿的内在需要，走进幼儿的世界。在户外民间游戏的组织中，我们观察什么？怎样观察？通过研究，我们确定了几个观察要点。

（一）观察要点

1. 幼儿运动水平方面，包括幼儿动作发展与运动能力。在幼儿动作发展上，我们要观察到幼儿运动的个体差异性、运动状态等。运动能力上，我们可以观察幼儿动作的平衡能力、身体协调灵敏性、上下肢力量、柔韧性等。

2. 幼儿学习品质方面，包括兴趣习惯和运动意志品质。在兴趣习惯上，我们要观察幼儿的参与度、幼儿的兴趣点。在运动意志品质上，我们要观察幼儿在运动中所表现出来的意志品质，如主动性、解决问题的能力、坚持性、守规则、勇敢挑战、分工合作等。

3. 材料支持方面。在民间游戏的组织中，我们发现幼儿在情境性和材料的外部环境使用上，也存在很多影响要素，这些要素直接影响民间游戏的活动质量，因此我们将环境材料的运用，也作为我们观察的要点。其中包括情境性和材料使用两方面的内容。在情境性上，我们可以观察幼儿对教师主导的游戏情境性设计或幼儿自主游戏中的角色意识情况、场地情境的适宜性情况等。在材料的使用上，我们要关注安全性、适宜性、操作方法熟悉度、玩具材料玩法的创新性等。

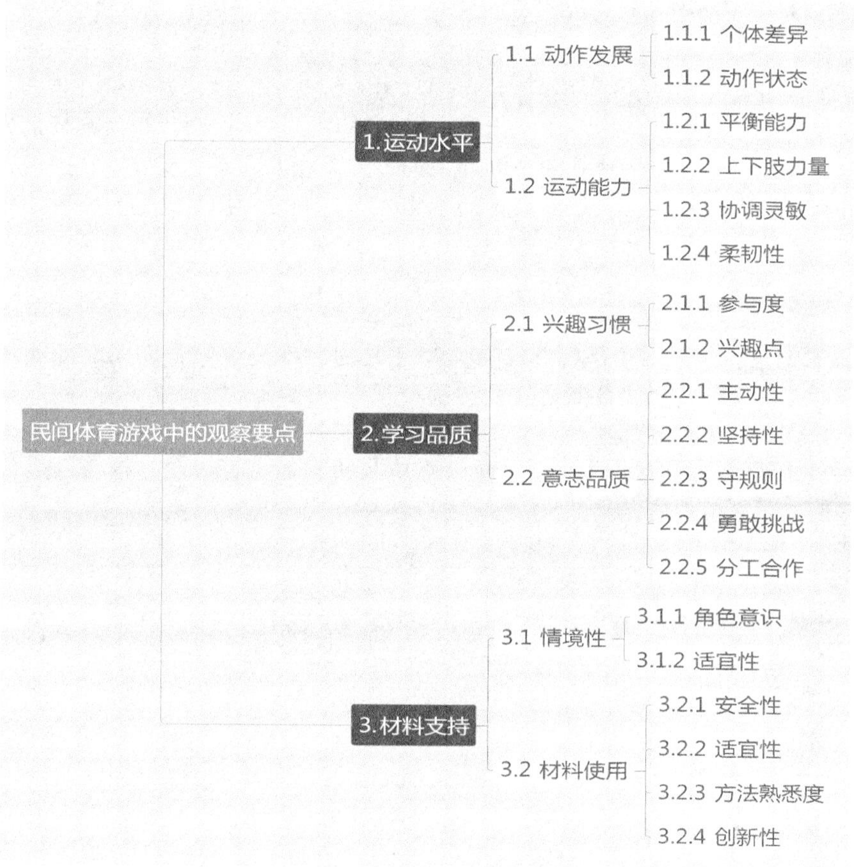

图 1　民间体育游戏中的观察

通过几个图表的梳理，明确了我们在户外民间游戏组织中的观察要点，突出观察的目的性。它使教师在游戏中，能够有目的地观察幼儿的行为，捕捉教育的契机。评价的时候更有针对性，让问题、分析和支持策略间形成了一致性的表述。

（二）观察方法

在进行幼儿民间体育游戏观察时，我们可以借鉴在观察中常用到的三种方法，即扫描观察法、定点观察法和追踪观察法。

1. 扫描观察法。是指在固定的时间段里，对幼儿依次进行轮流观察。这种方法可以帮助教师粗线条地了解全班幼儿的游戏状况。使用这种方法时，教师应保证所有的幼儿均在自己的视线范围内。在民间体育游戏中，运用这种方法，我们可以看到幼儿们对所玩的游戏是否感兴趣、幼儿整体的运动状态等。

2. 定点观察法。是指选择某个民间游戏的时候，进行一段时间系统、细致的观察，观察对象包括此区域内的所有幼儿或部分幼儿。这种方法比较适合教师想要了解某个区域幼儿游戏的全过程，以便把握幼儿游戏的兴趣、水平、特点和个体差异等。例如，在观察幼儿们玩跳竹竿游戏的时候，专门负责此区域的教师能够观察到跳竹竿幼儿动作的熟练程度、幼儿们跳竹竿的节奏感、跳竹竿动作的个体差异等。

3. 追踪观察法。即定人观察法，是指明确某个幼儿作为观察对象之后，幼儿走到哪儿，教师就跟踪到哪儿，并进行系统、细致的观察。这种方法有助于教师了解个别幼儿的游戏状态，是进行个案研究最好的方法。例如，在玩打舞龙游戏的时候，教师对个别幼儿进行了追踪观察，发现幼儿在这个游戏中所体现出来的团结合作、解决问题等学习品质的发展。

当然，这些观察方法不是独立的分割开来的，可以相互联系、相互穿插、灵活使用。而无论采取什么样的方式和方法，都应该以幼儿为主体，充分发挥幼儿的自主性、创造性，创造有利的条件来满足幼儿运动的实际需要。

（三）观察记录

1. 白描式记录。观察记录是要选取有典型意义的事件写下来，以期对幼儿的发展有更深入的理解，并审视环境和教育的适宜性。撰写观察记录的关键是能否抓住有“典型意义”的人或事，并认真、细致地观察，再客观、详尽地描写出来。

2. 记录的完整性。在记录时，我们可以将幼儿的交往语言、动作神态等真实地记录下来，并尽可能地还原事件的完整性。

幼儿民间体育游戏中的观察样表

观察教师		游戏名称	
观察对象		年龄段/班	
观察时间			
观察背景			
观察目标			
观察过程			
观察分析与支持	分析： 支持：		

二、户外民间游戏中的分析

在长期化、常态化的观察中，教师逐渐“会分析”“善分析”。分析即解读，其价值在于从幼儿差异化的行为，梳理出因果与假设，梳理出需求与潜能，而这些就是设计更适宜幼儿的课程方案的源头。客观描述幼儿的游戏之后，教师应对幼儿的行为进行专业的分析，这个过程需要教师运用幼儿发展心理学理论和相关的教育理论。对于很多教师来讲，这可能有些难度，却是做好观察记录必需的一部分。记录不是为记录而记录，而是为了更好地了解、评判幼儿的发展，观察游戏的设置，以便为其提供更适宜的课程和教育策略。

在民间体育游戏的分析中，我们主要对幼儿水平和现状原因进行分析。

（一）分析水平

1. 在发展水平上，要熟悉本年龄段幼儿的年龄特点，并分析幼儿发展水平上的差异性。

2. 在个体差异上，要分析幼儿动作的阶段、运动能力、心理特点、意志品质等观察要点中主要的发展水平。

3. 在实施效果上，对游戏的设置和幼儿的变化等进行分析。

（二）分析原因

下面我们来进一步分析幼儿现状的原因。

1. 幼儿需求上，对材料的使用难易程度上、情境设置的适宜性、幼儿兴趣的持久性等方面进行分析。

2. 分析幼儿差异性的原因，这个难度水平是否适合该幼儿，幼儿个性上的原因等。

总之，我们要更好地理解幼儿行为背后的根本原因，从而为下一步的发展提供有效的支持策略。

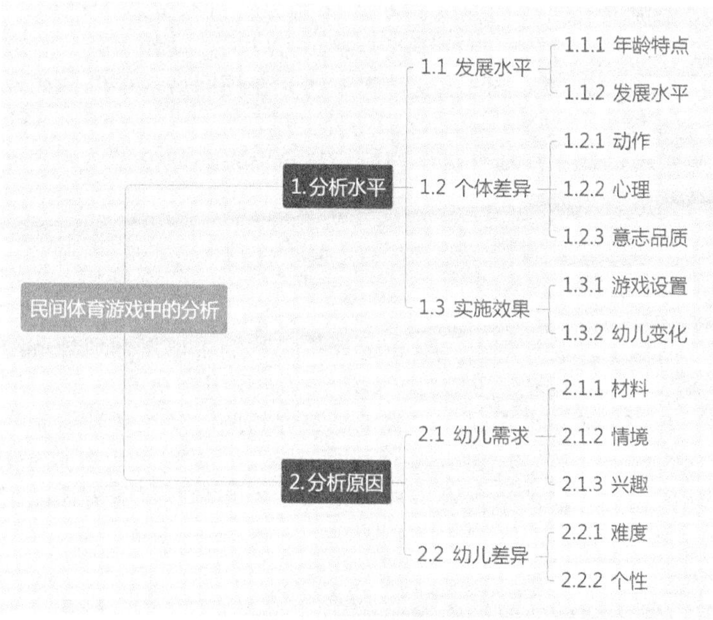

图 2　民间体育游戏中的分析

在观察中，我们不仅要观察幼儿的身体，动作发展的能力水平，还要关注幼儿的意志品质、学习品质的培养，让幼儿在游戏中，体现整合性，并通过幼儿的表现，反映出民间游戏组织中的问题，实现多元化的观察视角。

三、户外民间游戏中的评价

在分析之后，要为下一步的游戏提供支持和建议。教师为幼儿提供心理上、能力上的支持与引导，不是机械地“教”，而是适时地“推”，是基于观察后的“推”。为了让每一位教师都具备这样的专业能力，我们也可以通过一系列园本化的“评价指标”，寻求解决方案。

（一）分对象

根据幼儿发展水平的不同和主要的问题，将幼儿分出不同的层次，教师再根据不同的需要来提供支持。

1. 针对运动能力强的幼儿，我们要为其提供更有挑战性的内容，如增加游戏的难度、合作性等。

2. 针对动作不协调的幼儿，我们要通过示范动作、降低难度的方式，帮助幼儿体验成功感。

3. 对于规则性不强的幼儿，我们要和幼儿一起体验没有规则的不方便，和幼儿一起制定游戏规则，从而强化规则意识。

其他问题可以具体问题具体分析，找到更适合幼儿的支持策略。

（二）选方法

根据之前的原因分析，选择更适宜的支持策略。

1. 恰当介入。教师选择恰当的介入时机和介入方式进行介入。例如，可以为幼儿提供新的材料，拓展幼儿游戏的情节，降低游戏难度；可以通过动作示范，解决幼儿方法不正确的问题；可以通过角色带动和兴趣的激发，引发幼儿在民间游戏中的持久性和坚持性。

2. 支持幼儿主动探究。在游戏中，我们还要支持幼儿的主动探究，可以用问题引领式，例如，怎样让陀螺转得更持久，抽打哪个部位？这个材料还能怎样玩？还可以调整材料、环境的摆放，支持幼儿进一步探究。

四、结语

总之，在户外活动中，通过观察、分析与评价，我们可以更好地理解幼儿，发现传统民间游戏活动所带来的快乐；用恰当的方式将幼儿的游戏引向更高水平，支持他们不断地挑战，获得成功感。对户外活动进行观察记录不是最终目的，幼儿教师需要在观察前、观察中和观察后思考，并将观察结果运用到后续的户外活动中，最终将观察成果转化为教育行为。只有这样，幼儿才能在户外活动中富有个性地发展，教师的观察能力才能不断提升。

参考文献

[1] 教育部关于印发《幼儿园教师专业标准（试行）》《小学教师专业标准（试行）》和《中学教师专业标准（试行）》的通知［EB/OL］.（2012—09 —13）.

[2] 沈一凡．浅谈幼儿在户外创意游戏中教师的指导策略［J］．知识文库，2021：8.

[3] 钱兵. 幼儿园教师观察能力的现状分析与提升策略［J］. 教育导刊（下半月），2020（5）：5—10.

[4] 许珊珊．户外活动中幼儿教师观察行为现状及改进策略［J］．教育观察，2022（4）：11—12.

[5] 邵亚丽. 幼儿科学探究活动中教师观察记录的研究［D］. 山东师范大学，2019：16.

[6] 於金滟. 区域游戏中幼儿教师观察行为的研究［D］. 南京师范大学，2019：10

[7] 徐旸. 幼儿教师区域活动观察记录的现状与支持策略研究［D］. 华东师范大学，2019：9.

小班语言区环境打造创设与材料投放实施策略

（肖涵钰　四川省成都市第二十八幼儿园慧润园）

摘　要：本文探讨了小班语言区环境打造与材料投放的实施策略，旨在为幼儿提供一个充满趣味性和互动性的语言环境，以促进其语言能力的全面发展。通过对相关理论的研究和实践经验的总结，我们提出了一系列具体的实施策略，以期对幼儿园语言区的建设提供有益的参考。

关键词：小班语言区；环境打造；材料投放；语言环境

一、引言

语言是人与人之间沟通的桥梁，更是幼儿认知世界、表达情感、交流思想的重要工具。对于小班幼儿来说，他们正处于语言发展的关键时期，语言环境的优劣直接影响他们语言能力的形成与发展。因此，为幼儿创设一个优质的语言环境，是幼儿园教育工作中的重要一环。随着教育理念的不断更新和幼儿园教育实践的深入发展，越来越多的教育工作者开始关注并重视幼儿园语言区的建设。语言区作为幼儿园中的重要教育空间，不仅承载着促进幼儿语言发展的重任，更是幼儿自由探索、互动交流的乐园。因此，如何科学合理地打造小班语言区环境，投放适合幼儿发展的语言材料，成为当前幼儿园教育工作中的重要课题。

本文旨在探讨小班语言区环境的打造与材料投放的实施策略，通过深入研究和实践经验的总结，为幼儿园语言区的建设提供有益的指导。我们期望通过优化语言区环境，丰富语言材料，激发幼儿的语言学习兴趣，促进其语言能力的全面发展。同时，我们也希望通过本文的探讨，引发更多教育工作者对幼儿园语言区建设的关注和思考，共同推动幼儿园教育质量的提高。

二、小班语言区环境打造策略

在小班阶段，幼儿的语言发展正处于关键期，他们的语言能力、认知能力和情感交流都在这个阶段迅速发展。因此，打造一个优质的小班语言区环境显得尤为重要。

（一）营造温馨舒适的环境氛围

对于小班幼儿来说，一个温馨舒适的环境是他们愿意停留和积极参与活动的前提。在语言区的环境打造中，我们需要考虑如何营造一个让幼儿感到放松和愉悦的氛围。

1. 我们可以利用柔和的灯光来营造温馨的氛围。选择柔和、不刺眼的灯光，避免过强的光线对幼儿的眼睛造成刺激。同时，灯光的布置也要考虑到空间的层次感和视觉效果，使语言区看起来更加舒适和宜人。

2. 舒适的座椅是营造温馨环境的关键。我们可以选择适合幼儿身高和体型的座椅，确保他们能够舒适地坐下并专注于语言活动。此外，还可以在座椅上放置一些柔软的垫子或靠背，增加舒适度，让幼儿更愿意在语言区停留。

3. 温馨的装饰是营造环境氛围的重要手段。我们可以选择一些色彩柔和、图案可爱的装饰品来装饰语言区，如卡通贴纸、彩色气球等。这些装饰不仅可以美化环境，还可以激发幼儿的兴趣和好奇心，使他们更愿意参与语言活动。

（二）创设多样化的语言互动空间

为了满足不同幼儿的语言发展需求，我们需要在语言区内创设多样化的语言互动空间。这些空间应该能够支持不同的语言活动，让幼儿在不同的情境中学习和使用语言。

1. 设置角色扮演区。在这个区域里，幼儿可以扮演不同的角色，通过模仿和表演来发展他们的语言表达能力和社交技能。我们可以提供一些角色服装和道具，让幼儿更加投入地参与角色扮演活动。

2. 设置故事讲述区，打造语言互动空间。在这个区域里，我们可以放置一些舒适的座椅和靠垫，让幼儿围坐在一起听故事或自己讲故事。我们可以准备一些经典的故事书或绘本，也可以邀请幼儿自己创作故事并分享给大家。

3. 设置绘本阅读区。在这个区域里，我们可以摆放一些适合小班幼儿阅读的绘本和图画书，让幼儿自主选择并阅读。同时，我们还可以设置一些阅读指导标识和提示语，帮助幼儿养成良好的阅读习惯。

4. 融入自然元素与游戏元素。自然元素和游戏元素能够激发幼儿的好奇心和探索欲望，促进他们与环境的互动。在语言区环境的打造中，我们可以巧妙地融入这些元素，使语言活动更加生动有趣。

首先，我们可以在语言区摆放一些绿植和小动物玩具等自然元素。这些元素不仅可以美化环境，还可以让幼儿在观察和学习中丰富他们的语言表达。例如，我们可以引导幼儿观察绿植的生长过程，并让他们用语言描述自己的发现；或者让幼儿与小动物玩具进行互动，模仿它们的叫声和动作，从而发展他们的想象力和语言表达能力。

其次，我们可以设置一些富有趣味性的语言游戏。这些游戏可以是猜谜语、绕口令等传统游戏，也可以是结合现代科技开发的互动游戏。通过游戏的方式，我们可以激发幼儿参与语言活动的兴趣，让他们在轻松愉快的氛围中学习和使用语言。

三、材料投放实施策略

在小班语言区环境的打造中，材料的投放是至关重要的一环。材料的种类、数量、质量和更新频率都会直接影响幼儿对语言学习的兴趣和参与度。因此，实施恰当的材料投放策略对于促进幼儿的语言发展具有重要意义。

（一）投放丰富多样的语言材料满足幼儿需求

这意味着我们需要为幼儿提供多种类型的语言学习材料，包括但不限于绘本、故事书、儿歌 CD 以及语言游戏道具等。这些材料不仅应该涵盖不同的主题和风格，以吸引幼儿的注意力，还应注重其教育性和趣味性，以激发幼儿的阅读兴趣和学习动力。

（二）特别注重材料的层次性与挑战性

由于小班幼儿的年龄特点和个体差异，他们的语言发展水平各不相同。因此，投放的材料应具有一定的层次性，以适应不同幼儿的学习需求。对于语言发展水平较低的幼儿，我们可以投放一些简单易懂、图文并茂的绘本和故事书，帮助他们积累词汇、提高理解能力；对于语言发展水平较高的幼儿，则可以投放一些具有挑战性、能够激发他们探索欲望的材料，如复杂的语言游戏、具有深刻内涵的绘本等。

（三）定期更新与调整材料保持语言区活力和吸引力

随着幼儿语言能力的发展和兴趣的变化，他们对材料的需求也会发生变化。因此，我们需要定期检查和评估语言区的材料，及时更换那些已经过时或不再受幼儿欢迎的材料，同时增加一些新的、更具吸引力的材料。这样不仅可以保持语言区的新鲜感，还可以持续激发幼儿的学习兴趣。

（四）注意材料的安全性和卫生性

所有投放的材料都应符合《3－6岁幼儿学习与发展指南》等要求及相关的安全标准，确保幼儿在使用过程中不会受到伤害。同时，我们应定期清洁和消毒材料，保持其干净卫生，以防止细菌的传播。

四、实施策略的效果评估与改进

在实施小班语言区环境打造与材料投放策略的过程中，定期对其效果进行评估是至关重要的。这不仅有助于了解策略的实际成效，还能为后续的改进提供有力的依据。

（一）观察幼儿的语言发展情况是评估策略效果的重要途径

教师可以通过观察幼儿在语言区的活动表现，了解他们的语言表达、词汇积累、语言理解等方面的进步情况。例如，观察幼儿在阅读绘本时是否能够流畅地讲述故事情节，或者在角色扮演区是否能够用丰富的语言进行对话等。通过观察，教师可以对策略的实际效果有一个直观的认识。

（二）收集教师的反馈意见是评估策略效果的重要手段

教师可以通过填写问卷、参与讨论会等方式，分享自己在实施策略过程中的经验和感受，提出改进的建议和意见。

1. 根据幼儿的语言发展情况，调整材料的投放策略。对于语言表达能力较弱的幼儿，可以投放更多具有引导性的绘本和故事书，帮助他们积累词汇和提高语言表达能力；对于语言理解能力较强的幼儿，则可以投放更多具有挑战性的语言游戏和道具，激发他们的探索欲望。

2. 根据教师的反馈意见，优化环境打造策略。教师反映语言区的空间布局不够合理，导致幼儿活动不便，我们可以重新规划空间布局，使其更加符合幼儿的活动需求。如果教师认为某些装饰或设施不够美观或实用，我们可以进行更换或升级，提升语言区的整体品质。

3. 引入新的元素和活动形式，丰富语言区的内涵和功能。可以引入一些科技产品，如智能语音玩具、电子绘本等，为幼儿提供更加多样化的语言学习体验；我们还可以开展一些亲子阅读、语言游戏等活动，增强幼儿与家长的互动和沟通。

五、结语

本文针对小班语言区环境的打造与材料投放实施策略进行了深入的探讨和研究。通过系统的分析和实践经验的总结，我们提出了一系列切实可行的实施策略，旨在为小班幼儿打造一个充满趣味、互动且富有教育意义的语言学习环境。希望所提出的小班语言区环境打造与材料投放实施策略，为提高小班幼儿语言发展水平提供新的思路和方法。我们期待这些策略能够在实践中得到广泛应用，为更多幼儿的语言发展贡献力量。

参考文献

[1] 林婧婷．幼儿园区域活动环境创设和材料投放的实践策略 [J]．2020.

[2] 施应应．幼儿园区域活动环境创设和材料投放的优化策略 [J]．读写算，2022 (8)：61－63.

[3] 张真．基于幼儿阅读能力发展的小班阅读区环境创设的实践研究 [D]．上海师范大学，2019.

小场地幼儿园有效开展体育游戏活动实践初探

（欧阳芳　钟丽　广东省深圳市宝安区航城街道中心幼儿园（集团））

摘　要：我园当前场地小、有效组织与实施幼儿体育活动成为我园教育教学工作中的重点突破内容之一。经过半年的实践与探索，我园走出了一条分龄段与混龄段双结合、专项训练活动与器械自选活动双结合、体能大循环与操节活动双结合、户外运动与室内运动双结合的“四个双结合”园本化之路。

关键词：小场地幼儿园；体育游戏活动实践

“少年强则国强。”3—6 岁是幼儿习惯养成的重要阶段，国民素质的提升需从幼儿抓起，从学前教育抓起，助力幼儿养成乐于锻炼的健康好习惯。《幼儿园保育教育质量评估指南》强调幼儿园要做到：“制订并实施与幼儿身体发展相适应的体格锻炼计划，保证每天户外活动时间不少于 2 小时，体育活动时间不少于 1 小时。”我园当前场地小、缺乏专业师资队伍，有效组织与实施幼儿体育活动成为我园教育教学工作中的重点突破内容之一。

一、面临的问题与挑战

有效开展体育活动必须具备适宜的活动场地、专业的师资队伍以及充分的时间保证，我园户外场地小，且场地不规则、班额多，在如何利用有限的场地开展全园体育活动且保障生均运动量方面遇到极大挑战。

其一，户外运动场地小且场地不规整。幼儿园只有一楼户外活动场地可利用，且包含斜坡、建筑拐角与死角、入园楼梯、下沉地面等不规整的场地。如何利用有限的场地，在保障幼儿安全的前提下开展体育活动是当前面临的第一大问题与挑战。

其二，班额多，生均运动场地不足。幼儿园一共开设 15 个教学班，在园幼儿 452 名，班额多、在园幼儿体量大，如何在生均活动场地有限的情况下保障幼儿在园运动量与运动时间，体育游戏适宜幼儿年龄特点及运动水平，成为当前面临的第二个问题与挑战。

以上两大问题也是我市诸多幼儿园在开展户外体育活动过程中普遍存在的问题，因此具有一定的研究价值与意义，我园的实践探索成果具有一定的参考价值。

二、实践路径及应对策略

为突破以上问题，我园成立体育教研小组，将体育教研活动分三步走。一是规划阶段，组织全体教师进行头脑风暴，做好前端规划与设计；二是实施阶段，在实践过程中进行优化提升，及时发现问题、总结问题、解决问题；三是总结阶段，及时复盘，梳理阶段性成果，对体育游戏活动设计与规划进行迭代升级。

（一）规划阶段：教研先行，幼儿本位，明确体育活动开展具体路径

为保障幼儿 2 小时户外活动时间，开展适宜幼儿能力发展水平的体育游戏活动，我园成立体育教研小组，由总园长担任组长，执行园长担任副组长，教研员、教学管理人员及骨干教师作为核心成员进行研讨，并召集全体主班教师参与教研工作，先后经历初教研、初设计、教师亲测试、幼儿亲体验四项准备工作，最终确定游戏路线和玩法。

初教研阶段，教师们集思广益，本着安全第一、合理利用空间、遵循幼儿年龄特点等原则，尊重幼儿兴趣和发展水平，分组商讨；根据园所场地设计适宜幼儿游戏的循环路线，充分利用台阶、廊道等特殊场地，设计富有趣味的体能大循环曲线图。

初设计阶段，以幼儿的主动性、运动量、运动常规及安全四个方面为基础，注重各年龄段幼儿的发展特点，考虑动静交替、难易程度、教师站位及观察范围等方面，将幼儿走、跑、跳等七大动作科学合理地融入体育活动中，满足幼儿体能发展需要。

亲测试阶段，教师真切地体验新路线的游戏性、科学性，经过测试，及时发现问题，调整路线和玩法。

亲体验阶段，邀请各年龄段幼儿亲身体验，以便教师及时发现问题和调整，保障路线和玩法设计真正具备幼儿的视角，让幼儿参与游戏设计。

（二）实施阶段：躬身一线，知行合一，解决实践过程中的阶段性问题

我园秉承“做中学，学中做”的教研理念，教研小组成员躬身一线，共同观测活动场地存在的安全隐患、规划路线设计、倾听一线教学实践存在的问题与困惑、担忧等，根据现场发现的问题，在开展体育活动的实施阶段不断总结与提升，研讨对应策略。详见下表：

阶段	遇到的问题		应对策略
第一阶段	组织能力问题	问题1： 教师点位分布不合理，导致部分场地无人看管，幼儿无人疏导	策略1： 集体教研，聚焦现场问题解决，还原体育游戏现场，模拟幼儿及点位管理
		问题2： 路线和玩法单一，无法满足不同能力层次的幼儿发展需要	策略2： 分设A、B两大班组，中大班组与小中班组，调节游戏难度，预设多条路线、多种器械组合方式，幼儿可依据能力进行选择
第二阶段	游戏现场问题	问题3： 场面混乱，成因有三： 成因1　由于器械难度及幼儿动作水平问题，造成个别地方拥挤堵塞 成因2　幼儿动作、技能不熟练 成因3　个别幼儿逆行或乱窜	策略1：优化器械摆放点位，将高难度器械调整至空旷处；调整动作水平 策略2：在集体游戏中开展专项技能训练 策略3：录制视频，抓住教育契机进行对话
		问题4： 意外伤害率上升，成因有二： 成因1　教师对器械、动作等带来的安全隐患预判不到位 成因2　幼儿动作不娴熟产生的紧张感，加之拥堵情况下教师催促	策略1：通过密集型教研，秉持当日问题当日解决原则，提高教师预判能力 策略2：加强幼儿动作练习，提高教师观察和支持幼儿的实操能力
第三阶段	运动兴趣问题	问题5： 幼儿产生厌烦和消极情绪，兴趣下降，成因： 动作和路线已经充分熟练，游戏不再具有挑战性，产生重复运动带来的单调乏味	策略： 提升教师灵活性，做到幼儿本位，根据幼儿能力水平和兴趣点，每1—2周及时调整和更换器械玩法、路线及动作水平

（三）总结阶段：梳理教学实践成果，构建与完善课程资源库

一是根据前期教研与实施，不断研讨、调整与优化，梳理出我园体育活动“四步走”策略。

第一步，从体能大循环入手，分A、B两个小组开展混龄体能大循环活动，辅之以班级操节活动，以体能大循环与操节活动双结合的方式，优先解决全体幼儿运动量问题。

第二步，从年龄段运动水平及幼儿年龄特点入手，设计两条难度不同的线路，A组为小中班组，B组为中大班组，每一组线路均提供多种选择，以分龄段与混龄段双结合的方式，适应不同年龄段与运动水平的幼儿。

第三步，从体适能关键要素入手，结合《国民体质测定标准手册（幼儿部分）》评测内容，在具体教学实践中观测开展体育活动中存在的问题，发现幼儿欠缺的技能，辅之以专项训练活动和器械自选活动双结合的方式，解决幼儿运动能力水平重点突破和循序提升的问题。

第四步，从活动场地入手，以户外体能大循环与室内体能小循环双结合的方式，解决雨天、传染病隔离期间无法外出活动的问题，确保任何状况下均能保障幼儿运动量。

二是将前期开展体育游戏的教研方案、活动方案、教学现场视频、音乐素材等课程资源进行归档整理，形成我园体育游戏活动课程资源库，作为新教师培养计划重要教育教学资源，助力新教师迅速提升，并能更好地保障幼儿园体育游戏活动教学质量。

三、反思与展望

（一）反思：一场关于“幼儿的视角”探索之旅

一切教育教研，归根结底要落地到一线教学现场，一切都是为了幼儿的发展，助力幼儿自主成长。近年来，幼教领域关于“幼儿的视角”与“幼儿视角”之间的差异展开了持续的探讨与研究，无非是一场还原教育现场“幼儿在前，教师在后”的幼儿本位教育理念革新与幼儿教育哲学思考。经过体育活动教研探索，我们一次次站在幼儿身后，模拟幼儿，观察幼儿处境，我们才更理解了什么是幼儿本位，怎样做才算是尊重幼儿，理解幼儿，支持幼儿。

（二）展望：进一步完善体育教研机制

在体育领域，我园计划从四个方面着手，助力我园体育游戏活动质量的提高，从而有效促进幼儿身心健康发展。一是贯彻落实我园“研—训—赛—导”四位一体大教研机制，开展定期教研、专项培训、体育活动优秀案例评比、体育活动观摩视导系列体育教研活动；二是加强我园全体教师教育理念转变与革新，更进一步回归教育本质，回归“幼儿的视角”，保障体育游戏活动的游戏化与趣味性；三是加强我园全体教师体育运动专业水平与专业素养提升，保障体育游戏的专业性与科学性；四是根据现有相关政策合规借用园外场地，实现幼儿园体育游戏活动场地的延伸。

综上所述，我园突破了场地小的限制，在体育活动实践探索中走出了一条分龄段与混龄段双结合、专项训练活动与器械自选活动双结合、体能大循环与操节活动双结合、户外运动与室内运动双结合的“四个双结合”园本化之路。

浅谈有效开展家长工作

（黄秋君　北京市怀柔区第二幼儿园）

摘　要： 家园共育是幼儿成长的基础，家长工作是幼儿园工作的重要环节，也是幼儿园得以健康发展的保证。因此，如何开展家长工作就显得尤为重要。家园共育是促进幼儿全面发展的重要途径之一。幼儿园需要与家长建立紧密的家园共育机制，作为幼儿园的班级班长，更是园所与家庭之间的纽带。通过合作与配合，共同促进幼儿的健康成长和发展。

关键词： 家园共育

幼儿园的家长工作是幼儿园重要的组成部分。作为一个刚刚担任两年的新班长，我在家长工作这方面存在着很多的困惑。我在想幼儿园教师如何能有效引导家长，让家长主动参与到幼儿的教育中呢？我们在行动中尝试着、摸索着。

一、充分利用好家长会

我认为家长会是向家长传递教育理念，赢得家长认可的一个重要方式。首先我们要让家长了解小班、中班、大班的年龄特点以及典型表现，其次根据本班幼儿的特点，结合幼小衔接可以给家长一个方法的引领。比如：在中班时，我在家长会上示范如何进行亲子阅读，使家长可以怎样引导孩子阅读一目了然。到了大班，我将家长最关注的幼小衔接内容放到家长会里，告诉家长应从哪几方面帮助幼儿进行入学准备。

二、做孩子喜欢的老师

孩子喜欢这个老师，那么家长一定喜欢这个老师。疫情发生期间，使得老师和家长之间无形之中带来了距离感。手机交流总不如经常面对面交流。因此要赢得家长的信任与认可，很大程度上是来源于孩子的。作为一名班长，既要树立威严形象，又要让孩子喜欢，是很难权衡的。我经常思考：怎样做才能让孩子喜欢呢？经过实践，我发现：教师要做一个孩子王，走进他们心里，善于抓住孩子的兴趣点开展活动，充分利用过渡环节与每一个孩子进行互动，如简单的“喝水干杯”游戏，虽然有的孩子没有干杯上，但是老师一定要告诉他：明天你可以动作快一点，明天老师一定先和你干杯。并且要说到做到，即使没有做到，要及时跟他道歉并解释原因。还要充分利用好晚离园掖裤子的环节，这时候是和孩子亲密互动的最佳时机，也许白天因为一些事批评了孩子，其实并不是什么大事，但是孩子不开心了，晚上掖裤子时可以和孩子聊一聊、抱一抱他，让他感受到老师对他的爱。

记得小班下学期，我刚接手这个班时，我主动与家长沟通孩子的在园表现时，果果妈妈是这样说的：“我们家孩子一直都这样，她很适应集体生活的。”到了中班后，果果会时不时的带给我一个爱心贺卡，一看就是孩子自己做的，她会对我说：“这是送给你的。”顺手就递给了我，我将这个贺卡拍张照片发给果果妈妈，夸赞了一番，果果妈妈说：“孩子自己非要做，说要送给您，孩子很喜欢您。”现在到了大班，班里开展了玩翻绳的游戏，果果很喜欢，开始她不太会玩，老师在园里会教他，突然她会玩很多种翻绳的花样，我问她，你这么快就学会啦，她告诉我妈妈教她了。果果妈妈有一次发来信息告诉我：孩子很信任你。我与果果妈妈就是这样通过孩子建立了一种信任。

三、因材施教，真诚沟通

无论什么事情，无论什么样的孩子，当和家长沟通时都要让家长感受到老师很重视他们家孩子，很喜欢这个孩子，并且是真心实意为孩子好。

（一）关注幼儿的兴趣，采取适宜的办法推动亲子互动的实效性

大宝二宝的妈妈经常说：我们就希望孩子来幼儿园，在家里太闹腾，管不了。怎样能让家长参与到科学育儿的行动中来呢？有一段时间孩子们很喜欢益智区的拼图，也吸引了大宝二宝，过程中大宝发现了一个大拼图，于是小哥俩开始拼了起来，两人刚拼几块就收区了，他俩没说什么，默默地把拼图收了起来，第二天哥俩又一起来到益智区拼图，今天拼的比昨天拼的多了，当拼到一半的时候，收区的音乐又响起来了，两人想把作品保留住，可是拼图太大，班里没有合适的地方，怎么办呢？于是老师鼓励哥俩将拼图带回家，并且鼓励家长参与到拼图中来，当天晚上妈妈将拼好的完整照片发给了老师。在这个过程中，有效地培养了孩子做事的坚持性、专注力，团结合作等良好的学习品质。

兜兜是一个多动但情商很高的孩子，每次与兜兜妈妈沟通时，都觉得妈妈不是很重视孩子的问题。大班时，我发现以前会说暖心话的孙景铄，说一句完整的话都要想半天，于是我想这样可不行，怎么做才能让父母也重视孩子的问题呢？班级最近正在开展“我来分享成语故事”的活动，有一次孙景铄积极举手想要分享故事，但是他哽咽了半天不会讲，于是我和全班孩子一起鼓励了他，并请他回家准备，明天再请他讲。晚上接孩子时，我简单地对他爸爸说：“兜兜特别愿意和大家分享一个成语故事，晚上您有空帮助孩子准备一个吧！”兜兜爸爸非常开心的答应了。第二天他真的讲了一个成语故事，我将视频发给了妈妈，并及时进行了表扬和鼓励。自此以后，每次活动他都愿意积极参与，他经常主动参与“我是三餐播报员”的活动，利用晚离园接孩子时，我也会告诉爸爸孩子主动要当播报员，可以回家再准备准备。孙景铄在课堂上越来越专注了，虽然有时需要提醒，但是明显有进步了。

（二）关注个别幼儿，为家长多支招儿

班级里有一个孩子叫依依，小班时不能自主吃饭，甚至老师喂都不吃，不能自主有意识地去厕所，也从不和老师、同伴交往，说话也是简单的几个字。到了中班后，通过老师的引导她能够主动去吃饭了，同时发现她会经常不自主的发出奇怪的声音，尤其在上课时，大家都很安静，她的声音能盖过老师，教师一关注不到位，她会将贴画随意贴到班级中的柜子上等地方，还会拿彩笔画在柜子上。为此，我们三位老师轮流用微信、电话的方式跟妈妈交流沟通，有时还会跟她的爸爸妈妈进行面谈，在这过程中我们会指导家长如何刺激幼儿大脑进行思考，比如我们会鼓励家长和孩子每天进行亲子阅读，在阅读的过程中提出能引发孩子思考的问题。在家庭生活中有意识的给孩子一些任务，比如剥蒜，后来我们发现依依特别喜欢在自然角里待着。我从孩子爸爸那里了解到孩子妈妈喜欢在阳台上捣鼓小植物，但每次依依都是阳台外看着妈妈，妈妈从来不让依依碰，我们建议妈妈可以尝试让依依参与一起照顾植物。就这样，家园共育，我们发现依依在老师的引导下能画画了，还能帮助老师扔垃圾，做力所能及的小事情。学期末虽然偶尔也会发出声音，但是次数明显变少了。到了大班，经常将孩子在园的进步表现分享给爸爸妈妈，并且针对家长的需求鼓励依依多与班级幼儿交流，依依喜欢唱歌，经常在表演区里游戏，老师会定期发给家长一些音乐和操视频，鼓励依依在家里唱一唱、做一做。

（三）用理解的心态应对有疑问的家长，并及时解释消除误会

辰辰的妈妈非常重视孩子的教育，也担心孩子在幼儿园受欺负，一次班级即将举行新年

节目，我们正在排练童话剧《老虎照镜子》，班上的一个小男孩儿角色入戏太深，把自己当成老虎咬了辰辰耳朵一下，辰辰一下子就哭了，当我在和孩子妈妈沟通这件事的时候，妈妈用质疑的口吻告诉老师，你不应该这么做，你应该让辰辰打回去。每个家长都不愿意看到自己的孩子受欺负，但是我们要用正确的方式去引导孩子，于是我耐心的跟家长解释，并且经常和家长分享幼儿在园与小伙伴一起交往的情况，家长也总算对老师放下了警备的心理。

四、以妈妈身份换位思考

我是一个小学生的妈妈，我经常想：我的孩子在上幼儿园时我希望孩子获得哪些发展呢？作为一个妈妈，我深知妈妈的需求，因此，在开展班级的各项活动时，我会尽量保持公平，给每个孩子机会，推送视频和照片时，我们会准备一张孩子姓名表，视频和照片有孩子的画对勾，没有的我们会及时补，这样推送的视频和照片能够保证每个孩子都有。

在开展主题活动时，从孩子的兴趣点出发的同时，我会思考要注重培养孩子哪些能力，今后获得什么样的发展，并把活动目的传递给家长，让家长感受到老师是真心为孩子的发展而这么做的。

今后，我会继续以幼儿视角出发，真诚与家长沟通，使家长感受到教师对幼儿的关注与用心，积极引导家长与幼儿园携起手来，共同为促进幼儿的成长而努力！

参考文献

［1］何桂香.《幼儿园家长工作指导》.北京师范大学出版社，2012.

［2］教育部基础教育司.3—6岁儿童学习与发展指南［M］.北京：人民教育出版社，2001.

长安地域民俗文化与幼儿教育相融合的方法与策略

（王乐　西安市长安区王莽街道中心幼儿园）

摘　要：地域传统文化是中华优秀文化的重要组成部分，也是中华文明得以传承发扬的载体，同时也是各个地区个性特点的体现。在幼儿园教育教学上融入本地区民俗文化，能够很好地提升孩子的品德素质，让他们在感受文化礼仪的过程中养成健康、积极的人生观和价值观，并在民俗文化的影响下提高文化自信。2014 年《教育部关于全面深化课程改革落实立德树人根本任务的意见》中提出，要加强社会主义核心价值体系教育、中华优秀传统文化教育，形成爱学习、爱劳动、爱祖国活动的有效形式和长效机制，增强孩子的社会责任感、创新精神与实践能力。因此本文长安区地区民俗文化在幼儿园教育教学活动中的融合，简单阐述如何将长安地区民俗文化融入到幼儿园教育教学活动中。

关键词：长安民俗文化；幼儿教育；融合

地域传统文化是中华优秀文化的重要组成部分，也是中华文明得以传承发扬的载体，同时也是各个地区个性特点的体现。在幼儿园教育教学上融入本地区民俗文化，能够很好地提升孩子的品德素质，让他们在感受文化礼仪的过程中养成健康、积极的人生观和价值观，并在民俗文化的影响下提高文化自信。

长安文化，是以周秦汉唐故都，即周丰镐、秦咸阳与汉唐长安城所在地，今西安市为中心，涉及一定区域范围的历史文化。长安文化是中华文化的源头之一，对中华文化的发展起了奠基作用。《论长安文化》中提到在文明时代，长安文化发展经历了西周、秦国秦朝、西汉、唐四次高峰，创造了辉煌的历史和文化资源。

一、长安地域民俗文化与幼儿教育相融合的意义

我园地处长安区，长安民俗文化是我们地区所特有的民俗文化，也是长安地区人民从古至今智慧的结晶，体现了长安地区悠久的历史，是本地的标签和特色。在幼儿园的教育阶段，幼儿不仅是学习各项认知能力和培养价值观念的过程，更要在此阶段养成良好的个人品格和高尚思想。教育部的《纲要》中提出的“引导幼儿了解自己的亲人及与自己生活有关的各行各业人们的劳动；引导幼儿实际感受祖国文化的丰富与优秀，感受家乡的变化与发展；引导幼儿认识、体验并理解基本的社会行为规则”，将长安地区民俗文化融入到幼儿园教育教学中，不仅可以使幼儿了解自己的家乡，充分感受家乡文化的精髓，更能培养幼儿对家乡的认同感和责任感，促进孩子们对长安传统文化的学习和传承。

民俗文化对于幼儿园的孩子们来说是一个很难理解的概念，而文化传承对于他们来说更陌生，那么就需要幼儿园通过科学的教育方式，让孩子在系统学习中不断地学习本土民俗文化的相关知识，如：它的起源、发展、成型等过程，充分了解本土民俗文化和习俗，将本土民俗文化融入幼儿园教育教学活动中，为幼儿积极创造良好的本土民俗文化学习环境，让幼儿积极参与本土民俗文化的学习过程，让他们在这样浓厚的氛围中成长，从而更加有利于民俗文化的传承。

二、长安传统民俗文化融入到幼儿教育中的方法策略

（一）了解长安民俗文化资源

长安民俗文化，大体包括四个方面：一是民俗习惯，如长安八大怪，婚丧嫁娶风俗等；二是口头传统，如民歌、方言、民间谚语等；三是传统表演，如秦腔、鼓乐、皮影、社火、秧歌等；四是手工技能，如剪纸、布偶等。长安区的非物质文化遗产：何家营鼓乐、长安斗门石婆庙七夕传说、北张村传统造纸技艺、侯官寨迎春牛老爷社火、长安寺坡村“添碟子”制作技艺。传统民俗艺术有着悠长的历史，风格独特性，形式多样化，既有丰富的文化内涵又有深刻的人文内涵，优秀的民俗文化是完全可以作为教育资源，融入到幼儿园区域活动中。

（二）长安传统民俗文化与幼儿园教育有机结合

1. 创设长安区域民俗文化教育环境

幼儿园的环境是幼儿教育的有效资源之一，将长安地区民俗文化融入幼儿园的环境创设中，在幼儿喜欢的区域里边融入长安民俗文化资源，有助于幼儿通过自主活动，身临其境的了解长安区地区的传统文化和习俗。比如：在表演区，可以投放社火表演的材料，让孩子体验牛老爷社火的文化，也可以加入高跷，让孩子体验踩高跷的乐趣。区域活动后教师可以引导幼儿对于侯官寨迎春牛老爷社火这一长安民俗文化的来历、形成、用到的服饰、工具等的材料，如何收集。用环境来引导幼儿对长安传统文化的学习与分享，强化幼儿的文化认同感。

2. 设计长安区域民俗文化主题课程

长安民俗文化底蕴深厚，家乡的资源、家乡的特点、家乡的人文环境，孩子了解多少呢？为了让孩子了解更多的长安民俗文化，了解自己的家乡，为自己是一个长安人而骄傲，也为了长安民俗文化能更好的传承下去，利用幼儿园教育这一平台，将长安区域民俗文化融入到课程设计中是非常有必要的。

那么如何将长安民俗文化融入到幼儿教育课程中呢？

长安民俗文化包括方方面面，完全可以融入到幼儿园五大领域课程中。①设计音乐欣赏活动：何家营鼓乐，让孩子了解何家营鼓乐是打击乐和吹奏乐混合演奏的古老乐种和传统形式，让幼儿对民族音乐产生兴趣，有助于鼓乐文化的传承与发扬。②结合七夕节日设计社会领域的活动：长安斗门石婆庙七夕传说 ，让孩子们通过了解长安斗门石婆庙七夕传说来理解古人美好的爱情，进一步让孩子感受人类美好的情感，丰富孩子的精神世界。③设计手工活动：添碟子，根据长安寺坡村“添碟子”制作技艺，利用泡泡泥，各种五谷杂粮、竹棍、木梁，通过“粘”“嵌”“架”“塑”四道工序，培养孩子手工制作能力，同时也让孩子体会古人当家做主、庆祝丰收的喜悦心情。④设计科学领域活动：造纸术，让孩子通过北张村传统造纸技艺，了解我们生活和学习中所用的纸是如何形成的，各类植物材料通过各种工序会变成我们用的纸，培养孩子对古人智慧的赞扬，对传统技艺的传承。

3. 开展长安区民俗文化主题户外活动

长安民俗文化源远流长，其中也包括许多可以强身健体的内容，比如：踩高跷、斗鸡、抓石子、碰灯笼等等，这些都可以融入到幼儿的户外活动中，让幼儿在活动中体会长安民俗文化的魅力，同时也增强了孩子活动的兴趣，起到了强身健体的效果。民俗文化是时代相传、具有民族特色的文化现象，幼儿教育过程中幼儿园要充分运用好这个教育资源，让孩子们能更好地了解我们长安区域的民俗文化，提升他们的民族归属感与荣誉感。幼儿教育是民俗文化的体现，而民俗文化也是幼儿教育的重要教育资源，幼儿园也要不断创新教学思路，

联合家长和幼儿园的力量，为孩子营造出良好的学习环境和浓厚的文化氛围，唤起他们热爱美，热爱家乡、热爱生活的美好情感。

参考文献

[1]《教育部关于全面深化课程改革落实立德树人根本任务的意见》，2014.
[2] 黄留珠《论长安文化》长安大学学报，2012.
[3]《幼儿园教育指导纲要试行》，2001.

幼儿园体育游戏中融入红色精神的有效途径与方法

（李梦雪　北京市东城区大方家回民幼儿园）

摘　要：红色精神是中国共产党领导中国人民在革命和建设过程中所形成的伟大精神，在中国共产党的百年奋斗历史进程中，革命先烈留下了许多值得歌颂的英雄事迹和革命精神，具有丰富的内涵和重要的教育价值。本文探究了幼儿园体育游戏中融入红色精神的有效途径与方法。

关键词：红色精神；体育游戏；幼儿园

红色精神是中国共产党领导中国人民在革命和建设过程中所形成的伟大精神，近年来，随着国家对思想道德教育的重视，红色精神在幼儿园教育中的应用也逐渐受到关注。结合教育部关于中华传统文化教育的相关要求，我园深挖红色精神的特点与教育意义，结合《3—6岁儿童学习发展指南》，以德育主题教育为契机，利用幼儿喜闻乐见的户外体育游戏，以幼儿能够理解的方式，点燃幼儿的红色基因、传承我们党的红色精神、开启幼儿的红色心灵，深深植入幼儿的爱国情怀，为自己是一个中国娃而自豪。

一、体育游戏融入红色精神对幼儿发展的重要意义

红色文化教育的内容是红色精神，红色精神包含中国革命精神及建设精神。它是将我国特定时期的历史、精神、文化传统交织在一起形成的，具有传承性和巨大影响性的宝贵的精神财富。

（一）体育游戏中融入红色精神教育是国家政策的要求

中华人民共和国第十四届全国人民代表大会常务委员会第六次会议于2023年10月24日通过并公布的《中华人民共和国爱国主义教育法》中明确指出，开展铸牢中华民族共同体意识教育，促进各民族交往交流交融，增进对伟大祖国、中华民族、中华优秀文化、中国共产党、中国特色社会主义的认同，构筑中华民族共有精神家园。《3—6岁儿童学习与发展指南》（以下简称《指南》）指出，运用幼儿喜闻乐见和能够理解的方式激发幼儿爱家乡、爱祖国的情感。可见，体育游戏中融入红色精神教育是全面贯彻落实相关法规政策，实施依法治教的需要。

（二）体育游戏中融入红色精神教育是幼儿成长中的需要

党的二十大报告中指出：弘扬以伟大建党精神为源头的中国共产党人精神谱系，用好红色资源，深入开展社会主义核心价值观宣传教育，深化爱国主义、集体主义、社会主义教育，着力培养担当民族复兴大任的时代新人。现在的孩子吃苦精神较弱，缺少与人分享共处的意识，遇到困难容易放弃。在对红色精神深入研究的前提下，以体育游戏为抓手，开展红色精神教育，可以发扬艰苦奋斗精神，让团结、共享、感恩的种子在孩子们幼小的心灵中播种。

（三）体育游戏中融入红色精神教育是加强德育教育的需求

作为幼儿园教师，要为幼儿创造良好的氛围，把爱祖国、爱家乡、红色精神教育以幼儿

喜闻乐见的方式，巧妙的渗入到每日生活当中。体育游戏是幼儿最喜欢的一种游戏方式，在体育游戏中融入红色精神教育，可以让孩子们在潜移默化的熏陶下，逐渐塑造不怕困难、艰苦奋斗、团结一致等的个性品质，激发他们从小爱家乡、爱祖国、爱集体、爱劳动的情感。

二、红色精神在幼儿园体育游戏开展存在的问题

幼儿园根据本年龄班幼儿年龄特点，开展多样化爱国爱党主题健康体育活动，但是，在活动推进过程中存在如下问题：

（一）活动主题枯燥

结合体育游戏渗入红色精神教育不同于幼儿园中的其他体育游戏主题，没有常规主题内容参考、传承的资料等。教师在开展这类主题时，常常无法找到合适的切入点，没有从情感、精神、品质等角度去分析主题内容、主题需求、主题发展趋势，导致整个活动主题出现不聚焦、形式单一、内容匮乏等情况。

（二）活动资源匮乏

活动的开展受限于幼儿园与教师，这样的活动不够立体，教师没有充分利用教育资源，导致幼儿在教育过程中，时常出现能够清晰的表达但不知道如何具体的做。

（三）活动内容乏味

由于红色主题的特殊性，往往在设计体育游戏活动时，出现内容太单调情况发生。由于教师对于红色精神内涵把握不够精准，在开展的过程之中，出现了千篇一律、浮于表面的现象，大大影响幼儿的学习效果。

由于上述原因，导致幼儿在学习与探究中，无法多维度、多角度、深层次激发幼儿爱国爱党之情，那么幼儿园如何以幼儿角度为基准，追随幼儿视角，利用户外体育游戏环节渗入红色精神呢？还需要深入探索

三、幼儿园体育游戏中融入红色精神的实践

（一）开展主题教育，拓宽教师视野

幼儿教育是人生的启蒙教育，直接关系到“扣好人生第一粒扣子”。教师的素养直接影响到幼儿习惯性格养成、思想品德熏陶。

1. 依托党建工作教育，深挖精神内涵

依托党建工作教育加强教师对红色精神教育的重视。通过开展“我身边的优秀党员”、“党员的故事”等活动，宣传他们不畏艰苦、爱岗敬业的职业素养，使全体教师和职工深受教育的同时，传承红色基因，帮助教师树立共产主义远大理想，肩负起培养社会主义接班人的历史重任。

2. 加强爱国主题教育，弘扬伟大精神

作为红色精神教育的开展者和贯彻者，幼儿园教师首先要有良好的思想品德和高尚的道德情操。利用节日节点，开展爱国主题教育，例如“我和我的祖国”“红色精神代代传”引领教师在不断学习、实践的过程中，增强对革命历史和英雄先烈的崇敬和感悟，增强自己的爱国主义情怀和责任。

3. 加强红色基因培养，增强红色情怀

传承红色基因、用好红色资源，增强守初心、担使命的思想自觉和行动自觉，是广大教

职员工开展红色精神教育的根本遵循和前进方向。利用工会活动“党在我心间”“观红楼，学历史”，带领教师外出参观学习，感悟红色情怀，将“为党育人，为国育才”的根本任务深深融入每名教职员工内心，让红色基因在教师心灵深处中不断成长。

（二）巧用教研形式，寻找适宜路径

教研活动是幼儿教师开展工作的重要途径之一，在互相沟通、讨论、互动的过程中，不断探索、不断调整，力求找到适宜的途径，将红色精神与幼儿户外体育游戏有机结合，真正实现“为党育人，为国育才”的最终目标。

1. 明确各年龄班红色精神的目标

在体育游戏中，对于不同年龄段的幼儿，需要设定不同的红色精神培养目标。要充分考虑幼儿的认知水平和心理发展特点，确保目标的适宜性和可操作性。

2. 讨论不同游戏中开展红色精神教育的途径与方法

体育游戏内容千变万化，适宜融入的红色精神也有不同。不同的游戏形式和内容来实现。以下是一些可能的途径和方法：

（1）创设红色主题的体育游戏：结合幼儿的年龄特点和兴趣爱好，创设一些以红色主题为主的体育游戏，比如“红军长征”、“小小侦察兵”等。这些游戏可以让幼儿在锻炼身体的同时，了解革命历史和英雄事迹，培养爱国情感。

（2）运用红色元素装饰游戏环境：在幼儿园的体育游戏环境中，可以利用红色元素进行装饰，比如悬挂红军旗帜等。这样可以让幼儿感受到红色精神的氛围，增强对红色文化的认识和理解。

（3）组织亲子红色体育活动：邀请家长参与，组织一些亲子红色体育活动，比如“红军亲子运动会”等。这样的活动可以增进家长和孩子之间的感情，同时也能让家长在活动中加强对红色精神的认识和教育。

（4）融入红色元素的体育教学：在体育教学中，可以融入一些红色元素，比如进行“红军操”等。这些操练不仅可以锻炼幼儿的身体，还可以让幼儿在运动中感受红色精神，培养集体主义精神。

（5）利用红色资源进行游戏拓展：在体育游戏中，可以利用红色资源进行拓展教育，比如让幼儿扮演红军战士、民兵等角色，进行模拟战斗、行军等游戏。这样可以让幼儿更加深入地了解红色历史和英雄事迹，同时也能培养他们的勇敢、团结等品质。

（三）深挖可用资源，用好家园链接

通过深挖可用资源，我们可以发现那些被忽视或未被充分开发的资源，并将它们转化为有价值的信息或工具。

1. 发现和挖掘可用资源，不断挖掘潜在的资源，例如针对活动主题通过家长调查问卷、一对一沟通等途径获取更多的信息和支持。

2. 有效利用和管理资源，将资源进行分类、筛选、整合和优化等步骤，以便更好地满足幼儿的实际需要并在实践中加以利用。

总而言之，体育游戏作为幼儿直观感受、经验积累、亲身实践的基本途径，将红色文化渗透在幼儿游戏中，能促使其在游戏得过程中加强与红色精神的共鸣感，逐渐燃起幼儿的爱国主义情怀。身为幼儿教师，应从幼儿实际情况出发，合理开发红色文化，将一些抽象的知识具体化，在游戏与情境中让幼儿获取丰富的情感体验，不断地进行情感升华，逐渐将爱国爱党的“红色种子”深埋每一名幼儿的心灵中。

参考文献

[1] 熊仕蓉．幼儿园如何开展红色文化教育——以理塘县S幼儿园为例［J］．今日教

育（幼教金刊），2021，(Z1)：25－27.

[2] 欧阳叶．生命自觉视域下创编与实施幼儿红色体育游戏的策略［J］．基础教育参考，2020，(04)：65－66.

[3] 欧阳叶．红色文化渗透到幼儿园游戏活动中的有效策略［J］．河南教育（幼教），2020，(03)：3－6.